U0940062

本书受中国博士后科学基金资助（编号：2013M540351）

公设辩护人制度研究

Study on Public Defender System

吴　羽／著

中国政法大学出版社

2015・北京

在我国刑事司法领域，刑事法律援助一直未能得到足够的重视与关注，这在一定程度上也映衬出了刑事司法面临着律师辩护率低下与辩护效果不佳的困境。为了保障犯罪嫌疑人、辩护人的合法权益，2012 年新修正的《刑事诉讼法》扩大了指定辩护的适用范围。因此，推动我国法律援助制度的完善是我们需要认真思考的问题。

《公设辩护人制度研究》全面地研究了公设辩护人制度，并从如下四个方面展开：其一，分析公设辩护人制度的基本理论。公设辩护人制度的内涵与性质是重要的理论问题，尤其是本书深入分析了公设辩护人双重角色引发的职业伦理冲突。为了阐明公设辩护人制度的价值与功能，本书从有效辩护、促进司法公正等维度，对公设辩护人制度与其他法律援助实施模式进行了比较分析。其二，考察中外公设辩护人制度的历史嬗变。本书着重考察了美英等国公设辩护人制度的历史发展，同时梳理了我国南京国民政府时期和台湾地区的公设辩护人制度。其三，论述公设辩护人制度的运作机制。公设辩护人制度如何运行是该制度的重点内容，本书对公设辩护人组织的主体、公设辩护人组织设置地点与层级、公设辩护人组织隶属关系、公设辩护人组织经费制度、公设辩护人制度受案范围、公设辩护人制度指定程序、公设辩护人制度服务阶段、公设辩护人制度代理方式、公设辩护人制度监督管理与惩戒进行了全面的研究。其四，探讨公设辩护人制度对我国的借鉴意义。对于当前我国大陆地区在刑事法律援助工作中是否需要建立公设辩护人制度以及如何建构，本书进行了深入探究。

吴羽博士治学态度严谨，这体现在这本书资料翔实、论证充分、写作规范、结构合理等方面，而且本书对公设辩护人制度的诸多争议性问题也进行了客观论述，这对读者全面认识该制度很有帮助。当然，在本书中，还存在可以进一步完善的地方，如我国建构公设辩护人制度的论述还需要以深入的调研作为支撑。

《公设辩护人制度研究》是吴羽博士出版的第一部学术专著，作为他的导师，我为他在学术研究上取得的进步感到由衷的欣喜，希望他以此为起点，勤奋治学、努力探索，在未来的学术之路上取得新的成果！

是为序。

谢佑平

2015 年 10 月 15 日

目
Contents
录

绪 论

现代意义上的公设辩护人制度（public defender system）诞生于美国，其横跨两大法系，在世界范围内得到广泛应用。狭义上而言，公设辩护人制度是指以国家设立的公共机构为组织形态，以公设辩护人办公室（Public Defender Office）为运作形式，由具有国家公务人员身份的公设辩护人（public defender）为（贫困）[1] 犯罪嫌疑人、被告人[2]提供辩护服务的刑事法律援助模式。[3] 公设辩护人制度最大的特征是由受雇于国家的公设辩护人实施辩护活动，这在很大程度上改变了由私人律师垄断法律服务市场的传统。当今公设辩护人制度已成为一些国家刑事司法体系中的重要组成部分，它的影响已不限于刑事司法领域，它可以表现为法理上的论战，其

〔1〕 在我国台湾地区，公设辩护人是在强制辩护案件中为被告人提供辩护服务，并不限于贫困被告人。

〔2〕 如无特别说明，本书所述被告人，一般亦包含犯罪嫌疑人。

〔3〕 刑事法律援助模式，又可称为刑事法律援助提供模式、刑事法律援助实施机制、刑事法律援助方案、贫困者辩护服务方案等，它是指一国依据相关法律法规为（贫困）犯罪嫌疑人、被告人提供辩护服务的具体形式，其表现为成熟的、系统的、制度化的法律援助模式。

兴衰及职能转化反映了一国政治价值、社会文化、民众心理的变迁。概言之，公设辩护人制度在不同思想与经验的碰撞中走过了百余年的发展历程。

一

公民享有的律师辩护权是一项基本人权，这要求所有公民都能获得律师的帮助，否则公民将因贫富差距而遭遇司法差别待遇。律师辩护权意味着辩护活动应当是有效的，否则公民享有的仅是形式上的辩护权，至多起到维护诉讼程序形式合法性的作用，这与未获得律师帮助并无本质区别。进而言之，律师辩护权包含两个基本要求：辩护权的普遍性与辩护权的有效性。实践中，绝大多数被追诉者为贫困者，他们并无资力自行聘请律师为其辩护，如何保障贫困者的律师辩护权已成为世界各国共同面临的问题。

旨在为贫困者提供辩护服务的公设辩护人制度历史久远。早在罗马帝国早期，公设辩护人办公室就已开始运作。[1] 1496 年，西班牙出现了公设辩护人。[2] 资产阶级革命胜利初期，公设辩护人正式出现在法律规定之中，如 1793 年法国宪法（即《雅各宾宪法》）第 96 条规定："被告人应有自行选定的辩护人或公设辩护人。"随着 17、18 世纪资产阶级革命的胜利，近代律师制度产生

〔1〕 See The Board of Trustees of the Leland Stanford Junior University, "Representation of Indigents in California—A Field Study of the Public Defender and Assigned Counsel Systems", *Stanford Law Review*, 13 (1961), p. 530.

〔2〕 See Kim Taylor - Thompson, "Individual Actor v. Institutional Player: Alternating Visions of the Public Defender", *Georgetown Law Journal*, 84 (1996), p. 2423.

了，近代法律援助制度也以“公设辩护人”的形式随之出现。[1] 1914 年 1 月 9 日，美国加利福尼亚州洛杉矶县（the County of Los Angeles）设立了世界上第一个具有现代意义的公设辩护人办公室，它是美国解决贫困者辩护服务的主要方案，也被具有深厚私人律师提供法律服务传统的英国采纳，加拿大更是较早进行该制度研究与实践的国家之一。从 20 世纪末开始，南非、立陶宛、亚美尼亚等具有大陆法系特征的国家纷纷建立公设辩护人制度。对中国而言，公设辩护人制度亦非域外制度，它出现于南京国民政府 1928 年《刑事诉讼法》规定之中，至今仍适用于我国台湾地区。

然而，公设辩护人制度在很多国家和地区是个存有争议的议题。在人们选择的刑事法律援助模式中，很少能像公设辩护人制度一样引起激烈的论争。在它诞生之初，有人说它是“荒谬的”，是“法律中的一个异常事物”，也有人说它“实属保障人权之唯一制度”。曾几何时，公设辩护人被贴上“推诿艺术家”、“合作的”和“官僚的”标签，甚至有人说它是对抗制进入“暮年”的主要责任者，因为它是“加速处理有罪请求的工具”，所以被喻为“法庭之友”和“法庭帮手”。不过，1963 年之前，美国法庭上绝大多数重罪案件中的被告人没有律师辩护；1972 年之前，美国法庭上绝大多数轻罪案件中的被告人没有律师辩护，只是在公设辩护人出现之后，才改变了被告人的窘境。

国家设立公设辩护人机构，实质上是创设一个主要与自己对抗的组织，其意欲何为？究其原因，设置“公设辩护人”之目的在于促进公民律师辩护权的实现、维护司法公正，也在于履行国家的刑事法律援助义务，抑或说，是一个现代国家对法治的基本承诺。公设辩护人制度被认为是体现“法良意美”的“良好制度”，若能充

---

〔1〕 参见张耕：《法律援助制度比较研究》，法律出版社 1997 年版，第 7 页。

分发挥其辩护功能，将有利于树立法治国家形象，善莫大焉！可是，公设辩护人制度不断面临着理论质疑与实践困境。公设辩护人的基本属性是公务人员还是辩护律师？公设辩护人的职业伦理如何建构，它如何解决双重身份所引发的职业伦理冲突？他们应遵循公务人员之行为规范，还是忠实于犯罪嫌疑人、被告人权益？国家建立专门的公共辩护机构是否构成了对法律服务市场化的干预？公设辩护人能否像私人律师一样保持独立与自治？公设辩护人制度的基本价值是什么？公设辩护人制度较之私人律师模式是否具有优越性？公设辩护人制度为何是国家承担刑事法律援助义务的直接体现？公设辩护人制度发挥应有辩护职能，应具备怎样的“外部环境”？公设辩护人制度运作机理是什么？多元化刑事法律援助模式为何成为当今世界的发展潮流？作为中国的研究者，我们还应探究的问题有：北京国民政府采用私人指定律师制度，南京国民政府缘何改为采用公设辩护人制度？1999 年台湾地区司法改革会议为何废止公设辩护人制度？……总之，不仅相关理论问题有待我们厘定与辨析，公设辩护人制度存在的案件负荷量巨大、资金严重不足、辩护质量下降等现实问题也亟待我们解决。对此，本书并非力图简单地进行理论上的回答，而是试图借助相关实证研究成果剖析上述理论质疑，揭示现实困境的根源，诠释公设辩护人制度的运作机理。

显然，研究公设辩护人制度最终要回归及反思中国当下的刑事法律援助制度。我国《宪法》第 125 条明文规定“被告人有权获得辩护”。实践中，律师辩护率低下与辩护效果不佳严重阻碍了刑事诉讼的现代化进程，辩护权不彰可以说是中国司法积弊的根源所在。富有深意的是，2012 年“尊重和保障人权”正式写进修正后的《刑事诉讼法》。为了充分体现《刑事诉讼法》的权利保障品质，保障犯罪嫌疑人、被告人的律师辩护权，2012 年《刑事诉讼法》从案件类型和适用程序两个层面扩展了刑事法律援助的范畴，我国未来刑事法律援助案件激增将不可避免。然而，截至2013年，全国仍有164个县（市、区）没有律师。那么，这部《刑事诉讼法》如何成为"被告人权利大宪章"，以体现"尊重和保障人权"之精神？在某种程度上，《刑事诉讼法》法律援助条款之实施效果直接取决于刑事法律援助模式的成效，当前我国刑事法律援助力量相对薄弱，我们有必要建构一套完善且富有成效的辩护体系以解决公民律师辩护权的实现问题，因而适时进行刑事法律援助模式创新发展尤为重要和急迫，否则，《刑事诉讼法》之"尊重和保障人权"的愿景不可能转化为被追诉者的"实有权利"。因此，在当前中国日益重视保障犯罪嫌疑人、被告人辩护权的背景下，研究公设辩护人制度具有重要的现实意义。公设辩护人制度能否成为中国刑事法律援助体系的有益补充？公设辩护人制度在本土化过程中，能否兼容"地方性"因素，发挥应有辩护功能，抑或是产生"南橘北枳"的效应，甚或使现有问题更加复杂与棘手？本书将对这些问题进行审慎的探讨，以期对中国刑事法律援助事业的完善与发展有所助益。

二

公设辩护人制度理论问题深厚，实践问题复杂、庞大。进入21世纪后，公设辩护人制度又面临着诸多新议题。国外关于公设辩护人制度的研究成果丰硕，其中以美国、英国、加拿大等国家最为突出，这表明了理论研究与实践运作的相辅相成。

美国关于公设辩护人制度的研究主要从两个方面展开：一是探究公设辩护人制度建立的法律基础、现实动因、价值与功能，公设辩护人独立性、角色职能转变等基本问题，如迈耶·C. 高曼（Mayer C. Goldman）的《公设辩护人之必要性》（The Necessity for a Public Defender）、安东尼·刘易斯（Anthony Lewis）的《吉迪恩的号角》（*Gideon's Trumpet*）、罗伯特·L. 施潘根勃格（Robert L. Spangenberg）和马雷亚·L. 比曼（Marea L. Beeman）的《美国的贫困者辩护制度》（Indigent Defense Systems in the United States）、金·泰勒－汤普逊（Kim Taylor－Thompson）的《个人角色还是机构成员：公设辩护人角色的变换》（Individual Actor v. Institutional Player：Alternating Visions of the Public Defender）等；二是分析公设辩护人制度运作实践及其现实困境，如玛丽·苏·巴克斯（Mary Sue Backus）和保罗·马库斯（Paul Marcus）的《刑事案件中的律师辩护权：一个全国性的危机》（The Right to Counsel in Criminal Cases，A National Crisis）等。另外，保罗·B. 温斯（Paul B. Wice）的专著《公设辩护人和美国司法制度》（*Public Defenders and the American Justice System*）以美国埃塞克斯县（Essex County）为例，分析了公设辩护人制度的实际运作等问题。

英国、加拿大等国有不少学者探讨了公设辩护人制度。英国试行公设辩护人服务（Public Defender Service，PDS）前后，有学者对英国引入公设辩护人制度持谨慎乐观的态度，如德里克·奥布赖恩（Derek O'Brien）和约翰·阿诺德·埃普（John Arnold Epp）的《领薪辩护人与〈1999年获得司法公正法〉》（Salaried Defenders and the Access to Justice Act 1999）等。加拿大有学者对专职律师模式（staff attorney）与私人律师之间的辩护质量及成本花费等问题进行了比较研究，认为贫困者辩护服务方案应向多元化方向发展，如阿尔伯特·柯里（Albert Currie）的《加拿大的法律援助提供模式：以往经验与未来发展》（Legal Aid Delivery Models in Canada：Past Experience and Future Developments）等。

同时，美国、英国、加拿大等国的官方和民间开展了大量的实证研究，这些实证研究多以公设辩护人制度与指定律师制度（assigned counsel system）及合同律师制度（contract system）之间就辩护质量、成本、监督管理等方面进行比较分析为重点。自 20 世纪 70 年代以来，美国司法部（U. S. Dep't of Justice）陆续发布了多个具有重要影响的贫困者辩护研究报告，2007 年发布了全美第一个有关公设辩护人办公室的调研报告。有影响的研究报告有：美国的《1986 年全国刑事辩护制度研究》（National Criminal Defense System Study，1986），《1986 年贫困者刑事辩护》（Criminal Defense for the Poor，1986），《1992 年贫困者辩护人——把工作做了，且做得好》（Indigent Defenders：Get the Job Done and Done Well，1992），《1996 年贫困者辩护》（Indigent Defense，1996），《1999 年人口大县贫困者辩护服务》（Indigent Defense Services in Large Counties，1999），《1999 年州立贫困者辩护服务》（State – Funded Indigent Defense Services，1999），《2000 年刑事案件辩护律师》（Defense Counsel in Criminal Cases，2000），《2004 年吉迪恩承诺的背弃：美国继续追求平等正义》（Gideon's Broken Promise：America's Continuing Quest for Equal Justice，2004），《2007 年公设辩护人办公室》（Public Defender Offices，2007），《2007 年州公设辩护人方案》（State Public Defender Programs，2007），《2007 年县立和地方公设辩护人办公室》（County – Based and Local Public Defender Offices，2007），《2009 年拒绝正义：美国继续忽视我们律师辩护的宪法权利》（Justice Denied：America's Continuing Neglect of Our Constitutional Right to Counsel，2009）等。加拿大的《1995 年法律援助模式》（Patterns of Legal Aid，1995），《1997 年安大略省法律援助评论报告：公共资金支持的法律援助蓝图》（Report of the Ontario Legal Aid Review：A Blueprint for Publicly Funded Legal Services，1997）等。英国的《2001

年爱丁堡公设辩护律师办公室：一个独立的评估》（The Public Defender Solicitors' Office in Edinburgh：An Independent Evaluation，2001），《2007 年英格兰与威尔士公设辩护人服务评估》（Evaluation of the Public Defender Service in England and Wales，2007）等。

我国关于公设辩护人制度的研究可追溯至 20 世纪 20 年代。民国时期相关文献以评价为主，代表性文献及观点如下：谢光第的《论公立辩护人制度》（1925 年）一文以美国公设辩护人为样本，分析公设辩护人的性质，以及将其与指定律师制度进行比较，指出其在“经济上”远胜于官选辩护，足以防止不当判决，使无资力被告人同享辩护利益；但是，公设辩护人制度因“政局未宁、国库空虚、恐难实现”。朱显祯的《刑事裁判上之公共辩护人制度》（1929 年）一文指出应特设一种“官吏”或“公吏”的律师为救济机关，即公设辩护人制度；通过修法，早日实施公设辩护人制度，以实现“裁判上之均等机会”，维护无产者之利益。

1949 年后，我国台湾地区沿用公设辩护人制度，相关研究逐渐深入，代表性文献及观点如下：黄祥睿的《美国公设辩护制度》（1994 年）一书评介了美国公设辩护人制度、指定律师制度和合同律师制度三种贫困者辩护服务方案的运作状况。林意淳的《竞逐人权？国家与律师专业团体共谋下的公设辩护人制度》（2009 年）学位论文以国家与律师团体博弈关系的视角，考察了南京国民政府和台湾地区公设辩护人制度建立、运作、废除的历史进程；探究了台湾地区“刑事诉讼法”新制前后公设辩护人制度的发展。

目前，大陆地区专门针对公设辩护人制度的研究不多，只有少数评介性文献，相关研究较为薄弱，代表性文献如下：宫晓冰主编的《各国法律援助理论研究》（1999 年）和《外国法律援助制度简介》（2003 年）、贾午光主编的《国外境外法律援助制度新编》（2008 年）等三部论文集，其中多篇论文评介了美国、英国、加拿大、澳大利亚、立陶宛、南非等国的公设辩护人制度。汪海燕的《贫穷者如何获得正义——论我国公设辩护人制度的构建》（2008年）一文提出我国应建构公设辩护人制度，并提出了有关建构设想。

三

本书旨在阐明公设辩护人制度主要理论与实践问题，并从如下两个方面展开研究：一方面，分析公设辩护人（制度）内涵与性质，通过对公设辩护人制度历史及现状的考察，从比较研究的视角，探究公设辩护人制度的价值与功能，阐明公设辩护人制度运作机制，揭示其内在机理；另一方面，立足于政治体制、司法制度、法律文化等“地方性”因素，探讨公设辩护人制度对我国的启示和借鉴，审慎分析中国适用公设辩护人制度面临的问题。本书由以下八部分组成：

第一，公设辩护人制度内涵与性质。从狭义与广义两个角度界定公设辩护人的内涵，提出公设辩护人具有公职性、领薪性、专职性、全职性与专业性等五大特征。分析公设辩护人制度的内涵，指出公设辩护人制度具有如下特征：采公立为主、私立为辅的组织模式；雇用全职律师并辅以支持性职员；以公设辩护人办公室为实施机构；在英美法系国家较为盛行；运作经费主要来源于财政拨款。本章提出公设辩护人的基本属性是辩护律师，其公职身份代表“结构”或“形式”安排，辩护身份体现为基本“功能”；并从理论与实践两个层面分析公设辩护人制度的独立性问题。

第二，域外公设辩护人制度考察。公设辩护人制度存在自生主导型与移植补充型两种发展形态。美国作为自生主导型的代表，本章将分析美国公设辩护人制度的法律基础、创设及发展历程、现实困境等内容。英国作为移植补充型的代表，本章将分析英国公设辩护人制度的法律基础、现实根据、实际运作等内容。

第三，中国公设辩护人制度考察。我国在南京国民政府时期已有公设辩护人制度的立法规范及实践，目前台湾地区仍适用公设辩护人制度。在某种程度上，中国公设辩护人制度表现为曲折发展型。本章将考察南京国民政府时期公设辩护人制度的立法沿革、现实动因、司法实践等内容；同时，也分析台湾地区公设辩护人制度的“专业化”发展、存废之争、未来走向等内容。

第四，公设辩护人制度价值分析。公设辩护人制度对公民与国家具有双重意义。一方面，公民享有律师辩护是一项宪法性权利，律师辩护权的普遍性与有效性是“法律面前人人平等”的必然要求，公设辩护人制度有助于防止因贫富差距导致的司法差别待遇，其在实现贫困者律师辩护权方面具有积极意义。另一方面，从国家暴力权与国家正当性关系、分配正义和国际法义务三重视角分析，国家有义务为贫困者提供免费的辩护服务，公设辩护人制度是国家履行刑事法律援助义务最为典型的方式。

第五，公设辩护人制度功能探究。公设辩护人制度主要具有三大功能：一是辩护质量保证功能，其在专业性、协调性、对抗性、保障性、积极性、监管性等方面优于私人律师模式，有助于提供称职辩护；二是法律援助成本控制功能，其以专业化及“官僚方式”进行运作、费用支出具有可控性及可预测性、服务注重效率，有助于控制成本；三是辅助功能，其具有教育和服务犯罪嫌疑人、被告人以及提高辩护服务整体水平的功能。同时，从理论与实践的视角出发，公设辩护人制度的上述功能亦会走向负面。

第六，公设辩护人组织之主体。本章将考察公设辩护人办公室人员的职责与发展；分析公设辩护人任用机制，探究选举与任命产生方式的利弊。同时，探讨实践中争议较大的两个问题：一是公设辩护人的薪水问题，揭示薪水争议的根源在于通过何种方式吸引并留住优秀人才；二是兼职公设辩护人问题，阐明兼职公设辩护人的利弊，提出公设辩护人办公室应以全职公设辩护人为主。

第七，公设辩护人制度运作机制研究。本书以公设辩护人制度运作机制研究为重点，在比较分析的基础上，主要考察如下运作环节：公设辩护人组织设置地点与层级、公设辩护人组织隶属关系、公设辩护人组织经费制度、公设辩护人制度受案范围、公设辩护人制度指定程序、公设辩护人制度服务阶段、公设辩护人制度代理方式、公设辩护人制度监督管理与惩戒。同时，从司法正义、有效辩护、独立地位、成本控制等维度探究公设辩护人制度运作的内在机理。

第八，公设辩护人制度对中国的借鉴意义。本章通过对我国相关立法的梳理及实践的考察，指出刑事法律援助的成效及存在的问题。目前学界与实务界对是否采行专职律师模式（如公设辩护人制度）尚未达成一致，但多元化的刑事法律援助模式越来越受到世界各国的重视，有鉴于此，本章对中国建构专职律师（公设辩护人）与社会律师并存的刑事法律援助模式的现实意义进行分析。从功能设计上看，公设辩护人与“国家的法律工作者”、公设辩护人办公室与“法律顾问处”之间存在本质区别。但是，制度移植的必要性分析不能代替可行性分析，本章将在审慎分析的基础上，探究我国公设辩护人制度的建构问题。

第一章

公设辩护人制度内涵与性质

从历史渊源上看，资产阶级革命胜利初期“公设辩护人”便出现在法律规定之中了，他们几乎与现代律师制度同时出现。现代意义上的公设辩护人制度诞生于美国。1914年1月9日，加利福尼亚州的洛杉矶县设立了世界上第一个公设辩护人办公室。公设辩护人[1]

---

〔1〕我国关于“public defender”存在多种译法，如“公共辩护人”、“公立辩护律师”、“公职辩护人”等。本书采用“公设辩护人”之译法，主要基于两点原因：其一，从中国立法沿革上看，“公设辩护人”一词最早出现于南京国民政府1928年《刑事诉讼法》的规定（第170~171条）中。1939年和1945年，南京国民政府分别颁布专门性法典——《公设辩护人条例》和《公设辩护人服务规则》。我国台湾地区于1987年颁布了“公设辩护人管理规则”。上述规范性文件都采用“公设辩护人”之表述。其二，近年来一些论著及媒体报端常用“公设辩护人”之说法，如陈卫东和徐美君翻译的爱伦·豪切斯泰勒·斯黛丽和南希·弗兰克所著的《美国刑事法院诉讼程序》（2002年）、魏晓娜翻译的马尔科姆·M. 菲利所著的《程序即是惩罚——基层刑事法院的案件处理》（2014年）等著作。

作为一种新型法律职业群体从此正式登上历史舞台。[1] 本章将对公设辩护人及公设辩护人制度的内涵与性质进行分析论证。

第一节 公设辩护人内涵解读

现代意义上的公设辩护人已有百余年历史，但公设辩护人制度尚未形成统一的运作模式，对公设辩护人内涵进行严格界定并非易事。公设辩护人是法律职业者，其基本内涵是什么？又具有怎样的特征？一直以来是学界与实务界关注的重点。当然，这并不意味着公设辩护人缺乏一些固定的元素或表征。在法律职业群体中，公设辩护人与法官、检察官、律师相比，其诞生虽晚，但也颇具特色。

一、公设辩护人内涵界定

1915 年，美国律师迈耶 · C. 高曼曾这样描述，公设辩护人"应该是选举的公职人员，他的报酬应该丰厚以吸引优秀的律师，他应该有像地区检察官一样的权力和独立性，他应该有诸如助理、调查员和资源等以保持办公室良好运转，他应该在大陪审团（Grand Jury）面前有明确的身份，他坚信使无辜者蒙冤将是无法弥补的伤害，他应该从治安法官（Magistrate）预审（preliminary hearing）开始，在有地区检察官出现的任何程序阶段，均保护需要他帮助的被告人的权利。他不是力图挫败审判的目的，而是与地区检察官进行

〔1〕 美国等国家将国家雇用从事贫困者辩护服务的律师称为"public defender"（公设辩护人），但类似情形在加拿大可称为"staff lawyer"（专职律师），在英国可称为"salaried lawyer"（领薪律师），这些词的内涵大体相当，都是指国家雇用的律师。如无特别说明，本书描述国外的"专职律师"或"领薪律师"时，都是与"公设辩护人"相近似的概念。

合作，无论何时，他都不得违背对当事人的职责，都是为了产生一个理想的司法。简单地说，他的职责是保护无辜的被告人或者使有罪的人获得公正和公平的惩罚，而不是使有罪之人获得无罪判决”。[1] 显然，高曼对公设辩护人的最初定位，大体反映了当前公设辩护人的基本特征。不过，基于公设辩护人制度实际运作的多元性，人们对公设辩护人的内涵并未达成一致，试举如下代表性观点：

《布莱克法律词典》（*Black's Law Dictionary*）认为：“公设辩护人通常是指由公共（机构）任命并支付薪水的，以为贫困刑事被告人提供辩护服务为职责的私人律师或专职律师，通常简称为‘辩护人’。”[2]

《科林斯法律词典》（*Collins Dictionary Law*）认为：“公设辩护人是国家为刑事被告人提供的，为其进行代理服务的律师。”[3]

《美国司法、犯罪学和刑法词典》（*Dictionary of American Criminal Justice, Criminology and Criminal Law*）认为：“公设辩护人是指刑事审判中，由政府机构雇用或法院指派，为贫困被告人进行辩护的执业律师。公设辩护人可能会根据司法辖区，在地方、县、州或联邦层面上工作。”[4]

《美国法律辞典》（*The American Law Dictionary*）认为，公设辩

〔1〕 Mayer C. Goldman, “The Necessity for a Public Defender”, *Journal of the American Institute of Criminal Law and Criminology*, 5 (1915), p. 663.

〔2〕 Bryan A. Garner, *Black's Law Dictionary* (9th Edition), West Group, 2009, p. 1349.

〔3〕 W. J. Stewart, *Collins Dictionary Law* (2nd Edition), HarperCollins, 2001, p. 107.

〔4〕 David N. Falcone, *Dictionary of American Criminal Justice, Criminology and Criminal Law*, Pearson/Prentice Hall, 2005, p. 211.

护人是“为政府所雇用，代表贫困的刑事被告人的律师”〔1〕。

美国《刑事司法和犯罪学：概念和术语》（*Criminal Justice and Criminology*：*Concepts and Terms*）认为：“公设辩护人是指通过指派或者私人雇用来为面临刑事指控的个人的利益进行代理的律师。”〔2〕

美国司法部（Department of Justice）公布的《1999年人口大县贫困者辩护服务》、《1999年州立贫困者辩护服务》等研究报告认为：“公设辩护人是指通过公共的或私人的非营利机构，或者直接受雇于政府（government），〔3〕致力于贫困者辩护服务的专职或兼职的领薪律师。”〔4〕

爱伦·豪切斯泰勒·斯黛丽（Ellen Hochstedler Steury）和南希·弗兰克（Nancy Frank）认为：“公设辩护人是专门从事刑事辩护的律师和专职领取工资的政府雇员。”〔5〕

一位曾服务于美国哥伦比亚特区公设辩护人服务（Public Defender Service，PDS）的公设辩护人认为：“公设辩护人通常是州或县为给受刑事指控的贫困被告人提供免费法律帮助而聘用或任命的

---

〔1〕［美］彼得·G. 伦斯特洛姆：《美国法律辞典》，贺卫方等译，中国政法大学出版社1998年版，第124页。

〔2〕James F. Anderson，Nancie Mangels，Adam Langsam，Laronistine Dyson，*Criminal Justice and Criminology*：*Concepts and Terms*，University Press of America，2002，p. 198.

〔3〕在中国，“政府”一词一般指行政机关。在美国，“government”一般包括立法分支（legislative branch）、司法分支（judicial branch）与行政分支（executive branch）。本书论述涉及美国政府（government）时，如无特别说明，一般包含上述三个分支。

〔4〕Carol J. DeFrances & Marika F. X. Litras，U. S. Dep't of Justice，Bureau of Justice Statistics，*Indigent Defense Services in Large Counties*，1999（2000）；Carol J. DeFrances，U. S. Dep't of Justice，Bureau of Justice Statistics，*State – Funded Indigent Defense Services*，1999（2001）.《1999年州立贫困者辩护服务》中的“州立”（state – funded）是指，该州贫困者辩护服务是由州政府（state governments）提供90%及以上的资金。

〔5〕［美］爱伦·豪切斯泰勒·斯黛丽、南希·弗兰克：《美国刑事法院诉讼程序》，陈卫东、徐美君译，中国人民大学出版社2002年版，第235页。

雇员。"[1]

《亚美尼亚共和国律师法》(The Law of the Republic of Armenia on Advocacy) 第44条规定:"公设辩护人是在公设辩护人办公室里工作，与律师协会委员会签订雇用合同的辩护人，由公设辩护人办公室的负责人对其进行管理。"

戴维·麦夸伊德-梅森 (David McQuoid-Mason) 指出：南非的公设辩护人是法律帮助委员会 (Legal Aid Board) 根据服务状况雇用的全职领薪律师 (full-time salaried lawyers)，但他们不是公务员 (public servants)。[2]

我国也有不少学者阐释了公设辩护人之内涵。戴修瓒认为："公设辩护人者，即国家所设之辩护公共机关也，所以特设此辩护公共机关者，盖使无资力人者，并以贯彻当事人诉讼主义之精神也。"[3]

黄祥睿认为："deputy public defender (助理公设辩护人)，则指官方之公设辩护人办公室中不是专门担任行政事务而系纯粹从事穷人辩护任务之律师，他是公家辩护组织所聘雇的律师，当然也可能被所属组织另外委以其他行政头衔或兼做行政事务，不过他应是最狭义的公设辩护律师。"[4]

黄东熊认为："所谓公设辩护人，乃附设在高等法院以下各级

---

[1] See Kenneth B Nunn, "The Trial as Text: Allegory, Myth and Symbol in the Adversarial Criminal Process—A Critique of the Role of the Public Defender and a Proposal for Reform", *American Criminal Law Review*, 32 (1995), p. 788.

[2] David McQuoid-Mason, "The Supply Side: The Role of Lawyers in the Provision of Legal Aid—Some Lessons from South Africa", in Northwestern University, *Access to Justice in Africa and Beyond: Making the Rule of Law a Reality*, Ntl Inst for Trial Advocacy, 2007, p. 104.

[3] 戴修瓒:《新刑事诉讼法释义》，上海法学编译社1933年版，第190页。

[4] 黄祥睿:《美国公设辩护制度》，裕文实业有限公司1994年版，第3页。

法院内，义务为被告辩护之人。对无资力选任辩护人之被告，法院应依其申请而指定公设辩护人为其辩护。”[1]

汪海燕认为：“所谓公设辩护人，是指通过国家司法资格考试，具有一定司法实践经验，为贫穷被追诉人提供刑事法律援助的国家公职人员。”[2]

马跃认为：“公立辩护律师是政府雇用的专门为贫困被告人提供法律服务的律师。”[3]

楼伯坤等人认为：“公设辩护人，是指政府机关为对符合法律规定的被追诉人承担法律援助责任而专门设置的，在刑事案件中为被追诉人免费提供法律服务的政府专门机关及其工作人员。”[4]

综上所述，笔者认为，公设辩护人的内涵可以从狭义和广义两个角度予以界定。狭义上的公设辩护人，是指具有公职身份，领取固定薪水，专职从事刑事辩护服务的全职辩护律师。[5] 广义上的公设辩护人，是指受雇于公设辩护人组织或有关机构，专职或兼职从事刑事辩护服务的律师。狭义公设辩护人与广义公设辩护人区分的关键在于：狭义公设辩护人是具有公职身份的辩护律师，广义公设辩护人还包括从事贫困者辩护服务的私人律师。无疑，狭义公设辩护人的内涵体现了贫困者辩护服务属于国家责任与义务的基本理念，较符合“公设”（public）之立场。广义公设辩护人的内涵反映了当前一些国家的运作实践，即为贫困者提供辩护服务并非仅由具有公职身份的公设辩护人承担，私人律师和其他法律职业者也是

---

〔1〕 黄东熊、吴景芳：《刑事诉讼法论》（上），三民书局2010年版，第100页。

〔2〕 汪海燕：“贫穷者如何获得正义——论我国公设辩护人制度的构建”，载《中国刑事法杂志》2008年第3期。

〔3〕 马跃：《美国刑事司法制度》，中国政法大学出版社2004年版，第267页。

〔4〕 楼伯坤、满涛：“公设辩护人制度之提倡”，载《理论月刊》2013年第9期。

〔5〕 如无特别说明，本书所指公设辩护人为狭义公设辩护人。

贫困者辩护服务的重要力量，他们可纳入广义公设辩护人之范畴，因此，我们可以将那些从事贫困者辩护服务的私人律师也称之为公设辩护人。[1]

二、公设辩护人主要特征

公设辩护人具有公职性（public）、领薪性（salaried）、专职性（staff）、全职性（full - time）和专业性（professional）五大特征。

第一，公设辩护人具有公职性。当今世界，法律职业者呈多元化发展趋势。以职业性质为标准，律师职业由公职律师（国外称“政府律师”）[2] 与私人律师（private attorney）[3] 构成。当前，不

〔1〕在美国，人们将那些几乎把所有时间用来从事贫困者辩护服务的私人律师（通过指定律师项目或合同项目）称为“公设辩护人”；不少司法辖区还存在大量由私人律师充任的兼职公设辩护人（part - time public defender）。南非公设辩护人不属于公务员。在我国台湾地区，当公设辩护人不足时，法官亦可临时充任公设辩护人，为强制辩护案件中的被告人提供辩护。

〔2〕一般意义上，公职律师是指服务于国家立法、司法与行政机构，具有公务人员身份的律师。“政府律师”是“公职律师”的一种类型，其职责是为行政机关提供法律服务。但是，中国的“公职律师”与美国的“政府律师”（government attorney）内涵大体相当，因为美国“政府”一词包含立法分支、司法分支与行政分支，检察官、法官、公设辩护人都属于“政府律师”。在中国，我们可以说公设辩护人是“公职律师”，但不宜说是“政府律师”。“政府律师”是为政府提供法律服务的专职律师，他们不应从事刑事法律援助业务。理论上，在刑事诉讼活动中，政府利益与犯罪嫌疑人、被告人利益是相冲突的，他们应当由相互独立的、不同的法律职业群体提供法律服务。实践中，我们并没有对“政府律师”与“公职律师”进行明确划分，“公职律师”往往发挥着“政府律师”的作用，有些地区“公职律师”既要为政府提供法律服务，还要从事法律援助工作。

〔3〕“私人律师”的说法常见于国外，我国一般称为“社会律师”，即属于律师协会成员，在律师事务所执业。

少国家建立了较为完备的公职律师队伍。[1] 公职律师与私人律师共同推动了法治的进程。公职律师与私人律师的区别在于：前者具有国家公职人员的身份，享受国家支付的固定薪水，服务行政、立法、司法等部门以及社会公共利益；后者属于自由职业者，以市场为导向，进行有偿服务。公设辩护人属于公职律师的一种类型。顾名思义，"public defender"中的"public"表明公设辩护人具有公职身份，即公设辩护人属于政府雇员或公务人员。

我国民国时期相关立法将公设辩护人定位为公务人员。1939年《公设辩护人条例》第1条规定："高等法院以下各级法院所在地，置公设辩护人，其名额视各该地刑事诉讼案件之繁简定之。"学者朱显祯认为，公设辩护人是"官吏"，"所谓公共辩护人（public defender)，原来就是指官吏的刑事律师而言，但一般人则解为'无报酬的专心为公众利益而承办刑事辩护的律师'，因之私人团体所述之此种律师，亦得成为公共辩护人。然严格言之，public defender自仍以解为官吏的律师为正当。"[2] 在朱显祯看来，严格意义上的公设辩护人应具有公职身份。从我国台湾地区现行相关规范性文件来看，公设辩护人亦属于公务人员。例如，台湾地区"公设辩护人条例"第1条规定："高等法院以下各级法院及其分院置公设辩护人。"又如，"司法人员人事条例"第2条规定："本条例称司法人员，指最高法院以下各级法院及检察署之司法官、公设辩护

---

〔1〕 在美国，"美国律师基金会"（American Bar Foundation）公布的《2000年美国法律职业》（The U. S. Legal Profession in 2000）报告显示：美国共有909 019名律师，其中，私人律师有672 901人，占律师总人数的74%；供职于联邦、州及地方司法部门的有23 939人，占总人数的2.6%；供职于联邦、州及地方行政部门的有68 794人，占总人数的7.5%；属于法律援助和公设辩护人的律师有9057人，占总人数的1%。

〔2〕 朱显祯："刑事裁判上之公共辩护人制度"，载《社会科学论丛》1929年第1卷第8号。

人及其他司法人员。"[1] 可见，台湾地区公设辩护人为法院系统内员工，亦为司法人员，具有公务人员性质。公设辩护人与检察官相对应，同为公务人员。"公设辩护人一如其对手在法庭之检察官，同为公务官员，其任务乃为贫民之刑事被告，在法律之前，接受法律扶助，为其作有利之辩护。"[2] 在美国，公设辩护人一般被认为是政府雇员。公设辩护人是一个公共代理人，公设辩护人办公室就像检察院一样作为政府的一个部门而设立。[3] "在公设辩护人办公室工作的律师，是全职领薪的政府雇员，他们在一名负责本司法辖区内的贫困者代理服务的首席辩护人的领导下互相协作——如同作为领薪政府雇员的检察官在一名地区检察官领导之下进行工作一样。"[4]

公设辩护人的公职性是国家承担刑事法律援助责任与义务的重要表征。当然，私人律师也可以接受政府雇用，像公设辩护人一样为犯罪嫌疑人、被告人提供辩护服务。就此而言，公设辩护人可能来自于私人律师，并非全为政府雇员。

第二，公设辩护人具有领薪性。公设辩护人的薪水主要由国家财政拨付，他们是领取固定薪水的律师，我们亦可将公设辩护人称为"领薪律师"（salaried attorney）。我国台湾地区"公设辩护人条例"第11条规定："公设辩护人之俸给，比照法官、检察官俸给核

---

〔1〕 我国台湾地区"律师法施行细则"规定了公设辩护人的公务人员身份，该细则第15条规定："本法第33条及第37条之一所称司法人员，指法官、检察官、公设辩护人、公证人、观护人、法医师、法官助理、检察事务官、书记官、通译、佐理员、检验员、执达员、法警、录事、庭务员及依法律所定，法院及检察署所置之其他人员而言。"

〔2〕 蒋耀祖：《中美司法制度比较》，台湾商务印书馆1976年版，第236~237页。

〔3〕 参见［美］彼得·G. 伦斯特洛姆：《美国法律辞典》，贺卫方等译，中国政法大学出版社1998年版，第124页。

〔4〕 ［美］约书亚·德雷斯勒、艾伦·C. 迈克尔斯：《美国刑事诉讼法精解（第2卷·刑事审判）》，魏晓娜译，北京大学出版社2009年版，第61页。

给之。”美国公设辩护人的薪水多由政府承担。南非公设辩护人被理解为“领薪的人”（a salaried person）。[1]

领薪性是公设辩护人的基本特征，因为领薪性是公设辩护人制度与其他刑事法律援助实施机制的最大区别之一，“公设辩护人方案区别于指定律师制度，因为前者是由领薪律师组成。”[2] 实践中，公设辩护人可与本辖区政府部门签订合同，为贫困者提供辩护服务，但如果他们的薪水直接来自于地方政府，则划归为公设辩护人项目，而非合同项目。公设辩护人的领薪性表明贫困犯罪嫌疑人、被告人获得的律师辩护服务是无偿的，这有别于私人律师提供辩护服务时的有偿性或商业性的职业特征。实践中，不少国家和地区明令禁止公设辩护人从事私人业务或者向被告人收取报酬。1990年《美国律师协会刑事审判辩护服务提供标准》（ABA Standards for Criminal Justice Providing Defense Services）第5－4.2条规定：“公设辩护人不得从事私人执业事务。”[3] 甚至，公设辩护人只能专门从事法律援助，不允许有其他第二职业。台湾地区“公设辩护人条例”第4条规定：“公设辩护人不得充选任辩护人。”第5条规定：“公设辩护人不得收受被告任何报酬。”当然，私人律师通过指定律师项目或合同项目为贫困犯罪嫌疑人、被告人提供辩护服务会获得国家支付的报酬，但他们仍可同时代理其他私人业务，这有别于公设辩护人。

第三，公设辩护人具有专职性。公设辩护人的专职性是指其主

---

〔1〕 See Hennie van As, “Legal Aid in South Africa Making Justice Reality”, *Journal of African Law*, 49 (2005), p. 54.

〔2〕 Paul B. Wice, *Public Defenders and the American Justice System*, Westport: Praeger, 2005, p. 10. 温斯认为，“公设辩护人方案的主要特征是它持续地使用领薪律师”。

〔3〕 如无特别说明，本书所引《美国律师协会刑事审判辩护服务提供标准》为1992年第3版。

要代理刑事辩护案件，一般不代理其他类型案件，我们亦可将公设辩护人称为“专职律师”（staff attorney）。有学者指出：“虽然公设辩护人项目各不相同，但其释义特征是雇用专职律师来提供代理。”〔1〕我国台湾地区“公设辩护人条例”第13条规定：“公设辩护人对于法院指定案件，负辩护之责，并应尽量搜集有利被告之辩护资料。”可见，台湾地区公设辩护人是专职为被告人提供辩护服务。在美国，公设辩护人主要职责是为贫困者提供刑事辩护服务，〔2〕虽然他们也会处理少量民事案件。〔3〕

公设辩护人往往是专职律师，但专职律师未必是公设辩护人。例如，我国不少地区的法律援助中心会配备具有律师执业资格的专职律师，他们会代理法律援助案件，但多以代理民事案件为主，其主要工作是法律援助管理。又如，2004年，台湾地区成立财团法人性质的法律扶助基金会以提供法律扶助服务。2006年，法律扶助基金会设立专职律师职位，至2009年年底，共聘有8位专职律师。〔4〕他们的法律扶助业务既包括辩护服务，也包括民事及行政诉讼、法律文书撰写、调解或和解、法律咨询等业务。在笔者看来，上述专职律师不能视为公设辩护人，因为他们并不专门或主要以提供刑事辩护服务为主。公设辩护人与专职律师的关系表现为：如果专职律师主要进行管理性工作或提供其他类型案件的代理，就

〔1〕 Robert L. Spangenberg & Marea L. Beeman, “Indigent Defense Systems in the United States”, *Law and Contemporary Problems*, 58 (1995), p. 36.

〔2〕 See Ronald Jay Allen, *Comprehensive Criminal Procedure*, New York: Aspen Law & Business, 2001, p. 147.

〔3〕 2007年，全美州立公设辩护人项目共受理4.7万多件民事（civil）案件，占到全部案件总数的3%，主要包括：送交精神病院（mental commitment）、人身保护令（habeas corpus）、儿童保护（child protection or dependency）、父母权利终止（termination of parental rights）等。See Lynn Langton & Donald Farole, Jr., U. S. Dep't of Justice, Bureau of Justice Statistics, *State Public Defender Programs*, 2007 (2010).

〔4〕 参见台湾地区财团法人法律扶助基金会《2009周年报告书》（2010）。

不属于公设辩护人，公设辩护人是主要从事刑事辩护服务的专职律师。

第四，公设辩护人具有全职性。公设辩护人一般是全职辩护律师，其区别于兼职（part - time）公设辩护人，后者是指在本职之外而兼任公设辩护人。通俗言之，公设辩护人的全职性是指犹如法官、检察官一样应当每天上班。台湾地区“公设辩护人管理规则”第4条规定：“公设辩护人须遵守所属法院办公时间，并依规定签到或签退，如有疾病或事故必须请假者，应具请假书，送请院长核准。”从这一角度上说，公设辩护人和检察官一样，都是全职政府雇员，只不过公设辩护人的职责是为被追诉者提供辩护服务，检察官代表国家对犯罪嫌疑人、被告人实施追诉活动。在美国，一些规范性文件要求公设辩护人必须是全职性的。但在实践中，不少司法辖区存在大量兼职公设辩护人。截至2009年7月，明尼苏达州450名公设辩护人中大约有一半是兼职公设辩护人。〔1〕兼职公设辩护人多由私人执业律师充任，由此引发了关于兼职公设辩护人利弊的讨论。

第五，公设辩护人具有专业性。公设辩护人一般精通刑事辩护业务，〔2〕甚至有不少公设辩护人成为“刑辩专家”，公设辩护人的准入条件与工作内容有助于他们成为“刑辩专家”。就准入条件而言，一般需要通过法律职业资格考试，并具备相应执业培训经历才能成为公设辩护人。在台湾地区，只有通过公设辩护人资格考试或者是法官、检察官或律师者，才有资格成为公设辩护人。在美国，

〔1〕 See Office of the Legislative Auditor, State of Minnesota, *Evaluation Report Summary: Public Defender System*, 2010, pp. X, 19.

〔2〕 See David Allan Felice, “Justice Rationed: A Look at Alabama's Present Indigent Defense System with a Vision towards Change”, *Alabama Law Review*, 52 (2001), p. 966.

助理公设辩护人全都是执业律师(licensed lawyer)。[1] 就工作内容而言，公设辩护人专职从事辩护服务，并且“公设辩护人办公室的工作非常专门化，每个律师通常负责某种案件的辩护”[2]。与私人律师相比，他们能够积累更多的辩护经验及技能，“公设辩护人都是刑事法律专家，因为他们所有案件的当事人都是地方司法体系提起诉讼的被告人。”[3]

第二节 公设辩护人制度内涵解读

公设辩护人专职从事贫困者辩护服务，他们是刑事法律援助的具体实施者，采用公设辩护人为贫困者提供辩护服务的模式，即为公设辩护人制度。目前，公设辩护人制度成为一些国家刑事法律援助体系中的重要组成部分。

一、公设辩护人制度内涵界定

一般意义上，公设辩护人制度是指由国家设立的公共机构或者以非营利组织形态出现，通过公设辩护人办公室的形式，雇用全职或兼职公设辩护人，为贫困犯罪嫌疑人或被告人提供辩护服务的制度体系。作为一个制度体系，公设辩护人制度主要包括人员构成及任职条件、机构设置及结构、经费制度、受案范围、指定程序、服

---

〔1〕 See Sara Berman & Paul Bergman, *The Criminal Law Handbook: Know Your Rights, Survive the System* (12th Edition), Barrett Nolo Press, 2011, p. 159.

〔2〕 熊秋红：“刑诉中法律援助制度的模式与类型”，载《当代司法》1997 年第 7 期。

〔3〕 Paul B. Wice, *Public Defenders and the American Justice System*, Westport: Praeger, 2005, p. 11.

务阶段、代理方式、监督管理与惩戒等内容。作为刑事法律援助模式，公设辩护人制度是贫困者辩护服务体系的重要组成部分，与其他刑事法律援助模式相比，最大特征是采用公职律师形式，即雇用全职领薪律师专职从事辩护服务。

显然，国家建立公设辩护人制度是对法律服务市场理念的背离，公设辩护人有悖于律师职业市场化的传统，他们的出现必然会打破辩护服务由私人律师垄断的格局，国家这一行为有无正当性？事实上，公设辩护人制度因有悖于市场理念而广受质疑。在北欧一些国家，市场理念在法律援助领域中居于主导地位，私人律师模式是由国家购买律师法律服务的，被认为更契合市场理念，而公设辩护人制度影响到市场的正常运行。加拿大较早进行了法律援助模式的比较研究，一些研究成果指出公设辩护人制度存在巨大优势，但司法保障模式最为盛行。

人们质疑公设辩护人制度违背了法律服务的市场化，对此，英国学者杰拉尔德·汉隆（Gerard Hanlon）曾指出，国家对律师职业影响之一，表现在国家攻击了这一职业的垄断性和那些神圣不可侵犯的领域，诸如法律援助；社会呼吁成立由国家资助支付工资的法律咨询中心，以致法律协会担心这会是法律服务国家化的第一步。[1] 然而，法律服务市场化及过分商品化的弊端显而易见。英国社会学家马歇尔（Marshall）指出，“在19世纪末20世纪初，职业主义为一种个人主义的意识形态所主导，其基本思想是，只为那些付得起钱的群体服务。”[2]季卫东教授也认为，“法律服务商品

---

〔1〕［英］杰拉尔德·汉隆：《律师、国家与市场：职业主义再探》，程朝阳译，北京大学出版社2009年版，第82、106页。

〔2〕 T. H. Marshall, “The Recent History of Professionalism”, *Canadian Journal of Economics and Political Science*, 5 (1939). 转引自［英］杰拉尔德·汉隆：《律师、国家与市场：职业主义再探》，程朝阳译，北京大学出版社2009年版，第14页。

化也会降低律师的品质，并且使富人与穷人在主张权利方面享受不同的待遇，造成实质上的不平等。结果，法律家的正义观很可能异化，变得与民众的伦理感觉格格不入。"[1]显然，律师职业的正当性不仅是其提供的法律服务应遵守市场经济中的商品交易规律，更为重要的是，律师职业的"正统性基础"是保障人权与维护正义。日本《律师法》第1条明确规定："律师以拥护基本人权、实现社会正义为使命。"我国台湾地区"律师法"第1条也开宗明义规定："律师以保障人权、实现社会正义及促进民主法治为使命。"因此，"国家对营利活动进行干预，采取与此不同的反市场措施来维护伦理秩序的必要性和可能性仍然存在。例如，西方国家积极推动法律援助事业，为贫困阶层提供免费律师服务。"[2]

因此，公设辩护人制度的正当性在于：其是对律师辩护服务市场过分商品化的一种矫正，是对律师辩护使命在于维护基本人权、实现社会正义的回归。刑事法律援助采取"公"、"私"律师多元发展模式可以调和律师职业的使命与律师职业市场化之间的矛盾，从而最终有利于实现贫困者的律师辩护权。事实上，美国、英国等国的司法实践体现了这一发展趋势，美国贫困者辩护服务由公设辩护人制度、指定律师制度和合同律师制度三种方案构成；英国作为一个具有由私人律师提供辩护服务传统的国家，于1998年试行了公设辩护人制度。

二、公设辩护人制度主要特征

公设辩护人制度运作的制度要求决定了其运用于世界各国和地区存在一些共性特征，但基于各国和地区不同的政治结构、司法体

---

〔1〕季卫东：《法治秩序的建构》，中国政法大学出版社1999年版，第246页。

〔2〕季卫东：《法治秩序的建构》，中国政法大学出版社1999年版，第250页。

制、诉讼模式、法律文化等因素，公设辩护人制度又呈现出一些本土个性。在各种刑事法律援助实施机制中，公设辩护人制度更是特点鲜明，总体而言，其具有五个方面的特征：

第一，公设辩护人制度采用公立为主、私立为辅的组织结构模式。公设辩护人组织结构一般表现为公共机构或官方性质的形态，同时也存在非营利性机构的形态。在某种程度上，刑事法律援助由私人律师模式过渡为公立模式，既是政府承担刑事法律援助义务的直接体现，也是克服私人律师模式弊端的产物。近年来，具有良好运作效果的非营利性质的公设辩护人组织逐渐受到关注。1971 年 4 月，美国南加州联邦司法区（South District of California）在圣地亚哥设立了第一个联邦层面的非营利性组织形态的公设辩护人办公室，该办公室由独立的董事会（Board of Directors）进行管理。目前，在美国享有盛誉的哥伦比亚特区公设辩护人服务是一个独立的私人非营利性公设辩护人组织（Private Non - Profit Public Defender Organization），并由受托人委员会（Board of Trustees）进行管理。

第二，公设辩护人制度主要以全职律师提供辩护服务，并辅以支持性职员（support staff）。公设辩护人办公室一般由全职公设辩护人与兼职公设辩护人共同组成。2010 年，美国司法部公布的《2007 年州公设辩护人方案》研究报告显示：2007 年全美州立公设辩护人项目共雇用 4321 名等效全职（full - time equivalent）律师，[1] 其中兼职律师为 345 名（占总数的约 8%）。[2] 同年公布的《2007 年县立和地方公设辩护人办公室》研究报告显示：2007 年全美县立公设辩护人办公室共雇用 10 228 名等效全职律师，其中兼职

〔1〕 等效全职的计算方法是由兼职员工工作的时间数量除以全职员工的基本工作时数（每周 40 小时），将得出的平均数与全职员工的数量相加计算出的数据。

〔2〕 Lynn Langton & Donald J. Farole, Jr. , U. S. Dep't of Justice, Bureau of Justice Statistics, *State Public Defender Programs*, 2007 (2010).

律师为1053名（占总数的10%）。[1] 可见，在司法实践中，公设辩护人组织大多由全职公设辩护人实施辩护活动。同时，公设辩护人办公室一般雇有支持性职员，如行政人员、律师助理、调查员、社会工作者、贫困审查员等，他们为公设辩护人的辩护服务提供必要支持。

第三，公设辩护人制度的实施机构为公设辩护人办公室。本质上，公设辩护人办公室的运作与私人律师事务所并无二致，公设辩护人办公室是律师执业的另一种组织方式。1980年，斯图尔特（Stewart）大法官在美国联邦最高法院布兰迪诉芬克尔（*Branti v. Finkel*）案中指出：公设辩护人办公室与私人领域中的律师事务所非常相似，并且很少有职业能够赶上办公室成员之间的互相信任的关系。[2] 公设辩护人办公室与私人律师事务所一样，履行着对其所属成员的监督管理职责。一般而言，公设辩护人办公室的职责包括：监督管理、法律培训、利益冲突案件审查、指派公设辩护人、评判“贫困”等。美国的一些全州性公设辩护人项目中，上级公设辩护人办公室往往要监督管理下级公设辩护人办公室；一些公设辩护人办公室作为本辖区刑事法律援助业务的管理机构，甚至与私人律师签约，由后者依据约定提供刑事法律援助服务。

第四，公设辩护人制度在一些英美法系国家较为盛行，大陆法系国家和地区也不乏其例。当今，美国、英国、加拿大等英美法系国家建立了公设辩护人制度，其中，美国公设辩护人制度在贫困者辩护服务体系中占主导地位。但是，一些典型的大陆法系国家，如德国、法国、意大利等国并未采用公设辩护人制度。从历史渊源上

---

〔1〕 Donald J. Farole, Jr. & Lynn Langton, U. S. Dep't of Justice, Bureau of Justice Statistics, *County-based and Local Public Defender Offices*, 2007 (2010).

〔2〕 Branti v. Finkel, 445 U. S. 521 (1980).

看，大陆法系国家较少采用公设辩护人制度是因遵循《拿破仑刑事诉讼法典》（The French Napoleonic Code of Criminal Procedure），该法典规定，法院指定私人律师通常由国家支付费用，作为惯例，这些国家的辩护律师不直接受雇于政府。[1] 因此，法院指定律师制度在大陆法系国家较为流行。

在笔者看来，一些英美法系国家采用公设辩护人制度，主要是受当事人主义诉讼模式的影响。当事人主义诉讼模式的基本特征是控辩双方充分对抗，辩护律师的作用尤为关键，如果大量贫困犯罪嫌疑人、被告人无资力聘请律师为其辩护，当事人主义诉讼模式将无法顺利运行。公设辩护人制度可以为大量贫困犯罪嫌疑人、被告人提供辩护服务，有助于当事人主义诉讼模式功能的实现。例如，我国台湾地区“刑事诉讼法”具有大陆法系传统，自 2003 年采“改良式当事人进行主义”以来，公设辩护人的作用逐渐得到体现，这在一定程度上反映了当事人主义诉讼模式与公设辩护人制度之间的相互促进关系。但是，当前两大法系之间的融合日益加强，二者之间的明确界分越来越模糊，对律师辩护权的重视成为两大法系的共同特征。近年来，一些具有大陆法系特征的国家开始引入公设辩护人制度。1990 年，在经过律师协会广泛讨论后，南非法律援助委员会说服司法部批准设立国家支持的公设辩护人制度，并且拨款 250 多万兰特（60 多万美元）支持这个项目，第一个公设辩护人办公室在约翰内斯堡试行两年。2000 年，立陶宛成为东欧第一个设立公设辩护人制度的国家，希奥利艾（Siauliai）、首都维尔纽斯（Vilnius）等城市相继设立公设辩护人办公室。2006 年 1 月 1 日，亚美尼亚成立了一个全国性的公设辩护人机构（Public Defender A-

〔1〕 参见 http：//en. wikipedia. org/wiki/Public_ defender，最后访问日期：2011 年 6 月 16 日。

gency，PDA），为所有的刑事案件和一些民事案件提供法律服务，公设辩护人机构是该国律师协会（the Chamber of Advocates）的一个分支机构，并在全国范围内雇用了33位公设辩护人。日本为了使更多犯罪嫌疑人、被告人得到充分、有效的辩护，维护当事人的基本人权，实施了值班辩护人制度，建立这一制度的目的是，为将来由国家提供经费开设公费律师事务所建立制度性基础，其性质上可视为公设辩护人制度的前身或者尝试阶段。[1]

第五，公设辩护人制度运作经费主要来源于财政拨款。为贫困者提供免费辩护服务既是国家的基本义务，也是公民的基本人权，公设辩护人制度运作经费应由财政拨款。我国台湾地区公设辩护人属于司法人员，其所需经费与法官、检察官一样统一编列预算，由财政负担。美国公设辩护人组织分别存在于联邦与州两个层面，联邦公设辩护人组织经费主要来自于联邦政府；州、县[2]公设辩护人办公室经费主要来自于州政府、县政府；而私人资金所占比重极小。英国公设辩护人服务经费由国家提供，并以中央财政为主。

第三节　公设辩护人基本属性分析

公设辩护人诞生之初被认为是“法律中的一个异常事物”，这是基于一种对其双重身份的评判。狭义上的公设辩护人具有公务人员与辩护人的双重身份，这在实践中常常引发职业伦理冲突，因而界定公设辩护人的基本属性成为研究公设辩护人制度的首要问题，

〔1〕 参见彭勃：《日本刑事诉讼法通论》，中国政法大学出版社2002年版，第33～34页。

〔2〕 美国的县（county）（也译为“郡”）是州中最大的地方行政单位。

唯此，才能解决公设辩护人的职业伦理建构。本部分将揭示公设辩护人的双重职业伦理特性，并从现代刑事诉讼结构的应然性、立法规范要求与历史沿革三个维度，分析公设辩护人的基本属性。

一、公设辩护人双重职业伦理及其冲突

法国学者爱弥尔·涂尔干（Emile Durkheim）曾指出："军队、教育、法律、政府等都是具有公共性质的群体。在这些功能群体中，每个群体都构成了界限明确的实体，不仅具有统一性，还有自己的特殊规定，而且专门机构也会遵照指令保证这些规定得到强化。"〔1〕职业伦理（或职业道德）是各群体之间"界限"的重要标志，每一种职业都有其特定的职业伦理。〔2〕"倘若没有相应的道德纪律，任何社会活动形式都不会存在……所以，任何职业活动都必须得有自己的伦理。"〔3〕狭义上的公设辩护人受雇于国家，同时又为犯罪嫌疑人、被告人提供辩护服务。受雇于国家，表明其公务人员身份；〔4〕提供辩护服务，说明其在担任辩护律师角色，公设辩护人集公务人员与辩护律师身份于一身。可见，公设辩护人的角色"双重又微妙"，其一方面属于"自由执业之专业人士"，另一

〔1〕［法］爱弥尔·涂尔干：《职业伦理与公民道德》，渠东、付德根译，上海人民出版社2006年版，第10页。

〔2〕职业道德是指人们在从事某一职业时应遵循的道德规范和行业行为规范。参见中国社会科学院语言研究所词典编辑室编：《现代汉语词典》（第6版），商务印书馆2012年版，第1672页。

〔3〕［法］爱弥尔·涂尔干：《职业伦理与公民道德》，渠东、付德根译，上海人民出版社2006年版，第16~17页。

〔4〕当今世界各国一般都建有公务员制度。英国称之为"public servant"，美国称之为"governmental employee"，虽然各国关于公务员的内涵及范围略有差异，但其一般表现为统一编制、履行公职、受薪等特征，如我国《公务员法》第2条规定："公务员，是指依法履行公职、纳入国家行政编制、由国家财政负担工资福利的工作人员。"

方面又是支领公家报酬的“公务人员”。[1] 在台湾地区，有“立法委员”指出：“公设辩护人既为公务员，亦代表政府执行任务，则在刑事案件中类同原告，为被告辩护似乎不尽适当。”[2] 究其原因，公务人员与辩护律师有着不同的职业伦理要求。

其一，公务人员职业伦理的基本特征是上令下从与追求效率。我国《公务员法》第12条规定，公务员应当“努力提高工作效率”、“忠于职守，勤勉尽责，服从和执行上级依法作出的决定和命令”。我国台湾地区“公务员服务法”第1条规定：“公务员应遵守誓言，忠心努力，依法律命令所定，执行其职务。”第2条规定：“长官就其监督范围以内所发命令，属官有服从之义务。”第3条规定：“公务员对于两级长官同时所发命令，以上级长官之命令为准。”可见，上令下从与追求效率是公务员的基本特征。对此，学者姜世明指出：“一般公务员（事务官）系上命下从，服从长官命令……对一般公务员之工作可要求其效率优先……”[3] 就此而言，公设辩护人在履行其辩护职责时是否也应当讲究服从上级与追求工作效率？事实上，公设辩护人因公职身份已经使人们产生了将其视作国家法律机关（state's legal apparatu）组成部分的观念。[4] 公设辩护人常常被认为是代表政府的。

---

〔1〕 参见黄祥睿：《美国公设辩护制度》，裕文实业有限公司1994年版，第165页。

〔2〕 我国台湾地区《“立法院”公报》第75卷第63期，第15页。

〔3〕 姜世明：《法律伦理学》，元照出版有限公司2010年版，第14页。

〔4〕 See Edwin Rekosh, Kyra A. Buchko, Vessela Terzieva, *Pursuing the Public Interest: A Handbook for Legal Professionals and Activists*, Public Interest Law Initiative in Transitional Societies, Columbia Law School, 2001, p. 233.

其二，辩护律师职业伦理的核心是忠实义务。[1] 辩护律师应当对当事人负有忠实义务。对此，季卫东教授指出，律师职业伦理的核心内容是为最大限度地确保客户的合法权益而奋斗，即所谓的“党派性忠诚原则”。律师在维护公益与私利面前应当有所选择，律师维护私益更在于防止肆意化的国家权力对个人权利的侵害，并最终实现公益。[2] 美国学者罗纳尔多·V. 戴尔卡门（Rolando V. del Carmen）指出，辩护律师“为被告人辩护时，为社区利益而工作并不是一位律师预期的职责之一。更明白地说，当事人的利益是最重要的，其他的都无所谓”[3]。因此，辩护律师的首要职业伦理是维护当事人权益，亦可称为对当事人的“忠实义务”，由“忠实义务”又引申出对当事人的“保密义务”。

公设辩护人的双重身份使得两种不同的职业伦理集于一身。公设辩护人在为犯罪嫌疑人、被告人提供辩护服务时，两种职业伦理产生冲突将如何处理？换言之，公设辩护人受雇于政府，却要站在

---

〔1〕 辩护律师职业伦理的核心内容是对当事人的“忠实义务”，同时辩护律师还负有“公共利益及社会责任的义务”（具体包括对法庭的责任，即“真实义务”），“忠实义务”与“真实义务”（外延可以为公共利益义务）是辩护律师的两大职业伦理内容，这点反映在各国和地区的职业伦理规范中。例如，我国台湾地区“律师伦理规范”第7条规定：“律师应体认律师职业为公共职务，于执行职务时，应兼顾当事人合法权益及公共利益。”第11条规定：“律师不应拘泥于诉讼胜败而忽略真实之发现。”第20条规定：“律师应协助法院维持司法尊严及实现司法正义，并与司法机关共负法治责任。”又如，日本《律师法》第1条规定：“律师以维护基本人权，实现社会正义为使命。”从某种程度上而言，辩护律师履行的“公共利益及社会责任的义务”与公务人员的职业伦理要求存在相同之处。实践中，“忠实义务”与“公共利益及社会责任的义务”也会发生冲突，辩护律师有三种选择，一是以法院为中心，着重“真实义务”（或公共利益义务）；二是以当事人为中心，着重“忠实义务”；三是二者并重。参见王惠光：《法律伦理学讲义》，元照出版公司2007年版，第61、81、273页。

〔2〕 季卫东：《法治秩序的建构》，中国政法大学出版社1999年版，第243～244页。

〔3〕［美］罗纳尔多·V. 戴尔卡门：《美国刑事诉讼法——法律和实践》，张鸿巍等译，武汉大学出版社2006年版，第514页。

政府的对立面为当事人提供辩护服务，他们在双重角色的内在矛盾下，能否做到有效辩护？有学者指出，公设辩护人的身份是比较尴尬的，在刑事诉讼过程中可能出现伦理问题。例如，犯罪嫌疑人告诉公设辩护人警方尚未掌握的关键证据的地址所在，公设辩护人是否应该检举？作为公务员有义务揭发犯罪，但作为辩护律师是不能揭发的。又如，律师隐瞒对当事人不利的重要证据不违法，但作为公设辩护人这是违法的。显然，公设辩护人在提供辩护服务时，有可能会处于两难境地。他们是忠实于当事人，还是积极代表政府利益？公设辩护人不是当事人聘雇的，而是国家雇用的，他们是否会受其雇主——国家——的影响呢？对此，有学者指出："当事人经济利益冲突难以解决的原因显而易见，律师的决定必定受到其雇主意愿的影响，对刑事案件中的公设辩护人和指定律师来说这是事实，正如对民事案件中的私人律师来说一样。"〔1〕

事实上，公设辩护人双重身份导致的职业伦理冲突根源在于：国家在刑事司法活动中的目标并非都与当事人一致，甚至是对立的。如果国家希望通过重典解决社会治安问题、降低法院案件积压等，那么国家可能就倾向于更严厉、更快地解决犯罪问题，而这一立场并不利于被追诉者的权益保障。有学者指出，由对抗方（实为政府）选择或付费（直接或间接）的律师在诉讼中为一方当事人提供代理非常不道德（unethical）。〔2〕 在我国台湾地区，公设辩护

〔1〕 Stephen J. Schulhofer & David D. Friedman, "Rethinking Indigent Defense: Promoting Effective Representation through Consumer Sovereignty and Freedom of Choice for All Criminal Defendants", *American Criminal Law Review*, 31 (1993), p. 74.

〔2〕 Stephen J. Schulhofer & David D. Friedman, "Rethinking Indigent Defense: Promoting Effective Representation through Consumer Sovereignty and Freedom of Choice for All Criminal Defendants", *American Criminal Law Review*, 31 (1993), p. 74. 事实上，美国绝大多数刑事案件中的律师辩护费用由国家支付，因为除了公设辩护人直接受雇于国家外，在指定律师制度与合同律师制度中，私人律师提供辩护服务的报酬也由国家支付。

人置于法院体系也备受质疑，“在现行司法体系的审判设计下，他们其实是个突兀、定位不清的角色。公设辩护人接受法院管辖，但又代表被告对抗国家的检察官，法院因此有球员兼裁判的嫌疑，公辩本身则遭受是否能善尽保障被告权益职责的质疑。”〔1〕

二、公设辩护人基本属性之辨析

公设辩护人的基本属性是什么？是辩护律师还是政府雇员？对此，笔者将从现代刑事诉讼结构的应然性、立法规范要求和历史沿革三个维度对公设辩护人的基本属性进行辨析。

其一，现代刑事诉讼结构之应然性要求：公设辩护人应发挥“辩”的功能。现代刑事诉讼活动由控、辩、审三种角色或职能构成，以“等腰三角结构”方式演绎。“整个刑事诉讼的过程就像是在演一出戏，每个角色都必须要把自己的功能确实地弄清楚，这样才可以‘演什么，像什么’。同样的道理，参与刑事诉讼程序的辩护人，在清楚地了解自己在当中的法定功能以及地位之后，可以适当地执行自己的任务。”〔2〕可见，刑事诉讼中的各角色只有适当履行职能，彼此之间才能各司其职、有所适从，刑事诉讼的功能才能实现。具体而言，法官居中、平等对待两造，“从良心出发”、“仅仅以宪法和法律为准绳”进行裁判；检察官依法实施追诉，进行量刑建议；辩护律师代表当事人利益，积极进行辩护。只有控、辩、审三种角色发挥了应有功能，现代刑事诉讼活动才能顺利展开。显然，公设辩护人在刑事司法中担当的是“辩”的角色，其只有积极履行辩护职责，刑事诉讼这场“戏”才能演好。否则，“等腰三角

---

〔1〕 林意淳：“竞逐人权？国家与律师专业团体共谋下的公设辩护人制度”，台湾“清华大学”社会学研究所2009年硕士学位论文，第8页。

〔2〕 吴俊毅：《辩护人论》，正典出版文化有限公司2009年版，第13页。

结构”就变成了线性结构。因此，基于现代刑事诉讼结构之应然性要求，公设辩护人的基本属性是辩护律师，履行的是辩护职责，而不是遵守公务人员的行为规范。

其二，立法判例之规定：公设辩护人履行“辩”的职能。从立法规范的角度上看，相关法律规定和司法判例都要求公设辩护人依法履行“辩”的职责。我国相关规范性文件将公设辩护人规定为辩护人。南京国民政府《公设辩护人服务规则》第11条规定：“公设辩护人出庭时，坐于律师席位。”台湾地区“公设辩护人管理规则”第5条规定：“公设辩护人办理案件，除法令另有规定外，适用刑事诉讼法关于辩护人之规定。”美国多个判例认定：在刑事诉讼活动中，公设辩护人是辩护律师，而非公务人员。1975年，法院在斯普林诉康斯坦丁诺案（*Spring v. Constantino*）中认定：公设辩护人在为贫困者提供代理时不是“政府雇员”(public official)。[1] 1978年，法院在米尔斯诉霍尔案（*Mears v. Hall*）中认定：在公设辩护人制度之下，法官指定的公设辩护人不是公职人员或雇员(public officer or employee)，而是在刑事案件中为贫困被告人提供代理的私人律师。[2] 1978年，法院在宾夕法尼亚联邦诉威尔科克斯案（*Com. v. Wilcox*）中认定：公设辩护人并非以官方（officially）形式为犯罪嫌疑人进行代理，但他们积极参与程序，实现了嫌疑人的律师辩护权。[3] 1980年，法院在布兰迪诉芬克尔案中认定：与公共责任更广的政府官员如检察官相比，助理公设辩护人的主要责任之一是在与国家的对抗中为公民个人代理。[4] 1981年，法院在波克县诉多德森案（*Polk County v. Dodson*）中认定：在刑事程

〔1〕 *Spring v. Constantino*, 362 A. 2d 871 (1975).

〔2〕 *Mears v. Hall*, 569 S. W. 2d 91 (1978).

〔3〕 *Com. v. Wilcox*, 392 A. 2d 1294 (1978).

〔4〕 *Branti v. Finkel*, 100 S. Ct. 1287 (1980).

序中，公设辩护人为被告人辩护行使律师传统功能时，并非“民权法案”（Civil Rights Act）第1983条[1]所指的以州法院名义行事，除了报酬来自政府，公设辩护人与当事人的关系，与其他任何私人律师与当事人的关系是完全相同的。[2] 2003年，法院在亨森诉印第安纳州案（*Henson v. State*）中认定：公设辩护人不受州或州任何雇员的控制，也不必忠诚（loyalty）于后者。[3] 因此，在刑事司法中，公设辩护人的功能是为贫困犯罪嫌疑人、被告人提供辩护服务，充当辩护律师角色，而非居于公务人员之立场。换言之，公设辩护人只是具有公职身份的辩护律师。

其三，历史沿革中的功能转变：公设辩护人是被告人权利的捍卫者。公设辩护人制度经历了由履行政府职能向辩护职能转变的过程，美国公设辩护人制度的历史发展尤其能说明这点。美国公设辩护人制度从概念提出、设立到全面发展，经历了一个漫长的过程。最初建立公设辩护人制度时，人们更多地把它视作政府机构，而非当事人利益的捍卫者。对此，学者汤普逊（Thompson）指出，当初改革者们建议设立公设辩护人办公室来集中实行刑事辩护，提高刑事司法体系的效率，而提及公设辩护人办公室为贫困被告人提供的服务，出资机构为了证明为公设辩护人办公室花费是正确的，[4] 还承诺这将帮助法院降低案件积压、处理沉重的案件负荷、提高法院效率来增强对法院体系的进一步尊重。纽约设立公设辩护人办公室，即“志愿辩护人委员会”（the Voluntary Defenders Committee），

〔1〕 美国民权法案（Civil Rights Act）第1983条规定任何人以州法等名义剥夺公民权利的，应向受害方负责。

〔2〕 *Polk County v. Dodson*, 454 U. S. 325, 318 (1981).

〔3〕 *Henson v. State*, 798 N. E. 2d 540 (2003).

〔4〕 公设辩护人办公室建立之前，美国几乎没有在贫困被告人律师指定方面的实际花费，州法院一般依靠私人律师的志愿服务，而实际上也仅仅在死刑案件中需要指定律师。

将其角色定位为“法庭帮手”（arm of the court）。一开始这些新的公设辩护人办公室更多地把自己看作是政府职员（public officials），并非当事人利益的独立捍卫者，公设辩护人不像因采取攻击手段与国家对抗而饱受争议的私人刑事辩护律师，他们寻求减少与控方的冲突，所以洛杉矶公设辩护人办公室设立后的第一年寻求更多的是认罪答辩（pleas of guilty）、提交更少的动议、使更少的案件进入庭审。同样，在纽约，如果被告人向辩护人认罪，“志愿辩护人委员会”将拒绝该案进入庭审。这些辩护人办公室采用的运作理念与我们现在期望他们扮演的角色迥然不同，他们会促成认罪，仅仅为那些明显无罪的被告人争取无罪释放；对抗性辩护被认为是不需要的，因为多数贫困被告人被认为有罪。因此，在刑事司法体系中，公设辩护人办公室更注重的是效率（efficiency），而不是为他们的当事人提供有效的帮助（effective assistance）。[1] 舒尔霍夫（Schulhofer）和弗里德曼（Friedman）也认为：“律师和给他们指派案件的法官、政府官员，或者与政府签约的私人律师事务所，无疑关注预防无辜者被定罪，但他们的意愿不如无辜者强烈。他们可能以诸如减少罪犯量和减少法庭积压案件为目标，这与预防无辜者被定罪的目的相冲突。”[2]

1963年吉迪恩诉温莱特案（*Gideon v. Wainwright*）后，公设辩护人的功能开始发生重大转变。“吉迪恩案”确立了“律师是必需品，而不是奢侈品”的基本理念，明确了贫困被告人律师帮助权是公平审判不可或缺的基本条件，自此，公设辩护人办公室不仅在全

---

〔1〕 See Kim Taylor – Thompson, “Individual Actor v. Institutional Player: Alternating Visions of the Public Defender”, *Georgetown Law Journal*, 84 (1996), pp. 2423 ~ 2425. 汤普逊还提到，纽约“志愿辩护人委员会”设有三个主要目标：一是降低因私人辩护律师的争讼、对抗行为导致的社会不安；二是增强司法的信心；三是消除刑事司法制度中声名狼藉律师的存在。显然，此种定位是将公设辩护人置于“法庭帮手”的角色。

〔2〕 Stephen J. Schulhofer & David D. Friedman, “Reforming Indigent Defense: How Free Market Principles Can Help to Fix a Broken System”, *Policy Analysis*, 666 (2010), p. 2.

美广泛设立起来，更为重要的是，基于最高法院判例的精神，公设辩护人办公室开始转向着重保障贫困被告人基本权益的立场，积极履行辩护职能，而非“法庭之友”（friend of the court）角色。对此，汤普逊认为：“意义更加深远的是，辩护人办公室被允许自行决定在刑事司法体系中的角色。的确，随着这些公设辩护人办公室的发展，新的辩护精神产生了，不再接受外部机构强加的角色，这些办公室将辩护人更多地界定为当事人的辩护律师，而非‘法庭之友’，辩护人甚至会为了有罪的当事人的利益挑战庞大的国家。”显然，美国公设辩护人角色的转变与沃伦法院（Warren court）时期（1953～1969 年）对正义的追求（pursuit of justice）相一致。“沃伦法院开始关注政府对刑事被告人的待遇，公设辩护人办公室对当事人个人需求的关注开始胜过对刑事司法制度需求的……不像他们的前辈，他们的运作与私人刑事辩护律师一样……公设辩护人将自己的角色定位为每位当事人热情代理，为每位当事人追求合法权益。”[1] 为了适应这种角色的转变，基于有效代理的立场，公设辩护人办公室开始积极实施培训计划、制定案件负荷标准、实行“纵向代理”以及雇用支持性职员等措施。美国公设辩护人制度的历史发展表明了其从“法庭之友”向当事人权益捍卫者角色的转变。

综上所述，公设辩护人的基本属性是辩护律师。那么，我们如何划定公设辩护人的公职身份与辩护身份的界限？美国学者简·M. 沃德（Jane M. Ward）在分析联邦公设辩护人时指出，联邦公设辩护人与政府之间存在独特的“雇用”关系，公设辩护人的职位由联邦政府设立，并由政府提供报酬，公设辩护人的案件负荷量在一定程度上也是由政府决定的，当为贫困当事人提供代理服务时，

[1] Kim Taylor－Thompson，“Individual Actor v. Institutional Player：Alternating Visions of the Public Defender”，*Georgetown Law Journal*，84（1996），pp. 2426，2428.

公设辩护人参与案件的类型也是政府所期待的。然而，尽管联邦政府决定公设辩护人做什么、什么时候做好，但是联邦公设辩护人可以独立地掌控如何实施代理。因此，联邦公设辩护人被作为雇主的政府控制的必要元素并不存在，如果存在，也是不充分的，“雇员（employee）是仆人（servant）的同类词”，因为一位律师要在特定的时间严格忠诚于他或她所代理服务的人，因此一位公设辩护人不可能作为政府的仆人。[1]

笔者认为，我们可以从结构与功能的双重视角阐明公设辩护人的基本属性。一方面，“公设”（public）代表“结构或形式”（form）安排，即从公设辩护人的身份及职业保障的角度来说，公设辩护人作为公务人员，其应与法官、检察官处于同等地位、获得相同待遇（如薪水、晋升等）。换言之，公设辩护人受雇于政府、领取固定薪酬的目的在于通过身份保障以促使其更好地履行辩护职责，而非受制于政府以致丧失其作为辩护律师应有的独立性。另一方面，“辩护人”（defender）体现基本“功能”（function），即公设辩护人以为贫困者提供辩护服务为其存在价值，他们与私人律师的诉讼权利义务并无二致，并且同样受到律师行为准则的约束，实施的不当行为也将受到相应惩戒。归根结底，“公设”身份（公职人员）是形式，“辩护”身份（辩护律师）是本质，“公设”身份服务并服从于“辩护”身份。就此而言，如果公设辩护人完全被吸收到“国家的科层制机构”中，不得不服从其公职身份，受到行政纪律管束时，即当“结构”凌驾于“功能”之上时，那么他们维护犯罪嫌疑人、被告人权利的立场必将受到影响，公设辩护人存在的正当性也会受到质疑。因此，回到最初的问题，如何解决公设辩护人双重

〔1〕 See Jane M. Ward, “Sullivan v. United States: Are Federal Public Defenders in Need of a Defense”, *Villanova Law Review*, 40 (1995), pp. 251 ~252.

身份所引起的职业伦理冲突问题？如果我们将公设辩护人的基本属性界定为辩护律师，他们在刑事诉讼活动中，应当首先履行辩护职责，遵守的是律师职业行为规范，而非公务人员行为规则，“作为一位具有伦理责任的律师，公设辩护人被要求应独立地、热情地为他或她的当事人利益服务，而不是政府的利益。”〔1〕

第四节　公设辩护人独立性探究

律师职业属性之一是独立性，因为“法律服务活动的本质要求需要律师具有独立性”〔2〕。可以说，独立性是律师最为重要的职业属性，如果我们将律师的使命定位为“保障基本人权”、“维护社会正义”，那么“律师必须从拥有权力的势力中独立出来”。〔3〕律师的独立性意味着他们应独立于国家机关、社会团体、公民个人等，不受后者们的干涉，唯此，律师才能成为“专制政权的挑战者”、“正义守护者”。刑事诉讼被认为是国家与公民个人之间的斗争，检察官代表国家实施追诉活动，国家建立公设辩护人机构履行辩护职责，公设辩护人如何维护独立和自治？作为受雇于国家的辩护律师，公设辩护人始终面临着人们对其独立性的担忧与质疑。

一、公设辩护人独立性争议

公设辩护人的基本属性是辩护律师，他们在实施辩护活动时具

〔1〕 Jane M. Ward, “Sullivan v. United States: Are Federal Public Defenders in Need of a Defense”, *Villanova Law Review*, 40 (1995), p. 256.

〔2〕 谢佑平：《社会秩序与法律职业——律师角色的社会定位》，法律出版社 1998 年版，第 44 页。

〔3〕 参见［日］森山文昭、加藤良夫：“律师自治”，载［日］森际康友编：《司法伦理》，于晓琪、沈军译，商务印书馆 2010 年版，第 264 页。

有独立地位是其作为辩护律师的应有之义。简·M. 沃德认为："律师和那些公设辩护人的职业标准，要求一个公设辩护人像私人律师（非雇用律师）一样不受政府控制和指示。"[1] 美国律师协会（ABA）制定的《公设辩护服务制度十项原则》（The Ten Principles of a Public Defense Delivery System）第1项原则就要求公设辩护应当独立运作、独立于政治影响。具体而言，包括公设辩护人的选举、经费提供、报酬支付是独立的，并且公设辩护必须独立于政治影响力，只在与聘用律师（retained counsel）相同的方式和程度上受制于司法监督。为了确保公设辩护人能够独立履行辩护职责，我国台湾地区"公设辩护人条例"第12条规定："公设辩护人对于法院及检察官，独立行使职务。"显然，在刑事诉讼活动中，公设辩护人只有确保地位独立，才有可能维护犯罪嫌疑人、被告人的权益，提供称职辩护。否则，公设辩护人就极易沦为权力的附庸，成为侵害弱势者的帮凶，充当刑事司法程序形式正义的工具。

自公设辩护人制度诞生以来，人们对公设辩护人能否独立地履行辩护职责一直存有争议。公设辩护人如何在与雇主（政府）的对抗（刑事诉讼活动）中获得独立性，并积极为犯罪嫌疑人、被告人提供辩护服务？20世纪60年代以来，不断有学者对公设辩护人的独立性表示怀疑。安东尼·刘易斯（Anthony Lewis）指出：人们对公设辩护人的质疑与担忧在于，公职人员的身份将妨碍他们像私人辩护律师一样激烈地与控诉方进行对抗，虽然像加利福尼亚州这些实行过公设辩护人制度的地区，认为上述质疑是不成立的。但是，完全可以理解人们仍然会有一种看法，即在刑事诉讼中，私人律师可以为被告人提供更好的辩护服务。人们还有一种顾虑，即政府控

[1] Jane M. Ward, "Sullivan v. United States: Are Federal Public Defenders in Need of a Defense", *Villanova Law Review*, 40 (1995), p. 252.

制的各种行为很可能会导致迟钝、循规蹈矩以及官僚的结果。[1] 肯尼斯·吉普尼斯认为："公众聘用方式的最大缺陷是它损害了律师行业的自主权，瓦解了它的独立性……政府作为律师的雇主，有权限制律师，不让他们对政府的滥用职权提出上诉。作为律师行业的'老板'，政府会制订一些成文或不成文的聘用条件，限制对某些案件的上诉。"[2] 史蒂芬·J. 舒尔霍夫（Stephen J. Schulhofer）和大卫·D. 弗里德曼（David D. Friedman）认为："由公共经费资助的辩护弊端显而易见：律师的决定势必受到雇主意愿的影响。刑事案件中的公设辩护人和指定律师，与民事案件中的私人律师一样。"[3] 美国一些大法官也表达了对公设辩护人制度独立运作的顾虑。1963 年，联邦最高法院在"吉迪恩案"中明确政府对实现贫困者律师辩护权负有义务，公设辩护人制度成为一种选择方案而为各司法辖区关注。然而，克拉克（Clark）大法官依然指出："（我们）并不支持建立一个庞大的公设辩护人体系……我们应将这一职能置于私人律师之手，而不是政府。"[4] 在英国，当议会开始考虑试点公设辩护人服务时，英国民众表达了由公共机构雇用的律师是否拥有足够独立性的担忧，即公设辩护人是否可以独立于政府，且排除任何机构或政治压力代表当事人利益？对英国民众而言，公设辩护人服务是史无前例的创举，他们的顾虑可以理解。在加拿大，《安大略省法律援助评论报告：公共资金支持的法律援助蓝图》在讨论"法律独立"问题时指出，专职律师模式在运作时，经常被提

---

〔1〕 Anthony Lewis, *Gideon's Trumpet*, New York: Random House, 1964, p. 208.

〔2〕［美］肯尼斯·基普尼斯：《职责与公义：美国的司法制度与律师职业道德》，徐文俊译，东南大学出版社 2000 年版，第 179 页。

〔3〕 Stephen J. Schulhofer & David D. Friedman, "Reforming Indigent Defense: How Free Market Principles Can Help to Fix a Broken System", *Policy Analysis*, 666 (2010), p. 2.

〔4〕 Anthony Lewis, *Gideon's Trumpet*, New York: Random House, 1964, p. 209.

出的担忧是：政府的控制和付酬会更为直接地导致专职律师在独立性上比私人律师差。在法律领域可能也会影响到法律独立性的看法。例如，在家事法中，政府通常在当事人的争议中没有直接利益，但一些人认为，在刑事法中当事人的命运与政府的利益存在直接联系，他们的命运受控于广泛的公共机构，以及公共机构的雇员——检察官。[1] 换言之，在刑事案件中，政府是实施控告的一方当事人，其必然会对一些案件的结果有着积极的兴趣，当实施控诉行为时，政府已经相信被追诉者存在犯罪事实，只要政府愿意或者迫于其他压力（如舆论等），它就会在这场对抗中发动足够的力量去获得他们想要的结果，因此，由政府出资并设立的公设辩护人怎能不受到其影响？[2]

综上所述，无论是学者还是实务人士，他们都对公设辩护人制度的独立性心存顾虑。“在一般意义上‘雇用’（employee）这个词意味着一个人在另一个人的管理、支配之下。”[3] 公设辩护人受雇于政府，并直接从政府那里领取薪水，人们质疑他们能否独立于政府的控制，担忧他们沦为另一个官僚机构。事实上，不仅公设辩护人受雇于国家，一些公设辩护人办公室也靠近于法院，由此也引发了人们对其独立性的质疑。在美国，“典型的公设辩护人办公室坐落于靠近

---

〔1〕 See Ontario Legislative Library Technical Services & Systems, *Report of the Ontario Legal Aid Review: A Blueprint for Publicly Funded Legal Services*, 1997. 加拿大学者柯里（Currie）撰文提到，专职律师不能像私人律师那样独立于司法体系。See Albert Currie, “Legal Aid Delivery Models in Canada: Past Experience and Future Developments”, *University of British Columbia Law Review*, 33 (2000), p. 300.

〔2〕 在所有刑事法律援助方案中，其实都存在独立性的问题。指定律师制度与合同律师制度是政府作为第三方付费，即由政府购买私人律师的法律服务，私人律师向贫困犯罪嫌疑人、被告人提供辩护服务。但私人律师也有可能受控于政府，如在合同律师制度中，私人律师为了得到下一个合同，其独立性可能会降低。

〔3〕 Jane M. Ward, “Sullivan v. United States: Are Federal Public Defenders in Need of a Defense”, *Villanova Law Review*, 40 (1995), p. 252.

刑事法庭的地方，尽管它可能对它的委托人更加方便，但是公设辩护人方案应不与刑事法庭在同一座建筑物内，由此来保持与控方和法官的独立性。被告人已经怀疑公立的领薪律师的服务，因此，他们与对抗方保持距离是必要的。"〔1〕另外，我国台湾地区的公设辩护人更是置于法院体系内，并在法院内设公设辩护人办公室。

二、公设辩护人独立性实践

人们对公设辩护人能否独立实施辩护活动颇为质疑，但实际情况似乎并不令人担忧。美国律师协会有官员指出，独立性与否可能与地区司法文化和司法制度有关，美国并不存在公设辩护人独立性的问题。〔2〕英国有关实证研究认为公设辩护人能够独立进行执业。

根据对英格兰与威尔士公设辩护人服务的实证研究，《2007 年英格兰与威尔士公设辩护人服务评估》〔3〕报告指出：在对专职律师关于公设辩护人服务律师与私人执业律师在独立性上是否存在区别的访谈中，大多数（20 位，占总数的 64%）的专职律师受访者

---

〔1〕Paul B. Wice, *Public Defenders and the American Justice System*, Westport: Praeger, 2005, p. 11.

〔2〕参见姚荣武等整理："公设辩护人制度基本内容与发展前景理论研讨会实录"，载谢佑平主编：《司法评论》（第 2 卷），中国检察出版社 2011 年版，第 337 页。

〔3〕《2007 年英格兰与威尔士公设辩护人服务评估》主要由沃里克大学（the University of Warwick）的李·布里奇斯（Lee Bridges）教授、西英格兰大学（the University of the West of England）的埃德·凯普（Ed Cape）教授、卡迪夫大学（the University of Cardiff）的理查德·摩尔海德（Richard Moorhead）教授、伦敦大学高等法律研究院（the Institute of Advanced Legal Studies, University of London）的阿夫罗姆·谢里（Avrom Sherr）教授在内的资深研究团队合作完成。该报告于 2000 年受法律服务委员会（LSC）委托，完成于 2006 年。报告是对英格兰与威尔士公设辩护人办公室进行评估的研究结果，以对伯明翰（Birmingham）、利物浦（Liverpoo）、米德尔斯布勒（Middlesbrough）、斯旺西（Swansea）、庞特普里斯（Pontypridd）和切尔滕纳姆（Cheltenham）的 6 个公设辩护人办公室工作的深入分析为基础，并对这些地区私人刑事辩护律师事务所的案件进行了样本比较分析。报告针对的是公设辩护人服务（PDS）前三年（2001～2004 年）的运作情况。

认为二者在独立性上是相同的，6位（占总数的19%）称前者比后者更具独立性，2位（占总数的7%）认为前者更不独立。办公室负责人一般认为公设辩护人更独立。究其原因，那些认为公设辩护人更独立的专职律师受访者认为，公设辩护人不会受到利润驱动的影响，所以更能保持独立性。对此，有受访专职律师指出："因为没有利润刺激，就没有除了为当事人更好地工作之外的其他压力。"一位办公室负责人认为公设辩护人不能独立执业的问题是不存在的，"我们处理案件的方式是逐案（case by case）办理，唯一能够指导我们的是当事人的利益，没有任何人对我们处理问题的方式施加压力。"该评估报告认为，领薪刑事辩护服务的独立性是设立公设辩护人服务专业和政治的争论中非常突出的问题，但没有发现公设辩护人服务的专职律师、他们的当事人，或其他刑事司法专业人员，包括私人执业律师对个案的处理受到干涉存在顾虑。相反，一些公设辩护人办公室更倾向于经常建议在警察局阶段（police stations）的当事人行使沉默权。这类证据有力表明，公设辩护人服务拥有独立的途径为他们的当事人进行辩护。该评估报告还指出，没有证据显示当事人认为公设辩护服务比签约的私人执业辩护律师的独立性差。〔1〕很多公设辩护人服务的专职律师认为他们处理案件的独立性更强，因为他们的工作并非为了利润（not－for－profit），并且他们对特定当事人和案件投入的时间更少受到限制。〔2〕

综上可见，从英国经验来看，公设辩护人并未因其领薪律师的身份而影响到其独立执业。对此，有加拿大学者指出，独立性问题

〔1〕《2007年英格兰与威尔士公设辩护人服务评估》报告指出，专职律师独立性差的观点继续存在于一些私人执业律师和少数其他刑事司法专业人员中，他们较易认为领薪服务可能更易受到政治干涉。

〔2〕 See Lee Bridges, Ed Cape, Paul Fenn, Anona Mitchell, Richard Moorhead and Avrom Sherr, *Evaluation of the Public Defender Service in England and Wales*, 2007, p. 279.

是建立在对观念形态，特别是法律职业的关注上的，就目前来看，并无任何科学实证数据支撑。[1] 事实上，人们质疑公设辩护人的独立性，主要认为其经费与管理受控于国家，“就人类天性之一般而言，对某人的生活有控制权，等于对其意志有控制权。”[2] 然而，法院系统运作的经费也是国家财政拨款，但并非所有国家的法院与法官都不具有独立性。相反，一些法治化程度较高的国家，完全实现了司法独立运作。司法机关获得独立的关键原因在于：人们首先认识到司法独立的价值，并基于司法特性建构一整套制度体系来保障司法的独立运作。司法独立的经验预示着公设辩护人制度并非不能独立，只要人们充分认识到公设辩护人独立实施辩护活动的价值，并基于其特性建构一整套制度体系，公设辩护人制度就有可能实现独立运作。其中，可资借鉴的经验有：一是公设辩护人制度的经费来源，应将行政机关的干预限定在最小的范围内，并通过立法方式加以确定；二是公设辩护人制度的监督管理，可以设立独立的非营利性机构对公设辩护人进行监督管理，以最大限度地排除外来因素的干涉；三是公设辩护人的薪水，至少应当与法官、检察官相当，通过优待措施以维护公设辩护人职业的稳定性、独立性；四是公设辩护人处理案件的方式，可以采取逐案办理方式；等等。国家设立公设辩护人制度是履行刑事法律援助义务的重要方式，同时也是其兑现对法治的承诺。因此，国家理应关注公设辩护人制度的实施效果，其对公设辩护人进行必要的监督管理具有正当性。当然，国家对公设辩护人制度运作所享有的知悉、评估、监督、管理等权力都不得影响公设辩护人的独立性。

---

〔1〕 See Albert Currie, “Legal Aid Delivery Models in Canada: Past Experience and Future Developments”, *University of British Columbia Law Review*, 33 (2000), p. 300.

〔2〕 [美] 汉密尔顿、杰伊、麦迪逊：《联邦党人文集》，程逢如、在汉、舒逊译，商务印书馆 1980 年版，第 396 页。

第二章

域外公设辩护人制度考察

当今世界，美国公设辩护人制度的历史最为悠久，发展最为成熟，在其贫困者辩护服务体系中占有主导地位，发挥了关键作用，并成为不少国家借鉴的蓝本。我们对美国公设辩护人制度的考察，可视为对自生主导型公设辩护人制度的考察。[1] 英国是世界上较早建立法律援助制度的国家，相关法律规范及实务运作较为完善。然而，英国法律援助制度同样面临着巨大危机，锐意的改革也在不断地尝试。作为有着深厚私人律师提供法律服务传统的国家，对英国社会各界震动最大的改革是：2001 年在英格兰和威尔士两地试行公设辩护人服务。[2] 我们对英国公设辩护人制度的考察，可视为对移植补充型公设辩护人制度的考察。[3] 本章将重点考察美国、

〔1〕 所谓自生主导型公设辩护人制度是指公设辩护人制度是在本国特定因素下产生的，并在贫困者辩护体系中发挥了主导作用。

〔2〕 1998 年公设辩护人服务率先在苏格兰爱丁堡试行。

〔3〕 所谓移植补充型公设辩护人制度是指公设辩护人制度是在借鉴他国经验的基础上产生，并成为贫困者辩护体系中的有益补充，但尚未发挥主导作用。

英国的公设辩护人制度。[1]

第一节 美国公设辩护人制度考察

1914年1月9日，美国加利福尼亚州洛杉矶县建立了世界上第一个公设辩护人办公室，当前公设辩护人方案已成为美国贫困者辩护服务体系中最为重要的一环。

一、公设辩护人制度的法律基础：贫困被告人律师辩护宪法性权利的确立

美国公设辩护人制度创设的法律基础是：联邦宪法第六修正案以及联邦最高法院作出的相关判例。1963年，在具有里程碑意义的吉迪恩诉温莱特案（*Gideon v. Wainwright*）判决中，联邦最高法院明确了政府负有保障贫困者律师辩护权的义务，公设辩护人制度得以在全美发展起来。

（一）联邦宪法第六修正案律师帮助权之意义及局限

1791年美国联邦宪法第六修正案规定：“在一切刑事诉讼中，被告人享有……获得律师帮助为其辩护。”第六修正案规定的律师帮助权具有深远意义，它成为美国司法实践中保障公民律师辩护权的最为重要的法律渊源。但该规定存在两个明显弊端：

其一，联邦宪法第六修正案律师帮助权（Right to Counsel）仅限于联邦法院审理的刑事案件。美国具有联邦和州双重法院体系，州法院系统审理美国绝大多数的刑事案件，联邦法院系统审理的案

---

〔1〕 加拿大、澳大利亚等国都存在公设辩护人制度的实践。近年来，亚美尼亚、立陶宛、南非等国开始借鉴公设辩护人制度。限于篇幅，本章不对上述国家进行国别考察，相关内容会在本书其他章节中予以论述。

件极为有限。[1] 因此，美国绝大多数法庭审理的刑事案件并没有受到第六修正案的保护，正如有学者指出：“尽管表面上被告人的权利受联邦宪法的保护，然而，一个主要问题是：在州而非联邦刑事审判程序中受指控的被告人发现，绝大多数的被告人没有律师帮助。”[2]

其二，联邦宪法第六修正案律师帮助权仅限于被告人享有聘请律师的权利（right to retain counsel）。[3] 事实上，受指控的人大部分为贫困者，他们根本没有资力聘请律师。因此，美国绝大多数被追诉者也没有受到第六修正案的保护，亦如有的学者指出：“很显然这一规定从一开始就保证了被告人拥有私人聘请律师代理诉讼的权利；但该规定同时包含的国家对贫困被告人（也就是无能力聘请律师的被告人）提供辩护律师的义务却非常不确定。与获得聘任律师帮助权的权利不同，获得指定律师帮助的权利缺乏任何实质性的历史依据。”[4]

就此而言，1791 年联邦宪法第六修正案律师帮助权是一种极为狭隘的权利，对于大多数犯罪嫌疑人、被告人而言，第六修正案

〔1〕 美国绝大多数的案件在州法院审理，有数据统计，联邦法院审理的案件仅占总数的 5%。

〔2〕 Paul B. Wice, *Public Defenders and the American Justice System*, Westport: Praeger, 2005, p. 2.

〔3〕 学者菲利斯（Felice）认为，律师帮助权（right to assistance of counsel）包含两个不同元素：一是拥有聘雇私人律师的权利；二是在特定情况下有获得指定律师的权利。聘雇私人律师的权利在美国法律制度中已根深蒂固；获得指定律师的权利经历了从私人社团（private incorporated societies）到建立第一个为全社会服务的法律援助团体（legal aid societies）的曲折道路，贫困被告人获得指定律师的权利由 1963 年最高法院“吉迪恩案”判决明确为法律。See David Allan Felice, “Justice Rationed: A Look at Alabama's Present Indigent Defense System with a Vision towards Change”, *Alabama Law Review*, 52 (2001), pp. 979 ~ 980.

〔4〕 ［美］伟恩·R. 拉费弗、杰罗德·H. 伊斯雷尔、南西·J. 金：《刑事诉讼法》（上册），卞建林、沙丽金等译，中国政法大学出版社 2003 年版，第 603 页。

律师帮助权并不具有实际意义，它难以成为一种“实在权利”。

（二）判例对律师帮助权的确认与扩展

联邦宪法第六修正案律师帮助权的模糊规定与现实需求之间的矛盾在1932年第一次引发了重要讨论。

1932年鲍威尔诉亚拉巴马州案（*Powell v. Alabama*）判决认为：州政府应为死刑案件中的贫困被告人指派辩护律师。[1] 在鲍威尔案中，第六修正案律师帮助权依据第十四修正案“正当程序条款”（due process clause）适用于州，本案判决指出政府应当为死刑案件中的贫困被告人指派律师，否则侵犯了被告人的“正当程序权利”（due process rights）。[2] 随后，1938年约翰逊诉策尔普斯特案（*Johnson v. Zerbst*）判决认为：政府应当为联邦法院重罪案件中的贫困被告人指派辩护律师。[3] 然而，1942年贝茨诉布雷迪案（*Betts v. Brady*）判决认为：第十四修正案“正当程序条款”并不包含第六修正案律师辩护权，贫困被告人律师辩护权并非一场公正审判的关键性权利。因此，第十四修正案“正当程序条款”并不要求州政府为每个贫困被告人指派律师，只要求为“特殊情况”（special circumstances）的贫穷被告人指定辩护律师。[4] 可见，美国贫困者律师辩护权并不是直线向前发展的。1932年“鲍威尔案”认定如果国家没有指派律师将被视为侵犯了贫困被告人正当程序的权

---

〔1〕 *Powell v. Alabama*, 287 U. S. 45 (1932).

〔2〕 “鲍威尔案”确认了贫困被告人律师辩护权由联邦法院扩展至州法院，从而扩大了第六修正案律师帮助权的范围。但根据该案判决，律师辩护权限于贫困被告人“在某些情形下”才能享有，如本案中被告人属于“无知、智力低下、文盲和类似原因，根本不能充分地为自己辩护”的情形。See *Powell v. Alabama*, 287 U. S. 45 (1932).

〔3〕 *Johnson v. Zerbst*, 304 U. S. 458 (1938).

〔4〕 联邦最高法院在贝茨诉布雷迪案中根据“特殊情况”规则进行个案考察，认定贝茨是“一个并非无助的43岁男人，而且具有正常的智力”，裁定贝茨完全有能力进行自行辩护，并不存在需要指定律师的“特殊情况”。See *Betts v. Brady*, 316 U. S. 455 (1942).

利，“贝茨案”却“认为律师的必要性依据个案基础来判定，并且只有当案件是异常复杂的或者被告人尤其不能进行自我辩护的情况下，拒绝指定律师将违反正当程序”〔1〕。“贝茨案”确立的“特殊情况”规则显然不利于被告人获得律师辩护权，直到1963年具有里程碑意义的吉迪恩诉温莱特案之前，美国绝大多数贫困被告人无法享受律师辩护权。

1963年“吉迪恩案”〔2〕的核心问题是：州刑事重罪案件中的贫困被告人能否享有国家为其指派律师的权利，即第六修正案律师帮助权是否属于第十四修正案“正当程序条款”保护的基本权利？对此，本案判决认为：“我们接受贝茨诉布雷迪案基于先例的假定，即根据第十四修正案，州法院有义务执行公正审判必需的基本的人权法案条款。但是，裁定‘贝茨案’的法院认为第六修正案保障的获得律师帮助的权利不是上述的基本权利，我们认为这是错误的。”〔3〕可见，“吉迪恩案”推翻了“贝茨案”确立的“特殊情况”规则，确认了第六修正案律师帮助权是受第十四修正案“正当程序条款”保护的基本权利，律师帮助权适用于各州。换言之，第六修正案律师帮助权被扩充解释为，“要求每个州都应为那些无力负担辩护律师费用的被指控刑事犯罪的人在被判处监禁之前提供辩护律师。”〔4〕“吉迪恩案”的重要价值在于：它明确了被告人律师

---

〔1〕 Suzanne E. Mounts, “Public Defender Programs, Professional Responsibility, and Competent Representation”, *Wisconsin Law Review*, 1982, p. 477.

〔2〕 本案基本事实是：吉迪恩受指控的行为被其所在州法律认定为重罪，其无力聘请律师，遂要求法庭为其指派律师，法庭以该州法律仅允许在死刑案件中为贫困被告人指派律师为由，拒绝其请求。吉迪恩只好自行辩护，陪审团作出了有罪判决。服刑期间，吉迪恩向联邦最高法院申诉，认为他在没有律师帮助的情况下接受审判，该审判违反了宪法第六修正案律师帮助权的规定。

〔3〕 *Gideon v. Wainwright*, 372 U. S. 335 (1963).

〔4〕 Robert L. Spangenberg & Marea L. Beeman, “Indigent Defense Systems in the United States”, *Law and Contemporary Problems*, 58 (1995), p. 31.

辩护权是公正审判的基本条件，即“在法庭中，律师是必需品，而不是奢侈品”；同时，国家有义务保证被告人律师辩护权的实现。

在笔者看来，1963年“吉迪恩案”判决的出现绝非偶然，它是1932年“鲍威尔案”的逻辑结果，反映了当时人们理念的更新。1932年“鲍威尔案”后，美国社会各界逐渐认识到律师辩护权是公民的基本人权，审判没有律师帮助的被告人是不正义的，因贫富差距导致司法差别待遇是对人们追求公正审判的最大讽刺。伴随着“吉迪恩的号角”（Gideon's Trumpet），[1] 美国联邦最高法院又通过几个判例进一步扩大了律师辩护权的范围。[2] 无疑，1963年“吉迪恩案”对美国贫困者辩护服务体系产生了重大影响，为贫困者提供辩护服务真正成为国家的基本义务。当时美国律师协会一位负责人指出：“贫困被告人辩护服务是一项公共责任……宪法没有规定这些义务由律师协会独自承担，而应该置于刑事司法体系之中。律师协会与法庭、法官以及检察官等一样，都承担着一部分支持刑事

〔1〕 该说法取自安东尼·刘易斯（Anthony Lewis）所著的《吉迪恩的号角》（*Gideon's Trumpet*）一书的书名。“吉迪恩的号角”一词用来描述律师辩护权，本质上包含有效辩护的权利。

〔2〕 1967年，联邦最高法院在高尔特（Gault）案中认定：被指控过失犯罪的贫困少年犯罪嫌疑人享有获得律师帮助的权利。See *In re Gault*, 387 U. S. 1 (1967). 1972年，联邦最高法院在阿杰辛格诉哈姆林案（*Argersinger v. Hamlin*）中认定：轻罪案件的贫困被告人享有获得律师帮助的权利，自此贫困被告人律师辩护权由重罪案件扩展到轻罪案件。See *Argersinger v. Hamlin*, 407 U. S. 25 (1972). 1979年，斯科特诉伊利诺伊州案（*Scott v. Illinois*）中认定：并非每一位贫困被告人都有权要求政府委派律师，此权利只有当被告人确实被科监禁刑时适用，若被告人只被科处罚金则不适用，该案判决明确了贫困被告人获得律师帮助权的前提是可能被判处监禁刑，而非所有的刑罚。See *Scott v. Illinois*, 440 U. S. 367 (1979). 近年来较有影响的判例是，2002年的亚拉巴马诉谢尔顿案（*Alabama v. Shelton*），该案判决认为：如果没有给贫困被告人提供辩护律师，就不能判处缓刑，因为缓刑也可能以实际剥夺一个人的自由而收场。See *Alabama v. Shelton*, 535 U. S. 654 (2002).

司法体系的公共义务。"[1]沃伦（Warren）大法官也指出，“吉迪恩案”在一些州相当于一场革命，贫困被告人辩护服务是“一项公共责任”（a public responsibility），这项责任应当由社会通过当地有组织的体系来承担。[2]

（三）法律要求与公设辩护人制度的建立

联邦最高法院认定为贫困被告人提供律师辩护是政府的义务，但其并未说明联邦或州政府应当采取何种方案为贫困被告人提供辩护服务，正如有学者指出，“最高法院的一系列判决要求为贫困刑事被告人提供公共经费的辩护服务，但是并没有规定辩护的结构形式"[3]。实践中，“美国绝大多数州以及地方政府纷纷开始设立新的制度或者调整已有的贫困被告人辩护服务方案，以适应需要辩护服务的贫困被告人日益增多的现象。"[4] 显然，美国各司法辖区纷纷建立或调整贫困者辩护服务提供体系，旨在回应联邦最高法院1963 年“吉迪恩案”判决的要求。就此而言，美国政府履行刑事法律援助义务真正开始于1963 年，“吉迪恩案”甚至改变了美国的刑事辩护服务体系，“将吉迪恩诉温莱特案中的理念转化为现实的过程需要全国的立法者、律师、法官和公民的参与。‘吉迪恩案’判决之后，这一过程立即以惊人的速度向前推进。"[5] 1963 年之后，公设辩护人制度作为政府承担贫困者辩护服务的实施方案，逐渐受到州或地方政府的青睐，公设辩护人制度开始在全美建立起来，正如有学者指出，“在吉迪恩诉温莱特案中，美国最高法院承认律师对于保证

---

〔1〕 Anthony Lewis, *Gideon's Trumpet*, New York: Random House, 1964, p. 207.

〔2〕 Anthony Lewis, *Gideon's Trumpet*, New York: Random House, 1964, p. 211.

〔3〕 Stephen J. Schulhofer & David D. Friedman, "Reforming Indigent Defense: How Free Market Principles Can Help to Fix a Broken System", *Policy Analysis*, 666 (2010), p. 6.

〔4〕 Paul B. Wice, *Public Defenders and the American Justice System*, Westport: Praeger, 2005, p. 9.

〔5〕 Anthony Lewis, *Gideon's Trumpet*, New York: Random House, 1964, pp. 207, 210.

贫困被告人得到一场公正的审判是必不可少的。在其后关于实施吉迪恩案判决所需的组织模式和经济费用的大量争论中，公共辩护人制度作为维护第六修正案所规定的权利的一种基本方式应运而生了。在全国范围内，各州、县及市政府都设立了公共辩护人制度。”〔1〕

美国联邦公设辩护人项目建立的法律基础是《1964 年刑事审判法》(*Criminal Justice Act*, 1964)。〔2〕《1964 年刑事审判法》明确了联邦法庭承担为贫困被告人提供律师辩护的义务，根据该法，建立了一套完整的律师代理指定及补偿制度，即补偿为充分辩护所需的合理费用，以及专家、调查费用。可见，《1964 年刑事审判法》主要涉及指定律师补偿制度的建立。〔3〕可是，《1964 年刑事审判法》未采纳公设辩护人方案，因为众议院司法委员会不赞成官方雇用的公设辩护人。但是，《1964 年刑事审判法》仍具有深远意义，因为联邦司法有为不能承担代理费用的人指定律师的责任的传统，然而在《1964 年刑事审判法》颁布之前，没有官方去支付指定律师代理报酬或者诉讼花费，联邦法官依靠律师的职业义务为无资力聘请律师的被告人提供免费代理服务。〔4〕诚如有学者指出，“然而直至 1965 年以前，贫穷联邦被告的这项权利经常还是暧昧模糊的，甚或连‘应如何支付报酬予受法庭指派之律师’之类的情况，亦未曾实际发生过。斯时，于法庭内担任公辩任务的年轻律师们常是义务性的，而在若干的联邦司法区里这类之义务律师则又是

〔1〕［美］小查尔斯·J. 奥格利特里：“对中国实施获得律师辩护权的建议模式与方法”，杨欣欣译，载宫晓冰主编：《各国法律援助理论研究》，中国方正出版社 1999 年版，第 133 页。

〔2〕 18 U. S. C. 5 3006A (1964).

〔3〕 See Robert P. Wolf, “The Criminal Justice Act of 1964: A Critique”, *William & Mary Law Review*, 7 (1966), p. 331.

〔4〕 参见 http://www.uscourts.gov/FederalCourts/AppointmentOfCounsel.aspx.，最后访问日期：2011 年 8 月 10 日。

出自律师公会的提供。"[1] 1970年，在对公设辩护人的需求（尤其在比较大的地区）进行研究之后，美国国会修正了《1964年刑事审判法》，同意设立公设辩护人作为对私人指定辩护律师的补充。[2] 1970年修正案授权批准地区建立与美国检察官办公室相当的公设辩护人组织，为每年至少需要两百名指定律师的地区（或与邻区结合）提供辩护律师而建立制度资源。[3] 据此，联邦公设辩护人组织广泛建立起来。

综上可见，美国刑事法律援助是在立法与实践两个层面上相应展开的：一方面，在立法层面上，以联邦宪法第六修正案为基础，通过最高法院的判例及其相关成文法逐步确立及扩大贫困犯罪嫌疑人、被告人律师辩护权；另一方面，在实践层面上，通过创设与发展公设辩护人制度以不断满足立法之基本要求。

二、公设辩护人制度的创设：一个"荒谬的""奇异方案"

公设辩护人制度在美国的创设，既是那些热心公益事业的人士积极推动的结果，更是贫困者辩护服务客观需求的产物。不过，公设辩护人制度创设之初，并不被人们所认同。

（一）公设辩护人概念的提出与论争

公设辩护人制度出现之前，美国贫困者辩护主要依靠法庭指定律师（court - appointed counsel）制度，然而该制度饱受诟病。一方面，被指定的律师没有报酬的保障，也得不到来自国家的补偿，甚至法庭指派的律师通常不是那些成功的执业律师（他们能够以其他的收入负担一些无偿的案件）。相反，他们通常是年轻律师，"处

[1] 黄祥睿：《美国公设辩护制度》，裕文实业有限公司1994年版，第106页。

[2] *Ferri v. Ackerman*, 444 U. S. 193 (1979).

[3] 参见 http: //www. uscourts. gov/FederalCourts/AppointmentOfCounsel. aspx.，最后访问日期：2011年8月10日。

于执业的最初阶段……急于获得实践”，或者是不成功的，而无法维持案源的律师。因为被指定的律师很少有财政资源，所以为被告人的调查通常是敷衍了事，很多案件中，一位被告人的定罪几乎变成是理所当然的事情。〔1〕另一方面，作为对抗的另一方，“公诉人通常是有技能和有经验的，并且有很好的报酬。在很多司法辖区，公诉人因为每一个定罪而获得奖金。此外，他们可以获得执法机关的人力资源和调查技能。”〔2〕因此，在当时的法庭指定律师制度中，控辩双方完全处于不平等的对抗。一方面是贫困被告人的律师辩护效果不佳，另一方面则是控方拥有足够资源与能力实施追诉活动。如何保障贫困被告人的权利，促成了著名的女律师克拉拉·肖特里奇·福尔茨（Clara Shortridge Foltz）〔3〕关于公设辩护人概念的构想。

1893 年，福尔茨发起了一场“公设辩护人运动”（The Public Defender Movement），〔4〕她深刻地指出美国刑事审判体系的失败。首先，绝望的被告人陷入“一种野蛮的状态”，进行自我辩护，否则必须支付律师费。但这个花费“可能摧毁他的事业，使他的家庭陷入贫困，使他的妻子和孩子成为慈善的对象”。其次，如果被告人“宣布自己是一个穷人”，法庭将会为他指派律师，但这些是没

---

〔1〕 See Mortimer D. Schwartz, Susan L. Brandt, Patience Milrod, “The Battles of Clara Shortridge Foltz”, *California Defender*, 1 (1985).

〔2〕 Mortimer D. Schwartz, Susan L. Brandt, Patience Milrod, “Clara Shortridge Foltz: Pioneer in the Law”, *Hastings Law Journal*, 27 (1976), p. 556.

〔3〕 克拉拉·肖特里奇·福尔茨（1849～1934），美国西海岸地区（West Coast）首位女律师，她在妇女权益方面做出了巨大贡献。很多人认为，福尔茨最为重要的立法成就是公设辩护人制度的创设，她 30 多岁时，即在进入法律界不久，就开始推广公设辩护人概念，是公设辩护人办公室的构想者与创始人。

〔4〕 1893 年芝加哥世界博览会（Chicago World's Fair）有众多法学名家参加，福尔茨不是法官，也不是学者，但有 15 年的刑事法庭活动经验，她在博览会期间举办的“法学和法律改革大会”（Congress of Jurisprudence and Law Reform）上首次公开倡导设立公设辩护人。芝加哥世界博览会结束后，福尔茨积极付诸行动以促成公设辩护人办公室的成立。

有能力的律师，“他们没有钱花费在案件的调查上，无论在能力上、技能上还是有准备地应对被国家雇用的律师上，他们完全不具备出庭能力”。福尔茨提出的解决方案是：“每一位检察官都必须有一位公设辩护人，并以同样的方式选择，以及同一经费资助来支付薪水。”[1] 她进一步指出：“除非被追诉者有一个相当的代理，即通过公设辩护人的提供，否则被追诉者的宪法性的无罪推定权利将是无价值的。”[2]

可见，福尔茨认为美国司法体制存在严重缺陷。虽然刑事法庭配有令人钦佩的控诉体系，但她认为，辩护配置却存在很遗憾的缺陷。无资力聘请律师的不幸的被告人，预计将面临的是拥有国家资源支持的有能力的控方律师的指控，如果是这样，法庭所指派的律师明显要劣于他们要去应付的对手。她认为一个解决方案就是创造一个新的被称之为公设辩护人的职位。[3] 根据福尔茨的设计，公设辩护人是一个有权力的（powerful）、资源丰富的人物，其可以对抗和纠正检察官，平衡出示证据，并使诉讼程序有序和公正。因此，公设辩护人将在更深层次上保证法律的无罪推定，使得真实无辜和假定无罪之间没有差别。公设辩护人不是一个专业的慈善机构，不是一个没有经验律师的训练场，也不是一个低透明度的由不择手段或无能力的律师操作的答辩庭。相反，公设辩护人具有崇高的地位，甚至比检察官还重要，因为他是在保护无辜的人。事实上，福尔茨曾认为，正如检察官并不基于财富状况而行事，公设辩护人将为所有需要他服务的人进行辩护，包括那些有能力聘请律师

---

〔1〕 Barbara Allen Babcock, “Inventing the Public Defender”, *American Criminal Law Review*, 43 (2006), p. 1271.

〔2〕 Mortimer D. Schwartz, Susan L. Brandt, Patience Milrod, “Clara Shortridge Foltz: Pioneer in the Law”, *Hastings Law Journal*, 27 (1976), p. 556.

〔3〕 See Editorial, “Public Defenders”, *Harvard Law Review*, 10 (1897), p. 514.

的人。由此可知，福尔茨关于公设辩护人概念的构想透露出的基本理念是：正义应当是免费的。显然，当时私人律师并没有足够的资源以及获得必要的尊重来从事贫困被告人辩护服务。[1]

在福尔茨看来，公设辩护人制度可以解决贫困被告人律师辩护权问题。1897 年，福尔茨正式向纽约州议会（The Legislature of New York）提交法律议案，该议案被称为《福尔茨辩护人法案》（The Foltz Defender Bill），它是“创立公设辩护人制度的模式法典”。《福尔茨辩护人法案》主要包括公设辩护人的选举（第 1 条）、公设辩护人的资质（第 2 条）、公设辩护人办公室人员（第 3 条）、公设辩护人职责（第 4 条）、公设辩护人的受案范围（第 5 条）、公设辩护人办公室的经费来源及公设辩护人的薪水（第 6 条）以及被告人的权利（第 7 条）等内容。[2] 福尔茨在议案中强调国家在

---

〔1〕 See Barbara Allen Babcock, “Inventing the Public Defender”, *American Criminal Law Review*, 43 (2006), pp. 1271 ~1272.

〔2〕《福尔茨辩护人法案》第 1 条规定：1897 年将要举行的大选中，公设辩护人由每个县或市的合格选举人进行选举，此后选举每 3 年一次，任期 3 年从选举次年的 1 月 1 日开始。第 2 条规定：任何被州正式批准的执业律师，且已经在这个县或市居住满 1 年的，都有资格任职于公设辩护人办公室，不具备上述条件的人无资格。第 3 条规定：任何县或市的监督委员会、市政委员会或其他立法机关中授权担任的公设辩护人，可以任命 1 个或多个助手，每个助理公设辩护人都应该是本州的律师，且是他提供服务的县或市的居民，入职前需要宣誓并提交宪法誓言给办公室。被授权后，公设辩护人可以指定法律助理和其他雇员。公设辩护人作出的每个任命都要以书面形式向法院书记官提出申请，撤销也要以同样的书面形式提交。第 4 条规定：公设辩护人有出席所有刑事法庭的职责，为被指控违反法律又没有律师或要求律师为其辩护的所有人提供辩护，同样，公设辩护人应出席法庭和慈善机构为被指控精神病的人的利益进行辩护。第 5 条规定：在死刑和其他重要刑事案件中，任何县或市的公设辩护人可以得到受理案件的法庭的法官的支持，并提交雇用律师协助的申请给法院书记官；费用由首席法官核准，由大陪审团或检察官起诉的县或市承担。第 6 条规定：县或市的监督委员会、市政委员会或其他立法机关应为公设辩护人提供合适的办公场所，固定公设辩护人及其助理和雇员的薪水或报酬，这同样由县或市政府承担。第 7 条规定：该法案不能被解释成阻止任何人聘请律师为他辩护，否则就是限制他的权利；并且被告人可以自行决定该律师单独或者与公设辩护人联合进行辩护。

解决贫困者律师辩护权方面的责任，国家有义务为公设辩护人制度的运作提供必要的资金；为了保证辩护质量，应当建立公设辩护人任职条件、任职程序（如采选举方式）等相关措施。总之，《福尔茨辩护人法案》关于公设辩护人制度的设计与当今美国公设辩护人制度并无本质差异。

《福尔茨辩护人法案》一经公开便“引起了一个巨大的轰动”，并引发了热烈讨论，热忱赞同者有之，激烈批评者也不乏其例。

《奥尔巴尼法律杂志》（*Albany Law Journal*）主编赞许“公设辩护人”为“非常重要”的“新的、独创性的思想”，并有200家报纸“提及和解释”这项措施。在那些评论中，有50%赞同这项措施，并且公设辩护人的概念受到“大量人的好评”。[1]《哈佛法律评论》（*Harvard Law Review*）指出，福尔茨的思想“确实值得考虑”，因为“如果存在大量对被告人的不公正，会令人对现行体制产生怀疑。如果律师不能够充分代理，当不从宽处理时，通常情况下法官可能会很好地保护被告人的利益。然而，对于法官来讲，这是令人不快的角色，这当然偏离了严格的司法功能。”[2]

然而，《纽约时报》（*New York Times*）嘲笑福尔茨的辩护人是“荒谬的”和“一个女性律师”的“奇异方案”。《纽约日报评论》（*New York Daily Tribune*）认为，公设辩护人“对国家而言是一件荒谬的事情，控告用一只手，而辩护用另一只手，违背了国家自己的法令”[3]。《哈佛法律评论》也质疑公设辩护人是否适宜在小城镇设立，“一些小城市中贫困被告人的案件将会成为律师们共同谈论

---

〔1〕 See Barbara Allen Babcock, "Inventing the Public Defender", *American Criminal Law Review*, 43 (2006), pp. 1272～1273.

〔2〕 Editorial, "Public Defenders", *Harvard Law Review*, 10 (1897), p. 514.

〔3〕 Barbara Allen Babcock, "Inventing the Public Defender", *American Criminal Law Review*, 43 (2006), pp. 1272～1273.

的话题，贫困被告人不可能遭受缺乏胜任的律师为他们辩护之苦，这往往不同于大城市中匆忙与喧嚣的法庭（在这里这类案件不会引人注意）。"[1] 高曼律师指出当时质疑公设辩护人的三大理由：一是现行法律体系对被告人已提供了足够的保护；二是设立公设辩护人办公室会给纳税人强加新的负担；三是公设辩护人办公室是现有法律体系下的异常事物，因为人们雇用地方检察官提供事实作为证据，又雇用辩护人来驳斥这些证据。[2]

《福尔茨辩护人法案》在1987年并未获得美国任何地方议会的通过，但在笔者看来，该议案已对当时两大传统观念产生了巨大冲击。一是对传统律师辩护权理念的冲击。当时人们并未认识到贫困被告人律师辩护是公正审判的基本要求，认为国家不为贫困者提供免费辩护服务并无任何不妥，贫困被告人律师辩护权不属于公民的一项基本人权。人们普遍的观念是：要寻求律师的帮助，必须自己花钱聘雇，所以国家设立并付薪的公设辩护人为贫困被告人提供辩护服务，很难被人们接受。二是对刑事司法体制既有观念的冲击。公设辩护人受雇于国家，反过来又要对抗国家，这种双重角色让很多人难以认同。

（二）公设辩护人制度创设原因分析

《福尔茨辩护人法案》公布26年之后，洛杉矶县根据1913年洛杉矶县宪章（the County Charter of 1913），于1914年1月9日设立全美第一个公设辩护人办公室，公设辩护人办公室成为洛杉矶县

---

〔1〕 Editorial, "Public Defenders", *Harvard Law Review*, 10 (1897), p. 514.

〔2〕 Mayer C. Goldman, "The Necessity for a Public Defender", *Journal of the American Institute of Criminal Law and Criminology*, 5 (1915), p. 663.

政府的常规部门。[1] 此后，公设辩护人逐步被其他司法辖区接受，尤其在1963年之后，更是在全美得到发展。在笔者看来，美国公设辩护人制度创设并得到逐渐认可主要存在主客观两方面的原因：

其一，主观原因。福尔茨等热心公益事业人士的不懈努力是公设辩护人制度产生的主观原因。《福尔茨辩护人法案》在1987年虽未得到通过，但福尔茨并未停止倡导实行公设辩护人的脚步。对此，有学者指出："不管她做什么，在哪里，福尔茨都继续为公设辩护人进行游说。"到1912年，福尔茨已向16个州推介了《福尔茨辩护人法案》，10年后，达到32个州。[2]

其二，客观原因。贫困被告人律师辩护的现实需要是公设辩护人制度产生的客观原因。当时的贫困者辩护服务需求已超出刑事辩护服务体系的供给能力，法庭指定律师制度及其低品质服务饱受当事人及社会各界的批评。同时，由于过低的报酬，私人律师难以承受过多的指定辩护业务，他们不堪重负，没有提供义务辩护的积极性，他们也期望改革辩护服务体系以改变其窘迫状态，"世纪之交的纽约，个体开业者（solo practitioner）社会地位低下，这激发律师们不但主张当事人缴纳费用，而且与国家进行对抗。不抱幻想的个体开业者的热情与日俱增，改革者要求公共的和私人的辩护机构

---

〔1〕 目前，洛杉矶县公设辩护人办公室成为加利福尼亚州公设辩护人的模范，其由49个分部构成，包括一个上诉部、一个心理健康部和几个少年部；一个首席公设辩护人和一个助理公设辩护人对办公室进行管理；从60年代只有12名左右的律师，到现在雇用了大量员工。See Rebecca Copeland, "Getting It Right from the Beginning: A Critical Examination of Current Criminal Defense in Texas and Proposal for a Statewide Public Defender System", *Saint Mary's Law Journal*, 32 (2001), pp. 519～520.

〔2〕 See Barbara Allen Babcock, "Inventing the Public Defender", *American Criminal Law Review*, 43 (2006), p. 1273; Deborah H. King, "Clara Shortridge Foltz: Angel and Revolutionary", *Hastings Women's Law Journal*, 11 (2000), p. 190.

制度化。"[1]

基于上述主客观原因，公设辩护人制度作为新型的刑事法律援助提供模式被人们逐渐接受。公设辩护人是一种新的法律职业群体，他们是法律职业“分层”（stratification）的产物。对此，学者大卫·阿伦·菲利斯（David Allan Felice）认为：“美国公设辩护人办公室的出现不是有公德心的律师和立法机关慈善行为的结果，而是20世纪之交法律职业分层增加的必然结果。"[2] 事实上，公设辩护人制度创设之价值不仅体现在为贫困被告人提供辩护服务，诸如降低私人辩护律师执业行为产生的社会不安、提高公众对司法的认知以及消除声誉差的辩护律师给刑事司法制度带来的影响等，都被寄以希望通过该制度得到有效改善。[3]

三、公设辩护人制度的发展历程：“法庭帮手”向被告人权利捍卫者的转变

美国公设辩护人制度创设至今已有百余年的历史，总体而言，其可分为三个发展阶段：第一阶段是1914年至1963年间，为缓慢发展期；第二阶段是1963年至20世纪70年代，为广泛建立期；第三阶段是20世纪80年代至今，为主导地位确立期。

（一）公设辩护人制度缓慢发展时期

从1914年第一个公设辩护人办公室建立起，至1963年“吉迪恩案”之前，公设辩护人制度在美国刑事辩护服务体系中的地位和作用有限。指定律师制度居于主导地位，并是这一时期主要的贫困

〔1〕 David Allan Felice, “Justice Rationed: A Look at Alabama's Present Indigent Defense System with a Vision towards Change”, *Alabama Law Review*, 52 (2001), p. 980.

〔2〕 David Allan Felice, “Justice Rationed: A Look at Alabama's Present Indigent Defense System with a Vision towards Change”, *Alabama Law Review*, 52 (2001), p. 980.

〔3〕 See David Allan Felice, “Justice Rationed: A Look at Alabama's Present Indigent Defense System with a Vision towards Change”, *Alabama Law Review*, 52 (2001), p. 980.

者辩护服务方案，公设辩护人制度无论在办公室数量上，还是在服务的人口数上，都居于配角地位，甚至联邦司法辖区尚未出现公设辩护人项目。

这一时期公设辩护人制度发展缓慢，主要存在于洛杉矶、纽约等一些大城市。1917 年，全美仅有 5 家公设辩护人办公室，1949 年，也只有 28 家公设辩护人办公室。[1] 1951 年，指定律师模式被用于全国 99% 的县，服务于 86% 的人口。[2] 美国“全国法律援助与辩护人协会”（National Legal Aid & Defender Association）公布的《正义的另一面》（*The other Face of Justice*）研究报告显示：1961 年（也即“吉迪恩案”前两年），美国仅有 3% 的县存在公设辩护人制度，服务于大约 25% 的美国人口。[3] 但上述为数不多的公设辩护人办公室也为未来选择该方案的地区提供了典范，“1963 年之前，诸如纽约、芝加哥、费城、洛杉矶等城市，仅在最严重的案件或特殊情形下（如被告人精神障碍）为贫困被告人提供辩护服务。这些项目，其中一些自 20 世纪 20 年代就已经在运作，为 20 世纪 60 年代期间大量建立的公设辩护人机构制定了一个大致的准则。”[4]

美国公设辩护人制度设立之初在刑事司法体系中发挥怎样的功能值得探究。从创设目的上看，公设辩护人制度旨在弥补私人律师之不足，为贫困者提供有经验、有能力的辩护律师。然而，实际情

〔1〕 参见［美］理查德·L. 埃贝尔：《美国律师》，张元元、张国峰译，中国政法大学出版社 2009 年版，第 171 页。

〔2〕 参见［美］小查尔斯·J. 奥格利特里：“法律援助的作用及其与政府、法律职业者和法学教育的关系”，杨欣欣译，载宫晓冰主编：《各国法律援助理论研究》，中国方正出版社 1999 年版，第 537 页。

〔3〕 National Legal Aid and Defender Association（NLADA），Laurence A. Benner，*The Other Face of Justice*，1973.

〔4〕 Paul B. Wice，*Public Defenders and the American Justice System*，Westport：Praeger，2005，p. 21.

况并非如此，早期公设辩护人项目的任务十分有限，他们被希望帮助法院处理案件，仅仅被视为“加速处理有罪请求的工具”，甚至还有公设辩护人办公室宣称辩护律师应该“限于帮助法院搞清案件中刑事被告一方的情况，而不是为获得无罪释放所需的技术上的依据进行有力的斗争”〔1〕。可见，早期公设辩护人制度主要被限定为协助法院审理案件，以提高审判效率，这在一定程度上是实施政府职能而非辩护职能，可以说其主要在于满足刑事司法程序形式正义的要求，其辩护职能的本质并未真正得到体现，这客观上反映了当时人们尚未就贫困被告人获得律师帮助权达成共识，“这一项目的稀少，毫无疑问联系到这样的事实：在一些关键性的判例出现之前，为贫困刑事被告人提供辩护人并不是必要条件。”〔2〕事实上，在贫困者律师辩护权尚未明确为宪法性权利之前，公设辩护人制度就难以真正发挥被告人权利保障的功能。

（二）公设辩护人制度广泛建立时期

1963 年“吉迪恩案”之后，公设辩护人方案作为实现贫困者律师辩护权的制度性措施得到全面发展。如果说 1963 年之前，公设辩护人制度还只是零星地存在于美国的一些大城市，而此后至 20 世纪 70 年代，美国几乎每一个人口大县都存在公设辩护人项目。如有学者指出：“20 世纪 60 年代中期和 70 年代初经历了全国公设辩护人办公室数量大爆发和辩护人的实践哲学（philosophy of practice）的根本变化。‘吉迪恩诉温莱特案’以及受它影响的判例宣告律师不再是奢侈品，而是宪法的基本要求。没有时间和指引，地

〔1〕［美］小查尔斯·J. 奥格利特里：“法律援助的作用及其与政府、法律职业者和法学教育的关系”，杨欣欣译，载宫晓冰主编：《各国法律援助理论研究》，中国方正出版社 1999 年版，第 536～537 页。

〔2〕Suzanne E. Mounts, “Public Defender Programs, Professional Responsibility, and Competent Representation”, *Wisconsin Law Review*, 1982, p. 476.

方和州政府迅速发展了大规模的为贫困被告人提供辩护服务的体系。一些司法辖区仅仅选择维持他们的指定律师项目，然而，其他司法辖区扩大了既存的公设辩护人办公室或者发展了新的公设辩护人办公室。因此，这个国家从来没有经历过这样的贫困被告人辩护体系的发展。"[1]

1973年，公设辩护人制度在825个以上的县得到实施并服务于基本人口的大约64%。[2]该年，全美共有163个公设辩护人项目，其中1/3是在1963年"吉迪恩案"之后成立的。[3] 1970年《刑事审判法》修正案后，联邦公设辩护人组织开始建立起来，尤其是联邦第九巡回区（the Ninth Circuit）发展最为迅速。[4] 同时，基于运

〔1〕 Kim Taylor－Thompson, "Individual Actor v. Institutional Player: Alternating Visions of the Public Defender", *Georgetown Law Journal*, 84（1996）, pp. 2425～2426.

〔2〕 参见熊秋红：《刑事辩护论》，法律出版社1998年版，第60页。

〔3〕 See National Legal Aid and Defender Association（NLADA）, Laurence A. Benner, *The Other Face of Justice*, 1973.

〔4〕 1970年4月30日，亚利桑那联邦司法区（District of Arizona）在凤凰城设立了联邦司法辖区内的第一个公设辩护人办公室。同日，北加州联邦司法区（North District of California）在旧金山设立了联邦公设辩护人办公室并任命一位首席公设辩护人。1971年4月，南加州联邦司法区（South District of California）在圣地亚哥设立了联邦公设辩护人办公室，同时也是第一个社团形式的公设辩护人办公室。1971年，中加州联邦司法区（Central District of California）在洛杉矶设立了联邦公设辩护人办公室，该办公室系全美最大的联邦公设辩护人办公室。1971年，东加州联邦司法区（Eastern District of California）在萨克拉门托（Sacramento）设立了联邦公设辩护人办公室。1974年，俄勒冈联邦司法区（District of Oregon）在马尔特诺玛县（Multnomah）试办了一个社团形式的公设辩护人办公室，1983年改采法院控制下的联邦公设辩护人办公室。1974年1月28日，内华达联邦司法区（District of Nevada）在拉斯维加斯（Las Vegas）设立了公设辩护人办公室。1975年5月，西华盛顿州联邦司法区（Western District of Washington）设立了公设辩护人办公室。1982年7月，夏威夷联邦司法区（District of Hawaii）设立了公设辩护人办公室。1986年，阿拉斯加联邦司法区设立了公设辩护人办公室。有关内容请参见黄祥睿：《美国公设辩护制度》，裕文实业有限公司1994年版，第110～116页。目前，联邦第九巡回区的公设辩护人组织在整个联邦层面上占有重要地位，受理的案件是各联邦司法辖区中最多的。

作程序、组织结构和工作环境的多样化，此时公设辩护人项目呈多元化发展。[1]笔者以为，作为国家公共辩护人机构，公设辩护人办公室愈发受到青睐，得到全面建立主要存在如下三方面原因：

其一，立法之要求。美国联邦最高法院在这一时期作出了多个具有里程碑意义的判例，制定了一些具有影响深远的成文法，这些判例和成文法重申了政府负有保障贫困者律师辩护权的义务。人们逐渐认识到，贫困被告人获得律师辩护是公正审判的基本要求，其中“吉迪恩案”的推动最为关键。作为已运作近半个世纪的公设辩护人方案无疑满足了人们对司法正义的要求；对国家而言，公设辩护人方案也兑现了其宪法性义务，可以说，公设辩护人方案满足了国家与公民在刑事审判中的不同诉求。

其二，贫困人口增加之现实困境。自20世纪60年代后，美国人口大幅增长，贫困人口相应增加，贫困者辩护服务需求也随之加大，指定律师方案已捉襟见肘、勉为其难。对此，有学者指出，“到60年代早期，随着国家人口的稳步增长，穷人的法律需求也相应扩大。律师个人甚至律师组织显然都无法满足日益增长的法律需求。”[2] 因此，寻求新的法律援助方案以应对现实困境成为必然，公设辩护人制度即是一种新型方案。

其三，全国性相关研究成果的鼓舞。我们无法量化某种理论研究成果对实践产生怎样的影响，但任何新制度实行之前确实需要一定的理论及实证研究的支撑，公设辩护人制度的实行亦是如此。毫无疑问，美国开展的一些有关贫困者辩护方面的实证研究及其成果的出现，推动了公设辩护人制度的全面建立。

---

〔1〕 See Paul B. Wice, *Public Defenders and the American Justice System*, Westport: Praeger, 2005, p. 21.

〔2〕 William Reece Smith, Jr., “Legal Aid in the United States: Directions for the Future”, *Maryland Journal of Contemporary Legal Issues*, 5 (1994), p. 194.

（三）公设辩护人制度主导地位确立时期

从20世纪80年代开始至今，公设辩护人制度逐步在美国贫困者辩护服务体系中占据主导地位。

1. 20世纪80年代公设辩护人制度的发展。20世纪80年代，美国最为普遍的贫困者辩护服务方案仍是指定律师制度，但公设辩护人制度已经成为服务贫困人口最多的刑事法律援助方案，公设辩护人制度经历了全面的发展。直到20世纪60年代，纽约和洛杉矶加起来还不到100名全职公设辩护人，但到1980年，仅洛杉矶一个地方就超过了400名。〔1〕有研究认为，美国更多的司法区域选择公设辩护人制度，是认可受过良好训练并配备良好支持性职员的可靠的专业性专职刑事辩护律师，在为贫困者提供代理时存在优势。〔2〕

《1986年贫困者刑事辩护》研究报告指出：在特定的州和县可能包括一种以上的贫困被告人辩护服务方案，然而每个司法辖区都以一种方案为主，指定律师制度是最为常用的。但在1982年至1986年间，采用这种方案的县的数量有所下降，而采用公设辩护人方案和合同方案的县有所增加。〔3〕具体而言，采用指定律师方案的县数由1982年的1833个县降至1986年的1609个县，其所占总县数的比例也由1982年近60%降至1986年的52%；采用公设辩护人方案的县数则由1982年的1048个县升至1986年的1144个县，

---

〔1〕 See Robert Hermann, Eric Single, John Boston, *Counsel for the Poor: Criminal Defence in Urban America*, Lexington: Lexington Books, 1977, p. 1；转引自［美］理查德·L. 埃贝尔：《美国律师》，张元元、张国峰译，中国政法大学出版社2009年版，第171页。

〔2〕 Robert L. Spangenberg & Marea L. Beeman, "Indigent Defense Systems in the United States", *Law and Contemporary Problems*, (58) 1995, p. 36.

〔3〕 Bureau of Justice Statistics, U. S. Dep't of Justice, Bulletin: *Criminal Defense for the Poor*, 1986 (1998).

其所占总县数的比例也由1982年的34%上升至1986年的37%，具体参见表2-1。

1986年，美国司法部公布的《全国刑事辩护制度研究》[1]报告指出：在20世纪80年代三种贫困辩护服务提供方案中，如果从三种方案被采用的县数来看，指定律师制度最为常用，然而从三种方案服务的人口数而言，公设辩护人制度服务的人口最多，具体参见图2-1。从另一角度来看，1982年时，美国人口最多的50个县中，采公设辩护人制度的为43个，采指定律师制度的为9个，采合同制的为3个。[2]可见，采用指定律师制度的县的人口比采用公设辩护人制度的县要少，指定律师制度在地少人稀的县更为常见。

在20世纪80年代，指定律师项目仍是贫困者辩护服务体系中最为常用的方案，公设辩护人项目与合同项目也有了一定增加，尤其是公设辩护人项目开始服务于美国多数的贫困人口，在刑事辩护服务体系中的作用日显，公设辩护人项目正在开始取代指定律师项目。

表2-1 1982年和1986年美国县级层次贫困者辩护服务方案实施情况

总县数		公设辩护人制度		指定律师制度		合同律师制度	
1982年	1986年	1982年	1986年	1982年	1986年	1982年	1986年
3082个	3083个	1048个	1144个	1833个	1609个	201个	330个
		34.0%	37.1%	59.5%	52.2%	6.5%	10.7%

来源：*Criminal Defense for the Poor*，1986（1988）.

[1]《全国刑事辩护制度研究》报告是美国第一个最为全面的关于贫困者辩护服务的全国性调研成果，该报告比较分析了公设辩护人制度、指定律师制度和合同律师制度在1982年和1986年间有关费用支出、适用情况、案件负荷等问题。

[2] Robert L. Spangenberg, Beverly Lee, Michael Battaglia, Patricia Smith, A. David Davis, U. S. Dep't of Justice, Bureau of Justice Statistics, *National Criminal Defense System Study*: *Final Report*, Abt Associates Inc., Cambridge, Mass., 1986, pp. 13~14.

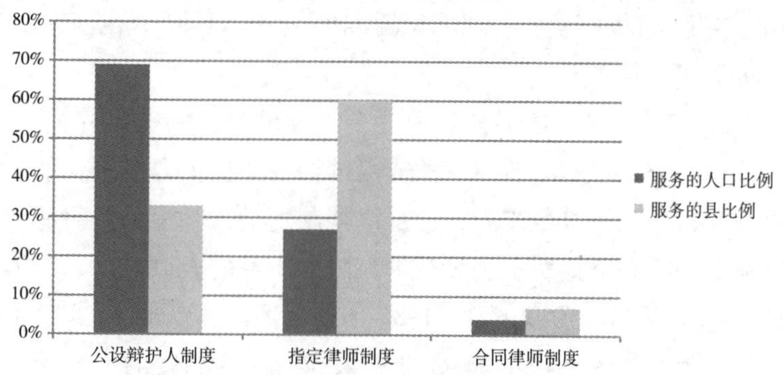

图2-1　1982 年美国贫困者辩护服务模式所占县及服务人口的比例

来源：*National Criminal Defense System Study*（1986）.

2. 20 世纪 90 年代公设辩护人制度的发展。20 世纪 90 年代开始，公设辩护人制度在美国贫困者辩护服务体系中逐渐确立了主导性地位。

《贫困者辩护》研究报告显示：1992 年，全美 64% 的州法院检察官办公室报称在他们的辖区存在公设辩护人项目，58% 实行指定律师制度，25% 在辖区内与律师事务所、私人律师或者地方律师协会签约为贫困被告人提供辩护服务，具体参见表 2-2。[1]

《1999 年人口大县贫困者辩护服务》研究报告显示：全美人口最多的 100 个县中，公设辩护人项目、指定律师项目、合同律师项目实施情况如下：①三种方案被采用的县数分别为：90 个、89 个、42 个；②这 100 个县共有 314 个贫困被告人辩护服务项目，三种方案分别为 123 个、126 个、65 个（分别占总数的 39%、40%、21%）；③这 100 个县用于贫困被告人辩护服务的经费为 12 亿多美

〔1〕 Steven K. Smith & Carol J. DeFrances, U. S. Dep't of Justice, Bureau of Justice Statistics, *Indigent Defense*, 1996.

元，三种方案的花费分别为近9亿元、近2亿5000万、7000万（分别占总数的73%、21%、6%）；④这100个县共受理近420万件案件，三种方案受理案件量分别为近350万件、近62万件、14万件（分别占总数的82%、15%、3%），具体参见表2-3。[1]

表2-2 1992年美国地方辖区贫困者辩护服务提供模式

制度类型	辩护类型化所占比例
全　部	100%
仅为公设辩护人制度	28%
仅为指定律师制度	23%
指定律师制度与公设辩护人制度	23%
仅为合同律师制度	8%
公设辩护人制度与合同律师制度	8%
指定律师制度、公设辩护人制度与合同律师制度	6%
指定律师制度与合同律师制度	3%
其　他	1%
办公室数量	2352

来源：*Indigent Defense*（1996）.

---

〔1〕 Carol J. DeFrances & Marika F. X. Litras, U. S. Dep't of Justice, Bureau of Justice Statistics, *Indigent Defense Services in Large Counties*, 1999（2000）.《1999年人口大县贫困者辩护服务》研究报告指出：1999年全美大约3100个县和自治市中，人口最多的100个县占美国总人口数的42%。1995年，3600万美国人生活在贫困线下，其中44%的人居住在这100个县中。1997年间逮捕的一类犯罪（part I crimes）中的52%和暴力犯罪中的55%发生在这100个县，其中一类犯罪包括：杀人罪（homicide）、强奸罪（rape）、抢劫罪（robbery）、夜盗罪（burglary）、盗窃罪（larceny/theft）、纵火罪（arson）等。

表2-3　1999年美国人口最多的100个县的贫困者辩护服务方案总体情况

花费和案数（以千计）	总　数	公设辩护人项目	指定律师项目	合同律师项目
县数（个）	100	90	89	42
总花费（千美元）	1 205 136	880 920	247 204	70 012
总案件数（千件）	4174	3413	618	143
项目数（个）	314	123	126	65

来源：*Indigent Defense Services in Large Counties*，1999（2000）.

3．2000年以来公设辩护人制度的发展。进入21世纪，公设辩护人制度在美国贫困者辩护服务体系中的地位与作用愈发重要，并已成为美国贫困者辩护服务体系中最为重要的一环。

《2007年公设辩护人办公室》[1] 研究报告表明：目前公设辩护人制度在美国贫困者辩护服务体系中占据主导地位。具体依据如下：一是设立的州数，美国除缅因州（Maine）外，其他49个州和哥伦比亚特区都设有公设辩护人办公室；二是服务的人口数，公设辩护人方案服务于两亿四千多万美国人口；三是办公室的数量，全美有1046个公共资金支持的公设辩护人办公室；四是受理案件的数量，公设辩护人项目每年受理550多万件案件；五是雇用律师的数量，公设辩护人办公室共雇用了15000多名等效全职律师；六是

〔1〕《2007年公设辩护人办公室》研究报告是美国第一个关于公设辩护人办公室的调研成果。该研究报告分析了1046家公设辩护人办公室，其中排除了联邦公设辩护人办公室、经费来源于私人或者主要来自于部落政府（tribal government）的公设辩护人办公室以及主要提供上诉、青少年服务的公设辩护人办公室。缅因州通过指定律师制度与合同律师制度提供贫困者辩护服务，是全美唯一没有公设辩护人制度的州。

花费，2007年在公设辩护人项目的花费超过23亿美元，[1] 具体参见表2-4。

表2-4 2007年美国州立与县立公设辩护人项目总体情况

类型	州数(个)	服务人口数(千人)	办公室数(个)	受理案件数(件)	等效全职律师数(名)	经费总额(千美元)
全美总数	50	240 160	957	5 572 450	15 026	2 310 040
州立项目	22	73 370	427	1 491 420	4 321	833 358
县立项目	28	166 790 530	530	4 081 030	10 705	1 476 682
其中:州、县共同资助	12	53 991	193	1 372 633	3 580	423 673
其中:县资助	16	112 799	337	2 708 397	7 126	1 053 009

来源：*Public Defender Offices*, 2007 (2010).

四、公设辩护人制度的现实困境："屠宰场司法"及未来发展

美国公设辩护人制度在其漫长的发展历程中，兴起于州、县层面，进而扩展至联邦层面，目前在贫困者辩护服务体系中居于主导地位，在维护贫困者律师辩护权方面发挥了关键作用。然而，当前美国公设辩护人制度面临着经费不足、案件负荷量巨大、辩护服务质量下降等诸多问题，其中辩护质量下降最为棘手。有学者指出："公设辩护人日复一日的工作因为庞大的案荷量、委托人的不合作和刑事司法制度的不支持而压力巨大。"[2] 近年来，被告人起诉公

[1] Lynn Langton & Donald J. Farole, Jr., U. S. Dep't of Justice, Bureau of Justice Statistics, *Public Defender Offices*, 2007 (2010).

[2] Charles J. Ogletree, Jr., "Essay on the New Public Defender for the 21st Century", *Law and Contemporary Problems*, 58 (1995), p. 85.

设辩护人的无效辩护的案件并不少见。[1] 甚至有人将公设辩护人提供的辩护服务比喻成“屠宰场司法”。例如，“密苏里州公设辩护人体系（The Missouri State Public Defender System）处于一个引爆点，公设辩护人每天都面临着违反职业责任标准的风险，以及与律师无效帮助的起诉作斗争。”[2] 密苏里州公设辩护人制度面临的问题也是美国其他司法辖区公设辩护人组织的真实写照。

事实上，20 世纪 80 年代的相关实证研究已指出，美国贫困者辩护服务方案已经严重缺乏资金并承受了过量的案件。有学者甚至认为，美国几乎每一个公设辩护人办公室都存在资金严重不足的问题。[3] 公设辩护人因资金不足和过度的案件负荷量导致无法提供充分辩护的例子在急速增多。截至 2008 年 11 月，因为过度的工作量使得公设辩护人办公室不能履行他们的宪法职责，已经有 7 个州的公设辩护人办公室拒绝承担新的案件或者请求限制新案件数量。在纽约用于刑事辩护的资金在 2008 年下降了 2700 万美元，但是从 2006 年开始，每年案件的数量却在以 16 000 件的速度增长。肯塔基州的州公设辩护律师已经向他们的州提出要控制案件负荷量，他指出目前充分辩护所面临的挑战是自“吉迪恩案”以来最大的，[4] 等等。[5]

---

〔1〕 类似判例较多，较有影响的案件如 *State v. Peart*, 621 So. 2d 780 (La. 1993) 等。

〔2〕 Chris Dandurand, “Walking out on the Check: How Missouri Abandoned Its Public Defenders and Left the Poor to Foot the Bill”, *Missouri Law Review*, 76 (2011), p. 186.

〔3〕 See Kenneth B. Nunn, “The Trial as Text: Allegory, Myth and Symbol in the Adversarial Criminal Process—A Critique of the Role of the Public Defender and a Proposal for Reform”, *American Criminal Law Review*, 32 (1995), p. 802.

〔4〕 See Stephanie L. McAlister, “Between South Beach and a Hard Place: The Underfunding of the Miami – Dade Public Defender's Office and the Resulting Ethical Double Standard”, *University of Miami Law Review*, 64 (2010), pp. 1323 ~ 1324.

〔5〕 公设辩护人案件负荷量过重等相关问题，本书第七章会专门论述。

美国学者诺威拉·内德夫（Novella Nedeff）的观点或许指出了资金短缺的根源所在，她认为资金是一个关键问题，然而拥有资金决定权的那些人并非律师或者是那些根本不关心委托人利益的人。印第安纳公设辩护人委员会负责人拉里·A. 兰迪斯（Larry A. Landis）认为，资金并不是唯一的问题，另一个原因是公设辩护人承担了过多的案件（或者也可以理解为案件增长的数量要高于公设辩护人增加的数量），兰迪斯认为公设辩护人应当对法官说“我不能处理这么多的案件”；他还指出，律师的素养也是重要问题，这个领域缺乏有效监督，并且消费者也不能像在市场当中一样有选择律师的机会。〔1〕可见，资金供给、案件负荷量、专业素质、职业伦理、监督管理等诸多因素都影响到公设辩护人提供有效辩护，其中资金供给和案件负荷量是两大关键因素，二者实质上是一个问题的两个方面。

如何解决公设辩护人制度面临的辩护服务质量下降的问题？《美国律师协会刑事审判辩护服务提供标准》第 5 - 1.2 条指出：“如果资金与人员充分配备，公设辩护人组织能够雇用全职人员提供优质的辩护服务。”显然，理论层面的分析并不困难，如果我们可以确保公设辩护人具有充足的资金、合理的案件负荷量、良好的专业素质及职业伦理、独立地位，以及控辩双方的资源对等、“贫困”判定的合理标准、对公设辩护人的有效监管制度，公设辩护人就可以提供称职辩护，反之亦然。然而，实践却并不按照理论预设展开，有学者指出，“我们为州在刑事司法制度中履行其义务提供颇多资源支持，然而却甚少为增加公设辩护人资源提供相应支持。”〔2〕

---

〔1〕 Bill Brooks, “Public Defender System and More in Need of Reform”, *Res Gestae*, 49 (2005), pp. 30 ~ 31.

〔2〕 Charles J. Ogletree, Jr., “Essay on the New Public Defender for the 21st Century”, *Law and Contemporary Problems*, 58 (1995), p. 85.

显然，政府减少对公设辩护人的投入是不明智的，“公设辩护人事务所提供的辩护服务质量低劣在很多管辖区表现得很明显，这些管辖区节省费用的规定使案件工作量至少成倍地增长。批评家指责这些手段不仅是小事聪明、大事糊涂而且潜在地侵害宪法权利。”〔1〕或许，问题根源即在于此，美国公设辩护人制度所面临的挑战，其实反映了如下问题：人们应以何种观念来对待贫困者律师辩护权？人们是否真正认识到公设辩护人制度的价值所在？如果公设辩护人制度被作为实现公民宪法性权利的保障制度，成为国家履行基本义务的重要方式，它的实现是否具有优先性？

公设辩护人制度能否有效运转，受制于其是否获得充足的经费以及合理的案件负荷量限制，但归根结底取决于人们对贫困者律师辩护权持何种态度。然而，在一个资源相对有限的时代，国家和公民始终面临的问题是：他们愿意为贫困被告人律师辩护提供多少资源？事实上，即便在发达国家，一旦财政预算紧张，法律援助支出最易被削减。而在选举制度中，选民感兴趣的往往是认为与自己休戚相关的事项，这些事项显然不包括加大对刑事法律援助的投入，因为大多数公民会认为自己不会身陷刑事诉讼的囹圄，而那些犯罪嫌疑人、被告人常常是令人憎恨的。因此，贫困犯罪嫌疑人、被告人律师辩护权是否被视为公民的基本人权，进而成为国民最为关切的社会议题之一，乃是公设辩护人制度以及所有刑事法律援助方案成败的关键。如果贫困犯罪嫌疑人、被告人律师辩护权尚未上升至基本人权的阶位，公设辩护人制度就有可能因财政困难或者追求打击犯罪目标而难以获得稳定的资金，辩护质量的下降将不可避免。

---

〔1〕［美］爱伦·豪切斯泰勒·斯黛丽、南希·弗兰克：《美国刑事法院诉讼程序》，陈卫东、徐美君译，中国人民大学出版社2002年版，第235页。

第二节　英国公设辩护人制度考察

1998 年 10 月 1 日，英国在苏格兰爱丁堡（Edinburgh）设立了苏格兰公设辩护人办公室（Public Defence Solicitors' Office，PDSO），全英首个公设辩护人办公室宣告成立。自 2001 年 5 月起，英国又在英格兰和威尔士的利物浦（Liverpool）、米德尔斯布勒（Middlesbrough）等地设立了公设辩护人办公室，自此领薪的辩护律师开始在全英出现，公设辩护人制度成为英国刑事法律援助体系中的有益补充。

一、公设辩护人服务试行的法律基础：以英格兰与威尔士为中心

丹宁（Denning）勋爵曾指出："自第二次世界大战以来，法律方面最重要的革命就是法律援助，它意味着在许多案件中，律师的酬金和费用由国家支付，而非由当事人负担。"〔1〕英国现代法律援助制度开始于第二次世界大战之后，〔2〕其"现代性"之标志在于法律援助的国家义务化，在很大程度上，这也是英国政府建立"福利国家"的结果。

从立法沿革上看，1949 年《法律援助与咨询法》（Legal Aid

〔1〕［英］丹宁：《法律的未来》，刘庸安、张文镇译，法律出版社 1999 年版，第 97 页。

〔2〕英国法律援助以第二次世界大战为分界点，分为两个发展阶段：二战前，英国刑事法律援助主要由私人律师义务提供，这属于私人律师的慈善举动；二战后，国家承担法律援助义务，即国家购买私人律师法律服务，私人律师具体实施辩护服务。但是，无论法律援助是否为国家义务，由私人律师具体实施的传统并未改变，当今英国刑事法律援助主要通过政府与私人律师签订法律服务合同的模式展开。

and Advice Act）首先确立了现代英国法律援助制度。[1] 根据该法，法律援助事务由事务律师协会（the Law Society）具体负责，大法官（the Lord chancellor）进行监管，私人执业律师具体实施辩护活动，所需经费及报酬由政府财政负担。该法制定期间，为了弥补从事法律援助的私人律师不足的问题，拉斯克里夫委员会[2]（Rushcliffe Committee）曾于 1945 年提议设立领薪法律服务机构，但并未被采纳，因为当时私人律师不愿成为公职律师，这也秉承了英国由私人律师提供法律服务的传统，所以英国政府未设置公职律师。可见，1949 年《法律援助与咨询法》规定由事务律师协会负责法律援助事务是私人律师提供法律服务传统的自然延伸，这体现了英国律师界秉持律师应保持自治与独立的基本理念，以及法律服务应由私人律师垄断的社会认识，因此，公职律师在当时的英国没有存在的社会基础。

1988 年《法律援助法》（Legal Aid Act）[3] 是继 1949 年《法律援助与咨询法》之后，英国法律援助方面最为重要的法律。该法第 1 条规定：建立一种由政府提供资金，来为贫困被告人提供法律咨询（advice）、帮助（assistance）或者诉讼代理服务（representation）的模式。较之前一部法，该法较为重要的变革是法律援助组织机构的变更。该法第二章规定了法律援助委员会（Legal Aid Board，LAB）的性质、职权、责任等内容，法律援助委员会取代事

---

〔1〕 英国由英格兰、苏格兰、威尔士和北爱尔兰四部分组成，就法律制度而言，苏格兰与其他三地差异较大，自成体系，并有专门的法律援助立法。1949 年《法律援助与咨询法》仅施行于英格兰与威尔士，从严格意义上说，该法奠定了英格兰与威尔士的现代法律援助制度基础。

〔2〕 拉斯克里夫委员会成立于 1944 年 5 月，它对贫困者辩护开展了调研，并指出，私人律师的慈善举动无法满足现实需求，法律援助应由政府承担，事务律师协会应具体负责。1949 年《法律援助与咨询法》是以拉斯克里夫委员会的调查报告为基础而制定的。

〔3〕 1988 年《法律援助法》仅施行于英格兰与威尔士。苏格兰适用 1986 年《法律援助（苏格兰）法》[Legal Aid (Scotland) Act]。

务律师协会，具体负责法律援助事务。笔者以为，这一改变意义深远，因为事务律师协会是行业自治性质的组织，法律援助委员会则属于非政府部门公共机构，法律援助管理机构的变化表明英国政府加强对法律援助事务控制的倾向，这为以后试行公设辩护人服务奠定了基础。

1999 年《获得司法公正法》（Access to Justice Act，AJA）是对英国法律援助影响最为深远的一部立法，拥护者和批评者将这部立法描述为“50 年来法律服务的最大革新”和“改变了法律格局”，因本法导致的刑事法律援助提供模式的变化引起了激烈的论战。〔1〕这一激烈的论战中就包括是否试行公设辩护人服务。事实上，1998 年，工党政府（the Labour Government）的白皮书（White Paper）《现代正义》（Modernising Justice）一文首次宣布建立公设辩护人服务的设想，该文指出：“来自于其他国家的经验证明，领薪辩护人（salaried defenders）在经费充足的前提下，较之私人执业律师能更具成本效益（cost - effective），以及提供更好的服务。”〔2〕显然，1999 年《获得司法公正法》体现了英国政府的上述理念，根据该法设立的法律服务委员会（Legal Services Commission，LSC）取代了法律援助委员会，负责在英格兰和威尔士建立、发展和管理刑事辩护服务（Criminal Defence Service，CDS），刑事辩护服务取代根据 1988 年《法律援助法》设立的刑事法律援助（Criminal Legal Aid，CLA）计划。同时，1999 年《获得司法公正法》首次允许通过法律服务委员会或者其他机构直接雇用事务律师（solicitor）和出庭律师（barristers），向公众提供法律援助服务。就此而言，英

〔1〕 See Derek O'Brien & John Arnold Epp，“Salaried Defenders and the Access to Justice Act 1999”，*Modern Law Review*，63（2000），p. 394.

〔2〕 Lee Bridges，Ed Cape，Paul Fenn，Anona Mitchell，Richard Moorhead and Avrom Sherr，*Evaluation of the Public Defender Service in England and Wales*，2007，p. 1.

国试行公设辩护人服务最为重要的法律基础是1999年《获得司法公正法》。

二、公设辩护人服务试行的现实根据：辩护质量保证与成本控制

1999年《获得司法公正法》的制定是社会发展的反映，公设辩护人服务的出现是社会的客观需求。自20世纪90年代起，英国刑事法律援助已面临诸多困境，尤其是法律援助质量下降与成本上涨的问题。英国政府试图通过引入公设辩护人服务，丰富本国刑事法律援助提供模式，以解决上述问题。

1. 解决辩护服务的现实需求。与很多国家一样，英国刑事法律援助存在辩护质量参差不齐的问题，由此损害到犯罪嫌疑人、被告人的权利。长期以来，英国刑事法律援助主要通过合同律师制度实施，但在一些偏远地区，合同律师制度存在招募不到私人律师的困境，这些地区设立公设辩护人办公室有助于解决上述问题，以保障偏远地区贫困者的律师辩护权。事实上，当初英格兰与威尔士两地并没有考虑在农村地区设立公设辩护人办公室，因为农村地区可能没有充足的案源，设立公设辩护人办公室的成本会更高，但最终还是决定在切尔滕纳姆镇（Cheltenham）设立公设辩护人办公室，该镇位于广大农村腹地，因当地一家较大的律师事务所关闭而导致辩护服务的空白。同样，苏格兰在一些人口稀少且私人律师缺乏的地区设立公设辩护律师办公室，如在因弗内斯（Inverness）与柯克沃尔（Kirkwall）两地设立公设辩护律师办公室，就是为了解决苏格兰高地与北部岛屿地区极少或者没有刑事辩护律师的问题。

2. 控制法律援助成本的需求。二战后，刑事法律援助成为英国政府的一项基本义务，法律援助成本的持续上升给英国政府造成了巨大的财政压力。1995~1996年度，英格兰和威尔士花在法律援

助上的费用高达14亿英镑，是5年前的两倍，[1] 花在每个法律援助案件上的平均费用已经远远高于通货膨胀率，如果放任这种花费继续增加，将对政府的预算和公共花费构成巨大的压力，政府所作的民众测验表明，部分民众认为这样一个昂贵的和不是十分有效的法律援助制度有必要变革。[2] 同时，法律援助资金得不到有效运用，浪费严重。高昂的法律援助花费使英国政府不得不认真考虑采取相应的改革措施，改革势在必行。因此，质量保证与成本控制是英国法律援助改革的两大目标，采纳新型法律援助模式成为改革措施之一。

三、公设辩护人服务的运作：试行及成效评估

在英国，苏格兰率先实行公设辩护人制度，在某种程度上是因为苏格兰政府承受了更为巨大的刑事法律援助开支，[3] 所以他们比英格兰在刑事法律援助方面的改革迈出的步伐更大。1986年《法律援助（苏格兰）法》[Legal Aid (Scotland) Act] 赋予了苏格兰法律援助委员会（the Scottish Legal Aid Board，SLAB）直接雇用律师提供刑事法律援助的权利，并作为试点来测试此种方案的可行性；前5年处于试验阶段，仅雇用6名律师；该法案还要求司法部长必须在办公室试行后的3年内向苏格兰议会提交可行性研究报告。[4] 1998年10月1日，苏格兰在爱丁堡正式试点公设辩护人服

〔1〕 从另一个角度来看，英国政府持续增加对法律援助的经费投入，也体现出对被追诉者权利保障的重视。

〔2〕 参见岳礼玲："英国刑事法律援助面临改革"，载《中国律师》1997年第8期。

〔3〕 一份1997年的研究报告显示：苏格兰人均支出超过英格兰和威尔士的1.5倍，是荷兰的9倍以上。由于受到法律援助开支的困扰，导致人们周期性地进行公设辩护人的讨论。See Tamara Goriely, "Evaluating the Scottish Public Defence Solicitors' Office", *Journal of Law and Society*, 30 (2003).

〔4〕 Legal Aid (Scotland) Act 1986, Section 28A: (1); 28A: (2); 28A: (10).

务，设立公设辩护律师办公室（Public Defence Solicitors' Office，PDSO），并成为英国第一个公设辩护人服务机构，这对英国传统上由私人律师提供刑事法律援助而言是一次重大革新。根据原定方案，试点的主要目的是评估领薪律师（salaried solicitor）与传统私人执业律师的逐案收费模式哪个更具成本效益。苏格兰行政院（the Scottish Executive）公布的《2001 年爱丁堡公设辩护律师办公室：一个独立的评估》报告认为试点很有价值，并为刑事法律援助如何运作提供了有用的信息。[1] 2004 年，苏格兰政府分别在格拉斯哥（Glasgow）和因弗内斯新设两个公设辩护律师办公室；2007 年，又在柯克沃尔、邓迪（Dundee）、福尔柯克（Falkirk）、艾尔（Ayr）等地新设 4 个办公室。

从 2001 年起，英格兰与威尔士两地开始试点公设辩护人服务。2001 年 5 月 14 日，利物浦设立了两地第一个公设辩护人服务办公室（Public Defender Service Office）；[2] 随后，米德尔斯布勒（Middlesbrough）、斯旺西（Swansea）也相继设立了公设辩护人办公室

---

〔1〕 苏格兰行政院公布的《2001 年爱丁堡公设辩护律师办公室：一个独立的评估》报告从四个方面对公设辩护人方案与私人律师模式进行比较，即成本效益、服务质量、当事人满意度和每种服务提供模式对刑事司法制度效率的贡献，包括对法庭、检察官、警察和法官的影响。

〔2〕 有观点认为，英国"public defender service"虽译为"公设辩护人服务"，但其类似于我国台湾地区法律扶助基金会的"专职律师"，即"专门办理刑事服务的专职律师"，与我国台湾地区公设辩护人有所区别，我国台湾地区公设辩护人隶属于法院，属于"司法院"体系，由法院监督管理。笔者以为，我国台湾地区法律扶助基金会的"专职律师"与英国"public defender service"具有相似之处（如二者具有全职性与领薪性的特征），但二者的关键区别在于：前者除受理刑事案件之外，也代理民事、行政案件；后者是专职从事刑事辩护服务。除此之外，PDS 采公设辩护人办公室（PDOs）形式，是法律服务委员会（LSC）的独立分支，并且独立运作；而法律扶助基金会内的"专职律师"不具有前者独立运作的特性。因此，英国"public defender service"属于公设辩护人的范畴，其与我国台湾地区公设辩护人最大区别在于隶属机构上的不同，前者隶属于具有非政府部门公共机构性质的法律服务委员会（LSC），后者隶属于法院体系。

(Public Defender Offices, PDOs) 试点。2001 年 7 月，伯明翰（Birmingham）开始试点；2002 年 4 月，切尔滕纳姆开始试点；2002 年 9 月，庞特普里德（Pontypridd）开始试点；2003 年 2 月，切斯特（Chester）、达林顿（Darlington）开始试点。至此，英格兰与威尔士两地共设有 8 个公设辩护人办公室。但截至 2011 年，只有切尔滕纳姆、达林顿、庞特普里德和斯旺西四地仍保存公设辩护人办公室。[1]

从实际运作来看，英国公设辩护人服务取得了一定的成效，其表现在受理案件数量逐年上升，[2] 受理案件类型从轻微犯罪案件扩展至严重犯罪案件，如从处理治安法院（Magistrate's Court）的案件延伸至处理刑事法院（Crown court）的案件。英格兰与威尔士的公设辩护人服务试行一年后，法律服务委员会公布了首个年度报告——《公设辩护人服务：2001/2002 年度报告》（Public Defender Service Annual Report 2001/2002），该年度报告特别指出：根据公设辩护人服务运作的经验，其存在七方面的价值：①为公众提供独立的、高质量并物有所值的刑事辩护服务；②在全国及地方范围内，展现提供刑事辩护服务的优秀范例；③提供以提高合同制私人律师执业行为的基准信息；④提高政府、大法官部（LCD）和各地区的法律服务委员会对刑事辩护律师在为公众提供高质量服务过程中所面临问题的认识水平；⑤多提供一个选择，以确保在刑事辩护服务

[1] See Legal Services Commission, *Annual Report and Accounts 2010 ~ 2011*.

[2] 苏格兰公设辩护律师办公室（PDSO）历年受理案件的数量为：1998 ~ 1999 年度为 417 件、1999 ~ 2000 年度为 1034 件、2000 ~ 2001 年度为 1202 件、2001 ~ 2002 年度为 1194 件、2002 ~ 2003 年度为 1123 件、2003 ~ 2004 年度为 1196 件、2004 ~ 2005 年度为 1565 件、2005 ~ 2006 年度为 1743 件、2006 ~ 2007 年度为 1491 件、2007 ~ 2008 年度为 1973 件。See The Scottish Executive, *Providing Criminal Legal Assistance by Means of Solicitors Directly Employed by the Scottish Legal Aid Board: A Report on the Progress of the Feasibility Study*, 2008.

质量低下或标准低下的地区提供高质量服务；⑥根据公设辩护人服务自身职责需要，招募、培训及发展能够提供高质量刑事辩护服务的人，这通常将增加可以提供刑事辩护服务的主体；⑦与私人执业者分享优秀的实践经验，发展公设辩护人服务以促进刑事辩护服务提供的全面提高。年度报告还认为：公设辩护人服务运作第一年已取得了巨大的成功，建立了一个新的组织，执行一种新型的、由公共资金支持的辩护服务提供模式，以当事人为基础的独特办公室已经设立。而这些成绩的功劳主要归因于公设辩护人办公室中团队的奉献与努力工作，这些办公室满怀激情地抓住了支持建立公设辩护人服务的机遇。[1]《2007 年英格兰与威尔士公设辩护人服务评估》报告指出：公设辩护人服务的辩护质量在一定程度上优于私人执业律师，“我们的研究证据是公设辩护人服务达到了通才的目标，在可比范围内，能够提供高质量、与私人执业者同等和某些方面更好的刑事辩护服务。”[2]

苏格兰《2001 年爱丁堡公设辩护律师办公室：一个独立的评估》报告指出：公设辩护律师与私人辩护律师存在许多共性，然而，公设辩护律师倾向于在更早的程序阶段解决案件，这是两种模式的主要区别，由此也造成了成本和结果上的差异。一方面，更早地解决案件有可能会节约法律援助（纳税人）的成本，尽管为了实现这种可能，公设辩护律师办公室需要确保工作量进一步增加（或者减少员工）；另一方面，更早地解决案件也导致了较少但明显的定罪率的提高，当事人可能感到公设辩护人的支持更少——因为鼓

〔1〕 See Legal Services Commission, *Public Defender Service Annual Report* 2001/2002, pp. 23, 3.

〔2〕 Lee Bridges, Ed Cape, Paul Fenn, Anona Mitchell, Richard Moorhead and Avrom Sherr, *Evaluation of the Public Defender Service in England and Wales*, 2007, p. 297.

励更早地解决案件，公设辩护人没有“真正维护他们的权利”。[1]

四、公设辩护人服务的前景：应对现实压力的大胆尝试

当今刑事法律援助领域，最富有争议的议题是关于辩护服务提供模式的讨论。英国于13世纪出现了律师职业，远远早于其他西方国家，从严格意义上来说，现代律师制度发源于英国。作为私人律师在法律服务中处于主导的国家，英国实行公设辩护人服务引发的激烈论争就不难预见，这种争论从苏格兰一直延续到英格兰与威尔士，“在苏格兰法律界进行激烈的论战之后，公设辩护律师办公室于1998年在爱丁堡设立。同样的论战也发生在这个国家的南部，因为1999年《获得司法公正法》准许在英格兰和威尔士设立公设辩护人。这标志着一种新型法律服务提供方式的产生，同时又存在很大的争议，因为这被认为威胁到辩护律师的独立性以及私人执业的未来。”[2] 实践中，英国社会对试行公设辩护人服务评价不一。政府相关机构、法律服务委员会及一些学者认同该模式；私人律师界等其他社会各方则表示反对或质疑。

英国政府是公设辩护人服务的积极推动者，同时也是公设辩护人服务的受益者之一。[3] 第二次世界大战之后，刑事法律援助成为英国政府的一项基本义务，至20世纪末，英国政府开始承受着严重的财政负担，面临着辩护服务质量下降的问题，以及合同制方案在偏远地区招募不到私人律师的困境。因此，从提供辩护服务方式上进行变革成为英国政府试图解决上述问题的重要举措，正如有

---

〔1〕 See Tamara Goriely, et. al., Scottish Executive Central Research Unit, *The Public Defence Solicitors' Office in Edinburgh: An Independent Evaluation*, 2001, p. 7.

〔2〕 Karen MacKay, "Salaried Services - A Strategy for Legal Need", *Legal Action Group Policy*, 2001, p. 1.

〔3〕 毫无疑问，公设辩护人服务最大的受益者应该是贫困犯罪嫌疑人、被告人。

学者指出，“鉴于政府在法律服务成本方面缺乏控制，其在公设辩护人项目试行中的收益不会令人感到奇怪”〔1〕。公设辩护人服务表明了英国政府加强对刑事法律援助控制的目的，改变以往政府完全基于需求进行资助的法律援助模式，希望以此达到成本控制与质量保障的目标。其实，我们从1988年《法律援助法》和1999年《获得司法公正法》两部法律有关规定的变化便可见其端倪。1988年《法律援助法》规定法律援助的管理模式从律师行业组织过渡到非政府公共机构；1999年《获得司法公正法》成立的法律服务委员会，其所管理的事项要比之前的法律援助委员会“明显宽泛得多”。

然而，英国试行公设辩护人服务受到私人律师界等其他社会各方的反对或质疑。当英国政府采纳公设辩护人服务议案时，便饱受议会内外的批评，“法案中关于所谓公设辩护人服务的提议显得突如其来，没有公众需求，没有法律界的要求，没有皇家委员会的建议或任何思考，当然也没有与出庭律师理事会（the Bar Council）、事务律师协会（the Law Society）或其他诸如自由和正义的机构先期讨论。”〔2〕而且缺少磋商意味着很多人对政府采用领薪辩护服务的决定感到迷惑不解。阿克纳大法官（Lord Ackner）指出：“这里没有需求，这里并不需要一个国家刑事辩护体系。为什么把公设辩护人强加给我们。”〔3〕英国上议院曾两次否决1999年《获得司法公正法》关于领薪辩护服务的提案，肯尼迪（Kennedy）曾说道：“将刑事公设辩护人制度引入英国的想法使我深感惊讶”，她还认为

〔1〕Karen MacKay, “Salaried Services – A Strategy for Legal Need”, *Legal Action Group Policy*, 2001, p. 1.

〔2〕Derek O'Brien & John Arnold Epp, “Salaried Defenders and the Access to Justice Act 1999”, *Modern Law Review*, 63 (2000), p. 395.

〔3〕Derek O'Brien & John Arnold Epp, “Salaried Defenders and the Access to Justice Act 1999”, *Modern Law Review*, 63 (2000), p. 395.

其他人也一定会深有同感，因为她知道美国这一制度如何运作，但并无多大印象，当然，她认为这无疑将符合成本效益，“但可以确定，在司法中，我们应该关心的绝不仅仅是成本，如果引进这一制度，我们的法庭也会出现美国辩诉交易那种骇人的程度。这种制度还会带来什么呢？为此工作的是年轻或能力欠缺的年老律师；案件负荷量高到令人难以置信，律师很快会被击败。这种制度会附带着勾结——律师之间的勾结……控方和辩方之间的勾结，为使法庭以尽可能快的速度结案。”〔1〕 显然，英国立法机构对引进公设辩护人制度表示了顾虑。

私人律师界是反对建立公设辩护人制度中最坚定和最重要的力量。苏格兰试点公设辩护律师办公室时，有律师表示：“显然，为了我的当事人，我将以个人名义无偿工作，但我也将尽最大努力破坏公设辩护人制度。我并不想要公设辩护人制度，显然它完全不利于我的利益……这是疯狂政府的主意，他们是在没有任何真正事先考虑下做出的。”〔2〕 在笔者看来，私人律师界的反对主要基于两大原因：

一方面，私人律师基于自身利益反对建立公设辩护人制度。二战之后，英国政府逐步建立了较为完备的刑事法律援助体系，绝大多数刑事案件都由国家提供法律援助，〔3〕 具体实施方案是由国家购买私人律师的辩护服务。实践中有大量私人律师甚至主要以提供刑事法律援助为生，公设辩护人与私人律师在刑事法律援助中必然

---

〔1〕 Offcial Report, House of Lords, 14 December 1998; Vol. 595, c. pp. 1157 ~ 1158.

〔2〕 Tamara Goriely, “Evaluating the Scottish Public Defence Solicitors’ Office”, *Journal of Law and Society*, 30 (2003), p. 87.

〔3〕 1977 年，刑事法院所审理的案件 96% 由政府提供法律援助。参见熊秋红：“刑诉中法律援助制度的模式与类型”，载《当代司法》1997 年第 7 期。20 世纪 90 年代，在英格兰，治安法院审理案件的 60%、刑事法院审理案件的 90% 的被告人得到法律援助；在苏格兰，重罪案件被告人中 99% 得到法律援助，轻罪案件被告人中的 80% ~90% 得到法律援助。参见宫晓冰、岳礼玲：“英国法律援助制度简介”，载《法制日报》1997 年 5 月 17 日。

形成此消彼长的格局，实施公设辩护人制度无疑触及私人律师的实际利益。因此，公设辩护人服务试点后不久，“社会从业律师对此很反对，这意味着竞争，一些律师很可能因此失业。有的律师甚至说，政府建立公设辩护人，就是要迫使社会从业律师离开法律援助体系。”〔1〕

另一方面，私人律师基于律师职业传统反对建立公设辩护人制度。其一，英国具有悠久的律师职业自治与独立的传统，公设辩护人受雇于国家又如何对抗国家？私人律师界质疑公设辩护人制度是不正义的，“他们提出，固定一批律师事务所搞法律援助的办法等于变相搞‘公职律师事务所’，势必动摇几百年来形成的‘律师独立’的传统。”〔2〕 在苏格兰，1980 年休斯委员会（the Hughes Commission）建议试行公设辩护人项目，认为他们“在世界上其他地方的运作很成功”，并且“可能更加物有所值”。然而，苏格兰事务律师协会（Law Society of Scotland）表示强烈反对，认为公设辩护人将威胁到律师职业的独立性，妨碍当事人和律师的正常关系，亦不会被公众所接受。〔3〕 其二，私人律师长期垄断刑事辩护业务，公设辩护人的出现，必然打破这一格局，这有悖于英国法律传统。“长期以来，律师职业本身就反对采用领薪律师，并且一直为私人律师提供法律服务的垄断性辩护，认为通过对其进行职业训练和职业行为规则的规约，私人律师能够很好地为客户的利益服务。”〔4〕

〔1〕 宫晓冰：“英国法律援助制度简介（一）”，载宫晓冰主编：《外国法律援助制度简介》，中国检察出版社 2003 年版，第 4 页。

〔2〕 宫晓冰：“英国法律援助制度简介（一）”，载宫晓冰主编：《外国法律援助制度简介》，中国检察出版社 2003 年版，第 4 页。

〔3〕 See Tamara Goriely, “Evaluating the Scottish Public Defence Solicitors' Office”, *Journal of Law and Society*, 30 (2003), p. 85.

〔4〕 Derek O'Brien & John Arnold Epp, “Salaried Defenders and the Access to Justice Act 1999”, *Modern Law Review*, 63 (2000), p. 395.

有鉴于此，英国律师界对公设辩护人服务持排斥态度。

英国试行公设辩护人服务是因面临着财政负担严重、偏远地区律师短缺及辩护服务质量不高等现实问题，英国政府希望通过刑事法律援助模式的革新，以解决上述问题。但事实上，公设辩护人制度存在一体两面的问题：运用得当，其制度功能得到彰显；反之亦然。德里克·奥布赖恩（Derek O'Brien）等学者认为："公设辩护人服务改革包含原则本质改变的可能性。如果能够从其他司法辖区接受教训，并且管理得当，就成本效益、案件结果、当事人满意度三个方面而言，国家雇用的律师具有提供与私人律师的服务相当的能力；然而，美国一些地区的经验同样表明，如果管理不当，提供的服务也有可能相当低劣。"[1] 无论如何，作为法律援助制度较为成熟的国家，英国仍不断进行制度革新，实属难能可贵。当然，公设辩护人服务在英国并非要取代以合同律师制度为主的私人律师方案，其仅仅是打破刑事法律援助由私人执业律师垄断的局面，以此形成私人律师与公设律师合作及良性竞争的格局，从而真正维护犯罪嫌疑人、被告人的合法权益，并达到控制成本的目的。其实，我们从1998年英国政府白皮书的声明中便可发现这一立场，"英国政府认为从长远的角度看，私人律师与专职领薪律师相结合的混合制度将被证明是最好的途径。这将使纳税人的缴税更加物有所值，因为在实施中，这两种制度能够取长补短并互相竞争；领薪律师服务的成本将提供一个可以评估私人律师收费是否合理的基准；专职领薪律师也具有填补制度空白的灵活性。"[2]

---

〔1〕 Derek O'Brien & John Arnold Epp, "Salaried Defenders and the Access to Justice Act 1999", *Modern Law Review*, 63 (2000), p. 411.

〔2〕 Lee Bridges, Ed Cape, Paul Fenn, Anona Mitchell, Richard Moorhead and Avrom Sherr, *Evaluation of the Public Defender Service in England and Wales*, 2007, p. 1.

第三章

中国公设辩护人制度考察

对我国而言，公设辩护人制度并非域外制度，南京国民政府于1928年颁布的《刑事诉讼法》即有“公设辩护人”之规定；1939年又颁布了专门性法典——《公设辩护人条例》；1940年，公设辩护人制度正式在部分地区施行。1949年之后，台湾地区沿用公设辩护人制度，其经历了20世纪80年代的“专业化”改革，但在1999年司法改革会议上被决议废除。近年来，台湾地区公设辩护人制度并未走向“自然凋零”，自2003年“刑事诉讼法”改采“改良式当事人进行主义”之后，其辩护功能反而得到显现，未来走向如何，值得关注。总之，我国公设辩护人制度已有七十多年历史，发展较为缓慢、几经沉浮，人们对其有过殷切期待，也失望过。在某种程度上，中国公设辩护人制度可视为曲折发展型。本部分将具体考察公设辩护人制度在南京国民政府时期和我国台湾地区的运作情况。

第一节 南京国民政府时期公设辩护人制度考察

中国律师制度诞生于清朝末年法制改革时期。[1] 1906年，沈家本、伍廷芳等在《进呈诉讼法拟请先行试办折》中指出："一宜用律师也……盖人因讼对簿公庭，惶悚之下，言词每多失措，故用律师代理一切质问、对诘、复问各事宜。"正是基于对中国传统纠问式审判方式的改革，始有现代意义上律师制度的产生。此奏折中，沈家本等人首次引入了法律援助理念，"若遇重大案件，即由国家拨予律师，贫民或由救助会派律师代伸权利，不取报酬补助。于公私之交，实非浅鲜"，[2] 这一想法最终为立法所吸收。1911年《大清刑事诉讼律（草案）》明确规定了指定律师制度，[3] 不过草案制定后不久，清朝旋即覆灭，指定律师制度未能付诸实践。直至民国时期，刑事法律援助制度得以真正施行。无论是北京国民政府还是南京国民政府，刑事法律援助制度都是一项重要的司法制度。

---

〔1〕 中国古代有"辩护士"、"讼师"职业，从律师职业本质上看，他们不属于现代意义上的律师。中国律师制度开始于清末改制时期，清末多部法律（草案）对律师制度予以了规定，在法律上确认了律师职业的合法性。1906年《大清刑事民事诉讼法（草案）》第四章刑事、民事通用规则第一节专门规定了律师，该草案第199条规定："凡律师俱准在各公堂为人辩案。"1910年颁行的《法院编制法》第64条规定："律师在法庭代理诉讼，或辩护案件，其言语举动如有不当，审判长得禁止其代理辩护。"《大清刑事诉讼律（草案）》第一编总则第二章当事人第二节专门规定了辩护人，该草案第55条规定："被告人于提起公诉之后，得随时选任辩护人。"

〔2〕 上海商务印书馆编译所编：《大清新法令》，商务印书馆2010年版，第419页。

〔3〕《大清刑事诉讼律（草案）》第317条规定："遇有下列各款情形，并未选任辩护人或所选任之辩护人不出庭者，审判衙门因职权或检察官之请求以决定指定辩护人：第一，被告人未满20岁；第二，被告人系妇女；第三，被告人系聋哑；第四，被告人疑系精神障碍；第五，审判衙门认为被告案件应置辩护人。"

北京国民政府继承了清末法制改革成果，沿用指定律师制度；[1] 南京国民政府则改采公设辩护人制度，[2] 由于客观时局的限制，公设辩护人制度未能在全国范围内施行。

一、公设辩护人制度的立法沿革：从基本法规范到专门法典制定

国民政府对刑事法律援助的重视直接表现在刑事立法中。从立法沿革上看，南京国民政府通过刑事基本法及专门性法典逐步完善了公设辩护人制度。

1928 年 9 月 1 日，南京国民政府施行的《刑事诉讼法》采行公设辩护人制度。该法第 170、171 条[3] 规定了审判长“可以”或者“应当”为被告人指定公设辩护人的两种情形：一是初级或地方法院管辖第一审案件，[4] 起诉后，被告人未选任辩护人的，审判

---

〔1〕 北京国民政府于 1922 年 7 月 1 日施行的《刑事诉讼条例》第 178 条和 179 条明确规定了指定律师制度。第 178 条规定：“地方审判厅管辖第一审之案件，于开始预审时未经选任辩护人者，预审推事得依职权指定律师为辩护人，其最轻本刑为三等有期徒刑之罪者应依职权指定之。前项案件不经预审径行起诉者，辩护人之指定由审判长行之。”第 179 条规定：“高等法院审判厅管辖第一审之案件于开始预审时未经选任辩护人者，预审推事应依职权指定律师为辩护人。”

〔2〕 1941 年，南京国民政府司法行政部颁行了《律师公会平民法律扶助实施办法》，律师公会的“贫民法律扶助”也是南京国民政府的刑事法律援助实施机制。相关论述请参见王申：《中国近代律师制度与律师》，上海社会科学院出版社 1994 年版，第 114 ~ 118 页。

〔3〕 1928 年《刑事诉讼法》第 170 条规定：“初级或地方法院管辖第一审之案件，于起诉后，未经选任辩护人者，审判长认为有为被告置辩护人之必要时，得依职权指定公设辩护人，为其辩护。其最轻本刑为 5 年以上有期徒刑者，应依职权指定之。”第 171 条规定：“高等法院管辖第一审之案件，于起诉后，未经选任辩护人者，审判长应依职权指定公设辩护人，为其辩护。”

〔4〕 根据 1928 年《刑事诉讼法》第 8 条规定，初级法院管辖第一审案件类型包括：最轻本刑为 3 年以下有期徒刑、拘役，或专科罚金之罪；公共危险罪；鸦片罪；伤害罪；盗窃罪；侵占罪；诈欺及背信罪；赃物罪等。1928 年《刑事诉讼法》第 9 条规定：“地方法院，于不属于初级法院或高等法院管辖之案件，有第一审管辖权。”

长“可以”为其指定公设辩护人；二是最轻本刑为5年以上有期徒刑的，或高等法院管辖的第一审案件，[1] 起诉后，被告人未选任辩护人的，审判长“应当”为其指定公设辩护人。自此，公设辩护人制度首次出现在我国法律规范之中，成为一种刑事法律援助实施机制。

值得说明的是，1922年《刑事诉讼条例》规定法官应当为“最轻本刑3年有期徒刑”者指定律师，1928年《刑事诉讼法》则规定公设辩护人代理案件类型为“最轻本刑为5年以上有期徒刑”者，从保障被告人律师辩护权的角度而言，应该说是一种倒退。其实，当初修订该条款时争议颇大，最初修正案为7年，后又定为5年，议案认为5年的结点既考虑了被告人辩护权的保障，同时又兼顾了当时公设辩护人制度实施的客观环境。对此，谢正民在《中华民国立法史》一书中指出，公设辩护人制度之采用，本以保护被告人之利益，为主要原因，旧律规定最轻本刑为3年以上有期徒刑者，即应指定辩护人，原草案第178条规定其最轻本刑为7年以上有期徒刑者，审判长应依职权指定公设辩护人，保护被告人尚嫌未周，特将7年以上，改为3年以上；又因为采公设辩护人制，系避免指定辩护人不肯尽心之弊，修正案改为其最轻本刑为3年以上有期徒刑者，即应指定公设辩护人，则恐案件过多，不遑研究，将与指定辩护人得同一结果，特照刑事诉讼律，将原草案第178条折衷定为5年以上，以期收公设辩护人制之效。[2] 事实上，正是由于当时尚不具备实施公设辩护人制度的客观条件，1928年《刑事诉讼法施行条例》第8条规定：“在公设辩护人未设定以前，刑事诉

---

〔1〕 根据1928年《刑事诉讼法》第9条的规定，包括内乱罪、外患罪、妨害国交罪三类。

〔2〕 参见谢振民：《中华民国立法史》，正中书局1948年版，第1250~1252页。

讼法第170条及第171条之辩护人，由审判长指定律师充之。”换言之，1928年《刑事诉讼法》虽规定公设辩护人在两类案件中为被告人提供辩护服务，但公设辩护人制度正式实施前，在实践层面上，审判长仍指定律师为未选任辩护人的被告人提供辩护服务。

1935年7月1日，南京国民政府施行了新的《刑事诉讼法》。1935年《刑事诉讼法》是在继承前法成果及吸收本土司法实践基础上修订而成，该法是我国台湾地区现行“刑事诉讼法”之前身或“第1版”。作为南京国民政府一部较为成熟的立法，该法继续采用公设辩护人制度。根据1935年《刑事诉讼法》第31条的规定，审判长指定公设辩护人的情形包括：一是最轻本刑为5年以上有期徒刑或高等法院管辖第一审案件，未经选任辩护人者，审判长应指定公设辩护人为其辩护，其他案件认为有必要者，亦同；二是前项案件选任辩护人于审判期日无正当理由而不到庭者，审判长得指定公设辩护人。该部《刑事诉讼法》既规定公设辩护人在强制辩护案件中为被告人提供辩护，这与前法规定大体相同；又规定审判长认为其他案件有必要的，也应指定公设辩护人辩护。同时，本法首次规定选任辩护人转由公设辩护人辩护的情形，即“选任辩护人于审判期日无正当理由而不到庭者”，立法主旨在于“以免拖延”。可见，1935年《刑事诉讼法》扩大了公设辩护人代理案件的范围，并限制了审判长在指定公设辩护人方面的裁量权，无疑对维护被告人律师辩护权大有裨益。但是，此时仍未有施行公设辩护人制度之客观条件。因此，同年公布并施行的《刑事诉讼法施行法》第5条规定：“在公设辩护人未设定以前，刑事诉讼法第31条之辩护人，由审判长指定律师或学习推事充之。”与1928年《刑事诉讼法施行条例》相比，本施行法规定审判长除可以指定律师外，还可指定“学习推事”充任公设辩护人，这扩大了公设辩护人的范畴，但尚在学习阶段的推事能否胜任辩护职责并不令人乐观。事实上，由“学习推事”充任公设辩护人，也是导致公设辩护人在刑事司法体系中的地位低于法官、检察官的重要渊源。并且，推事乃履行审判职责，审、辩合一模式值得商榷。

鉴于刑事诉讼基本法对公设辩护人制度的规定过于原则，专门性的法典被提上议事日程，以配合公设辩护人制度的正式施行。对此，曾任南京国民政府司法行政部部长的谢冠生指出：“二十七年司法行政部以公设辩护人制度为一种公共辩护机关，其目的在扶助无资力之刑事被告，我国刑事诉讼法已采用此制亟应拟议施行，经拟定公设辩护人规则草案及起草要旨呈核，二十八年三月，国民政府公布公设辩护人条例，二十九年五月司法行政部令定，该条例自同年七月一日施行，随又制颁公设辩护人承办案件月报表格式（参见表3-1），三十四年六月又公布公设辩护人服务规则。”〔1〕 1939年3月8日，南京国民政府公布了《公设辩护人条例》，并于1940年7月1日施行。然而，“查公设辩护人条例施行以来，关于公设辩护人办理案件之各种程序尚乏明文规定”，〔2〕 1945年6月5日，南京国民政府又颁行了《公设辩护人服务规则》。可见，《公设辩护人服务规则》意在进一步细化公设辩护人制度的相关内容。上述两部专门性法典为公设辩护人制度付诸实践提供了具体的法律依据。

根据《刑事诉讼法》及两部专门性法典，南京国民政府时期公设辩护人制度基本运作机制如下：

其一，公设辩护人设置及基本属性。公设辩护人设置于法院体系，即高等法院以下各级法院所在地设置公设辩护人，其名额视各

〔1〕 谢冠生编：《战时司法纪要》，司法行政部1948年版。

〔2〕 司法行政部三十四年六月五日训叁字第三七一七号训令，转引自谢冠生编：《战时司法纪要》，司法行政部1948年版。

该地刑事诉讼案件繁简定之，且公设辩护人应在法院内办公。[1]可见，公设辩护人属于司法人员，亦即公务人员，是与社会律师相对应的公职律师。

表3－1 南京国民政府公设辩护人承办案件月报表格式

<table>
<tr><td>年月日</td><td>年月日</td><td>接受指定通知日期</td><td colspan="2"></td><td rowspan="9">某某地方公设辩护人承办案件月报表
年
月份</td></tr>
<tr><td></td><td></td><td>案件隶属法院</td><td rowspan="2">本月份
新收</td><td rowspan="2">上月份
未结</td></tr>
<tr><td></td><td></td><td>被告姓名及案由</td></tr>
<tr><td></td><td></td><td>到庭及到场次数</td><td rowspan="2">案</td><td rowspan="2">案</td></tr>
<tr><td></td><td></td><td>制作文书名称</td></tr>
<tr><td></td><td></td><td>判决日期及要旨</td><td rowspan="2"></td><td rowspan="2"></td></tr>
<tr><td></td><td></td><td>承办公设辩护人姓名</td></tr>
<tr><td rowspan="2"></td><td rowspan="2"></td><td rowspan="2">备
考</td><td>本月份
未结</td><td>本月份
终结</td></tr>
<tr><td>案</td><td>案</td></tr>
</table>

来源：谢冠生编：《战时司法纪要》，司法行政部1948年版。

其二，公设辩护人代理案件的启动程序。这包括两种情形：一是法院依职权指定公设辩护人，二是被告得以言词或书面声请法院指定公设辩护人。[2]

其三，公设辩护人主要职责及适用阶段。公设辩护人就法院指

---

〔1〕 参见《公设辩护人条例》第1、8条规定；《公设辩护人服务规则》第4条规定。

〔2〕 参见《公设辩护人条例》第2条规定。

定案件（主要是强制辩护案件）负有辩护之责。由于强制辩护适用于审判阶段，公设辩护人不在侦查阶段为犯罪嫌疑人提供辩护服务。[1]

其四，公设辩护人主要义务。具体而言：①公设辩护人不得代理私人业务，谋取私利。公设辩护人不得担任选任辩护人，不得收取被告人报酬，这是公设辩护人作为公务人员的基本职业伦理。②公设辩护人应收集有利于被告人的证据材料，诚实代理案件。③公设辩护人应依法制作辩护书，依被告人请求代作上诉状、上诉理由或答辩书。④公设辩护人应妥善管理相关档案，如卷宗整理等。⑤公设辩护人应互相协助，搜集辩护资料。⑥公设辩护人须遵守所在法院办公时间，不得无故缺席。[2]

其五，公设辩护人的职业保障。具体而言：①来源渠道：公设辩护人从现任或曾任推事检察官，现任或曾任候补推事检察官，成绩优良者中进行遴选。②工作年限：曾充公设辩护人之年资，视为曾任推事或检察官之年资。③薪水：公设辩护人之俸给，比照推事检察官之俸给核给之。④独立履职：公设辩护人受高等法院与所在法院的双重监督管理，但公设辩护人行使职务时独立于法院及检察官，不受法院院长监督的影响。⑤助理：公设辩护人执行职务须助理时，得请求所在法院院长指定职员兼办之。[3]

综上可见，南京国民政府通过《刑事诉讼法》以及《公设辩护人条例》和《公设辩护人服务规则》逐步完善了公设辩护人制

---

〔1〕 参见1935年《刑事诉讼法》第31条规定；《公设辩护人条例》第14条规定；《公设辩护人服务规则》第11条规定。

〔2〕 参见《公设辩护人条例》第6、7、14～22条规定；《公设辩护人服务规则》第2、7、14～16条规定。

〔3〕 参见《公设辩护人条例》第9、11、13、23～26条规定；《公设辩护人服务规则》第2、6条规定。

度，但仍有如下四个问题值得进一步探究：

第一，公设辩护人为何置于法院体系？笔者以为，这主要基于司法便利及诉讼模式的考量。一是司法便利上考虑，公设辩护人是在强制辩护案件中为被告人提供辩护，强制辩护案件限于审判阶段，将公设辩护人置于法院有利于提高审判效率，节约成本。对此，我国台湾地区曾有“立法委员”指出：“因为公设辩护人须为被告做很多事，如收集资料等，而跟被告接触应在法院内为之。”〔1〕二是诉讼模式上的影响，自清末法制改革之后，我国刑事诉讼采职权主义模式，“法官就有罪与否，应调查一切必要事证，奠定了之后法律与大陆法系密不可分的关系。”〔2〕实践中，审判权在控、辩、审三方中居于主导地位，将公设辩护人置于法院符合当时诉讼模式的要求。

第二，公设辩护人来源渠道规定的立法意图是什么？《公设辩护人条例》规定公设辩护人从成绩优良的推事或检察官中遴选，立法意图是严格公设辩护人的来源渠道，确保公设辩护人具备较高的专业水准，以提供称职辩护。但 1928 年《刑事诉讼法施行条例》和 1935 年《刑事诉讼法施行法》规定审判长可以指定律师充任公设辩护人，《公设辩护人条例》却将律师排除在外，是否属于立法倒退？笔者以为，作此规定实属无奈之举，当时律师界，“流品庞杂，行同讼棍者，层出不穷，律师风纪，每况愈下”，可见，律师职业素养尚未达到公设辩护人职位设置之要求。我国现代律师制度虽诞生于清末法制改革时期，但其完善仍需经历漫长的过程，律师职业道德的培养绝非立几部法就能解决，与推事或检察官相比，当

〔1〕 台湾地区《“立法院”公报》第 75 卷第 63 期，第 22 页。

〔2〕 王兆鹏：《当事人进行主义之刑事诉讼》，元照出版有限公司 2004 年版，第 5 页。

时作为准入门槛相对“宽滥”的律师界，自然难入立法者的法眼。

第三，公设辩护人薪水规定隐含着怎样的考虑？公设辩护人的薪水与法官、检察官相当，表明立法者将公设辩护人作为与法官、检察官同等地位的司法人员，三者只是职责定位不同，分别担当控、辩、审三种角色。但是，公设辩护人的实际地位远低于法官、检察官。此后，甚至是由出现差错或不能胜任的法官、检察官充任公设辩护人的情形，法官、检察官作为公设辩护人反倒成为对前者的变相惩罚，公设辩护人的地位和形象与同为司法人员的法官、检察官是不可同日而语的。

第四，公设辩护人能否独立实施辩护活动？公设辩护人具有公务人员与辩护人员的双重身份。从制度设计和法律规范的层面上看，其在刑事诉讼中履行辩护职责，基本属性为辩护律师。公设辩护人首先应遵循律师职业伦理，而非公务人员之行为规范，独立性乃公设辩护人的固有品质。因此，为维护公设辩护人的独立性，立法规定公设辩护人行使职务时独立于法院和检察官，不受法院院长监督的影响，可谓用意颇深。但公设辩护人置于法院体系，且常常由推事或学习推事充之，法院院长即便对其行政事务进行监管，而非辩护业务，上述因素都有可能影响公设辩护人的独立性。

二、公设辩护人制度的现实成因：多重因素合力的产物

在法律援助领域中，北京国民政府沿袭清末立法成果，采用指定律师制度。南京国民政府改采公设辩护人制度，笔者以为，此种转变最为重要的现实动因是指定律师制度存在弊端、律师公会的积极推动及域外相关制度的影响。

（一）指定律师制度流于形式，辩护职能形同虚设

北京国民政府采用指定律师制度，但该制度运作并不理想，辩护效果不佳、流于形式，其弊端受到社会各界批评。学者谢振民曾

对指定律师制度的弊端有中肯的批评，他指出："我国自从实行指定辩护制度以来，遇有道德高尚及富有责任心之律师，对于指定案件尽心辩护者固不乏人，然因无相当报酬，而敷衍塞责者，实居多数，既无利于被告，且有拖延案件之虞，故一般舆论，均认为此种制度应予以纠正，故公设辩护人制实有采用之必要。"[1] 概言之，指定律师义务辩护少有尽职者，公设辩护人能够尽心尽责且具有经验，故设立公设辩护人。对此，南京国民政府在 1928 年制定《刑事诉讼法》时指出："采用公设辩护人制度，旧案 178 条、179 条，指定律师充当辩护人，究不若公设辩护人之具有经验而负责任，新案 170 条、171 条，采用公设辩护人制度。"[2] 学者黄荣昌也认为："至最轻本刑为 5 年以上有期徒刑之罪，则因其案情重大，必须指定律师为之辩护，苟不为指定，即为违法，又义务辩护，恐有不愿尽职者，故定公设辩护人。"[3] 当时亦有报刊文章指出："律师担任贫民委任案件，必须热心负责，扶助到底，幸勿如平日法庭选任辩护时之敷衍塞责，因为义务受任等于慈善性质，究不过道义的束缚，对于刑事案件，殊嫌不甚郑重，吾人主张，一面仍宜实施公设辩护人制度，以期对贫民之刑事被告，保护周密。"[4]

指定律师制度何以流于形式？究其原因，指定律师提供辩护乃慈善行为，是否尽职全靠个人素养，但多数指定律师并不会尽职。从域外来看，当时对贫困被告人权利保障较为"周到缜密"的英美国家，其指定律师制度也因私人律师付出多、报酬少，辩护效果不

〔1〕 谢振民：《中华民国立法史》，正中书局 1948 年版，第 1356 页。

〔2〕 司法部编订、黄右昌辑录：《国民政府颁行中华民国刑事诉讼法》，中华印书局 1929 年版，第 10 页。

〔3〕 黄荣昌：《新刑事诉讼法释例汇纂》，法政学社 1929 年版，第 101 页。

〔4〕《大公报》1935 年 4 月 2 日，转引自王申：《中国近代律师制度与律师》，上海社会科学院出版社 1994 年版，第 117 页。

甚理想。事实上，公设辩护人制度的优势体现在：公设辩护人乃国家公务人员，没有生存之忧，又依托于专门机构，专职从事刑事辩护，更易向专业化发展。当时人们普遍认为公设辩护人“具有经验而负责任”，指定律师“敷衍塞责”，这成为南京国民政府改采公设辩护人制度的直接动因，并寄希望于通过公设辩护人制度完善刑事司法中的辩护体系。

（二）“于公于私”，律师公会积极推动

南京国民政府改采公设辩护人制度不仅有来自学界的支持，更有来自律师公会的积极推动。一般而言，律师公会“于公于私”都会反对国家建立公设辩护人制度。一方面，“于公”而言，公设辩护人是受雇于国家的公务人员，其有悖于律师独立、自治及法律服务市场化的传统理念。在刑事诉讼活动中，公设辩护人如何能独立实施辩护活动对抗其“雇主”？另一方面，“于私”而言，在法律服务市场中，公设辩护人与律师为竞争关系，处于此消彼长的格局，公设辩护人功能越发达，意味着他们将“侵占”越多的法律服务市场份额，从而直接影响到律师的经济利益。然而，民国时期的律师公会积极推动公设辩护人制度付诸实践。1928 年《刑事诉讼法》规定“公设辩护人”之后，律师公会多次公开倡导应早日实施公设辩护人制度。根据第七届全国律师公会代表大会决议，律师公会呈请司法行政部门从 1935 年起分期实行公设辩护人制度，按照刑事庭庭数，每庭设一公设辩护人。对此，律师公会的理由是：实施公设辩护制度，是 1928 年《刑事诉讼法》保护人权的根本法则，因限于经费，强制辩护仍由审判长指定律师充任，但是被指定律师存在不能详阅卷宗、按月轮充不能确定案件、庭期冲突难兼庭等问题，即使指定律师热心负责，也有可能事与愿违，如此指定辩护视同具文，虚应故事，若不改弦更张，实施公设辩护制度，刑事诉讼保护被告人利益的规定，转为不利被告人的工具，有损于司法威信。同年9月16日，有6名律师代表出席了第一次全国司法会议，律师代表们提出“公设辩护人制度应请克日施行以资保障案”，该议案指出：“公设辩护人为刑事诉讼法规定，实属保障人权之唯一制度，亦即律师精神表现之重心点，法良意美莫善于斯，现就江苏高等法院论，试行约定辩护人后，比较从前指定办法已见进步，然按诸事实，津贴既薄，待遇又低，所就约定辩护之律师，莫不短期求退，将来必致赓续无人，而刑事重大案件，竟因此而发生，延搁结案难求迅速，影响于刑事被告人，实匪浅鲜，亟应请求命令施行公设辩护人制度，以昭划一，而资保障。”[1]

民国律师界认为公设辩护人制度“实属保障人权之唯一制度”、“律师精神表现之重心点”，积极肯定公设辩护人制度的价值，不啻否定他们在指定律师制度中的表现，这种自我否定的缘由何在？究其原因：律师公会希望通过公设辩护人制度减轻其刑事法律援助负担，因为南京国民政府对于担任指定辩护的律师并不支付太多酬金。其根据是1941年南京国民政府司法行政部公布的《律师公会平民法律扶助实施办法》第6条规定：“律师承办平民法律扶助事项不得收受酬金”，第7条规定：“平民法律扶助之必要费用由律师公会负担之”。可见，当时律师平民法律扶助制度与法院指定律师辩护之最大的不足是无报酬，纵然公会或法院按照章程略施酬金，但也是极其微小的。[2] 因此，律师几乎是基于义务实施法律援助，此种现状无疑影响到律师自身生存。若被指定担任辩护律师，要求律师做到“枵腹从公”则是强人所难；如果被指定担任辩护律师，

〔1〕 转引自王申：《中国近代律师制度与律师》，上海社会科学院出版社1994年版，第119页。

〔2〕 参见王申：《中国近代律师制度与律师》，上海社会科学院出版社1994年版，第118页。

也只能是"勉强为之"、"敷衍塞责"，此种辩护徒有其名、形同虚设。[1] 可见，律师公会迫于现实压力积极推动公设辩护人制度的施行。

（三）域外成功经验，社会各界热切期待

1914 年，美国加利福尼亚州洛杉矶县设立了世界上第一个公设辩护人办公室，鉴于公设辩护人制度在国外运作的良好效果，民国时期很多学者对其进行了积极推介。朱显祯认为："不过于裁判与无产者接触之范围内，特设一种官吏或公吏的律师为救济机关，这种救济机关，现代各国已有国家或地方团体或慈善团体设立者。我国民政府所公布的新刑事诉讼法，亦参照各国最近法制，采用公设辩护人之制度，也就是因为上述的理由。"[2] 在朱显祯看来，公设辩护人制度在美国运作良好，博得世人称赞。事实上，他还指出美国早有此种思想，如本杰明·奥斯汀（Benjamin Austin）认为："既设有代表国家之检察总长，同时亦应设代表刑事被告人的辩护总长"，检察官亚瑟·吐温（Arthur Twain）指出："毕竟，吾人定有检察官同样之国家任命的公共辩护人出现的。"[3] 朱采真指出，瑞士各州特设一种和检察官有同等地位的辩护机关，美国各州所采用的公设辩护制度是一种比较良好的新制度。[4] 谢光第认为，美国最近所采的公设辩护人制度最应当关注，该制度滥觞于 1913 年

---

〔1〕 当今刑事法律援助作为国家义务已是共识，但在南京国民政府时期，刑事法律援助主要仍由社会律师承担，国家作为义务主体尚缺乏道德基础与法律根据。因此，在强制辩护案件中，政府将此义务转嫁给律师，其表现形式主要是给予律师极少的报酬或者无报酬。

〔2〕 朱显祯："刑事裁判上之公共辩护人制度"，载《社会科学论丛》1929 年第 1 卷第 8 号。

〔3〕 转引自朱显祯："刑事裁判上之公共辩护人制度"，载《社会科学论丛》1929 年第 1 卷第 8 号。

〔4〕 参见朱采真：《刑事诉讼法新论》，世界书局 1929 年版，第 83 页。

洛杉矶县宪章，“尔时仿行者，不过三五处，尚未普及于全美。后法界之运动，继续不绝，始有今日的成熟”。对于无资力的刑事被告人，使其同享辩护权，此种观念虽未得到所有人赞同，但贫困者辩护权是为基础，公设辩护人制度能否完成其目的，不致发生其他问题？除公设辩护人制度之外，尚有更优更好的制度？对此，谢光第指出，美国施行公设辩护人制度以来，“成绩尚称佳良，较上述目的相同之各项制度，颇有不可掩没之长处焉。”[1] 毋庸讳言，后发国家的法律发展呈现出法律移植的特性，自清末法制变革以来，我国法制建设一直是在“模范列强”，南京国民政府成立后，其外交路线是“联美抑日反苏”，因此，美国等国施行公设辩护人制度势必会对其产生一定的影响。

三、公设辩护人制度的实践：象征意义胜于功能设计

公设辩护人制度曾长期停留在立法规范及理论研讨层面上。自1939年《公设辩护人条例》出台，1940年起“规章具备”区域开始试点公设辩护人制度，有些地区还制定了相应的规范标准。南京国民政府希望先行试点，总结出经验，再向全国推广。但是，当时正值抗战艰苦时期，加之受限于经费短缺，试点仅限于陪都重庆市等部分城市。抗战结束不久，又爆发了第三次国内革命战争，公设辩护人制度始终未能在全国展开，真正设有公设辩护人的地区屈指可数。

1940年，时任南京国民政府司法院院长的居正，在进行司法工作总结汇报时，指出了公设辩护人制度的推行计划，“《公设辩护人条例》制定公布后，即拟以陪都所在地之重庆市为首先实行区域，令饬筹备，已于二十九年七月一日实施。并制定公设辩护人承

〔1〕 参见谢光第：“论公立辩护人制度”，载《法律评论》1925年第99期。

办案件月报表，颁发饬填，以资考复。自三十年度起，复拟逐渐推行，先就非战区而诉讼较繁之四川、贵州、云南、广西、陕西五省省会所在地，实施公设辩护人制度，已编列预算，呈奉核定。"[1] 学者吴学义在《司法建设与司法人才》一书中详细描述了试行公设辩护人制度的具体步骤："二十八年三月，国民政府公布公设辩护人条例。其施行日期及区域，由司法行政部决定。已定于二十九年七月，先就重庆市施行；自三十年度起，就非战区而诉讼较繁之四川、贵州、云南、广西、陕西五省省会所在地实施，再谋划逐渐推广。俾无资力选任辩护人之刑事被告，得利用此公设辩护机构，由公设辩护人代任辩护，以维护其权益。司法行政部并拟在重庆创设实验地方法院，试验各种改革方案，俟试有成效，再行推广全国。"[2] 实践中，南京国民政府时期公设辩护人制度实施情况如下：1940 年为重庆、成都、桂林三地；1942 年为河南卢氏、江西泰和、甘肃皋兰三地；1943 年为陕西长安（今西安）、广东曲江、四川自贡、贵州贵阳、云南昆明、湖南长沙、安徽立煌、福建永安、湖北恩施、宁夏贺兰、青海西互、河南鲁山十二地；1944 年为西康雅安、河南淅川两地；1946 年为首都（今南京）、上海、北平（今北京）、天津、武昌、汉口、广州、青岛、江苏吴县、江西南昌、山东济南、安徽安庆、山西太原十三地；1947 年为河南开封、郑县、洛阳、广东汕头、湛江、琼山、察哈尔万全、江西九江、吉林、长春、永吉、热河等二十二地。[3]

概言之，从 1940 年公设辩护人制度在重庆等地开始试点起，至 1949 年新中国成立前，公设辩护人制度实际运作不过十余年历

[1] 参见范忠信、尤陈俊、龚先砦选编：《为什么要重建中国法系——居正法政文选》，中国政法大学出版社 2009 年版，第 385 页。

[2] 吴学义：《司法建设与司法人才》，国民图书出版社 1941 年版，第 22 页。

[3] 谢冠生编：《战时司法纪要》，司法行政部 1948 年版。

史。由于受到客观时局限制，公设辩护人制度发展极为缓慢，施行区域极为有限，在整个刑事司法体系中影响力也相当有限。正如谢光第所指出的，“要之，今日吾国司法，方亟谋整顿，以期媲美泰西，美国此制，足为他山之助。惜政局未宁，国库空虚，虽有擘划，恐难实现，吾国法曹贤达，若能视为社会事业，群策群力，共谋进行，必有成效可睹也。”〔1〕

四、公设辩护人制度再思考：民国政府设置公设辩护人意欲何为？

南京国民政府建立公设辩护人制度的现实动因是可以洞见的，但作为该制度诞生的主要推手，国民政府是否隐含有其他目的？笔者以为，如下两种认识值得反思：

一是将公设辩护人制度作为宣示政权合法性与正当性之手段。南京国民政府是否存在通过司法改革以证明其取代北京国民政府具有合法性与正当性的意图？北京国民政府的指定律师制度饱受诟病，公设辩护人制度作为刑事法律援助实施机制，若能发挥其应有的辩护功能，无疑将有助于人们接受与认同南京国民政府的司法体系，乃至政权本身，“为强化统治正当性地位”，公辩制度“能够协助国家让司法呈现形式上的平等”。〔2〕事实上，从公设辩护人制度实际运作来看，它在宣示“统治正当性地位”方面的象征意义显然要胜于维护被告人律师辩护权的实际功能。

二是将公设辩护人制度作为通向国家权力集中化的手段。在刑事诉讼活动中，律师代表公民对抗国家，防止权力恣意，维护司法公正，从更广泛的意义上分析，律师旨在保障人权、实现正义以及

〔1〕 谢光第：“论公立辩护人制度”，载《法律评论》1925年第99期。

〔2〕 参见林意淳：“竞逐人权？国家与律师专业团体共谋下的公设辩护人制度”，台湾“清华大学”社会学研究所2009年硕士学位论文，第20~21页。

促进法治。因此，面对具有极权化倾向的政权时，律师团体与执政当局之间的博弈、对抗、斗争往往更加激烈。南京国民政府时期，律师公会因追求法治和司法独立构成了对当局的挑战，在《紧急治罪法》、“九一八事件”等事件中，律师公会的行动已超出其法律服务者的定位，他们与当局的关系时常处于紧张之中。[1] 公设辩护人受雇于国家，如果不能排除权力因素的干扰，他们将难以独立实施辩护活动。倘若审判权亦不能独立，控、辩“共谋”无疑将使刑事司法演变成当权者打击、惩罚异己的工具。因此，具有极权化倾向的执政当局，通过建立公设辩护人制度是有可能抑制律师团体在刑事司法体系乃至更为广阔的社会政治场域中的作用。当然，如果公设辩护人制度成为通向国家权力集中化的工具，将是对其被告人权利保障定位的莫大嘲讽。

南京国民政府时期，社会各界已经开始关注弱势群体的律师辩护权，公设辩护人制度更是被寄予维护被告人权利之厚望。诚如前文所述，公设辩护人制度目的在于“扶助无资力之刑事被告”，实现“裁判上之机会均等原则”，对“贫民之刑事被告，保护周密”。朱显祯也认为：“此次国民政府公布之新刑事诉讼法，能采用此种优良而合于时代要求之制度，吾人固表十二分的满意，不过吾人更有希望者，即此种设施之得早日具体实现是。裁判上之机会均等原则，诉讼之迟延，无产者不利益之等等弊端，将因公设辩护人制度之实现而消灭。”他还特别强调：“在公判之际，法院之法官，即为保护被告人权利之人，而检察官在理论上一方面为国家之代表而活动，同时他方面更应为被告之利益而活动，至于无产者则更有官选

〔1〕 学者徐小群指出，上海律师公会与政府当局之间的关系存在紧张的一面，上海市公安局一向憎恨律师，因为律师在法庭上为共产党嫌疑犯辩护；律师则视公安局为法治和合法程序的主要破坏者。有关内容参见徐小群：《民国时期的国家与社会：自由职业团体在上海的兴起（1912～1937）》，新星出版社 2007 年版，第 184～209 页。

辩人之制度，不过实际上官选之辩护，因为劳力大而报酬少的缘故，成绩多半不好罢了。"[1] 因此，无论南京国民政府建立公设辩护人制度怀有何种政治目的，不可否认的是，其顺应社会发展需求，通过建立公设辩护人制度以保障被告人权利的意图仍值得肯定。显然，如果以南京国民政府面临特殊时局导致公设辩护人制度功能不彰为由否定立法者之"法良意美"初衷并不妥当。不过，公设辩护人制度既被视为"保障人权之唯一制度"，也被质疑为宣示政权合法性或者通向国家权力集中化的手段，恰恰体现了该制度的两面性：公设辩护人制度若能独立运作、发挥专业化的制度优势，对被告人权利保障将大有裨益；反之，若不能维护其独立运作，外部法治化程度亦不高，其不仅不能发挥应有的辩护功能，甚或沦为治罪工具。

第二节　台湾地区公设辩护人制度考察

1949 年之后，我国台湾地区延承了南京国民政府的相关法律制度，公设辩护人制度也不例外地在台湾地区继续施行。[2] 20 世纪 80 年代，公设辩护人制度经历了"专业化"改革，但在 1999 年司法改革会议[3]上被决议废除。2004 年，以取代公设辩护人制度为目的的法律扶助基金会正式成立。近年来，公设辩护人制度并未

---

〔1〕 朱显祯："刑事裁判上之公共辩护人制度"，载《社会科学论丛》1929 年第 1 卷第 8 号。

〔2〕 1950 年 6 月 1 日，"民国政府"司法行政部指定台湾地区为"公设辩护人条例"的施行区域。

〔3〕 1999 年，台湾地区"司法院"邀请审、检、辩、学等社会各界代表进行了为期 3 天的司法改革会议，商讨司法制度的改革。

走向萎缩消亡，其作用反而得到加强。

一、公设辩护人制度的改革："专业化"发展

20 世纪 70 年代时，台湾地区公设辩护人制度还被认为存在优于美国的一面。学者蒋耀祖认为，台湾地区公设辩护人制度，"定有法规实施"，"法院均设有公设辩护人"，"公设辩护人之任用，须就有推事、检察官资格者遴充之"，"制度化一，资格严谨"。然而，美国公设辩护人制度"并无一定制度，各州规定不一，其辩护人之资格与任用，亦无一定，或由州政府就德高望重之律师派用，或经由人民选举，或出于基金会之聘雇"。[1] 显然，台湾地区因有专门立法（如"公设辩护人条例"等），所以比美国公设辩护人制度更能体现"制度优良划一"的优势。[2]

然而，在 20 世纪 80 年代中期以前，对公设辩护人制度的批评更为常见。早在 20 世纪 60 年代就有报道指出公设辩护人辩护效果不佳的事实。[3] 台湾地区律师团体也认为："倘如依'公设辩护人条例'之规定，必然能使强制辩护发挥其应有功能；但目前各方面对此一制度认为流于形式，而普遍要求应加以强化。"[4] "纵有公设辩护之形式，如无辩护之实质，被告的权益仍难受到保护，尤其在公设辩护人严重缺乏及未能予被告有利辩护的情形下，如何真正

---

〔1〕 参见蒋耀祖：《中美司法制度比较》，台湾商务印书馆 1976 年版，第 238 页。

〔2〕 美国是联邦与州并行的双轨制司法体系，公设辩护人制度分别建立在联邦与州司法体系上，因此难以形成统一立法，实践中联邦与州之间、各州之间公设辩护人制度的差异也较大。

〔3〕 台湾地区《联合报》于 1969 年的一篇报道中指出，某起妨害兵役案属强制辩护案件，由于被告人未请律师，法院指定公设辩护人代为辩护，可是公设辩护人到庭时，没有作口头辩护，也没有辩护的书状，法院竟径予判决，被告人以没有人替他辩护而竟被判决，认为原判决违背法令规定，而提起上诉。参见"应辩未辩案件不能径行判决"，载《联合报》1969 年 11 月 25 日。

〔4〕 律师通讯编辑部："强化公设辩护制度"，载《律师通讯》1985 年第 8 期。

落实公设辩护制度，实为予以重视之课题。”[1] 不过，这些批评还是透露出希望通过改革来解决公设辩护人制度的积弊，从而真正落实该制度的人权保障功能，因此，此时期废除公设辩护人制度并未成为主流观点。[2] 20世纪80年代中期对“公设辩护人条例”的修正[3]及“公设辩护人管理规则”的制定是台湾地区试图改良公设辩护人制度的最好佐证。1986年“公设辩护人条例”修正案核心内容是改良公设辩护人的来源渠道，这是当时“立法”会议讨论最为激烈的内容，此次修法亦被称为公设辩护人制度的“专业化”改革。

公设辩护人的来源渠道一直饱受诟病。根据1939年《公设辩护人条例》第9条规定，公设辩护人“应就现任或曾任推事检察官，现任或曾任候补推事检察官，成绩优良者，遴充之”。其立法意图是希望通过优秀的推事或检察官担任公设辩护人，以提高公设辩护人专业素质，切实履行辩护职责，但“成绩优良”的现任推事、检察官，一般不愿意担任公设辩护人。1987年“公设辩护人条例”修正案施行前，台湾地区公设辩护人“且年事多相当高”，甚至有10个法院根本没有公设辩护人，究其原因：一是“目前法

---

[1] 万国法律编辑部：“应重视公设辩护人的遴用管道”，载《万国法律》1985年第12期。

[2] 1986年“公设辩护人条例”修法期间，有“立法委员”认为，公设辩护人无设置必要，应废除。但多数“立法委员”主张有设置必要，他们提出的理由有：即便经济再发达，仍旧会有贫困者请不起律师，公设辩护人即为请不起律师者而设，这一制度实有其必要；若废除公设辩护人制度，则无资力之人将无人为其辩护，这将违反刑事诉讼法的规定，所以公设辩护人非设立不可；讨论修正案，不能想把以前的制度都推翻。参见台湾地区《“立法院”公报》第75卷第58期。

[3] 我国第一部《公设辩护人条例》颁行于1939年，于1940年正式施行，全文共27条。1967年、1980年两次对条例的部分条款（第3、20、27条）进行了修正。1986年则作了较大修正，全文共23条，对诸如当时受批评较多的公设辩护人来源方式等规定都作了修改，该修正案于1987年正式施行。“公设辩护人管理规则”于1987年公布并施行。

院推事检察官名额尚嫌不足，而案件又多，如何能有余力兼顾”；二是“一般均认为公设辩护人之职位不受重视，居于一冷藏之地位，以致公设辩护人常有年过体衰或曾出过差错之推检调任甚或悬缺之情形”。〔1〕实践中，公设辩护人不仅不是来自于“成绩优良”的推事、检察官，甚至往往是来自那些专业能力较差的推事、检察官。因此，派做公设辩护人的都被认为是能力较差，不能胜任推事业务之人。〔2〕“‘公设辩护人条例’虽规定公设辩护人应就推事、检察官成绩优良者遴选之，事实上刚刚相反，多因不能胜任推事、检察官者，始遴充为公设辩护人。”〔3〕然而，更为糟糕的是，成为公设辩护人甚至是作为惩罚推事或检察官差错的一种手段。1976年有报道指出，台湾地区“司法行政部”厉行“重赏重罚”政策，将两名怠忽职守的法官，予以严厉的行政处分，处分的方式就是“降调”为公设辩护人。〔4〕1986年“公设辩护人条例”修正时，有“立法委员”甚至指出：“根据一般了解，目前法院公设辩护人都是推、检有过失，不当或特殊原因者才去担任，实际上是去坐冷板凳。”〔5〕事实上，这种做法一直延续到2000年以后。〔6〕

---

〔1〕万国法律编辑部：“应重视公设辩护人的遴用管道”，载《万国法律》1985年第12期。

〔2〕参见台湾地区《“立法院”公报》第75卷第56期，第154页。

〔3〕蔡墩铭：《法治与人权——司法批判》，敦理出版社1987年版，第87页。

〔4〕据报道：一名法官因将承办案件搁置1年以上有亏职责，被记大过一次，并经该部人事评议会议决，调为其他法院公设辩护人；另一位因在外办学校，与人发生纠纷，司法行政部接到检举，深入调查后，认为他在外招惹是非，影响司法威信，因此予以降调为公设辩护人的处分。参见“法部信赏必罚，两法官失职受降调处分”，载《联合报》1976年7月6日。

〔5〕台湾地区《“立法院”公报》第75卷第56期，第155页。

〔6〕2006年8月10日，台湾地区《联合报》的一篇报道称：“司法院”人事审议委员会挡下台北地院某法官由“试署”升任“实任”法官案，并称如果6个月后该法官未通过二度审议，将被调任办理公设辩护人等非法官的职务。参见王文玲：“审案24年还未升‘实任法官’”，载《联合报》2006年8月10日。

公设辩护人来源"成绩优良"的推事、检察官之"法良意美"无奈在实践中被异化了。[1] 对此，1986 年"公设辩护人条例"修正时，"立法院"认为："改革之道，允宜另开遴用管道，扩大遴任资格，以充实员额……鉴于考试抡才为公平优良之制度……故以公设辩护人高等法院开始及格者作为初任地方各法院及分院公设辩护人之主要来源。"[2] 因此，此次修正案规定经"公设辩护人考试及格者"作为公设辩护人主要的来源方式。[3] 公设辩护人"专业化"改革，不仅可以提高他们的专业能力，同时也能提升他们在刑事司法体系中的地位与作用。因此，严格公设辩护人来源渠道成为"专业化"改革的重要措施，通过考试遴选公设辩护人的方式得到人们的认可。对此，有学者指出："公设辩护人制度之缺失确应予改进，而'司法院'重视公设辩护功能，力谋改进现行制度缺失，拟议单独招考公设辩护人，其用意亦值得赞扬，我们一方面相当程度肯定'司法院'之做法，一方面也提出可能是更适切之改进办法，以供识者的参考，期望各界能一同改进现行公设辩护人制度而努力，则刑事被告之人权将更能获得保障，审判功能更能发挥，正义亦更受维护。"[4] 还有"立法委员"认为："这次'司法院'肯大力来改，

---

〔1〕 在笔者看来，此时公设辩护人在台湾地区刑事司法体系中并非居于重要地位，反映了台湾地区曾长期不重视律师辩护权。究其原因：一定程度上在于辩护权的依附性，侦控阶段信赖警检的"客观性义务"，审判阶段信赖法官的公正，辩护人仅起到维护审判程序形式合法性的作用。20 世纪 80 年代开始，律师辩护权才逐渐受到重视，如 1982 年"王迎先命案"即是一种通过个案推动法治进程的事件，该案之后确立了侦查阶段律师辩护权。2003 年"改良式当事人进行主义"诉讼模式的确立，无论是在理念上还是在诉讼模式要求上，律师辩护权都受到前所未有的重视，律师辩护从"形式"辩护开始走向"实质"辩护。

〔2〕 台湾地区《"立法院"公报》第 75 卷第 56 期，第 151 页。

〔3〕 参见台湾地区"公设辩护人条例"第 7 条规定。

〔4〕 万国法律编辑部："应重视公设辩护人的遴用管道"，载《万国法律》1985 年第 12 期。

使其专业化，并优渥其待遇，诚属难能可贵。”[1]

二、公设辩护人制度的存废之争：废止力量的聚集

毋庸置疑，公设辩护人制度“专业化”改革意在改变其长期运作不彰的事实，以期发挥其人权保障功能。然而，试图通过考试方式重构公设辩护人制度的“专业化”改革，立意颇佳，但未受到实质重视，不仅历届招考人数很少突破个位数，相关的在职训练也远不如司法官。[2] 因此，公设辩护人制度之积弊并未因此次“专业化”改革而得到明显改观，反而关于公设辩护人制度存废的讨论渐次热烈起来。

学者蔡墩铭提出废除公设辩护人制度的理由具有代表性，他指出三点理由：一是过去设置公设辩护人的条件已经发生改变，此前律师数量较少，如遇强制辩护案件，将无律师参与，故有设置公设辩护人之必要，如今即使偏远地区仍有不少律师执业，因而已无设置公设辩护人之必要；二是公设辩护人制度建立已经接近五十年，其绩效始终不彰，而且迄未树立公信；三是公设辩护人系公务人员，其俸给比照推检，公设辩护人亦增加了财政负担。[3] 不过，也有学者对废除公设辩护人制度持谨慎态度。学者张文郁指出了若废除公设辩护制度改以律师义务辩护代之将会存在诸多弊端：一是若所有被告皆集中选择少数律师为辩护人，律师却不能取得正常报酬，对这些律师不公；二是律师于义务辩护是否会如通常当事人委任之案件般尽力且热心参与，依以前指定律师辩护之经验显示，结

[1] 台湾地区《“立法院”公报》第75卷第56期，第155~156页。

[2] 参见黄美珠：“公设辩护人　重刑犯的菩萨”，载《自由新闻报》2003年12月28日。

[3] 参见蔡墩铭：《法治与人权——司法批判》，敦理出版社1987年版，第86~87页。

果令人疑虑；三是若给予律师通常之报酬，将给财政造成极大之负担；四是被告人若不能自由选择辩护律师而由法院指定，将造成法院掌控市场，若规定应轮流指定所有律师担任辩护义务，则又如公设辩护制度般，辩护效果必将参差不齐。[1] 公设辩护人何去何从？当时有律师指出三点改革方向：一是先行整顿监督现行公设辩护人执业之情形；二是设国家法律事务所，将公设辩护人之角色独立于法院；三是裁撤公设辩护人制度，将公设辩护案件委由律师公会或律师执行。[2] 虽然仍有学者主张继续对公设辩护人制度进行改良，但废除主张似乎已是“大势所趋”。1999 年，废除公设辩护人制度已积累了足够的舆论支持、正当性理由及行动者决心，官方、学者、律师团体几乎就废除公设辩护人制度达成共识，改良主张淹没在废除声中。

在 1999 年台湾地区司法改革会议上，民间团体和“最高法院学术研究会”联合提出了“全面检讨公设辩护制度”提案，该提案的背景说明是：公设辩护人制度行之有年，惟在公设辩护人于欠缺竞争与淘汰压力之情况下，绩效不彰，公设辩护人对于案情不了解，仅于审判期日到场行礼如仪者，所在多有，导致公设辩护制度形同虚设，实有彻底检讨公设辩护制度之必要。该提案改革方案是：废除公设辩护人制度，强制辩护案件及为无资力被告提供义务辩护协助案件得利用各地律师公会之人力资源，由法院指定律师担任辩护人，并以原公设辩护人之相关预算移为必要之经费；于过渡时期，应严格考核并积极淘汰不适任之公设辩护人。[3] 该提案毫无悬念地顺利通过，本次会议还决议推动法律扶助制度的建立，作

[1] 参见张文郁：“社会弱势者诉法权之保障”，载《辅仁法学》第 24 期。

[2] 参见郑文龙：“法律扶助之现状与展望”，载《“全国”律师》1999 年第 6 期。

[3] 参见台湾地区“司法院”：《1999 年司法改革会议实录》，第 1649 页。

为公设辩护人制度的替代方案。

三、公设辩护人制度的废止原因：内外因素的合力

公设辩护人制度被废止是由内外多重因素共同促成的：内因主要为公设辩护人制度长期运作不彰以及依附于“专断性权力”的负面形象；外因主要为社会各界（尤其是律师团体）的积极推动。

（一）公设辩护人制度长期运作不彰的事实

建立公设辩护人制度旨在为强制辩护案件中的被告人提供“强而有力”的辩护服务，以避免因贫富差异而导致的司法差别待遇，从而维护审判公平、实现人权保障。但早在1986年“公设辩护人条例”修订过程中，就有不少“立法议员”提出公设辩护人徒具形式，并没有发挥应有功能。实践中，公设辩护人制度长期以来功能不彰、辩护效果不佳。20世纪70年代时，有学者指出，实施公设辩护人制度已有三十余年，然而公设辩护人多以老弱者充之，其能称职者固有，但多塞责从事，其“辩护书均仅寥寥数语，一似请求酌予轻办外，毫无可辩之处”及“谨请法院详察酌量核判，期无枉纵，对于被告毫无有利之陈述”，公设辩护人制度，实已徒具形式，功效未彰。[1] 还有观点认为，现制之公设辩护人，执业情形良莠不齐，常见公设辩护人虚应了事，未能切实地与当事人讨论案情，了解案情，并予以接见撰状及辩护，故如未能落实公设辩护人之角色及功能，实质上，被告人之辩护权亦遭剥夺，公设辩护人制度应有再行检讨之必要。[2]

公设辩护人制度因何而变成“徒具形式，功效未彰”？这是制

〔1〕 参见蒋耀祖：《中美司法制度比较》，台湾商务印书馆1976年版，第233页。

〔2〕 参见郑文龙：“法律扶助之现状与展望”，载《“全国”律师》1999年第6期。

度本身使然，抑或是有其他缘由？在笔者看来，公设辩护人制度运作不彰在很大程度上是由于“案多人少”而导致的，举两例可鉴：

例一：1985 年“司法院”报告指出，台湾地区只有 17 位公设辩护人，其中能执行职务者仅有 10 人，由于员额不足，承办强制辩护案件又多，所以往往他们连被告人为何人都不知道，一般既没有接见被告人以了解事实，也未必会详细阅览卷宗以了解案情，所以很难期待公设辩护人能为被告人作有效辩护。通常情况是，公设辩护人只是在开庭审理时到场说几句话，诸如“请庭上依法处理”或“被告业已坦诚犯行，并深具悔意，请从轻量刑”，公设辩护人仅作为形式上符合法律规定的程序而已，根本丧失了强制辩护的意义，故而公设辩护人是否发挥辩护功能，是值得怀疑的。[1] 学者蔡墩铭也认为：“公设辩护人多疏于被告之保护，既不接见被告，亦不为被告撰写书状，只有在法院开庭时出庭陈述一番，但其所陈述者未必有利于被告，有时反而不利于被告，因而颇受社会所诟病。”[2]

例二：1995 年“司法院”报告指出，台湾地区共有 37 位公设辩护人，板桥地方法院有 4 位公设辩护人，1994 年共受理 2316 件案件，每位公设辩护人每周必须受理 11 件；彰化地方法院仅有 1 位公设辩护人，1995 年受理了 1234 件案件，每周必须受理 23 余件。王兆鹏教授曾于 1995 年对台北某地方法院公设辩护人进行访问调查，他指出，有数位公设辩护人坦诚有些案件他们在辩论终结前，未曾接见在押被告人或未曾与被告人访谈。有很多公设辩护人于声请法院传唤证人前，未事前与证人访谈。因此，即便公设辩护

〔1〕 参见万国法律编辑部：“应重视公设辩护人的遴用管道”，载《万国法律》1985 年第 12 期。

〔2〕 蔡墩铭：《法治与人权——司法批判》，教理出版社 1987 年版，第 87 页。

人素质很高，若就其“服务品质”与一般律师相较，恐有天壤之别。[1]

可见，公设辩护人案件负荷量过重，导致他们没有充分的时间和精力进行相关准备工作，以提供称职的辩护服务，他们的辩护活动只能是敷衍塞责了。如此，公设辩护人的辩护职能得不到落实，被告人的律师辩护权实质上被剥夺了。公设辩护人参与刑事诉讼为被告人提供辩护服务，其象征意义胜于应有辩护功能的发挥，即产生所谓“搭景效果”，应该说，长期运作不彰是导致公设辩护人制度被废除的主要原因。

（二）律师团体等社会各方的积极推动

律师团体是废除公设辩护人制度的主要推动者，1986 年“公设辩护人条例”修法期间，律师团体已有废除公设辩护人制度的主张，针对当时关于改进公设辩护人来源方式的积极作为，律师团体却认为：此一修正案似乎未臻完善，因为“公设辩护业务”是否专业化，不是公设辩护人能否发挥功能的关键所在，关键在于是否能有一确实的敦促力量，使公设辩护人能竭尽所能为被告人提供辩护服务，而此一敦促力量以源自于当事人或其家属最为有效。[2] 显然，律师团体的见解是可以理解的，基于市场原则，私人律师与当事人之间具有选择性，他们若不尽职尽责，有可能在市场竞争中被淘汰；公设辩护人置于法院体系，为司法人员，领取固定薪水，并非因委托关系而为被告人提供辩护服务，他们与被告人之间没有合同关系，由于不受被告人或其家属的委托，被告人或其家属对他们约束效果不及私人律师，他们被市场淘汰的风险要小很多，从而他们有可能在辩护活动中不尽全力。废除公设辩护人制度逐渐成为律师团体的主流观点，“至于向来功能不彰的公设辩护人，则可考虑

〔1〕参见王兆鹏：《刑事被告的宪法权利》，元照出版有限公司 2004 年版，第 118 页。

〔2〕参见律师通讯编辑部：“强化公设辩护制度”，载《律师通讯》1985 年第 8 期。

废除，完全以一般律师取代。”〔1〕

律师团体提出方案及理由是：将公设辩护人制度改为由律师公会轮流指定律师担任，并由国库支付律师薪酬，刑事被告人或其家属可以与律师直接联系。这一模式可以发挥辩护功能，律师以“辩护”为业，为刑事被告人辩护，更能驾轻就熟。〔2〕律师团体希望借鉴日本“国选辩护”制度以取代公设辩护人制度。“在法律扶助方面，可仿日本的国选辩护人制度，无资力的被告得请求法院为其选任义务辩护人，甚至在侦查中即应透过律师公会或专办法律扶助之财团法人为其指定义务辩护人。”〔3〕总之，“以日本为例，该国虽无公设辩护人，但有国选辩护人。国选辩护人之异于一般私选辩护人者，除选任者为法院或审判长之外，辩护人之报酬亦由公费支出，但二者皆须具有律师之资格，并无不同。”〔4〕

历史发展总是充满吊诡之处。1935 年那场司法会议中律师公会积极推动公设辩护人制度施行，1999 年司法改革会议律师团体却积极主张废除公设辩护人制度。或许，律师团体主张废除公设辩护人制度存在如下两种解释：

其一，律师团体通过废除公设辩护人制度意在谋求“自主性扩张”。对此，有学者指出，废除公设辩护人制度是司法机关与律师团体各自诉求合力下的结果，因为废除公设辩护人制度，司法机关可以“追求司法独立”、“与行政权间重建更高程度的相对自主性”；律师团体则可以谋求“自主性扩张”。之所以选择公设辩护

〔1〕顾立雄：“刑事审判如何朝向当事人进行原则前进”，载《司法改革杂志》1999 年第 21 期。

〔2〕参见律师通讯编辑部：“强化公设辩护制度”，载《律师通讯》1985 年第 8 期。

〔3〕顾立雄：“刑事审判如何朝向当事人进行原则前进”，载《司法改革杂志》1999 年第 21 期。

〔4〕蔡墩铭：《法治与人权——司法批判》，教理出版社 1987 年版，第 86 页。

人，是因为公设辩护人制度长期运作下来产生诸多弊端，废除公辩制度不论对官方或对律师团体而言，似乎都是最没有成本的选择。[1] 可见，律师团体主张废除公设辩护人制度体现了其自治性主张，并与司法机构寄希望通过废除公设辩护人制度以提高自身公信力、自治程度达成默契。在一定程度上，台湾地区司法活动深受"司法党化"影响，由于司法权长期不能独立，辩护权不能彰显，在司法体系内废除公设辩护人制度成为司法机构与律师团体重塑形象、实现各自目标的共同选择。

其二，律师团体主张废除公设辩护人制度基于经济利益考量。毋庸讳言，在既定的法律服务市场中，律师团体与公设辩护人存在竞争关系是客观事实，公设辩护人的地位与作用越明显，在某种程度上也就意味着依靠提供法律服务的私人律师的生存空间就越受到挤压，二者存在的矛盾不难理解。从这一角度上来说，法律扶助基金会的设立在一定程度上实现了律师团体的利益主张。[2] 因为公设辩护人隶属于法院，法律扶助基金会属于"官办民管"模式，从其董事会人员构成来看，律师团体在法律扶助基金会有更多的支配

〔1〕 参见林意淳："竞逐人权？国家与律师专业团体共谋下的公设辩护人制度"，台湾"清华大学"社会学研究所2009年硕士学位论文，第19、60页。

〔2〕 法律扶助基金会主管机关为"司法院"，其基金为新台币100亿元，除鼓励民间捐助外，由"司法院"逐年编列预算捐助，另外也包括其他公共机关及律师公会的补助或捐赠等。法律扶助基金会采董事会管理模式，董事为13人，任期3年，由"司法院"院长聘任，其名额分配为："司法院"、"法务部"等机关代表5人，律师4人，专家学者2人，弱势团体代表1人，原住民代表1人。法律扶助基金会的扶助对象主要为无资力者，或虽非无资力，但为强制辩护案件者；服务内容包括：法律咨询、调解、和解、法律文件撰拟及诉讼之代理或辩护（包含强制辩护案件）等。法律扶助基金会通过指派律师或本会专职律师（截至2009年年底，法律扶助基金会共聘有8位专职律师）进行服务业务。参见台湾地区"法律扶助法"第5、6、38条等；"财团法人法律扶助基金会捐助及组织章程"第3、4、8、25、26条等；台湾地区财团法律扶助基金会《2009周年报告书》(2010)。

权与话语权。[1]

（三）公设辩护人制度长期附庸于“专断性权力”之负面形象

公设辩护人制度长期附庸于“专断性权力”，尤其在台湾地区“白色恐怖”时期，公设辩护人制度不但没有发挥其应有的辩护职能，而且常常被作为审判机关排挤律师进入审判程序的工具。[2]从某种程度上来说，公设辩护人制度长期附庸于“专断性权力”的负面形象也是其运作不彰的重要表现形式。如有学者指出，在当年恐怖气氛下，一般执业律师不敢代理“叛乱嫌犯”的案子，公设辩护人则只有一套公式，先肯定法官的论告，后提出“辩护”，替被告人要求减刑，效果如何可想而知。[3]

事实上，截至20世纪90年代，公设辩护人制度附庸于“专断性权力”的现象仍不时出现。20世纪90年代，台湾地区的多起刑事案件中，公设辩护人似乎充当了“救火队员”的角色，即当被告人委任的辩护律师因各种原因拒绝辩护时，公设辩护人立即替补跟进，如此情形下的辩护效果可想而知。[4]因此，公设辩护人“仅仅维持审判过程中形式上的程序合法，让国家的专断性权力得以攀

〔1〕1935年和1999年，律师团体对公设辩护人的态度迥异，但在很大程度上他们都有相同的诉求，即维护律师团体利益。律师团体虽在维护自身利益，但仍有差异。1935年时，政府将刑事法律援助义务转嫁于律师，律师代理贫困者案件无“经济利益”可图，负担过重，实施公设辩护人制度可减轻他们的负担；1999年时，政府已然是刑事法律援助的义务主体，其不能转嫁这一义务，只能购买律师的法律服务，对一些律师而言，代理贫困者案件亦可满足其经济利益。

〔2〕参见林意淳：“竞逐人权？国家与律师专业团体共谋下的公设辩护人制度”，台湾“清华大学”社会学研究所2009年硕士学位论文，第18页。

〔3〕参见蓝博洲：《白色恐怖》，杨智文化事业公司1993年版，第44页。

〔4〕1995年有报道称，台湾地区“高雄地院”开庭审理调查某杀警案，被告人律师团不满院方调查不公，拒绝进行论辩，审判长依法指定公设辩护人代为论辩，公设辩护人赶到，自委托辩护人手中接下卷宗，简单论辩后，庭讯才落幕，审判长宣布宣判日期。参见“论辩庭，定七日宣判”，载《“中央”日报》1995年3月5日。

附、伸展，这正是公辩制度最令人诟病之处”。[1] 当然，“白色恐怖”时期，连审判权都无法确保独立运作，要求公设辩护人充分履行辩护职责恐怕也是强人所难。但是，不可否认的是，公设辩护人长期附庸于“专断性权力”的负面形象，是其被废除的重要原因。

四、公设辩护人制度的新发展:“多元并存”的可能性

1999 年之后，台湾地区通过对相关法律条款的修正和新法的制定等积极行动以实现废除公设辩护人制度的目标。一是重要法律条款的修订。2003 年台湾地区“刑事诉讼法”修正案第 31 条第 1 项规定，即在强制辩护案件中，“于审判中未经选任辩护人者，审判长应指定公设辩护人或律师为其辩护。”根据修正案，在被告人未选任辩护人的强制辩护案件中，审判长除指定公设辩护人外，还可以指定律师为被告人辩护，[2] 这由以前的“单轨制”改采为“双轨制”，对保障被告人权利而言意义深远。对此，有学者指出：“采行所谓的公设与国选双轨制，一方面解决公设辩护人人力不足、业务负担过重的问题；一方面因维持公设辩护人制度，可保一定的机动及效率，且透过律师的参与，亦可提升整体强制辩护案件的辩

---

〔1〕 林意淳:“竞逐人权？国家与律师专业团体共谋下的公设辩护人制度”，台湾“清华大学”社会学研究所 2009 年硕士学位论文，第 18 页。

〔2〕 台湾地区原“刑事诉讼法”第 31 条第 1 项规定:“最轻本刑为 3 年以上有期徒刑或高等法院管辖第一审案件或被告因智能障碍无法为完全之陈述，于审判中未经选任辩护人者，审判长应指定公设辩护人为其辩护；其他审判案件认有必要者，亦同。”2003 年修正为:“最轻本刑为 3 年以上有期徒刑或高等法院管辖第一审案件或被告因智能障碍无法为完全之陈述，于审判中未经选任辩护人者，审判长应指定公设辩护人或律师为其辩护；其他审判案件，低收入户被告未选任辩护人而声请指定，或审判长认有必要者，亦同。”修正案明确了在强制辩护案件中，审判长可以指定律师为被告人进行辩护，原法仅规定公设辩护人可以代理强制辩护案件。

护品质，故此部分的修法方向，值得肯定。”[1] 但是，从另一个角度来说，这也降低了公设辩护人在强制辩护案件中的地位与作用，公设辩护人由审判长的唯一指定变成选择之一。二是新法的制定。根据司法改革会议的决议，2004 年台湾地区“司法院”颁布了“法律扶助法”。同年，根据该法规定旨在取代公设辩护人制度的法律扶助基金会宣告成立。台湾地区“司法院”决定开始停止招考公设辩护人，这些行动似乎朝让现有公设辩护人“自然凋零”的轨迹迈进。

实践中，公设辩护人制度却并未走向“自然凋零”。2000 年有媒体报道，台湾地区士林、苗栗等“地方法院”率先实施“检察官专责全程到庭实行公诉”新制后，弱势被告人权益保障受到严重威胁。[2] 这仅仅是在作出废除公设辩护人制度决议后的第一年。对此，有学者指出，若草率将公设辩护人制度废掉，被告人权益维护着实令人担忧。[3] 2003 年有报道指出，在法律扶助法尚未问世，光靠道德劝说又不足以建立义务辩护轮值制度的情况下，不仅支持公设辩护人制度者认为应持续存在，原本高倡废除者，也不得不松

---

〔1〕 陈运财：“被告接受辩护人援助之机会”，载《月旦法学教室》2004 年第 10 期。

〔2〕 根据 2000 年台湾地区《联合报》的一篇报道，士林及苗栗“地方法院”实施“检察官专责全程到庭实行公诉”新制后，却出现法官、检察官联手压制非强制辩护案件被告人的不公平现象。“士林地院”部分法官看不过去，严词抨击台北律师公会拒绝替这些弱势被告人义务辩护，并强调，若有必要，将兼任公设辩护人，替弱势被告人义务辩护。法官表示，以往公设辩护人制度未建立之前，有不少法官担任公设辩护人，上法庭替最轻本刑 3 年以上被告人强制辩护，形成“法官打法官”，但后来招考公设辩护人之后，就再也没有上述现象。参见“部分法官拟替弱势被告辩护”，载《联合报》2000 年 6 月 3 日。

〔3〕 参见张文郁：“社会弱势者诉法权之保障”，载《辅仁法学》第 24 期。

口。[1] 2004年有报道指出，由于受到案件量的压力，一些“地方法院”让已考取律师执照的司法替代役男当公设辩护人。[2] 2011年有报道称，对于已经停考多年的公设辩护人招考，似乎也有恢复的可能，“司法院”认为，公设辩护人近来表现良好，研议恢复招考。[3] 2003年台湾地区“刑事诉讼法”由“职权主义”改采为“改良式当事人进行主义”之后，公设辩护人制度反倒逐渐发挥了应有功能。

自20世纪末开始，台湾地区“刑事诉讼法”进行了非常频繁且重大的修改。2003年修正案第163条确立了刑事诉讼模式由“职权主义”改采为“改良式当事人进行主义”，[4] 从而“诉讼之架构发生彻底的改变，整部刑事诉讼法可能因此完全改写，可称为‘革命’期的始端”。[5] 可见，“具有所谓‘改良式当事人进行主义’之色彩，在刑事诉讼法制上，深具意义。”[6] 显然，“改良式当事人进行主义”诉讼模式必然要求刑事诉讼以当事人为主导展开，这实际上要求辩护人应具备与控方相当的攻防能力，“辩护人

[1] 参见黄美珠：“公设辩护人　重刑犯的菩萨”，载《自由新闻报》2003年12月28日。

[2] 参见“替代役男当公设辩护人？没错”，载《联合报》2004年9月2日。

[3] 参见王文玲：“公设辩护人恢复招考有望”，载《联合报》2011年7月11日。

[4] 台湾地区2003年“刑事诉讼法”修改新增第163－1条的规定被认为是台湾地区刑事诉讼模式转向“改良式当事人进行主义”的标志。该条第1项规定为：当事人、代理人、辩护人或辅佐人声请调查证据，应以书状分别具体记载下列事项：①声请调查之证据及其与待证事实之关系；②声请传唤之证人、鉴定人、通译之姓名、性别、住居所及预期诘问所需之时间；③声请调查之证据文书或其他文书之目录。若仅声请调查证据文书或其他文书之一部分者，应将该部分明确标示。本项立法理由是：“在加强当事人进行主义色彩，淡化职权进行主义之刑事诉讼制度下，证据调查为整个审判程序之核心，其中当事人间互为攻击、防御更为法庭活动中调查证据程序之重点所在。”在台湾地区一般将2003年9月1日之前的刑事诉讼制度称为旧制，此后称为新制。

[5] 王兆鹏：《刑事诉讼讲义》，元照出版有限公司2010年版，第12页。

[6] 朱石炎：《刑事诉讼法论》，三民书局2009年版，第4页。

是否善尽其责、是否强而有力，乃极重要之议题。盖在职权主义，即令辩护人未为强而有力之辩护，法院亦应依职权调查对被告有利之证据，对被告之权益或公平正义，皆无妨碍。"[1] 换言之，辩护律师提供有效辩护是当事人主义诉讼模式正常运转的关键。

"改良式当事人进行主义"模式意味着主要以受理强制辩护案件的公设辩护人的辩护也应是"强而有力"的。事实上，2003 年台湾地区"刑事诉讼法"第 31 条第 1 项修正理由明确指出，公设辩护人的辩护应"强而有力"，该款修正理由为："现行之刑事诉讼制度由'职权主义'调整为'改良式当事人进行主义'，由于被告无论在法律知识层面，或在接受调查、被追诉的心理层面，相较于具有法律专业知识、熟悉诉讼程序之检察官均处较为弱势的地位。因此，诉讼程序之进行非仅仅强调当事人形式上的对等，尚须有强而有力的辩护人协助被告，以确实保护其法律上利益，监督并促成刑事诉讼正当程序之实现。对于符合社会救助法之低收入户被告，因无资力而无法自行选任辩护人者，为避免因贫富的差距而导致司法差别待遇，自应为其谋求适当之救济措施。"[2] 因此，"在强制辩护案件中，不仅'形式'上法院应为被告指定辩护人，更要求辩护人应为'实质'之辩护。"[3] 换言之，公设辩护人的辩护应当是

---

〔1〕 王兆鹏：《刑事诉讼讲义》，元照出版有限公司 2010 年版，第 447 页。

〔2〕 参见林钰雄主编：《刑事诉讼法》，新学林出版股份有限公司 2011 年版，第 A-29 页。

〔3〕 王兆鹏：《刑事诉讼讲义》，元照出版有限公司 2010 年版，第 442 页。

“实质辩护”，而非“形式辩护”。[1] 问题在于，私人辩护律师与公设辩护人都从事刑事辩护活动，但前者基于市场机制运作，犯罪嫌疑人、被告人与律师之间具有选择性，不称职的辩护律师将受市场“优胜劣汰”法则的淘汰；后者则为公务人员（司法人员），犯罪嫌疑人、被告人与公设辩护人之间一般无选择的空间。因此，“如辩护人为被告自行委任，透过市场机制之调解，会淘汰不尽责之律师，鞭策律师不敢怠惰，或可减少辩护人‘弱而无力’的情形。然而，公设辩护人或法院指定之律师并无市场机制予以淘汰或鞭策，如何确保其能发挥‘强而有力’之辩护，乃极为重要问题。”[2] 但实践中，“改良式当事人进行主义”诉讼模式的确立，使得公设辩护人反而发挥了较好的辩护职能，他们也在一些案件中赢得了声誉，他们的表现并不亚于律师。[3]

究其原因，2003 年台湾地区“刑事诉讼法”确立的“交互诘问制度”使得公设辩护人必须全面、深入地接触案情，才能与控方完成交互诘问。显然，公设辩护人更能接受“新制”，他们常用“这套制度我们玩得很熟了”的类似语言表达与新制的亲近性，

---

〔1〕 基于台湾地区相关立法规定及判例见解，强制辩护应为“实质辩护”，其内涵包括五个方面：一是辩护人应于审判期日到场，否则不得审判；二是如辩护人未陈述意见、未提出辩护状或书状，与未经辩护无异；三是如辩护人仅于审判期日辩称“请庭上明察，依法判决”或“引用辩护状所载”，与未经真正之辩护无异；四是共同被告人之利害相反，不得指定同一辩护人；五是辩护人必须“实质辩护”，其后更要求必须“本乎职业伦理探究案情，搜求证据，尽其忠实辩护诚信执行职务之义务”，否则与辩护人未经到庭无异，等于对辩护人应有之辩护标准，设定一般性的概括规定。参见王兆鹏：《刑事诉讼讲义》，元照出版有限公司 2010 年版，第 442 ~ 445 页。

〔2〕 王兆鹏：《刑事诉讼讲义》，元照出版有限公司 2010 年版，第 447 ~ 448 页。

〔3〕 2009 年，在陈水扁弊案中，陈水扁以抗议司法为由，解除 3 位委任律师。“台北地院”立即指派公设辩护人曾德荣为陈水扁辩护（后再增一公设辩护人唐祯祺），陈水扁从一开始拒见，讽“请鬼拿药单”，到后来与二人交谈，甚而言谢，充分发挥公设辩护人功能。参见王文玲：“公设辩护人 恢复招考有望”，载《联合报》2011 年 7 月 11 日。

"新制"改变了他们参与个案的方式，以往几乎每个个案都只在最后一庭出现，但"新制"后，从案件指派到手开始，公设辩护人便需与当事人接洽、讨论案情，新制让大多数公设辩护人有更大的成就感。[1] 质言之，在"改良式当事人进行主义"模式中，律师的有效辩护成为刑事司法正常运作的核心要素，审判阶段"交互诘问"功能的实现有赖于辩护律师的实质参与，这也意味着辩护律师在侦查阶段的有效参与才能展开真正意义上的"交互诘问"。由于公设辩护人专职刑事辩护案件，其专业化优势由此得到体现。总之，"新制"在一定程度上避免了公设辩护人在"旧制"时的"搭景"作用与地位，它促使公设辩护人真正开始履行其辩护职责，可以说"新制"让公设辩护人制度获得"重生"，而这最终有助于保障被告人权利。

另外，法律扶助基金会尚不能完全取代公设辩护人制度。公设辩护人制度主要受理强制辩护案件，法律扶助基金会自2004年成立以来，刑事案件虽一直呈上升趋势，但其所占比例从未超过50%，甚至最初几年仅为1/3左右。[2] 对于受理刑事案件数量有限的问题，法律扶助基金会的解释为：刑事辩护是法律扶助基金会

---

〔1〕 参见林意淳："竞逐人权？国家与律师专业团体　共谋下的公设辩护人制度"，台湾"清华大学"社会学研究所2009年硕士学位论文，第127页。

〔2〕 法律扶助基金会历年一般案件中准予扶助案件各类案由比例如下所示：

年　度	刑　事	民　事	家　事	行　政	其　他
2004年	32.75%	59.12%	0	1.45%	6.67%
2005年	37.20%	55.08%	0	1.83%	5.89%
2006年	27.18%	61.05%	0	1.77%	0
2007年	44.12%	51.38%	0.14%	1.52%	2.75%
2008年	46.54%	26.31%	22.74%	1.37%	3.05%
2009年	45.45%	31.54%	19.89%	0.81%	2.31%
2010年	47.72%	29.97%	19.53%	0.49%	2.28%

来源：台湾地区财团法律扶助基金会：《2010周年报告书》（2011年）。

重点业务，但对于刑事案件量掌握最清楚的为各“地方法院”，法律扶助基金会自成立以来，即要求各分会积极与“地方法院”建立转介管道，请法院尽可能转介强制辩护案件至法律扶助基金会，由法律扶助基金会指派法律扶助律师提供辩护服务。然而，法院回应情形不一，各“地院”或因强制辩护案件量不多，公设辩护人人数充足，或因尚有“地方律师公会”义务辩护制度支援，而认为尚无与分会建立转介管道的必要，所以导致目前法律扶助基金会刑事辩护案件数量仍极为有限。法律扶助基金会的对策是：鼓励各分会前往监所受理申请，并请“司法院”鼓励各级法院转介非强制辩护案件至分会，以期能扩大对于刑事辩护案件的扶助量。[1] 对此，有学者指出，法律扶助基金会成立是基于公设辩护人制度运作不彰的事实，意味着其更应发挥保障人权功能，但却陷入一种以承办案件数量衡量自己价值的境况，案件量大能作为衡量保障人权功能的指标？保障当事人诉讼权利的功能发挥与否，本质上应当以质量为标准。[2] 显然，法律扶助基金会作为替代公设辩护人制度的产物，并没有在实际运作中完全取代公设辩护人制度的应有功能。

事实上，1999 年司法改革会议未有一位公设辩护人参与，废除公设辩护人制度的决定是否妥当值得商榷。对此，有公设辩护人指出，3 天的司改会议，没有公设辩护人被邀请与会，他们没有办法发出声音，但大会却决定要废掉公设辩护人，这种做法对公设辩护人非常不公平。[3] 还有公设辩护人认为，律师团体指出公设辩护人制度运作不彰，与事实不符，因为他们人少，所以沦为司法体

〔1〕 参见台湾地区财团法律扶助基金会：《2007 周年报告书》(2008 年)。

〔2〕 参见林意淳：“竞逐人权？国家与律师专业团体共谋下的公设辩护人制度”，台湾“清华大学”社会学研究所 2009 年硕士学位论文，第 110 页。

〔3〕 参见董介白、范立达：“面临裁撤 ‘最高法院’乐观其成 公设辩护人鸣不平”，载《联合晚报》1999 年 7 月 9 日。

系中的“弱势族群”，而提案废除公设辩护人成员中包括律师，律师与他们处于“竞争、对立”关系，律师却不回避，何况司改会议没有公设辩护人参与，等于是“一造判决”，已不是不遵守游戏规则，而是完全没有游戏规则。[1] 其实当时亦有学者指出应当认真思考公设辩护人制度功能不彰的根源，可是与会人士只是批判公设辩护人制度之弊端。那么，公设辩护人制度功能不彰的根本原因是什么？“现在公设辩护效果不彰，固为不可否认而且应予以重视的问题，但我们认为这并不是制度本身的缺失，而是法律执行及运作不当所致。”[2] 就此而言，公设辩护人制度运作不彰归根结底在于法律执行不当，即相关法律规范得不到有效施行，而非公设辩护人制度本身存在缺陷。

当前，台湾地区刑事法律援助已形成公设辩护人制度、法律扶助基金会律师扶助和义务辩护律师“多元并存”的格局。[3] 未来台湾地区公设辩护人制度走向如何？从目前法律扶助基金会实际运作来看，由于其尚不能完全取代前者，尤其台湾地区“刑事诉讼法”实行“新制”之后，公设辩护人制度获得一定的声誉，发挥了一定的功能。因此，法律扶助基金会律师扶助、义务律师辩护与公设辩护人制度相结合的模式是否会更有利于维护被告人权利？抑或多元并存的辩护服务模式是否更能体现优势互补或良性竞争？对

---

〔1〕 参见钟沛东：“无人代表参与司改会　却遭决议废除　公设辩护人问将何去何从”，载《联合报》1999年7月10日。

〔2〕 万国法律编辑部：“应重视公设辩护人的遴用管道”，载《万国法律》1985年第12期。

〔3〕 在笔者看来，法律扶助基金会律师扶助与义务辩护律师都属于私人律师模式。义务律师是指自愿无偿为面谈咨询服务及义务辩护（代理）之律师，平民法律扶助委员会委员为台北律师公会当然义务辩护或代理律师。参见台北律师公会“平民法律扶助实施要点”第3、11条规定。法律扶助基金会作为“官办民管”的独立机构，虽然内部存在一定数量的专职律师，但其受理的大量案件都是通过指派私人律师完成，就此而言，法律扶助基金会律师扶助可以看做是一种指定律师制度，本质上属于私人律师模式。

此，台湾地区“司法院”评估现有资源及社会条件后认为，辩护资源有城乡差距，现阶段应加强公设辩护人角色和功能，与义务辩护、法扶辩护多元并存，以维护刑事被告人权。“国科会”的一份“刑事司法改革的在地化检验”也指出，受访法官、检察官、律师，多认为公设辩护人的表现不比法扶律师差，这项实证研究成为“司法院”决策的参考。“司法院”亦指出，公设辩护人应受更多监督，法律扶助律师评鉴也应加强，经由不同诉讼资源的良性竞争、互补，达到保障刑事被告人权的结果。[1] 笔者以为，台湾地区刑事法律援助形成法律扶助基金会律师辩护、义务律师辩护等私人律师模式与公设辩护人制度相结合的格局是客观事实，未来如果能够发挥二者各自优势，弥补缺陷，那么，“多元并存”法律援助模式对犯罪嫌疑人、被告人权利保障大有裨益。

---

〔1〕 参见王文玲：“公设辩护人　恢复招考有望”，载《联合报》2011 年 7 月 11 日。

第四章

公设辩护人制度价值分析

“刑事诉讼之历史，正是辩护权扩大之历史”，从某种程度上说，更是刑事法律援助不断完善之历史。纵观刑事诉讼的发展史，是公民律师辩护权不断扩大的历史：在适用程序阶段方面，由审判阶段延伸到侦查及起诉阶段；在适用案件类型方面，由死刑案件扩展至重罪案件直至轻罪案件。然而，并非每位犯罪嫌疑人、被告人都有资力聘请律师进行辩护，因为大部分被追诉者为贫困者。如果因贫富差距导致司法差别待遇，是对人们追求公平正义的最大嘲讽。从国家存在的正当性、分配正义以及国际法义务的角度上分析，国家负有为贫困者提供辩护服务的义务与责任。然而，国家建构公设辩护人制度，实质上是创设一个与自己对抗的机构，国家意欲何为？这一疑问涉及对公设辩护人制度价值的思考。[1] 笔者以为，公设辩护人制度价值主要体现在对公民与国家的双重意义上：

〔1〕“价值”是指“用途或积极作用”。参见《现代汉语词典》（第6版），商务印书馆2012年版，第625页。从哲学意义上分析，价值是客体属性的反映，又是对客体属性的一种评价和应用。参见《哲学辞典》，上海辞书出版社2009年版，第6页。据此，所谓公设辩护人制度价值，更多体现宏观意涵，即为正面、积极的作用。

一方面，它有助于实现贫困者律师辩护权；另一方面，它是国家兑现刑事法律援助义务的重要方式。

第一节 公设辩护人制度与贫困者律师辩护权

现代法治国家在刑事诉讼活动中均承认犯罪嫌疑人、被告人的程序主体地位，犯罪嫌疑人、被告人在面对控诉机关对其不利指控时，享有相当的防御权，即他们应获得律师提供的称职辩护。公设辩护人制度对于实现贫困者犯罪嫌疑人、被告人的律师辩护权具有深远意义。

一、刑事法律援助作为公民权利的分析

现代刑事诉讼建立在对抗制（adversarial model）司法体制上。两造只有充分论争，才有利于发现事实真相，所谓“两刃相割，利钝乃知；二论相订（争辩），是非乃见”。同时，辩护制度亦能抑制国家之不当追诉，这也是程序正义的基本要求，如有学者指出：“刑事辩护制度是一项通过反向视角对侦查、审判加以审视，使国家不陷于无谬性神话，从而实现公正程序的制度。”[1] 实践中，大部分深陷刑事诉讼中的被追诉者为贫困者，他们无资力聘请律师。基于人权保障和审判正义的要求，现代法治国家赋予了公民获得刑事法律援助的基本权利。

（一）辩护律师在现代刑事诉讼中的地位与作用

何谓对抗制刑事诉讼？保罗·B. 温斯（Paul B. Wice）认为：

---

〔1〕［日］水谷规男：“刑事辩护人以及检察官的专业职务责任”，载［日］森际康友编：《司法伦理》，于晓琪、沈军译，商务印书馆2010年版，第137页。

“对抗制潜在的基本假设是：两个主要法律对抗的参加者即检察官和辩护律师，基于一个中立的法官，发现真相并使法庭有可能作出一个公正的裁判。”[1] 具体而言，对抗制具有如下四个关键因素：其一，审判中，对抗的检察官与辩护律师各自代表他们的委托人——国家与被告人，并力图反驳对方提供的证据；其二，对抗制的庭审程序由一个客观中立的法官主持，他不偏向任何一方，仅公平适用恰当的法律定罪；其三，证据将展示给一个中立的、无偏见的事实裁定者——法官或者陪审团；其四，对抗制最有可能在所有的争议点被激烈辩论后才能发现事实真相。[2] 可见，在现代刑事诉讼活动中，辩护律师能否有效参与直接影响到犯罪嫌疑人、被告人权利的实现，如果缺乏律师的有效帮助，犯罪嫌疑人、被告人将陷入不利的局面，对抗制司法体制的功能将无法实现。因为对抗双方只要一方在法律资源上远胜于对方，不公正的裁判就有可能出现。

美国联邦最高法院萨瑟兰（Sutherland）大法官在鲍威尔诉亚拉巴马州案（*Powell v. Alabama*）中强调了辩护律师在对抗制司法体制中的重要意义，他指出：“审判应当包括什么？在历史上以及实践中，至少在我国，通常包括律师帮助权，在许多情况下，审判时如果不包括律师帮助权，被告人接受审判的权利将变得毫无意义；即使聪明和受过良好教育的外行，很少甚至有时没有法律科学方面的技能，被告人在证据规则、辩护技能、法律知识等方面的匮乏，若没有辩护律师在程序中的每一个环节进行指导，即使他是无

---

[1] Paul B. Wice, *Public Defenders and the American Justice System*, Westport: Praeger, 2005, p. 1.

[2] See Michael Scott Weiss, *Public Defenders: Pragmatic and Political Motivations to Represent the Indigent*, LFB Scholarly Publishing, 2005, p. 11.

辜的，也会面临被定罪的风险。"[1] 显然，在对抗制司法体制中，只有两造处于同等地位，能力相当，控辩活动才具有实质意义。对此，温斯认为，刑事案件中没有律师的帮助，将对被告人非常不利。首先，被告人的审前活动将很可能没有效率，诸如调查和询问证人、防止不利证据被法庭采用、排除自己进入一个不适当的列队辨认等。其次，进入审判程序，被告人作为外行的劣势将更为明显，诸如陪审团的选择（这是一个很多律师相信能够明显地影响最终审判结果的程序）、开庭与结案陈词、证人使用及直接询问、交叉询问检方证人、对检察官指控提出异议等。[2] 因此，作为专业性极强的刑事诉讼活动，被告人若没有辩护律师的帮助将举步维艰，他们不可能获得一场公正的审判，所以在对抗制司法体制中，被告人必须获得律师称职的辩护服务。毕竟，作为对抗一方，检察官的追诉活动由公共财政支持，又拥有法律赋予的强制性手段，"在刑事法庭中，受害方是国家并由检察官作为代表，检察官是受过训练的律师，因此，为了确保公平，被告人也被准予法律代理服务也是必需的。"[3] 无怪乎，布莱克（Black）大法官指出："在刑事法庭上，律师是必需品，而非奢侈品。"

毋庸讳言，所有陷入刑事诉讼中的被追诉者都有可能得到一个严厉的判决，如失去自由，甚至被判处死刑，因而获得律师帮助非常重要，律师帮助不仅可以使被追诉者有效地行使各种诉讼权利，以符合"无罪推定原则"之基本要求，同时，律师帮助也有助于防止违法侦控活动，以确保审判的公平、公正。对此，美国伊利诺伊

---

〔1〕 Powell v. Alabama，287 U. S. 68 -69（1932）.

〔2〕 See Paul B. Wice，*Public Defenders and the American Justice System*，Westport：Praeger，2005，p. 2.

〔3〕 Paul B. Wice，*Public Defenders and the American Justice System*，Westport：Praeger，2005，p. 1.

州最高法院沃尔特·沙佛（Walter Schaefer）法官曾认为："被追诉者拥有的所有权利中，律师帮助权是最为重要的，因为它影响到被追诉者实现其所拥有的其他权利的能力。" 从这一角度上来说，律师辩护是刑事辩护的核心，没有律师提供的辩护服务，刑事辩护制度则形同虚设，而缺乏有效辩护制度的刑事司法是不正义的司法。对此，美国有学者指出，"美国刑事司法体系的正当性正是依赖于称职的、具有职业道德的辩护律师们的参与——他们勤勉地帮助当事人实现利益的最大化。"〔1〕 可见，辩护律师在刑事司法体系中的地位至为关键。

（二）贫困者律师辩护权是一项重要的"司法人权"

无论是否为发达国家，刑事诉讼中的被追诉者大多为贫困者，他们没有经济能力聘请律师进行辩护。在美国，绝大多数刑事被告人是法律意义上的贫困者和支付不起律师费的人。有数据显示：多达60%的刑事被告人都无法负担律师费用，在某些大城市甚至高达80%。〔2〕 显然，因贫富差距而导致司法差别待遇是对公平审判的莫大嘲讽，因为如果"提供给贫困被告人的辩护服务是低质量的，将形成这样一种观念：正义仅提供给富人"。〔3〕 对此，学者兰博约（John Langbein）指出，对抗式刑事程序显著缺陷之一就是财富效应，财富效应是指对抗式程序给有钱人带来的巨大优势，他们有足够的财力聘用高水平的律师，并进行当事人主导的事实调查。因为

---

〔1〕［美］约书亚·德雷斯勒、艾伦·C. 迈克尔斯：《美国刑事诉讼法精解（第2卷·刑事审判）》，魏晓娜译，北京大学出版社2009年版，第49页。

〔2〕参见王兆鹏：《辩护权与诘问权》，元照出版有限公司2008年版，第46～47页。

〔3〕Miriam S. Gohara, James S. Hardy, Damon Todd Hewitt, "Disparate Impact of an Under－Funded, Patchwork Indigent Defense System on Mississippi's African Americans: The Civil Rights Case for Establishing a Statewide, Fully Funded Public Defender System", *Howard Law Journal*, 49 (2005), p. 84.

大多数严重犯罪的被告人都是贫困阶层或准贫困阶层，财富效应因此成为对抗式刑事程序深刻的结构性缺陷。[1]

在长期的历史中，只有社会中的富有阶层才能享受律师的法律服务，贫困者与律师法律服务并无太多关联，个人财富状况与司法待遇成正比。因此，1956 年，布莱克大法官代表美国联邦最高法院在格里芬诉伊利诺伊州案（*Griffin v. Illinois*）判决中认为："以财富拥有状况决定审判结果，是不平等的司法。"[2] 笔者以为，我们今天理解的"平等原则"，已不再局限于经济权利平等，它包含了政治权利和社会权利平等。为贫困者提供免费辩护服务是政治权利平等在刑事司法中的体现，这是一种司法平等，它是根植于平等思想上的权利，是"天赋人权"在司法中的表征，这不仅有助于实现控辩平等，也践行了"法律面前人人平等"的基本理念。当今世界，"司法人权"已成为人权的重要组成部分，是一种"新型人权"。律师辩护权是公民最为重要的"司法人权"，而为贫困者提供辩护服务旨在维护公民的"司法人权"，实现审判正义。

事实上，世界上不少国家将律师辩护权视为公民的一项宪法性权利，尤其是贫困者有权获得国家提供的免费辩护服务。在美国，联邦宪法第六修正案规定公民享有获得律师帮助的权利；1963 年联邦最高法院在"吉迪恩案"中认定贫困被告人律师帮助权是公平审判不可或缺的一项权利。在意大利，法律援助是一项宪法性权利，《意大利宪法》第 24 条规定："在起诉或应诉中不能支付相关费用的公民有权获得免费的法律援助。"在日本，宪法规定国家应为贫困被告人提供辩护人，《日本宪法》第 37 条第 3 款规定："刑

---

〔1〕 参见［美］兰博约：《对抗式刑事审判的起源》，王志强译，复旦大学出版社 2010 年版，第 1 ~ 2 页。

〔2〕 *Griffin v. Illinois*, 351 U. S. 19 (1956).

事被告人，不论在任何场合都可以聘请有资格的辩护人。被告人自己不能聘请辩护人的，由国家提供辩护人。”可见，贫困者律师辩护权已经和人权保障紧密联系在一起。从另一个角度而言，为贫困者提供律师辩护使国家刑罚权的发动具有了正当性，维护了法的正义性；否则，刑事司法将沦为财富的附庸，法律将扮演不公平的角色，而不是正义的形象。

二、公设辩护人制度实现贫困者律师辩护权之积极意义

律师辩护在刑事司法体系中发挥着关键作用，贫困者获得律师帮助具有正当性，但通过何种制度措施实现贫困者律师辩护权？如果法律仅是规定贫困者律师辩护权，而缺乏有效的实施机制，这种权利将流于形式，无异于成为法律宣告的权利。公设辩护人制度是为实现贫困者律师辩护权而设立的。当人们就贫困者应获得免费辩护服务达成共识时，刑事法律援助模式却显得捉襟见肘、不堪重负，更何谈为贫困者提供有效帮助，在此背景下，公设辩护人制度应运而生，“法律虽然保障被告有选任辩护人之权利，但无资力雇请律师之贫穷被告，于事实上，并不能选任辩护人，因此，乃有公设辩护人制度产生。”[1] 事实上，中外学者肯定了公设辩护人制度在维护贫困者律师辩护权方面的价值。

美国作为现代公设辩护人制度的诞生地，早在1915年，高曼律师就指出，公设辩护人制度在实现“法律面前人人平等”方面的重要价值，“在当前有识之士极力主张的重大司法和社会改革中，建立公设辩护人办公室来为贫困被告人提供辩护是被积极倡议的重要议题。如果建立这样一个办公室，将能够提高我们刑事法律制度的标准，以及人类正义原则由此置于一个更稳固的基础之上，闻名

〔1〕 黄东熊、吴景芳：《刑事诉讼法论》（上），三民书局2010年版，第100页。

遐迩的理论‘法律面前人人平等’将成为现实，而不仅仅是响亮词句，因此存在于公众心中对富人与穷人之间区别对待的怀疑必然得到缓解。”〔1〕我国学者朱显祯认为，英美刑事裁判既有有利于被告人权益保障的传统，又有实现这种传统的刑事诉讼程序上的设施，贫困被告人就有指定律师制度，然而，事实上无产者与有产者相比，仍立于非常不利的地位，所以，裁判上的机会均等原则，实在是徒有其名，公设辩护人制度即在此种状况下产生。〔2〕蒋耀祖指出，对于贫困当事人，如果没有律师的帮助，势必产生不公平的后果，因此，美国特设公设辩护人制度，为贫民服务，使贫富当事人在法律上处于平等地位。〔3〕陈运财指出，公设辩护人制度旨在避免因被告人经济能力的不足，防止被告人受到差别待遇，以维护法的实质平等。〔4〕台湾地区“立法院”也曾指出：在强制辩护案件中，于审判中被告人未选任辩护人时，应由法院审判长指定公设辩护人为其辩护，以保护被告人权益，法良意美，洵属保障人权之重要制度。〔5〕可见，公设辩护人制度被认为是实现贫困者律师辩护权的有效实施机制。

无疑，“正义总是意味着某种平等”，正义应当公平地为所有人所拥有，而不是由财富来决定，如果贫困者没有律师帮助的保证，那么法律将在富人与穷人之间划定一条界线，一边是富人，将获得

---

〔1〕 Mayer C. Goldman, “The Necessity for a Public Defender”, *Journal of the American Institute of Criminal Law and Criminology*, 5 (1915), p. 660.

〔2〕 参见朱显祯：“刑事裁判上之公共辩护人制度”，载《社会科学论丛》1929 年第 1 卷第 8 号。

〔3〕 参见蒋耀祖：《中美司法制度比较》，台湾商务印书馆 1976 年版，第 235 ~ 236 页。

〔4〕 参见陈运财：“被告接受辩护人援助之机会”，载《月旦法学教室》2004 年第 10 期。

〔5〕 参见台湾地区《“立法院”公报》第 95 卷第 56 期，第 151 页。

公正的审判；另一边是穷人，被拒绝给予公正的审判。如果司法因贫富差距而有所区别对待，必然导致人们对司法公正的怀疑，如果基于司法制度之上的法律权利受到极大的破坏，人们必将对本国司法制度失去信心与信任，而对司法制度的信心与信任源自于司法平等地面向所有人。卢梭在《社会契约论》中说道："恰恰因为事实的力量总是倾向于摧毁平等，所以法律的力量就应当总是倾向于维护平等。"〔1〕现实中，大多数被追诉者是贫困者，他们并没有能力聘请律师为其辩护，公设辩护人制度并非仅是其他刑事法律援助模式之"替代性机制"，"基于辩护权实质保障之观点，犯罪嫌疑人'公设辩护制度'乃当然之前提条件"〔2〕。

笔者以为，公设辩护人制度维护贫困者律师辩护权的价值主要体现在两个方面：一方面，公设辩护人制度有助于确保贫困犯罪嫌疑人、被告人平等获得辩护服务的机会，以实现公民律师辩护权的普遍性。正如美国学者评价公设辩护人制度所指出的，"由州资助的刑事辩护有助于树立平等司法的形象。"〔3〕实践中，公设辩护人制度亦常设置于人口稀少的农村地区。另一方面，公设辩护人制度有助于确保贫困犯罪嫌疑人、被告人获得有质量的辩护服务的机会，以实现公民律师辩护权的有效性。公设辩护人专职辩护服务有可能成为"刑辩专家"，他们作为"公家"律师，较之私人律师具有更强的对抗能力。因而公设辩护人制度有助于维持控、辩、审三方的平衡，确保法律在所有公民之间的平等适用，促使公民律师辩

〔1〕［法］卢梭：《社会契约论》，何兆武译，商务印书馆2003年版，第67页。

〔2〕［日］田口守一："公的刑事弁護の理念と展開"，载《現代刑事法》，第37号，2002年5月。转引自林裕顺：《基本人权与司法改革》，新学林出版公司2010年版，第63页。

〔3〕［美］理查德·L. 埃贝尔：《美国律师》，张元元、张国峰译，中国政法大学出版社2009年版，第171页。

护权由“法律权利”上升为“实有权利”，使公民在司法面前的形式平等转变为实质平等。

在美国，“公设辩护人是许多有色人种社区贫困人口代理的唯一途径。如果公设辩护人服务是不充分的，受指控的贫困者将很可能被剥夺宪法性的程序保障权利。”[1] 由于美国年轻黑人犯罪一直以来是一个重要的社会问题，[2] 他们往往又是社会的贫困者，公设辩护人制度为他们提供免费辩护服务，不啻在解决种族问题上也做出了重大贡献，所以公设辩护人制度不仅在解决“贫富问题”，反映了国家对包括贫困者在内的所有公民在律师辩护权问题上的关注；而且，它也在解决“黑白问题”，从这一角度来说，公设辩护人制度又属于人权保障机制。

第二节　公设辩护人制度与刑事法律援助国家义务性

刑事诉讼是国家与公民个人之间的一场斗争，国家建立公设辩护人制度实质上创设了一个主要任务在于对抗自己的机构，同时亦会增加国家的财政负担，国家意欲何为？

一、刑事法律援助作为国家义务的分析

从历史沿革上看，刑事法律援助经历了从“慈善行为”阶段到“国家义务”阶段的过程。在“慈善行为”阶段，贫困者辩护服务主要依靠私人律师和社会团体的慈善举动，即表现为民间行为或私

---

〔1〕 Charles J. Ogletree, Jr., “Essay on the New Public Defender for the 21st Century”, *Law and Contemporary Problems*, 58 (1995), p. 84.

〔2〕 See Marc Mauer & Tracy Huling, *Young Black Men and the Criminal Justice System: Five Years Later*, Sentencing Project, 1995.

人行为方式，贫困者获得律师辩护被视为恩惠，这种法律援助具有很大的不稳定性。在“国家义务”阶段，贫困者律师辩护权建立在公民权利和国家义务基础之上，刑事法律援助是权利与义务的结合体，其体现为国家行为方式，贫困者获得律师辩护不再是恩赐，而是其应当享有的基本人权。刑事法律援助的国家义务化是“法律面前人人平等”、“正义应当同样给予贫困的人”等人权理念的必然要求，其体现了公民权利与国家义务的一体两面性。“权利的背后往往伴随着责任与义务”，贫困者享有获得律师帮助权，意味着国家要承担这一责任。然而，“从古典时代起，为贫穷的人免费提供法律服务就被认为是所有典型法律职业的高贵责任”，〔1〕现在这一义务为何由国家而非律师来承担？

（一）国家暴力权发动的正当性要求

英国学者乔纳森·沃尔夫（Jonathan Wolff）在《政治哲学导论》一书中提到，人们常说国家拥有两个基本特征：它保有对合法的强制或暴力的垄断权，并为境内每一个公民提供保护。对此，乔纳森·沃尔夫从应然性的角度考察了国家上述两个特征之间的关联性：国家承担保护其境内的每个居民不受非法暴力侵害的责任，我们当然只是基于这一原因才准备去承认国家对暴力的垄断权，我们愿意丧失保护自身的权利，仅仅是因为认识到我们不需要自我保护，国家会做那些于我们有必要之事。〔2〕在乔纳森·沃尔夫看来，国家对公民施以暴力行为的前提是：国家已经为公民的权益作了充分保障，因而这种暴力的垄断权及其施行过程才具有正当性，而这也是国家存在的正当性的基本条件。因此，在刑事司法中，国家为

---

〔1〕［美］迪特里希·鲁施迈耶：《律师与社会：美德两国法律职业比较研究》，于霄译，上海三联书店2010年版，第132页。

〔2〕参见［英］乔纳森·沃尔夫：《政治哲学导论》，王涛、赵荣华、陈任博译，吉林出版集团有限责任公司2009年版，第38～39页。

贫困犯罪嫌疑人、被告人提供律师辩护是其当然义务，因为国家的侦控及审判行为会侵害到公民的自由乃至生命权，国家有义务保证其侦控及审判活动是正确的，国家应为贫困犯罪嫌疑人、被告人指派辩护律师，旨在防止不当或违法行为的发生。

如果国家是以契约为基础建立的，国家必然负有刑事法律援助义务。卢梭在《社会契约论》一书中指出："要寻找出一种结合的形式，使它能以全部共同的力量来卫护和保障每个结合者的人身和财富，并且由于这一结合而使每一个与全体相联合的个人只不过是在服从自己本人，并且仍然像以往一样自由。"[1] 卢梭指出了现代国家的本质：维护全体公民个人的基本权益，否则，我们每个人怎么会让渡出自己的权益交给这个所谓的"国家"？因为我们相信"国家"会更好地实现我们的利益，所以我们才愿意放弃自己的"权利"，而促成国家"权力"的形成。法国《人权宣言》肯认了国家的本质在于保障个人权益，该宣言规定："在权利方面，人们生来是而且始终是自由平等的……任何政治结合的目的都在于保存人的自然的和不可动摇的权利。这些权利就是自由、财产、安全和反抗压迫。"既然国家是由全体公民所订立的契约而产生，这一契约必然包括国家的司法平等地对待每位公民的内容，公民获得平等司法对待是社会契约理论的题中应有之义，没有人愿意接受一份对己不利的契约。毋庸讳言，和平年代对人类基本权利侵害最为严重的领域存在于国家权力行使之中，尤其在刑事司法程序中，一旦公民没有能力聘请律师，而国家又不能为其提供辩护律师，他将手无寸铁地面对国家的追诉。正如学者小厄尔·约翰逊（Earl Johnson, Jr.）指出社会契约理论的一个基本原则是：除非公民在统治者的法院中能够得到被公正对待的保证，否则他们不会自愿放弃通过暴

〔1〕［法］卢梭：《社会契约论》，何兆武译，商务印书馆2003年版，第19页。

力解决纠纷的自然权利（natural right）；如果法院在解决纠纷时不能为那些没有能力聘请律师的当事人提供公平的机会以及不能为他们提供律师，政府就违背了契约；为了达到社会契约要求司法平等的首要目标，政府必须彻底简化法院程序，或者为那些没有能力聘请律师的人提供律师。[1] 在社会契约理论中，很难想象国家可以通过一种不符合程序正义的、武断的、专横的方式去剥夺公民的自由或者生命权，无论这种方式是否冠以"法律"、"刑事诉讼"之名义。从这一角度来说，国家为贫困者提供辩护服务是其存在正当性的基本要求。

（二）现代分配正义的要求

美国学者塞缪尔·弗莱施哈克尔（Samuel Fleischacker）在《分配正义简史》一书中认为：在亚里士多德的含义上，"分配正义"指的是确保应该得到回报的人按他们的美德得到利益的原则，尤其是考虑他们的政治地位；而现代意义上的"分配正义"，要求国家保证财产在全社会分配，以便让每个人得到一定程度的物质手段，二者的区别为：古代原则与根据功过分配相关，而现代原则是根本不考虑功过的分配，人人都应该得到一定程度的物品，不管他是否有美德。[2] 可见，现代意义上的分配正义，强调国家应当无差别地对待每一个人。

人们一般不会质疑国家在资源分配时应公平地对待每一个人的观点，但是，倘若国家资源相对有限，而公民的一些基本需求，诸如教育、保健、房屋、就业等还得不到满足的前提下，即还有人过着"衣食有忧"的生活，国家为贫困者提供律师辩护是否具有正当

---

〔1〕 See Earl Johnson, Jr., "Toward Equal Justice: Where the United States Stands Two Decades Later", *Maryland Journal of Contemporary Legal Issues*, 5 (1994), pp. 209 ~ 210.

〔2〕 参见［美］塞缪尔·弗莱施哈克尔：《分配正义简史》，吴万伟译，凤凰出版传媒集团2010年版，第2、5、6页。

性？实质上，这一问题意在追问：贫困者律师辩护权是否与其他基本生存权具有同等的地位，抑或更应受到重视？对此，学者约翰逊（Johnson）认为："司法平等以及需要实现司法平等的项目，在许多社会项目及要求政府实现的其他社会目标中占据独特的位置。当然，许多诸如医疗、食品补助、社会安全等社会问题具有更急迫的需要。但是，与它们不同，司法平等是美国政府制度的核心，这一权利渗透在我们国家的宪法条款、宪法相关的政治哲学及我们现行法律制度所依据的普通法律传统中。"〔1〕在约翰逊看来，政府负有为所有公民提供平等获得司法的义务，因为它的重要性并不亚于个人其他的基本需求。

显然，个人对于教育、保健、房屋、就业等有着最为基本的需要，它们构成了个人生存的基本条件，也是公民基本人权的重要组成部分。但是，律师辩护权关涉公民能否得到公正的审判，犯罪嫌疑人、被告人有可能在没有律师帮助的情况下受到错误羁押或监禁，律师辩护权保障的是公民的尊严、自由乃至生命权，公民对于这种权益的需求并不低于对"衣食无忧"的渴望。从这一角度上而言，即便国家资源相对有限，它为解决贫困者律师辩护权而进行投入具有正当性，符合分配正义的基本理念。对此，民国学者谢光第曾指出，国家应尽力于正义，对于国民充分加以保护，决不可因为是被告人而坐视其"人格"与"利益"受损，因此，无论发扬辩论主义的精神，或为正义公平计，应以"国家之力"与以救济者也。〔2〕谢光第所指"国家之力"即是设立公设辩护人制度。20世纪二三十年代的中国，经济状况不容乐观，谢光第仍认为为贫困者

〔1〕 Earl Johnson, Jr., "Toward Equal Justice: Where the United States Stands Two Decades Later", *Maryland Journal of Contemporary Legal Issues*, 5 (1994), p. 203.

〔2〕 参见谢光第："论公立辩护人制度"，载《法律评论》1925年第99期。

提供律师辩护在维护"人格"与"利益"上不亚于个人其他基本需求。当今世界，人们对"人格"与"利益"之需求必将会更为强烈，国家更应重视贫困者的律师辩护权。

（三）国际法义务的要求

20世纪中叶后，国际社会日益关注公民基本人权保障，公民在刑事司法中的待遇逐渐受到重视，贫困者律师辩护权被国际社会视为一项基本人权，相关国际公约要求国家应当保证这一权利的实现，国家刑事法律援助责任成为国际法上的义务。[1] 1966年联合国大会通过的《公民权利和政治权利国际公约》（以下简称《公约》）第14条第3款规定："在判定对他提出的任何刑事指控时，人人完全平等地有资格享受以下的最低限度的保证：……（丁）出席受审并亲自替自己辩护或经由他自己所选择的法律援助进行辩护；如果他没有法律援助，要通知他享有这种权利；在司法利益有此需要的案件中，为他指定法律援助，而在他没有足够能力偿付法律援助的案件中，不要他自己付费。"《公约》指明了为被告人提供法律援助是各国刑事司法需要达到的最低限度的人权保障标准之一。1990年第八届联合国预防犯罪和罪犯待遇大会通过的《关于律师作用的基本原则》（以下简称《原则》）再一次强调了贫困者律师辩护权。《原则》第2条规定："各国政府应确保向在其境内并受其管辖的所有的人，不加任何区分，诸如基于种族、肤色、民族、性别、语言、宗教、政治或其他见解、原国籍或社会出身、财产、出生、经济或其他身份地位等方面的歧视，提供关于平等有效地获得律师协助的迅捷有效的程序和机制。"《原则》第6条规定：

〔1〕 有一些国际条约由联合国制定，对其成员国具有法律上的约束力；但有一些是联合国通过的宣言、决议，它们虽然不具有法律上的约束力，但却获得国际社会的普遍尊重，并且成为各国开展刑事司法改革的重要指导原则。

"任何没有律师的人在司法需要情况下均有权获得按犯罪性质指派给他的一名有经验和能力的律师以便得到有效的法律协助，如果他无足够力量为此种服务支付费用，可不交费。"可见，上述条款明确了国家为贫困者提供律师辩护的基本义务，并且要求国家应当建立相应的实施机制。同时，有不少区域性公约也有相关规定。《欧洲人权公约》第6条第3款规定："凡受刑事罪的控告者具有下列最低限度的权利：……（丙）由他本人或由他自己选择的法律协助为自己进行辩护，或如果他无力支付法律协助的费用，则为公平的利益所要求时，可予免费。"欧洲人权法院（European Court of Human Rights，ECHR）也要求其成员国政府应根据公约，负有积极义务以保证没有任何一个公民因无资力聘请律师而丧失平等司法的机会。[1]

综上，当前国家的刑事法律援助义务不仅来自于国内宪法之规范，亦来自于国际公约之要求。国家应当保证其公民享有获得司法正义的机会，而不考虑其经济状况、宗教信仰、种族、民族等，贫困者律师辩护权是受宪法及国际公约保护的基本人权，它不可能仅依靠律师及社会团体的慈善行为，而属于国家的基本责任与义务。

二、公设辩护人制度兑现国家刑事法律援助义务之积极意义

当今世界，一国是否建立了完备的刑事法律援助实施体系成为衡量其是否文明进步的重要标志。公设辩护人制度出现之前，国家承担刑事法律援助义务的基本方式是：国家向私人律师购买法律服务，由私人律师为犯罪嫌疑人、被告人提供辩护服务。就此而言，国家专设辩护人机构——公设辩护人制度——是其承担刑事法律援

〔1〕 See Earl Johnson, Jr., "Toward Equal Justice: Where the United States Stands Two Decades Later", *Maryland Journal of Contemporary Legal Issues*, 5 (1994), p. 210.

助义务最为直接和典型的方式。事实上，国家专设侦控机关起诉、追究犯罪嫌疑人、被告人的刑事责任，同样国家也应当设置相对应的辩护人机构来对抗侦控机关的追诉行为，以维护犯罪嫌疑人、被告人的基本权益。我国引进公设辩护人制度之初，有学者便指出，既然国家可以设立检察官进行追诉活动，同样应设立代表犯罪嫌疑人、被告人的公共机构提供辩护服务，将来的律师有可能也像检察官一样，全部为国家工作人员。[1] 当然，目前律师职业不可能全部公职化，即便是刑事辩护律师也是如此，毕竟现代律师制度是建立在市场理念的基础上，在某种程度上，公设辩护人制度是对市场理念的背离。但是，如果当市场法律服务不能够满足贫困者辩护服务需求时，即便是对市场经济的一种干预，国家建立公设辩护人制度也有其正当性与合理性，因为公设辩护人制度不仅是作为国家兑现自己义务的方式，更为重要的是，它在维护公民的基本人权。相较于私人律师模式，公设辩护人制度是一种稳定而长效的实施机制，它有助于实现国家对法治的基本承诺。

公设辩护人制度经费主要来自于财政拨款，本质上是来自于纳税人的钱，有人会因此认为国家设立公设辩护人制度侵害了公民个人支配自己财产的自由，因为并非所有人会成为刑事诉讼中的被追诉者，事实上也是如此。但是，我们不能保证国家的每一次追诉行为都是正确的，即便认为自己是无辜的公民，他也有可能身陷刑事诉讼之囹圄，遭受错误之刑罚，因而每个人都会是潜在的被追诉者。因此，国家建立公设辩护人制度是为每位公民提供律师帮助，而并非仅仅是那些有罪之人。

---

〔1〕 朱显祯："刑事裁判上之公共辩护人制度"，载《社会科学论丛》1929 年第 1 卷第 8 号。法学家梅仲协也曾主张律师公职化。参见季卫东：《法治秩序的建构》，中国政法大学出版社 1999 年版，第 247 页。

第五章

公设辩护人制度功能探究

当前，人们日益关注刑事法律援助实施机制的功效，这一问题成为刑事司法制度中最为热烈的议题之一。加拿大学者艾伯特·柯里（Albert Currie）指出，法律援助并非简单的一维问题，法律援助模式应尽可能提供最好的服务，最大限度地节约成本。〔1〕事实上，人们主要关注法律援助实施机制的两个方面的问题：辩护质量与成本。目前世界范围内主要存在三种刑事法律援助实施机制〔2〕：公设辩护人制度、指定律师制度（assigned counsel system）、合同律

〔1〕 See Albert Currie, "Legal Aid Delivery Models in Canada: Past Experience and Future Developments", *University of British Columbia Law Review*, 33 (2000), p. 298.

〔2〕 刑事法律援助实施机制划分为指定律师制度、合同律师制度与公设辩护人制度三种类型具有一定代表性。美国等国还存在混合制（mixed systems）模式，即将公设辩护人制度的一些元素与指定律师制度融合在一起。例如，华盛顿特区公设辩护人仅处理更严重的重罪案件，而剩余的案件则由指定律师处理。

师制度（contract system）。[1] 指定律师制度与合同律师制度存在明显区别，[2] 但二者本质上属于私人律师模式，即国家为履行刑事法律援助义务，向私人律师购买法律服务，私人律师具体实施辩护。公设辩护人制度是国家直接雇用公设辩护人，专职从事辩护服务，与私人律师模式相对应，其又称为公职律师模式。

公设辩护人制度在创立与发展过程中，人们对其充满期待。在美国，1915 年，高曼律师就认为："对贫困被告人存在的明显不公平歧视的补救措施，不是一种仅仅感性的、异想天开的理论，也不是革命性的或者乌托邦的思想，而是必不可少的、实用的并且节约成本的计划——能够在一些大城市成功实施，为其基本原则提供有力支持。公设辩护人的建立在逻辑上是解决这一问题的关键。"他指出公设辩护人制度的主要优势有：①对被告人权利的有效、真实的保护代替了理论上的"保护"；②更加真实并有效地裁决案件；③大大减少伪证和不道德的辩护；④消除不同阶层的犯人之间不公平的歧视待遇；⑤更加迅速地实现正义，由此缩减审前羁押，在大城市中减少监狱人满为患的现象；⑥更容易展现审判中的真相；⑦减少县的开支，这种更高的司法理想将提升刑事审判和刑事法庭

---

〔1〕 指定律师制度是指国家有关机构指定私人律师为被追诉者提供辩护，律师费用由国家承担的援助模式，有些国家也称司法保障模式。合同律师制度是指国家或其授权机构与律师个人、律师事务所、律师协会等签订为被追诉者提供辩护的合同，按照合同约定，私人律师实施辩护活动、国家支付报酬的援助模式。参见吴羽："比较法视域中的公设辩护人制度研究——兼论我国公设辩护人制度的建构"，载《东方法学》2014 年第 1 期。

〔2〕 笔者以为，合同律师制度是对指定律师制度扬弃的产物：一是合同律师制度在很大程度上提升了参与法律援助律师的地位，因为采用合同形式即表明合同双方当事人属于平等的民事主体；二是合同律师制度采用合同式治理有助于维护辩护质量；三是合同律师制度的固定价格模式和竞争性缔约方式有助于控制法律援助成本。

的整体格调。[1] 1965年，李·西尔弗斯坦（Lee Silverstein）在《州法庭刑事案件贫困被告人辩护》（Defense of the Poor in Criminal Cases in State Courts）中认为公设辩护人制度的优势有：①提供有经验和有能力的辩护人；②确保持续稳定的有质量的辩护（尤其是相对于指定律师制而言）；③能够更有效地对被告人进行资格审查；④在人口稠密的区域运作起来是更为经济；⑤能够为控辩双方提供更好的合作以及在答辩中取得更好（或者更有利）的结果等。[2] 爱德温·雷科什（Edwin Rekosh）等学者认为公设辩护人制度具有如下优点：①由有能力的律师提供法律帮助；②控制质量的潜质；③培训和职业发展的可能性；④较低的"维护"成本；⑤在规划未来预算和跟踪支出上更容易；⑥维持统计和确保责任的可能性更大。[3] 英国政府对试行公设辩护人服务充满了信心与期望，其内政大臣在苏格兰设立公设辩护律师办公室时认为，这将"推动苏格兰法律援助模式更有效率、更具成本效益的重要部分"，能够实现"公设辩护人和私人律师之间，就成本、质量、当事人满意度和对刑事司法制度的更广影响方面的比较"。[4] 有加拿大专家认为，公职律师不仅能够公正办案，甚至办案质量更高。[5] 加拿大萨斯喀

〔1〕 See Mayer C. Goldman, "The Necessity for a Public Defender", *Journal of the American Institute of Criminal Law and Criminology*, 5 (1915), pp. 662 ~663.

〔2〕 See Lee Silverstein, "Defense of the Poor" (Chicago: American Bar Foundation, 1965), in Paul B. Wice, *Public Defenders and the American Justice System*, Westport: Praeger, 2005, p. 12.

〔3〕 See Edwin Rekosh, Kyra A. Buchko, Vessela Terzieva, *Pursuing the Public Interest: A Handbook for Legal Professionals and Activists*, Public Interest Law Initiative in Transitional Societies, Columbia Law School, 2001, p. 233.

〔4〕 Tamara Goriely, "Evaluating the Scottish Public Defence Solicitors' Office", *Journal of Law and Society*, 30 (2003), p. 86.

〔5〕 转引自高贞："英国、荷兰、丹麦法律援助制度简介"，载宫晓冰主编：《外国法律援助制度简介》，中国检察出版社2003年版，第85页。

彻温（Saskatchewan）省专职律师（staff lawyer）的实践表明，其既可降低成本，又可保证辩护质量。[1]我国司法部法律援助中心有关负责人指出，美国法律援助制度经历了从私人律师到主要由专职人员提供的转变，专职人员提供法律援助的模式更经济、更有效，专职人员在刑事法律援助体系中就是公设辩护人机构。[2] 总体而言，公设辩护人制度具有三大功能：辩护质量保证功能、法律援助成本控制功能和辅助功能。其中，辩护质量保证功能居于核心地位。

公设辩护人制度若能发挥其功能，对维护司法正义、提升司法效率，保障人权大有裨益。反之，若其运作不当，将产生一些负面效应。爱德温·雷科仕等学者认为，公设辩护人制度存在如下问题：①专职律师案件负荷量过重；②存在用固定方式处理相似案件的风险；③存在将公设辩护人视作国家法律机构的一部分。[3]马尔科姆·M. 菲利（Malcolm M. Feeley）也认为，美国刑事诉讼专业的学者经常会觉得公设辩护人是二流律师，他们在维护委托人利益方面由于才能有限和巨大的案件负担，不是非常热情和有效。实际上，许多被告人甚至没有意识到公设辩护人是正牌律师，以为他们是见习律师或者律师助手。公设辩护人还经常被指责不关心案件，总是按照固定的套路处理案件，总是例行公事一样尽可能快地处理

---

〔1〕 See Derek O'Brien & John Arnold Epp, "Salaried Defenders and the Access to Justice Act 1999", *Modern Law Review*, 63 (2000), p. 400.

〔2〕 参见宫晓冰："美国法律援助制度简介（二）"，载宫晓冰主编：《外国法律援助制度简介》，中国检察出版社2003年版，第165页。

〔3〕 See Edwin Rekosh, Kyra A. Buchko, Vessela Terzieva, *Pursuing the Public Interest: A Handbook for Legal Professionals and Activists*, Public Interest Law Initiative in Transitional Societies, Columbia Law School, 2001, p. 233.

案件。[1]

本章对公设辩护人制度功能[2]的考察，建立在与私人律师模式比较分析的基础上，并从理论阐释与实证研究两个维度展开。

第一节 公设辩护人制度的辩护质量保证功能

在对抗制司法体制中，刑事法律援助的重要目标在于确保诉讼活动顺利展开，然而这一目标的实现有赖于高质量的辩护活动。公设辩护人制度提供的辩护服务会比私人律师模式更好吗？对此，本部分将从理论与实证两个角度予以分析论证。

一、公设辩护人制度辩护质量保证功能之理论阐释

公设辩护人制度质量保证功能基于这样一种理论假设：领薪的全职公设辩护人专门从事刑事辩护，与并非专攻刑事法律的法庭指定私人律师相比，能够为贫困者提供质量更高的辩护服务。[3] 理论上，公设辩护人制度的专业性、协调性、对抗性、保障性、积极性以及监管性有助于其提供称职辩护。

---

〔1〕 参见［美］马尔科姆·M. 菲利：《程序即是惩罚——基层刑事法院的案件处理》，魏晓娜译，中国政法大学出版社 2014 年版，第 210 ~ 211 页。

〔2〕 所谓“功能”，是指“事物或方法所发挥的有利的作用；效能”。参见《现代汉语词典》（第 6 版），商务印书馆 2012 年版，第 453 页。季卫东教授认为：“功能这一概念主要包括两层意思，即部分对于整体的维持所发挥的作用或其活动效果，以及为此所必须满足的必要条件。后者所指的必要条件就被称为功能要件。”参见季卫东：《法治秩序的建构》，中国政法大学出版社 1999 年版，第 36 页。据此，功能相对于价值而言，展现为微观意涵，即在刑事司法中的具体效能，这种效能对价值有时可能是反向意义的。

〔3〕 See Douglas W. Vick, “Poorhouse Justice: Underfunded Indigent Defense Services and Arbitrary Death Sentences”, *Buffalo Law Review*, 43 (1995), p. 389.

（一）专业性

公设辩护人的专业性优于私人律师原因在于：他们主要提供刑事辩护服务，如果公设辩护人“在他们的司法辖区内几乎仅为贫困被告人提供辩护服务”,〔1〕那么他们极有可能发展为此类工作的专家，“因为他们每日都在法庭上从事同样的工作，所以能够在短时间内获得大量经验”。〔2〕公设辩护人的专业性在于他们能够比私人律师接触更多的刑事案件：假如一位公设辩护人一年代理200件刑事案件，其辩护经验显然要比一年可能仅仅代理5件刑事案件的某位私人律师更为丰富。大量的辩护经验可促使公设辩护人比私人律师更精通刑事辩护业务，从而成为“刑案专家”，这一优势有助于公设辩护人提供称职辩护。可以说，专业性是确保公设辩护人服务质量的首要因素。

我国建立公设辩护人制度之初，有学者指出了公设辩护人的专业性优势。谢光第认为，公设辩护人“事务既集中于一定之机关，司其事者，又专以刑事辩护为务，较诸官选辩护人之临时选任，其能力之优劣，自不可同日而语也”。〔3〕朱显祯指出，公设辩护人是“以一个有组织的团体而营同种之事业”，所以，他们比私人律师更能“专心从事”，达到“分工合作”之优势。〔4〕目前，台湾地区公设辩护人也常用“这套制度我们玩得很熟了”来表达他们对刑事辩护业务的熟练程度，尤其在2003年“刑事诉讼法”新制之后，公设辩护人专业性优势得到凸显，“检察官是专业的诘问家，他们所

---

〔1〕 Paul B. Wice, *Public Defenders and the American Justice System*, Westport: Praeger, 2005, p. 10.

〔2〕 Sara Berman & Paul Bergman, *The Criminal Law Handbook: Know Your Rights, Survive the System* (12th Edition), Barrett Nolo Press, 2011, p. 159.

〔3〕 谢光第：“论公立辩护人制度”，载《法律评论》1925年第99期。

〔4〕 朱显祯：“刑事裁判上之公共辩护人制度”，载《社会科学论丛》1929年第1卷第8号。

拥有的就是经验。公辩便是在经验多寡这一点上，能够与公诉检察官等量齐观，甚至因为公辩不需论调，他们的经验比公诉检察官更老道，对有检察官被称为‘公诉之神’的称号，便有嗤之以鼻的自信。"〔1〕

相反，私人律师模式不以刑事辩护专业化为其特征。指定律师一般在刑事法律业务方面缺乏专业性，并且监管和质量控制有限。〔2〕 通常情形下，指定律师制度采用律师名单，有时律师不以专长加以分类。很多时候私人律师意在通过指定律师制度来获取审判经验。罗伯特·L. 施潘根勃格等学者认为，很多私人执业者，包括缺乏经验的律师，都乐于参与指定辩护方案以获得更多的庭审经验，实践中，将案件指定给刚刚从法学院毕业、正在积累工作经验的毕业生和虽有"经验"却无竞争力且急需收入的律师的情况并不少见，这种方式通常会因滋生特权、缺乏对指定律师的经验及资格控制而遭受批评。〔3〕

其实，早在1964年美国总检察长罗伯特·F. 肯尼迪（Robert F. Kennedy）在"吉迪恩案"出庭作证时，就指出私人指定律师在辩护经验方面的匮乏，他指出，指定律师"通常缺乏对有效辩护而言至关重要的审判经验"。当时《哈佛法律评论》承担的一项全国性调查报告也指出，联邦法庭中为贫困被告人辩护的重担大部分落在"对刑事法程序规则知之甚少且缺乏经验的年轻律师"身上，这种情况下辩护的质量存在"很大程度的偶然性"。对此，安东尼·

〔1〕 林意淳："竞逐人权？国家与律师专业团体共谋下的公设辩护人制度"，台湾"清华大学"社会学研究所2009年硕士学位论文，第130页。

〔2〕 See Edwin Rekosh, Kyra A. Buchko, Vessela Terzieva, *Pursuing the Public Interest: A Handbook for Legal Professionals and Activists*, Public Interest Law Initiative in Transitional Societies, Columbia Law School, 2001, p. 230.

〔3〕 See Robert L. Spangenberg & Marea L. Beeman, "Indigent Defense Systems in the United States", *Law and Contemporary Problems*, 58 (1995), pp. 32 ~ 33.

刘易斯（Anthony Lewis）甚至认为，正是由于指定律师对刑事辩护业务经验匮乏、能力不足才促成了公设辩护人的产生，因为典型的美国律师在法学院时，对刑事法律仅有最基本的了解，实践中也根本不接触刑事案件，他们往往看低刑事辩护律师，认为后者无法从事报酬更为丰厚的公司业务，这些律师置身于厌恶刑事业务的传统之中，对刑事业务仅有很少或毫无经验，当他们被指定为辩护律师时，根本无法对其有效履行辩护职责抱有期望，这就是设立公设辩护人强有力的论据。[1] 学者小查尔斯·J. 奥格利特里（Charles J. Ogletree，Jr.）表达了类似观点：指定律师向贫困被告人提供辩护服务，这种由法庭随机指定的代理没有考虑到被指定律师的技巧、水平或业务熟练性，并不保证提供合理的辩护服务，这种模式很快让位于一种更为正规的为贫困被告人提供法律代理的模式——公设辩护人模式，公设辩护人模式优点在于它考虑并提供合格的法律代理。[2] 事实上，“吉迪恩案”后三十余年，仍有学者指出许多贫困被告人和吉迪恩在初审中的境遇差不多，其中原因之一是“尽管法院任命了辩护律师，但未保证指定律师的辩护能力”。[3]

不过，公设辩护人是否会对类似案件采取例行公事的方法，从而影响到辩护质量值得我们进一步探讨。

（二）协调性

公设辩护人协调性是指其与检察官、法官等相处“融洽”，建立良好“关系”。公设辩护人与法官、检察官、警察和法庭职员一

---

〔1〕 See Anthony Lewis，*Gideon's Trumpet*，New York：Random House，1964，pp. 204，207 ~ 208.

〔2〕 参见［美］小查尔斯·J. 奥格利特里：“法律援助的作用及其与政府、法律职业者和法学教育的关系”，杨欣欣译，载宫晓冰主编：《各国法律援助理论研究》，中国方正出版社 1999 年版，第 543 页。

〔3〕［美］戴维·凯瑞斯：《法律中的政治——一个进步性批评》，信春鹰译，中国政法大学出版社 2008 年版，第 294 页。

样，属于刑事司法体系中的一部分。公设辩护人与检察官、法官都是国家工作人员，公设辩护人专职辩护，检察官专职追诉，法官专职审判，三者只是职责与定位不同。作为公务人员，公设辩护人与检察机关之间的控辩关系，克服了传统对抗式程序所具有的显著缺陷——“敌对效应”。[1] 检察官、法官往往对公设辩护人的认同度要高于私人律师。

在刑事司法体系中，公设辩护人与法官、检察官的“融洽”关系得到一定程度上的认同。朱显祯认为，公设辩护人作为公务人员或有声誉团体的成员而履行职责，所以“办理异常顺调”，因为他们不像一般律师，常为胜诉不择手段，甚至作伪证，所以公设辩护人与检察官“之情感，亦甚相得”。[2] 在台湾地区，有学者指出，公设辩护人因其公职身份与法官、检察官建立的关系所累积起的社会资本，让其占尽优势。[3] 在美国，学者菲利斯（Felice）认为，与指定律师相比，公设辩护人更可能与检察官建立友好的工作关系。[4] 在英国，公设辩护律师办公室与“保卫社区－减少犯罪”(Safeguarding Communities－Reducing Offending，SACRO）保释计划

---

〔1〕 所谓“敌对效应”是指对抗式体制具有歪曲事实真相的诱因。在英美式审判中，对抗双方的目的是赢得法庭上的这场战斗。胜诉往往需要运用歪曲或隐瞒事实真相的策略。有关论述参见［美］兰博约：《对抗式刑事审判的起源》，王志强译，复旦大学出版社 2010 年版，第 1～2 页。

〔2〕 参见朱显祯：“刑事裁判上之公共辩护人制度”，载《社会科学论丛》1929 年第 1 卷第 8 号。

〔3〕 参见林意淳：“竞逐人权？国家与律师专业团体共谋下的公设辩护人制度”，台湾“清华大学”社会学研究所 2009 年硕士学位论文，第 154 页。

〔4〕 See David Allan Felice，“Justice Rationed：A Look at Alabama's Present Indigent Defense System with a Vision towards Change”，*Alabama Law Review*，52（2001），p. 996.

建立了良好的关系。[1] 在加拿大，专职律师经常在同一法院办案，每天都仅仅处理法律援助案件，在这个过程中，通常能与检察官建立更融洽的关系，甚至是“亲密关系”（close relationship）。[2]

公设辩护人与司法行政人员的“融洽”关系最终有利于当事人。[3] 在加拿大，专职律师与检察官的“亲密关系”的结果是“专职律师成为更成功的控辩交易谈判者”。[4] 在美国，公设辩护人完全置身于地方刑事司法制度中，能够利用他们与检察官、法官的良好关系对委托人产生有利的结果。鉴于公设辩护人和检察官之间大量的辩诉交易，公设辩护人能够积累经验，并且与检察官互相尊重，这些都对委托人有利。因为至少贫困被告人能够安心，他们的律师不但拥有丰富的理论知识，同时也熟知刑事司法制度。[5] 可见，公设辩护人更清楚当地和一些非正规的办事习惯，因为他们常与本管辖区的法官和检察官打交道，这增强了他们能有效地代理当事人的能力。[6]

---

〔1〕 See Tamara Goriely, et. al., Scottish Executive Central Research Unit, *The Public Defence Solicitors' Office in Edinburgh: An Independent Evaluation*, 2001, p. 91. “保卫社区－减少犯罪”（SACRO）原名为“苏格兰犯罪人关怀和重新安置协会”（the Scottish Association for the Care and Resettlement of Offenders），1999年改为现名。

〔2〕 See Ontario Legislative Library Technical Services & Systems, *Report of the Ontario Legal Aid Review: A Blueprint for Publicly Funded Legal Services*, 1997.

〔3〕 事实上，不论是私人还是由政府支付薪水的辩护律师，与法官和检察官们保持良好关系，都有利于他们当事人的利益。See Sara Berman & Paul Bergman, *The Criminal Law Handbook: Know Your Rights, Survive the System* (12th Edition), Barrett Nolo Press, 2011, p. 159.

〔4〕 Ontario Legislative Library Technical Services & Systems, *Report of the Ontario Legal Aid Review: A Blueprint for Publicly Funded Legal Services*, 1997.

〔5〕 See Paul B. Wice, *Public Defenders and the American Justice System*, Westport: Praeger, 2005, p. 11.

〔6〕 参见［美］彼得·G. 伦斯特洛姆：《美国法律辞典》，贺卫方等译，中国政法大学出版社1998年版，第125页。

不过，公设辩护人制度的协调性优势有时并不利于维护被告人权利。在加拿大，有研究认为公设辩护人与检察官、法官的关系过于紧密存在危及辩护律师热情和独立性的风险。[1] 在荷兰，有学者认为公设辩护人在某种意义上代表国家，因而不可能公正地代表当事人的利益。[2] 在美国，有学者指出公设辩护人作为从地方政府领薪的职员，会同法庭工作群体的其他人员具有共同的价值观点和目标，公设辩护人不大可能进行有力的辩护。[3]

（三）对抗性

公设辩护人作为“公家律师”，意味着他们有足以对抗检察官的“公家资本”，双方的“平等武装”使控辩之间的对抗更有可能达致“平等对抗”，因为“公设辩护人的重大优势在于：在经验、知识与诉讼策略方面可以与检察官相当”[4]。在台湾地区，公设辩护人属司法官，是公务人员，因“公家身份”使其在与检察官的对抗中并不处于劣势。实践中，公设辩护人与私人律师在面对检察官时的表现就会有所差异：一般律师由于顾忌得罪检察官，担心当公诉检察官又轮调回侦查检察官时，会给律师苦头吃，又或担心得罪检察官可能对当事人造成不利，因此一般律师无形中会形成一股自我约束的力量；相较于一般律师，公职身份对工作的保障让公设辩护人免除这层担忧，让他们有本钱去对抗检察官。[5] 因此，公设

---

〔1〕 See Ontario Legislative Library Technical Services & Systems, *Report of the Ontario Legal Aid Review: A Blueprint for Publicly Funded Legal Services*, 1997.

〔2〕 转引自高贞：“英国、荷兰、丹麦法律援助制度简介”，载宫晓冰主编：《外国法律援助制度简介》，中国检察出版社2003年版，第85页。

〔3〕 参见［美］彼得·G. 伦斯特洛姆：《美国法律辞典》，贺卫方等译，中国政法大学出版社1998年版，第125页。

〔4〕 Anthony Lewis, *Gideon's Trumpet*, New York: Random House, 1964, p. 207.

〔5〕 参见林意淳：“竞逐人权？国家与律师专业团体共谋下的公设辩护人制度”，台湾“清华大学”社会学研究所2009年硕士学位论文，第140页。

辩护人与检察官的对抗更能接近“平等武装”，这有利于事实真相的发现。

不过，公设辩护人的“公家身份”很可能会使他们试图减少与控方的冲突，因为很多时候他们把自己设想为政府官员（public official），而不是当事人最佳利益的捍卫者。例如，美国早期公设辩护人会促成被告人更多的认罪答辩。[1] 被告人有时担忧公设辩护人为了维持与法官、检察官的友好关系，而未出全力。[2] 因此，公设辩护人长期被喻为“法庭之友”、“法庭帮手”、“推诿艺术家”等，这在一定程度上说明他们在对抗方面存在不足。

（四）保障性

相较于私人律师模式，公设辩护人制度的保障性是其重要优势，这主要体现在如下三个方面：

1. 公设辩护人具有良好的身份保障。作为国家工作人员，公设辩护人能够获得稳定的薪水、合理的升迁渠道，他们更有可能安心从事刑事辩护工作。相反，私人律师以提供法律服务为生，生存是其首要考虑的事情，他们以利益为导向无可厚非。实践中，一些缺少案源的私人律师只是通过指定律师制度或司法保障获取案源，以维持生计，结果是私人律师在一些法律援助模式中受益，而非贫困被告人。公设辩护人良好的身份保障对于提供称职辩护大有裨益，因为作为一个无外界业务的领薪律师，公设辩护人一般比一些

---

〔1〕 洛杉矶县公设辩护人办公室于设立后的第一年，进行了更多的认罪答辩，与私人指定律师在前一年相比，公设辩护人提出申请更少，案件进入庭审更少。See David Allan Felice, “Justice Rationed: A Look at Alabama's Present Indigent Defense System with a Vision towards Change”, *Alabama Law Review*, 52 (2001), p. 980.

〔2〕 See Sara Berman & Paul Bergman, *The Criminal Law Handbook: Know Your Rights, Survive the System* (12th Edition), Barrett Nolo Press, 2011, p. 159.

委派律师更能在各个案件中花更多的精力。[1]

2. 公设辩护人可以获得更多的办案资源。在美国，公设辩护人办公室往往聘有专职的支持性职员，这有助于公设辩护人提供高质量的辩护服务。美国哥伦比亚特区公设辩护人服务提供了优质的辩护服务，重要原因在于其拥有专职的调查员、律师助理等支持性职员。在台湾地区，公设辩护人拥有丰厚的“公家资源”，由于在法院内部办公，“同是公门中人”，“公的律师”比“私的律师”更能获得相关部门的帮助，他们免除了阅卷、会见所需的时间与成本，法院还配有视频设备，方便公设辩护人会见身处他地监所的当事人，在办案过程中，公设辩护人还能获得诸如查询信息、调查取证等协助。

3. 公设辩护人可以获得更多的法律培训机会。公设辩护人获得持续、有效的法律培训机会，有助于他们的刑事辩护朝专业化方向发展。相反，指定律师获得培训和专业发展机会却较为渺茫。[2] 在美国，1986 年《全国刑事辩护制度研究》报告指出：公设辩护人制度、指定律师制度和合同律师制度中的辩护律师获得法律继续教育的机会分别为 81%、21% 和 37%。[3]《2007 年公设辩护人办公室》研究报告显示：19 个州立公设辩护人项目中有 18 个州具有法律继续教育内容；而县立公设辩护人办公室中，具有法律继续教

〔1〕 参见［美］彼得·G. 伦斯特洛姆编：《美国法律辞典》，贺卫方等译，中国政法大学出版社 1998 年版，第 124~125 页。

〔2〕 See Edwin Rekosh, Kyra A. Buchko, Vessela Terzieva, *Pursuing the Public Interest: A Handbook for Legal Professionals and Activists*, Public Interest Law Initiative in Transitional Societies, Columbia Law School, 2001, p. 230.

〔3〕 See Robert L. Spangenberg, Beverly Lee, Michael Battaglia, Patricia Smith, A. David Davis, U. S. Dep't of Justice, Bureau of Justice Statistics, *National Criminal Defense System Study: Final Report*, Abt Associates Inc., Cambridge, Mass., 1986, p. 36.

育内容的办公室高达92%。[1] 哥伦比亚特区公设辩护人服务甚至要求每名公设辩护人参加一个深入、广泛的培训项目。[2] 在台湾地区，公设辩护人能获得更多的培训机会，2003年“刑事诉讼法”新制之后，台湾地区“司法院”为法官开设的课程，公设辩护人亦能参与其中。

（五）积极性

公设辩护人从事刑事法律援助工作的积极性一般要高于私人律师，这是其工作职责使然，因为这项工作需要有良好的敬业与献身精神。我国建立公设辩护人制度之初，有学者认为其有助于解决私人律师受利益干扰的问题，“因公共辩护人之活动，则历来以可怜的被告人为奇货可居之一般寡廉鲜耻惨无人道的律师，当渐次绝迹。公共辩护人于每日访问未决监狱时，得随时向被告人申明可以无报酬地为之辩护并给予法律之一切补助，则在拘留所之刑事被告人，自然不会去依赖寡廉鲜耻惨无人道的律师了。”[3] 在台湾地区，人们是基于热血、理想才投身公设辩护人工作。[4] 如有公设辩护人表示：“在律师事务所替大公司服务，提供法律意见，比较‘冷冰冰’；担任公设辩护人，可以替基层民众服务，了解贫穷人家的无助，提供法律专业协助打赢官司，更有成就感。”[5] 在美国，公设辩护人收入低，不可与私人律师同日而语，甚至比政府律师薪

[1] See Lynn Langton & Donald J. Farole, Jr., U. S. Dep't of Justice, Bureau of Justice Statistics, *Public Defender Offices*, 2007 (2010).

[2] 参见［美］小查尔斯·J. 奥格利特里：“对中国实施获得律师辩护权的建议模式与方法”，杨欣欣译，载宫晓冰主编：《各国法律援助理论研究》，中国方正出版社1999年版，第139页。

[3] 朱显祯：“刑事裁判上之公共辩护人制度”，载《社会科学论丛》1929年第1卷第8号。

[4] 参见钟沛东：“无人代表参与司改会　却遭决议废除　公设辩护人问将何去何从”，载《联合报》1999年7月10日。

[5] “替代役男当公设辩护人？没错”，载《联合报》2004年9月2日。

水还要低，但他们的敬业精神都很强，都很热爱法律援助工作，“为穷人服务，为追求社会正义”是他们工作的崇高宗旨。〔1〕在密西西比州，拥有全职公设辩护人的县，辩护人能更加频繁地探望监狱里的委托人，花更多的时间和他们在一起，对委托人的电话反应更敏感，调查案件也更加勤奋，并且更加积极地会见证人和努力减少保释金。〔2〕

相反，私人律师从事刑事法律援助的工作热情不高，很大程度上受经济利益的影响。与公设辩护人不同，私人律师提供辩护服务时要考虑自身的生存问题，一旦刑事法律援助报酬不高，无疑会极大地削弱他们提供法律援助的积极性，当然，这本身亦是无可厚非的。

不过，也有学者认为，公设辩护人工作热情不如私人律师。在台湾地区，公设辩护人乃司法人员，领取固定薪水，可以免受市场淘汰机制的竞争压力，有人质疑他们对工作的投入比不上私人律师，“公设辩护人既为公务员，因案件胜败与其均无损，是否会热心为被告辩护?”〔3〕在加拿大，有研究指出，公设辩护人模式的非个人性质（impersonal nature）和官僚性质（bureaucratic nature），“使公设辩护人缺乏辩护律师在每个案件中热情和活力的特点”〔4〕。在英国，针对2001年试行的公设辩护人服务，有人指出公职律师

---

〔1〕参见［美］道格拉斯：“美国法律援助：你能从中得到什么（下）”，载《中国律师》1998年第9期。

〔2〕See Miriam S. Gohara, James S. Hardy, Damon Todd Hewitt, “Disparate Impact of an Under-Funded, Patchwork Indigent Defense System on Mississippi's African Americans: The Civil Rights Case for Establishing a Statewide, Fully Funded Public Defender System”, *Howard Law Journal*, 49 (2005), p. 94.

〔3〕台湾地区《“立法院”公报》第75卷第63期，第15页。

〔4〕Ontario Legislative Library Technical Services & Systems, *Report of the Ontario Legal Aid Review: A Blueprint for Publicly Funded Legal Services*, 1997.

缺乏内在的利益驱动力，效率低，做好法律援助的积极性不高，不可能有令人满意的质量，私有化更能激发人的动力。[1]

笔者以为，公设辩护人属于公务人员，容易受到对公务员负面评价的影响，给大家造成不恪尽职守的刻板印象。对此，有学者指出，律师经常将公设辩护人视为公务员，所以律师与公设辩护人之间有区别，这一分类通常伴随的是对公务员的负面评价直接套用到公设辩护人执业状况，公设辩护人是公务员，所以他们比较尸位素餐，因为做好做坏都有固定薪水可以领，因此不会为被告人尽心尽力，事实上，公设辩护人与律师执业的内容相去不远，并不存在先天上不可化约的差异。[2] 美国在“吉迪恩案”之后，20 世纪 60 ~ 70 年代公设辩护人办公室数量激增，公设辩护人办公室代理服务的理念也发生了重大改变，为贫困者利益进行代理的热情（zealous）取代了漠然（apathy）。[3]

（六）监管性

公设辩护人制度与私人律师模式相比更有利于对辩护质量的监管，私人律师模式尤其是指定律师制度往往缺乏有效管理和控制，辩护质量难以得到保证。在台湾地区，“公设辩护人条例”、“公设辩护人管理规则”等规范性文件对公设辩护人制度的运作予以了明文规范，强化了相关监督管理内容。在美国，无论是州立还是县立公设辩护人项目，都存在正式的管理标准。加拿大有研究指出，与

---

〔1〕 参见蒋建峰：“英国（英格兰和威尔士）刑事法律援助制度及质量控制考察报告”，载贾午光主编：《国外境外法律援助制度新编》，中国方正出版社 2008 年版，第 260 页；高贞：“英国、荷兰、丹麦法律援助制度简介”，载宫晓冰主编：《外国法律援助制度简介》，中国检察出版社 2003 年版，第 84 页。

〔2〕 林意淳：“竞逐人权？国家与律师专业团体共谋下的公设辩护人制度”，台湾“清华大学”社会学研究所 2009 年硕士学位论文，第 136 页。

〔3〕 See David Allan Felice, “Justice Rationed: A Look at Alabama's Present Indigent Defense System with a Vision towards Change”, *Alabama Law Review*, 52 (2001), p. 981.

司法保障模式相比，专职律师项目（staff programs）在质量控制上有更大的潜力，因为大多数参与司法保障项目（judicare schemes）的律师都是兼职，数量也非常庞大（整个安大略省有 5000 ~ 6000 人），因此建立和执行质量标准的任务很艰难，而更加结构化、雇用制专职办公室的运作易于根据经验、管理、绩效评估、培训项目和当事人的反馈进行案件分配。〔1〕

事实上，在刑事法律援助领域中，国家一直受困于对私人律师的有效监管。私人律师为自由职业者，这一特性是其职业属性的必然体现，但同时也增加了国家对其监督管理的难度，尤其当私人律师提供刑事法律援助时，国家在监督管理方面的疏漏与缺失甚为普遍，法律援助管理机构甚至被称为只是支付律师报酬的财务机构，私人律师模式存在被滥用或造假的风险。实践中，私人律师承担刑事法律援助案件后进行“变相替代”问题严重，即当有经验的私人律师接受国家指派的法律援助案件后，将案件转让给其他较低级别或者没有经验的年轻律师办理，并按照受让律师的付费标准支付报酬，转让的私人律师却从中赚取差额。在“变相替代”行为中，私人律师成了中介，这无疑损及了犯罪嫌疑人、被告人权利。

当然，在私人律师模式中，合同律师制度较之于指定律师制度而言，在服务质量和责任方面具有一定的控制力。〔2〕然而，施潘根勃格等学者仍指出，合同律师制度在质量控制方面存在缺点，即

---

〔1〕 Ontario Legislative Library Technical Services & Systems, *Report of the Ontario Legal Aid Review: A Blueprint for Publicly Funded Legal Services*, 1997.

〔2〕《美国律师协会刑事审判辩护服务提供标准》（ABA Standards for Criminal Justice Providing Defense Services）第 5－3.3 条明确规定，合同应当包括确保法律服务质量和双方当事人权利义务的条款等，并且详细列明服务合同应当包括但不限于的 15 项基本内容。对此，有学者指出只有合乎美国律师协会（ABA）标准和能够被独立团体监督的合同律师制度，才应该被看作是提供模式的可行选择之一。英国也对合同律师制度规定了一系列的品质保障方案。

太多的司法辖区将固定价格合同模式（fixed - price contract model）仅仅作为节省费用的方法，却常常以代理质量为代价，合同模式还存在着潜在的严重风险，如不考虑合同制律师的任职条件，只是希望他们处理无限量的案件，或者仅仅以很低的竞价签订合同。[1]

二、公设辩护人制度辩护质量保证功能之实证根据

公设辩护人制度辩护质量保证功能主要体现在提供“有效代理”（effective representation），而相关理论分析是否与实际情况相符，需要通过评估予以核实。当然，对刑事法律援助模式进行质量评估并非易事，这首先需要明确两个基本前提：一是评估主体，即由谁进行评估，如犯罪嫌疑人和被告人、律师、法官、检察官、法律援助管理者、政府、出资者以及公设辩护人等，基于自身立场或利益，不同评估主体对公设辩护人的辩护质量存在不同的认识；[2]二是评估内容，可选择的辩护服务要素包括：律师介入时间、撤诉率、被告人是否被判处监禁刑、辩论水平、辩护工作对社区整体的影响、案件结果等。基于信度与效度的考虑，笔者选择当事人满意度、同行评估、早期代理、审前释放、案件结果等五个方面内容予以考察。

（一）当事人满意度

公设辩护人制度旨在实现贫困者律师辩护权，维护司法正义，因而犯罪嫌疑人、被告人是最为重要的受益者，公设辩护人制度只

---

〔1〕 See Robert L. Spangenberg & Marea L. Beeman, “Indigent Defense Systems in the United States”, *Law and Contemporary Problems*, 58 (1995), pp. 35, 49.

〔2〕 法官或检察官可能基于迅速审理或结案的需要，不排除希望公设辩护人与其“配合”；政府如果强调公设辩护人公务员之立场，其与公设辩护人在维护社会公益与被告人权益之间必然有倾向性考量；对法律援助管理者、出资者而言，不能排除他们对成本控制的喜好。

有维护犯罪嫌疑人、被告人权利才具有正当性与合法性。因此，当事人满意度（client satisfaction）是考察公设辩护人制度辩护质量的重要评估指标。以苏格兰为例，根据苏格兰法律援助委员会公布的《2008 年公设辩护律师办公室当事人满意度调查报告》［The Public Defence Solicitors' Office（PDSO）Client Survey 2008 Final Topline］显示：在对 123 位被告人的调查中，有 90% 的被告人对公设辩护律师办公室作出了正面评价，其中 58% 的被告人表示非常满意（very good），32% 的被告人表示满意（good），仅有 4% 的被告人表示不满意（poor）或非常不满意（very poor），具体参见表 5 - 1。[1]

表 5 - 1　2008 年苏格兰公设辩护律师办公室（PDSO）当事人满意度调查报告

非常满意	58%
满　意	32%
无所谓	2%
不满意	2%
非常不满意	2%
不知道或无观点	2%
无表示	2%

来源：The Public Defence Solicitors' Office（PDSO）Client Survey 2008 Final Topline.

〔1〕 The Scottish Legal Aid Board, *The Public Defence Solicitors' Office（PDSO）Client Survey 2008 Final Topline*, 2008, p. 4.

（二）同行评估

英国在评估公设辩护人服务质量时采用了同行评估（peer review）。[1] 同行评估是由特定法律工作领域中的资深专业同行实施，它被认为是评价法律服务“质量”（quality）最可靠的方式。[2] 因此，对公设辩护人辩护质量进行同行评估是一种有效方式。英国试行公设辩护人服务一至两年的时候，进行了两次同行评估：第一次涉及侦查阶段（investigation or police station stage）的案件，第二次涉及治安法院（Magistrates' Court）和刑事法院（Crown Court）的案件。两次同行评估是基于抽取同一地区公设辩护人与私人执业律师（private practitioner）的卷宗样本进行比较研究。

根据《2007年英格兰与威尔士公设辩护人服务评估》报告，两次同行评估主要得出如下结论：

（1）第一次同行评估。公设辩护人办公室在警察局阶段的工作不比私人执业律师差，甚至在有些方面更好，前者表现更好的领域有：准备诉讼文件的设计、与当事人进行第一次联系的及时性、警方讯问时给予当事人的恰当建议等方面。就警察局阶段案件服务整体水平是否充分而言，公设辩护人办公室比私人执业律师表现稍好，这种情况出现在6个公设辩护人办公室中的4个，其中，庞特普里德公设辩护人办公室为警察局阶段案件提供服务被评为“优”的超过一半，其余的几乎全部是“好”；切尔滕纳姆和斯旺西2个公设辩护人办公室大部分案件被评为“好”或“优”；其他3个公

〔1〕 同行评估被誉为“法律援助质量控制制度中的黄金准则”，法律服务由专业人员提供，非专业人士很难判断法律服务的品质，只有同行才能进行评判。

〔2〕 “质量”是指律师达到相关能力标准的程度，“质量”的同行评估有别于“物有所值”（value for money reviews）的评估。See Lee Bridges, Ed Cape, Paul Fenn, Anona Mitchell, Richard Moorhead and Avrom Sherr, *Evaluation of the Public Defender Service in England and Wales*, 2007, p. 121.

设辩护人办公室，即伯明翰、利物浦、米德尔斯布勒等地公设辩护人办公室至少都得到“称职”（competent）的评价。[1] 不过，此次评估也指出，私人执业律师在准备诉讼文件的可阅性、信息记录、亲自参与警察局和警方讯问决定的恰当性等方面，要比公设辩护人办公室表现更好。

公设辩护人办公室和私人执业律师在警察局阶段都有一些方面表现得不好，其中最显著的是未给予警察局阶段犯罪嫌疑人法律地位的建议进行记录，尽管在这方面公设辩护人办公室做得明显好于私人执业律师，但他们大多数准备诉讼的文件仍然没有这种建议的记录。不过，庞特普里德公设辩护人办公室只有12%准备诉讼的文件未包含给予犯罪嫌疑人法律地位的建议。

公设辩护人办公室和私人执业律师为警察局阶段提供的服务质量存在显著的地区差异，如一些地方的公设辩护人办公室可以达到优秀，但是其他办公室却远远落后，这可能反映出他们各自所在地区的公设辩护人服务水准，而不存在全国整体上的一致。

（2）第二次同行评估。6个公设辩护人办公室中的5个结果一致，并且公设辩护人办公室有明确的模式，在处理案件的几乎所有方面的服务都比私人执业律师表现得更好或者至少在同一水平，其中，切尔滕纳姆、米德尔斯布勒和庞特普里德3个办公室的表现明显要好，如在准备诉讼文件完整性、沟通、事实收集和给予当事人法律建议和帮助的恰当性等方面。不过，斯旺西办公室是个例外，

---

[1] 在英国，犯罪嫌疑人在警察拘留阶段会见律师被认为是公民最重要和最基本的权利之一，然而，律师在警察局的作用一直备受争议。1993年，约翰·鲍德温（John Baldwin）教授出版的《律师代理人在警察局的作用》（*The Role of Legal Representatives at Police Stations*）一书得出结论：总体上而言，事务律师（solicitor）在警察讯问（police interview）时表现不佳，他们倾向于消极，而不是为了他们当事人的利益处理问题。See *English Legal System Lawcards*（3rd Edition），Routledge，p. 2002.

在处理案件各个方面，他们通常比私人执业律师表现得差（此结果与第一次评估形成反差）。另外，公设辩护人办公室和私人执业律师在刑事法院的表现存在显著差别，仍然是公设辩护人办公室在大多数方面表现得更好，但总的来说，在治安法院的差别更大。[1]

综上所述，就诉讼文件的准备、介入时间、证据收集、提供法律咨询与帮助效果等项目而言，公设辩护人比私人执业律师表现要好。英国法律服务委员会也认可公设辩护人办公室的服务品质。然而，从受理案件的结果上看，公设辩护人和私人执业律师的代理对结果的具体影响方面的区别微乎其微，这也可能表明：一旦案件处理的质量达到了一个特定的水准，其结果更多是由刑事辩护提供者控制范围之外的因素决定，并与更广泛的刑事司法制度相关。[2]因此，公设辩护人制度功能的发挥，有赖于其所依存的法制环境。总之，作为新型刑事法律援助实施机制，公设辩护人服务能够在运作初始获得英国同行评估一定程度上的认可实属不易，如果着眼于英国是一个有着悠久的由私人律师提供法律服务传统的国家，这种认可更显难能可贵。

（三）早期代理

早期代理（early representation）是指辩护律师在犯罪嫌疑人被逮捕 24 小时之内介入刑事案件，其是贫困犯罪嫌疑人权利保护的重大进步。显然，律师在侦查阶段为犯罪嫌疑人提供辩护的意义并不亚于在审判阶段为被告人提供辩护。1986 年美国《全国刑事辩护制度研究》报告首次系统考察了各种贫困者辩护服务方案在早期

〔1〕 See Lee Bridges, Ed Cape, Paul Fenn, Anona Mitchell, Richard Moorhead and Avrom Sherr, *Evaluation of the Public Defender Service in England and Wales*, 2007, pp. 180 ~ 182.

〔2〕 See Lee Bridges, Ed Cape, Paul Fenn, Anona Mitchell, Richard Moorhead and Avrom Sherr, *Evaluation of the Public Defender Service in England and Wales*, 2007, p. 182.

代理方面的情况，该研究报告指出：公设辩护人制度最易为当事人提供早期代理，采行公设辩护人制度的县中有39%报称他们提供早期代理，尤其是施行全州性公设辩护人制度的地区更可能提供早期代理；采行指定律师制度的县中有33%报称他们提供早期代理，采行合同律师制度的县中仅有12%报称他们提供早期代理。[1]

（四）审前释放

公设辩护人的当事人获得审前释放（pretrial release）机会要比指定律师的当事人更多，一定程度上在于他们在刑事诉讼程序开始时与公诉人谈判的能力能够使案件更快地得到处理。以美国亚拉巴马州为例，1998年，该州公设辩护人的当事人保释成功的比例为56.8%，指定律师的当事人则为49.2%。值得说明的是，聘用律师（retained counsel）的当事人获得保释的比例更高，达到74.1%。[2]英国《2001年爱丁堡公设辩护律师办公室：一个独立的评估》报告指出：在案件受理过程中，即首次到庭之后至判决中公设辩护律师办公室的当事人被拘禁的比例更低。具体而言：公设辩护律师办公室的当事人被拘禁的比例为8%，私人律师的当事人则为13%。就保释而言，私人律师的当事人获得保释的比例为20%多，公设辩护律师办公室的当事人则达到30%。[3]

---

〔1〕 See Robert L. Spangenberg, Beverly Lee, Michael Battaglia, Patricia Smith, A. David Davis, U. S. Dep't of Justice, Bureau of Justice Statistics, *National Criminal Defense System Study: Final Report*, Abt Associates Inc., Cambridge, Mass., 1986, p. 35.

〔2〕 据学者菲利斯（Felice）的解释：聘用律师的当事人保释成功的比例很高，这基于一个通常的假定：即有足够财富雇用私人律师的当事人更容易获得保释，因此，单纯74.1%的数字与贫困被告人的数字并没有可比性。See David Allan Felice, "Justice Rationed: A Look at Alabama's Present Indigent Defense System with a Vision towards Change", *Alabama Law Review*, 52 (2001), p. 996.

〔3〕 See Tamara Goriely, et. al., Scottish Executive Central Research Unit, *The Public Defence Solicitors' Office in Edinburgh: An Independent Evaluation*, 2001, p. 91.

(五) 案件结果

在对各种刑事法律援助实施机制进行辩护质量的比较研究中,人们往往把不同实施机制的当事人获得的案件结果,作为质量评估的依据之一。事实上,"案件结果评估"被认为具有特殊的意义。[1]"案件结果评估"主要考察定罪率(conviction rate)、监禁刑(jail sentence)、刑期(jail terms)等内容。加拿大较早开展了法律援助实施机制的比较研究,很多实证研究卓有成效,美国也有相关实证研究。

(1)加拿大相关实证研究考察。20世纪80年代,加拿大开展了多项实证研究比较分析专职律师与私人律师的辩护质量问题。1981年《伯纳比、不列颠哥伦比亚公设辩护人方案实证评估报告》(The Burnaby, British Columbia Experimental Public Defender Project: An Evaluation Report)是世界上较早的、有影响的实证研究,该评估指出:总体来看,定罪率没有明显区别,大概60%的公设辩护人的当事人被定罪,与私人律师的当事人的定罪率基本相当;然而,公设辩护人的当事人被判监禁刑的比私人律师的当事人明显要少:前者30%的当事人被判监禁刑,后者达40%。[2] 1984年《不列颠哥伦比亚法律援助评估报告》(An Evaluation of Legal Aid in British

---

〔1〕 有研究指出,判定刑事法律援助质量的最重要的方法是评估刑事案件结果。传统认为,通过法律援助计划提供的刑事辩护服务比不上聘用律师,究其原因,当有着相同犯罪历史、因相同犯罪行为被提起公诉时,那些由法律援助计划辩护的人比那些由私人聘用律师辩护的人,更可能被定罪和受到更重的判刑。See Canada. Dep't of Justice, Programme Evaluation Section, *Patterns in Legal Aid* (2nd Edition), 1995, p.40. 基于如上传统认知,通过案件结果来评判律师辩护质量尤为重要。

〔2〕 该数据是对三类案件结果的比较:一是公设辩护人办公室的专职领薪律师处理的案件;二是由伯纳比公设辩护人转交私人律师处理的案件;三是由温哥华(Vancouver)法律援助转交私人律师处理的案件。伯纳比(Burnaby)的案件被随机分派给公设辩护人与私人律师,以便控制案件类型和当事人的变动。See Canada. Dep't of Justice, Programme Evaluation Section, *Patterns in Legal Aid* (2nd Edition), 1995, p.41.

Columbia）显示：专职律师和私人律师的当事人被定罪的比例相当；然而，前者30%的当事人被判监禁，后者为42%。1987年《马尼托巴法律援助评估报告》（Legal Aid in Manitoba：An Evaluation Report）显示：专职律师与私人律师的当事人大概有72%被定罪（前者为72.0%，后者为71.9%）；然而，前者当事人被监禁的比例仅占12%，后者为32%。1988年《萨斯喀彻温法律援助评估报告》（Evaluation of Saskatchewan Legal Aid）显示：专职律师的当事人被定罪的比例仅占14%，私人律师的当事人则为32%。[1]

1995年，加拿大司法部公布了被称为"对随后关于法律援助提供模式的讨论有着深远的影响"的《法律援助模式》（Patterns in Legal Aid）研究报告。[2]《法律援助模式》研究报告总结了多个实证研究成果后认为：专职律师比私人律师倾向于更早且更经常为当事人作有罪答辩；专职律师的当事人与私人律师的当事人被定罪的比例大体相同；专职律师的当事人的刑期比私人律师的当事人短。[3]

---

〔1〕 See Albert Currie, "Legal Aid Delivery Models in Canada：Past Experience and Future Developments", *University of British Columbia Law Review*, 33 (2000), p. 298.

〔2〕《法律援助模式》（第2版）总结了如下有关辩护服务提供模式的实证研究：DPA Group Inc, *Evaluation of Saskatchewan Legal Aid*, Ottawa：Department of Justice, 1988；Brantingham, P. L. and P. J. Brantingham, *An Evaluation of Legal Aid in British Columbia*, 1984；Brantingham, P. L., *The Burnaby, British Columbia Experimental Public Defender Project：An Evaluation Report*, Ottawa：Department of Justice, 1981；Sloan, Rick, *Legal Aid in Manitoba：An Evaluation Report*, Ottawa：Department of Justice, 1987；Ministry of the Attorney General of British Columbia, *Legal Aid Models：A Comparison of Judicare and Staff Systems*, November 1991；等等。

〔3〕 Canada. Dep't of Justice, Programme Evaluation Section, *Patterns in Legal Aid* (2nd Edition), 1995, pp. 40～41. 该结论总结了如下四个评估报告：①P. L. Brantingham, *The Burnaby, British Columbia Experimental Public Defender Project：An Evaluation Report* (1981)；②P. L Brantingham and P. J. Brantingham, *An Evaluation of Legal Aid in British Columbia* (1984)；③R. Sloan, *Legal Aid in Manitoba：An Evaluation Report* (1987)；④DPA Group, *Evaluation of Saskatchewan Legal Aid* (1988).

（2）美国相关实证研究考察。美国有大量的全国性或州层次的实证研究。学者菲利斯统计了1998年至1999年亚拉巴马州各种辩护服务方案代理当事人的结果：公设辩护人的被告人获得有利裁决的比例为18.8%，指定律师的被告人为17.9%，聘用律师的被告人高达25.7%。1998年，指定律师的被告人获得不利裁决的比例达到62.6%，公设辩护人的被告人则为57.7%。〔1〕可见，就亚拉巴马州而言，公设辩护人的被告人获得的不利判决要少于指定律师的被告人，但是聘用律师的被告人获得有利裁决的机会最大。

1992年美国国家州法院中心（the National Center for State Courts）公布的《贫困者辩护人——把工作做了，且做得好》（Indigent Defenders：Get the Job Done and Done Well）〔2〕研究报告指出：当对多个指标进行衡量时，通常贫困者辩护人与私人聘用律师在为当事人争取有利结果方面的表现是一样的，即不论是由公设辩护人、合同律师、指定律师，还是私人聘用律师代理的案件，在定罪率、减刑率、入狱率和刑期长短等方面，并无统计数字上的明显

---

〔1〕 按照菲利斯的解释，对被告人而言，刑事案件裁决包括三种类型：①有利的裁决：如宣告无罪（acquittal）、撤诉（dismissal）、缓刑（probation not revoked）、因精神疾病而无罪（not guilty by reason of insanity）、青年违法者（youthful offender）等；②不利的裁决：如被宣判有罪（convicted）、缓刑撤销（probation revoked）、有罪答辩（guilty plea）、放弃大陪审团（waived to grand jury）等；③既不有利也不无利的裁决：如缓刑批准（probationer sanctioned）、使有义务在大陪审团面前作证（bound over to grand jury）、预审延迟（time lapsed for preliminary hearing）等。See David Allan Felice，"Justice Rationed：A Look at Alabama's Present Indigent Defense System with a Vision towards Change"，*Alabama Law Review*，52（2001），p. 997.

〔2〕《贫困者辩护人——把工作做了，且做得好》研究报告对公设辩护人、合同律师（contract attorney）、指定律师（assigned counsel）与私人聘用律师（retained counsel）在9个州审判庭（分别位于Detroit、Seattle、Denver、Norfolk、Monterey、Globe、Oxford、Island、San Juan等地）的重罪案件的辩护服务进行了评估，评估指标为各种方案在及时性、表现及费用方面的情况。

差别。[1]

2000年美国司法部公布的《刑事案件辩护律师》(Defense Counsel in Criminal Cases)研究报告指出：被告人由公设律师和私人律师代理获得同样的定罪率，具体参见表5-2。[2]

表5-2 美国公设律师与私人律师代理的案件结果

案件裁决	公设律师	私人律师
人口最多的75个县		
宣告无罪	71.0%	72.8%
撤　诉	4.4%	4.3%
庭审中认罪	23.0%	21.2%
认罪答辩	1.3%	1.6%
美国地区法院		
宣告无罪	87.1%	84.6%
撤　诉	5.2%	6.4%
庭审中认罪	6.7%	7.4%
认罪答辩	1.0%	1.6%

来源：*Defense Counsel in Criminal Cases*, 2000.

综上可见，加拿大的一些实证研究表明：专职律师制度与私人律师模式代理的案件在定罪率方面并没有明显区别，但前者的当事

〔1〕 See Roger A. Hanson, National Center for State Courts, *Indigent Defenders: Get the Job Done and Done Well*, 1992, p. 103.

〔2〕 See Caroline Wolf Harlow, U. S. Dep't of Justice, Bureau of Justice Statistics, *Defense Counsel in Criminal Cases*, 2000.

人的监禁刑要更少或更短，公设辩护人提供的辩护质量并不低于私人律师，这在一定程度上表明加拿大长期以来存在由国家支付薪水的专职律师不如私人执业律师优秀的观念是错误的。美国的一些实证研究表明，公设辩护人制度与私人律师模式代理的案件结果的差异性并不大。就此而言，各类刑事法律援助实施机制代理案件结果的实证研究未能形成统一结论。事实上，人们批评公设辩护人制度（或专职律师模式）的重要原因在于其使更多的当事人进行有罪答辩，从而表明辩护质量不高。司法实践中存在一个7%的现象，即从总体概率上统计，如果想完全通过刑事诉讼程序，那么有7%的控方不再坚持下去（可能是由于准备不足或证人不出庭），该案就会结束，由于控方不能再以同一理由控告该被告人，从这个意义上讲，如果提早认罪就有7%的被告人的利益得不到维护。[1] 然而，各国实证研究并未支持上述观点，如《加拿大不列颠哥伦比亚法律援助评估报告》显示：专职律师与私人律师当事人的有罪答辩比例分别为84.1%和78.5%，最终认定有罪的比例则分别为15.9%和21.5%。[2] 因此，如果仅以有罪答辩率来判断辩护服务质量可能并不准确，在某种程度上，被告人因有罪答辩也可能获得有利的结果。当然，如果进一步考察，促成更多的有罪答辩很大程度上是基于节约成本的考量。

三、公设辩护人制度辩护质量保证功能之反思

从上述理论阐释与实证研究来看，总体上公设辩护人制度在辩护质量保证方面具有私人律师模式所不具备的优势，它更能为当事

---

〔1〕 参见高贞：“英国、荷兰、丹麦法律援助制度简介”，载宫晓冰主编：《外国法律援助制度简介》，中国检察出版社2003年版，第84～85页。

〔2〕 See Albert Currie, “Legal Aid Delivery Models in Canada: Past Experience and Future Developments”, *University of British Columbia Law Review*, 33 (2000), pp. 302～303.

人争取到好一些的结果，如减少刑期等。在当事人满意度和同行评估两项实证研究中，公设辩护人制度获得不错的评价，这表明它在一定程度上获得了社会各界的认同。公设辩护人制度在早期代理方面的积极作为，体现了对犯罪嫌疑人权利保障的制度优势，这更值得人们关注。

然而，我们需要追问的是：好的案件结果是否等于高质量的辩护？我们能否以当事人是否被定罪、是否被判处监禁刑、是否被审前释放等作为评价律师是否提供优质服务的标准？显然，案件结果不一定会反映出服务的质量，但是最常用的衡量因素之一。对此，我们需要从两个方面进行分析：一方面，对于犯罪嫌疑人、被告人来说，案件结果显然是其评价辩护服务质量的重要依据，因为“不像很多通常以过程导向（process - orientated）而不是以结果导向（process - orientated）的家事案件，刑事当事人对案件结果更为关注”。加拿大律师协会（Canadian Bar Association）曾指出：“在刑事案件中，案件结果具有重要意义……刑事被告人喜欢宣告无罪胜过被定罪，喜欢非监禁刑胜过监禁刑。刑事结果的明确性使其更容易‘衡量’。”[1] 另一方面，我们不应“以结果论英雄”的方式评判公设辩护人，因为这容易使我们忽视辩护服务过程其他相关因素对案件结果的影响，“像很多其他辩护服务提供方式一样，公设辩护人模式也有其长处和短处，这取决于若干因素，包括每位律师受理案件的数量、管理的效能、高昂的士气的维持、培训、遵守职业道德标准以及独立性。”[2]

---

〔1〕 See Tamara Goriely, et. al., Scottish Executive Central Research Unit, *The Public Defence Solicitors' Office in Edinburgh: An Independent Evaluation*, 2001, p. 54.

〔2〕 Thomas F. Geraghty, et al., “Access to Justice: Challenges, Models, and the Participation of Non - Lawyers in Justice Deliver”, in Northwestern University, *Access to Justice in Africa and Beyond: Making the Rule of Law a Reality*, Ntl Inst for Trial Advocacy, 2007, p. 60.

公设辩护人辩护的“有效性”受制于诸多因素，如果缺乏相应的保障机制，其有可能提供不称职辩护。美国学者马尔科姆·M.菲利对纽黑文法律援助协会（LLA）和公设辩护人办公室进行了比较研究，他指出二者存在如下差异：①LLA 鼎盛时有 7 位全职律师，服务于每年不到 7 万起案件的刑事法院；公设辩护人办公室有 5 个人，所服务的法院每年的案件超过 10 万件。②LLA 位于居民区，可以从向他们寻求帮助的人中自己选择委托人；公设辩护人办公室因为与法庭毗邻，一旦法官将当事人分配给他们，他们就必须接受。③LLA 有藏书丰富的图书馆，宽敞的办公空间，受过良好训练的研究和调查人员；公设辩护人办公空间局促，没有图书馆可供咨询，几乎没有什么研究和调查人员。④LLA 几乎没有赞助方面的压力；公设辩护人办公室却是赞助体系不可缺少的一部分。⑤LLA 在全国范围遴选律师；公设辩护人办公室只能接受当地党组织和法官送来的人。⑥LLA 无所事事之人不会再得到续聘；公设辩护人办公室却从没有解雇过人。⑦LLA 的人们热情洋溢，一直保持着朝气蓬勃的团队精神；公设辩护人办公室的氛围消沉和沮丧。菲利教授指出，他们并不清楚上述强烈反差到底在多大程度上影响着实际结果的不同。[1] 但是，公设辩护人制度运作未能获得相应的保障性措施，致其无法提供称职辩护是不言而喻的。

笔者以为，公设辩护人制度辩护质量保证功能的实现需要满足如下两方面的条件：一是公设辩护人办公室能够配备足够的律师和

---

〔1〕 菲利对纽黑文的私人律师、纽黑文法律援助协会律师、公设辩护人进行比较研究，其中后两类属于公共辩护制度。菲利教授向 8 位检察官和 30 名律师发放了问卷，要求就如下四个问题相互打分：①他在处理案件时是否采取对抗姿势？②他是否代表委托人提出所有可能的法律主张？③他的委托人认为他得到好的结果吗？④其他律师认为他得到好的结果了吗？结果公设辩护人在所有四个指标上都是垫底的。参见［美］马尔科姆·M. 菲利：《程序即是惩罚——基层刑事法院的案件处理》，魏晓娜译，中国政法大学出版社 2014 年版，第 86～89 页。

充足的资金，这是保证辩护质量的基本条件。如有学者指出："虽然并没有一个万能之计可以解决刑事司法制度中的所有问题，但是，如果有全职的公设辩护人和适当经费支持，贫困被告人辩护体系将会产生积极的结果。比起那些兼职的、资金不足的指定律师，被告人从全职的公设辩护人处得到辩护更有意义。"[1] 可以说，公设辩护人案件负荷量决定了其服务品质，如果人员和经费缺乏，意味着每位公设辩护人案件负荷量将会超过其承受范围，当前困扰公设辩护人服务质量的首要原因正是超负荷的案件量。二是公设辩护人能够独立实施辩护活动，这是保证辩护质量的关键要素。从组织结构上确保公设辩护人的独立性，是他们履行辩护职责的本质要求。因此，公设辩护人制度若要提供"有效代理"，有赖于稳定的经费、合理的案件负荷、独立的运作、公设辩护人良好的职业素养及执业能力等。目前，在一些国家和地区，公设辩护人制度所获资源未能满足不断增长的贫困者辩护服务的需求，公设辩护人的不称职辩护情形变得日益频繁，其质量保证功能无法得到彰显，也许"对于功能的过度期待极易导致失望"，[2] 但我们不能就此全盘否定公设辩护人制度。有时制度产生的负面效应，并非制度本身固有之问题，制度功能的实现不是单一性问题，它涉及一个体系化的实施环境，公设辩护人制度亦是如此。

---

〔1〕 Miriam S. Gohara, James S. Hardy, Damon Todd Hewitt, "Disparate Impact of an Under - Funded, Patchwork Indigent Defense System on Mississippi's African Americans: The Civil Rights Case for Establishing a Statewide, Fully Funded Public Defender System", *Howard Law Journal*, 49 (2005), p. 94.

〔2〕 季卫东：《法治秩序的建构》，中国政法大学出版社 1999 年版，第 22 页。

第二节 公设辩护人制度的成本控制功能

刑事法律援助"国家义务化"之后，很多国家不断加大投入，高昂的刑事法律援助开支日益成为不少国家共同面临的问题，一些国家采行公设辩护人制度的重要原因是寻求成本控制。对此，本部分将从理论与实证两个角度对公设辩护人制度的成本控制功能进行分析论证。

一、公设辩护人制度成本控制功能之理论阐释

在刑事法律援助实施方案的比较研究中，人们讨论的焦点是哪种方案更有效、更省钱，抑或说，在确定资金的前提下，哪种方案能够为贫困者提供更多高质量的辩护服务。同时，国家还关注其能在哪种方案上具有更强的成本控制力。事实上，公设辩护人制度的成本控制优势一直受到人们的青睐。我国学者谢光第就指出："故在经济上想，公立辩护实远胜于官选辩护。且各项事件，因有公立辩护人参与之故，进行愈见顺利，审判厅事务，亦因此减轻不少。故此制若能行之久远，则国家岁支，可预卜也。"〔1〕在美国，罗伯特·施潘根勃格等学者指出，美国最近一些年的趋势是增加受薪的公设辩护人的数量，以取代法院指定私人执业者，以此来减少花费并提高服务质量。〔2〕有法官直言不讳道："我认为受薪（公设）辩

〔1〕谢光第："论公立辩护人制度"，载《法律评论》1925年第99期。

〔2〕Robert L. Spangenberg, A. David Davis and Patricia A. Smith, "Contract Defense System Under Attack". 转引自［美］理查德·L. 埃贝尔：《美国律师》，张元元、张国峰译，中国政法大学出版社2009年版，第171～172页。

护人做他们认为正确的事情是成本控制的最佳方式。"[1] 在英国，由于法律援助开支太大，财政负担过重，政府拟通过公设辩护人服务解决法律援助成本问题，"正如这个领域中的很多改革，这项改革的主要目的是希望控制法律援助成本"。[2] 在加拿大，不少学者提出以公职律师模式取代私人模式，柯里指出，专职律师提供刑事法律援助能够使花费更少，并且不会损害到服务质量，这个结论得到了很好的证实。[3] 概言之，与私人律师模式相比，公设辩护人制度是一种具有集中管理特征的辩护服务提供方案，它被认为花费最少，能更好地利用有限的公共资金，管理费用低于私人律师模式，有助于节省国家开支，实现成本控制的目的，公设辩护人制度能证明纳税人的花费是有所值的。理论上，公设辩护人制度的专业化与组织化、可控性与可预测性、效率性有助于其成本控制。

（一）运作形式：专业化与组织化

公设辩护人制度专业化运作方式有利于节省成本。在加拿大，1995 年《法律援助模式》研究报告分析了专职律师与私人律师有关成本差异的原因，其中专职律师富有经验并且效率高，而经常处理法律援助案件的初级私人律师经验较少、效率低，因此平均花费更高。[4] 同样，《安大略省法律援助评论报告：公共资金支持的法律援助蓝图》指出，在成本方面专职律师模式较司法保障模式有很大优势，差别缘于专职律师都是法律援助领域的专家，可以降低成

〔1〕 Mike Dennison, "Pro Bono Service: The Why and How a Statewide Public Defender is Good Idea, Legislators Told", *Montana Lawyer*, 29 (2003), p. 19.

〔2〕 Derek O'Brien & John Arnold Epp, "Salaried Defenders and the Access to Justice Act 1999", *Modern Law Review*, 63 (2000), p. 411.

〔3〕 See Albert Currie, "Legal Aid Delivery Models in Canada: Past Experience and Future Developments", *University of British Columbia Law Review*, 33 (2000), p. 298.

〔4〕 See Canada. Dep't of Justice, Programme Evaluation Section, *Patterns in Legal Aid* (2nd Edition), 1995, p. 52.

本。虽然并非总是如此，但通过专业化（specialization）来节省成本通常是专职律师模式被提及的优势之一。[1] 可见，公设辩护人制度专业化是实现成本控制的关键因素。

公设辩护人制度是以一种非常有效的"官僚方式"[2]（bureaucratic approach）进行组织化的运作，其适合在人口稠密地区开展刑事法律援助，具有在同一时间内为大量贫困者提供辩护服务的能力，这是单独执业的私人律师所不具备的，从另一角度而言，公设辩护人制度运用于人口稠密地区有助于节约成本。加拿大伯纳比研究发现，专职律师比司法保障模式更能够达到规模经济效应。[3] 美国第一个公设辩护人办公室设立于人口稠密的洛杉矶县；1963年吉迪恩案前，美国东北部与西海岸的一些人口稠密地区实施公设辩护人制度已有近50年的历史；1999年100个人口大县中的90个县设有公设辩护人方案，上述表明了公设辩护人制度在人口稠密地区运作具有节约成本的优势。相反，私人律师模式具有更大灵活性，适合运用于偏远地区。在加拿大，一些偏远农村地区的法律援助需求不足以维持全职律师的工作，采用司法保障模式通常更为省钱。

公设辩护人制度的专业化、组织化运作方式可以降低成本，实质上是指该制度运作效率更高。理论上，专业性强且富有经验的律师在组织化状态下提供辩护服务要比那些经验少、兼职且单独执业

---

〔1〕 See Ontario Legislative Library Technical Services & Systems, *Report of the Ontario Legal Aid Review: A Blueprint for Publicly Funded Legal Services*, 1997.

〔2〕 "官僚"（bureaucracy）通常含有批评的含义或贬义，但其也指由训练有素的专业人员根据统一的规则和程序进行工作的体制。结合公设辩护人制度的特征，笔者认为，公设辩护人制度的"官僚方式"（bureaucratic approach）是指其专业化、组织化所体现出来的高效。

〔3〕 See Ontario Legislative Library Technical Services & Systems, *Report of the Ontario Legal Aid Review: A Blueprint for Publicly Funded Legal Services*, 1997.

的私人律师的效率更高。因此，在同一单位时间内或在确定资金投入的前提下，公设辩护人制度较之于私人律师模式可以提供更多相同质量的辩护服务；或者提供相同数量且质量相当的辩护服务，公设辩护人制度比私人律师模式花费更少，从这一角度来说，公设辩护人制度是有成本效益的。

（二）支出形式：可控性与可预测性

刑事法律援助的成本控制要求其支出具有可控制性与可预测性，这意味着国家的公共资金可以得到最大限度的利用。通常，私人律师采收费制（tariff system），公设辩护人为固定薪制（salary system）。从法律援助管理者角度上看，公设辩护人更易于管理，因为通过固定薪水雇用特定数量的律师，能进行相应的预算。

澳大利亚昆士兰州法律援助署署长认为，购买私人律师办理案件的费用远远高于只需支付固定薪水和办案成本的专职律师的费用，而专职律师代理的案件数量和提供的其他法律援助服务数量远远大于私人律师。[1] 美国马萨诸塞州州长德瓦尔·L. 帕特里克（Deval L. Patrick）在2012财年预算中指出，该州近年来贫困辩护服务花费持续增加，2011年全部花费预计将超过2.07亿美元，自2007财年以来，增加了2100万美元，自2003财年以来增加了超过1亿美元，其中主要原因是该州“公设律师服务委员会”（Committee for Public Counsel Services，CPCS）的私人律师队伍庞大，[2] 导致了整个辩护服务体系计时收费增加，从而继续为州施加很大的预

〔1〕 转引自郑自文：“澳大利亚法律援助制度的发展”，载《中国司法》2007年第11期。

〔2〕 马萨诸塞州“公设律师服务委员会”由私人律师部（Private Counsel Division）和公设辩护人部（Public Defender Division）组成，其中，私人律师部共有超过3000名的合同私人律师，受理委员会每年90%的案件，并按小时向州收取服务费用；该州还有200名全职公设辩护人，受理委员会每年10%的案件。

算压力。对此，帕特里克州长认为现有的人员和资源要对收费的准确度进行监管，并进行案件管理存在很大难度，建议将依靠合同私人律师（contract private advocate）和计时收费模式（hourly billing model）的制度转变为全部雇用领薪公设辩护人（salaried public defenders），通过雇用许多领薪公设辩护人，使花费具有可预测性，这将为贫困辩护服务体系节约上千万美元的花费。[1] 可见，在帕特里克州长看来，公设辩护人制度在成本控制方面具有可预测性，可以有效克服合同私人律师在此方面的不足。

相反，指定律师制度对未来精确预算有难度，[2] 而且缺少对其花费的有效控制。究其原因：私人律师提供法律援助必然会考虑经济利益，若以援助案件为主要生活来源的私人律师更是如此，国家进行成本控制并非易事。例如，加拿大《法律援助模式》研究报告指出，当收费制度允许按小时收费时，律师们有一种按最多允许小时数收费的欲望，艾伯塔省（Alberta）评估者将这种惯例称为“有策略地开账单”（strategic billing），魁北克省（Québec）评估者则称为“账单填料”（bill padding），即便如此，几乎整个加拿大的律师都一致谴责其司法区内的法律援助收费太低，但专职律师有效小时的薪金比法律援助收费更低。[3] 加拿大有学者指出，私人律师提供法律援助往往为了多获报酬而人为地拖延办案时间，导致费用开支猛增，而且私人律师对法律援助机构的审计监督百般抵

---

〔1〕 See Deval L. Patrick & Timothy P. Murray, *FY2012 House 1 Budget Recommendation: Issues in Brief*, available at http://www.mass.gov/bb/hilfy12h1/exec_12/hbudbrief22.htm，最后访问日期：2012 年 3 月 12 日。

〔2〕 在私人律师模式中，合同律师制度要比指定律师制度更容易进行预算。

〔3〕 See Canada. Dep't of Justice, Programme Evaluation Section, *Patterns in Legal Aid* (2nd Edition), 1995, p. 54.

触。[1] 又如，在英国，私人律师模式的标准收费制度不利于成本控制：标准收费制度累积的成本可能增加，部分客户可能获得较以前更少的服务；律师故意延长处理案件的时间以求超过既定的收费标准；律师力求获得更多项的标准收费，而把以往被视为一宗的案件再作解释和分割。[2] 事实上，英国20世纪末开始对法律援助进行改革，重要的原因是法律援助成本的不断增加，由此才试行公设辩护人服务。再如，南非、立陶宛等国家采行公设辩护人制度的重要原因在于无法对私人律师模式的法律援助成本进行有效控制。实践中，这些国家的私人模式被滥用，部分私人律师采取欺诈方式延长代理时间，通过小时收费方式自己获益，政府的法律援助成本越来越高，但又无法获悉其投入是否合理，犯罪嫌疑人、被告人是否真正受益。

（三）服务方式：效率性

公设辩护人制度的公共服务性质意味着其在提供辩护服务时较多考虑服务效率，较少采取迟延诉讼方式来维护犯罪嫌疑人、被告人权利，这无疑有利于成本控制。对此，朱显祯认为："公共辩护人常就事件之实体辩护，而对于诉讼程序上之瑕点，则多付诸不问。因之诉讼之迟延，亦得以减少……如斯，历来对于当事人，对于国家两不利益之诉讼迟延现象，因公共辩护人制度而可以得到减少，这实在是值得吾人注目的一重大事实！"[3] 谢光第也指出："公立辩护人之地位，纯系公共机关，故其保护被告之利益，一以

---

〔1〕 转引自宫晓冰："加拿大法律援助制度简介"，载宫晓冰主编：《外国法律援助制度简介》，中国检察出版社2003年版，第127页。

〔2〕 参见［英］理查德·扬、戴维·沃尔："刑事公正、法律援助和捍卫自由"，刘长好译，载宫晓冰主编：《各国法律援助理论研究》，中国方正出版社1999年版，第164～165页。

〔3〕 朱显祯："刑事裁判上之公共辩护人制度"，载《社会科学论丛》1929年第1卷第8号。

公正为归，决不致徒费程序，迁延岁月，亦不致为虚构之辩护，使被告得受不当利益之判决。"[1]在加拿大，与司法保障律师相比，专职律师具有通过协商解决案件的能力，可以减少庭审，如埃德蒙顿（Edmonton）和卡尔哥里（Calgary）两地，专职律师的结案率（clearance rates）显示了其更早解决案件的能力。[2]事实上，公设辩护人比私人律师更倾向于尽早处理案件。诚如前文所述，公设辩护人制度获得审前释放、有罪答辩的比例要高于私人律师模式，无疑"州和监狱都将从中获益，可以监禁更少的囚犯，国家在监狱上的花费也将减少"[3]。在笔者看来，公设辩护人的"公家"身份促使他们比私人律师更有可能考虑成本问题而提高服务效率。公设辩护人从事刑事辩护服务是其本职工作，他们不以此营利，他们代理案件时通常会尽力节省时间，如促使更多的有罪答辩等。[4]

相反，私人律师可能基于利益考虑，会延长本不必要的工作时间。美国一些司法辖区发现律师代理的质量非常差，这些律师或者是能力不足，或者是试图节约时间以扩大他们的利润。[5]蒙大拿州喀斯喀特县（Cascade）首席公设辩护人埃里克·奥尔森（Eric Olson）也认为，全州性的公设辩护人体系应该会很好地控制辩护费用，如果一个法庭指派律师要求法官批准雇用专家证人或其他特

---

〔1〕谢光第："论公立辩护人制度"，载《法律评论》1925年第99期。

〔2〕See Ontario Legislative Library Technical Services & Systems, *Report of the Ontario Legal Aid Review: A Blueprint for Publicly Funded Legal Services*, 1997.

〔3〕David Allan Felice, "Justice Rationed: A Look at Alabama's Present Indigent Defense System with a Vision towards Change", *Alabama Law Review*, 52 (2001), p. 996.

〔4〕公设辩护人促使更多的有罪答辩，虽然意在为被告人争取更短的刑期，但一旦公式化后，则可能损害被告人权利。

〔5〕Mary Ann Galante, "Contract Public Defenders Lammed". 转引自［美］理查德·L. 埃贝尔：《美国律师》，张元元、张国峰译，中国政法大学出版社2009年版，第171～172页。

殊服务，法官基本上只能批准。然而，在存在预算的情况下，全职公设辩护人则更可能会考虑这位专家是否需要，有无其他更节省的替代方式。[1]

二、公设辩护人制度成本控制功能之实证根据

一些国家开展的实证研究考察了公设辩护人制度的成本问题，英国有实证研究指出公设辩护人制度成本高于私人律师模式值得我们进一步探究。

1. 加拿大相关实证研究。加拿大多项富有影响的实证研究比较分析了专职律师与私人律师在成本控制上的差异：①专职律师与私人律师代理每案花费的比较。《法律援助模式》研究报告指出：法律援助案件花费因不同援助模式而存在很大差异，当案件在复杂性（complexity）和严重性（gravity）上没有任何区别的时候，私人律师处理案件的费用高于专职律师处理案件的费用，具体参见表5-3。②专职律师与私人律师代理每案所花时间的比较。1987年《马尼托巴法律援助评估报告》指出：私人律师会为案件花费更多的时间，或者至少会按照更多的小时收费（比如，达到允许的最大数量），如表5-4所示，私人律师比专职律师虽然在每案中花费更多的时间，然而就案件结果来说，私人律师的当事人获得的案件结

[1] See Mike Dennison, "Pro Bono Service: The Why and How a Statewide Public Defender is Good Idea, Legislators Told", *Montana Lawyer*, 29 (2003), p. 19.

果反而不如花费时间更少的专职律师的当事人。[1]《法律援助模式》研究报告在总结多个实证研究成果后认为：专职律师处理个案的时间比私人律师少。[2] 可见，就加拿大的实证研究来看，在维持同样辩护质量的前提下，专职律师模式比私人律师模式更加节约成本。对于上述实证研究的有效性，加拿大学者柯里指出，这些是基于不同时间、地点，在对不同的法律援助计划进行研究的基础上得出的结论，正如我们希望在所有研究中穷尽复杂的问题一样，每个研究可能都存在方法上的缺陷；然而，这一系列研究的优点在于，虽然研究方法和背景不同，但研究结果却存在一致性。[3]

表5-3 加拿大各省专职律师与私人律师代理每案的平均花费

地　　区	专职律师	私人律师
新斯科夏（1981~1982）	122 加元	739 加元
魁北克（1980~1981）	105 加元	214 加元

〔1〕 需要指出的是，一些研究认为，专职律师在每案上所花时间少于私人律师模式，很可能是更难的案件和更困难的当事人交给私人律师而不是专职律师处理，由此造成私人律师代理案件费用的上升。但是，也有些研究不支持案件难度导致每案成本不同的观点，如《伯纳比公设辩护人评估报告》指出：私人律师每案花费时间比专职律师多，然而案件是被随意分配给专职律师或私人律师。不过，专职律师所花费时间较少的其他解释亦值得关注：其一，专职律师的案件负荷量可能很高，因此花在每个案件上的时间不足。其二，专职律师往返于法院和办公室的时间更少，因为他们通常可以一次处理一个以上的案件，减少了等待时间；相反，私人律师通常处理很少的案件，在法庭上的等待时间更长。其三，私人律师花费的时间多，一定程度上在于与其收费制度的性质有关，私人律师不断抱怨，与法律服务的“市场价值”（market value）相比，法律援助的收费实在太低了，他们的服务得不到充分的补偿，这可能会促使部分律师为了收取最大数额的费用，采取诸如“有策略地开账单”或者“账单填料”的方法。

〔2〕 Canada. Dep't of Justice, Programme Evaluation Section, *Patterns in Legal Aid* (2nd Edition), 1995, p. 41.

〔3〕 Albert Currie, “Legal Aid Delivery Models in Canada: Past Experience and Future Developments”, *University of British Columbia Law Review*, 33 (2000), P. 304.

续表

地　　区	专职律师	私人律师
不列颠哥伦比亚（1980）	106 加元	192 加元
马尼托巴（1987）	121 加元	273 加元

来源：*Patterns in Legal Aid*（2nd Edition），1995.

表 5－4　加拿大专职律师和私人律师代理每案的平均花费小时数
（根据不同案件要素）

案件要素	每案小时数	
	专职律师	私人律师
答　辩		
承认最初指控	4. 1	8. 7
承认较轻指控	3. 6	9. 2
无　罪	6. 5	14. 8
监禁刑		
判处监禁	4. 2	9. 4
其他刑罚	3. 6	8. 0
裁　决		
释放、宣告无罪	5. 0	12. 8
撤　诉	5. 4	11. 4
诉讼中止	2. 2	6. 0
被宣判有罪	4. 2	8. 5
定罪/诉讼中止的混合	4. 0	9. 5

来源：Albert Currie，Legal Aid Delivery Models in Canada：Past Experience and Future Developments.

2. 美国相关实证研究。从1914年美国第一个公设辩护人办公室成立至今，很多司法辖区采行公设辩护人制度主要基于成本控制的考量。1986年《全国刑事辩护制度研究》分析了1980～1983年间县级层面贫困者辩护服务方案改变的情况，其中对成本的控制是很多司法辖区主要考虑的问题，事实上，那些声称改革的绝大多数县都是为了降低成本。此期间，县级贫困者辩护服务方案最为常见的是改采公设辩护人制度。具体而言：指定律师制度和合同律师制度改为公设辩护人制度的分别为28个县和2个县；公设辩护人制度改为合同律师制度和指定律师制度的分别为7个县和1个县。[1]

3. 英国相关实证研究。2001年英格兰与威尔士试行公设辩护人服务前三年的花费巨大，究其原因：《2007年英格兰与威尔士公设辩护人服务评估》报告认为：公设辩护人服务初期的人员配置、办公设备等花费较大，一旦公设辩护人办公室设立并开始运作之后，此类相关费用将会减少。具体而言：导致公设辩护人服务成本更高的重要因素是，在运作初期当事人和案件的建立较慢，即表现在公设辩护人服务的利用不足。例如，在2001～2002年运作的第一年，最初的4个公设辩护人办公室的每位收费员工平均工作仅仅超过400个计费小时（chargeable hours）；2002～2003年，切尔滕纳姆公设辩护人办公室开业，每位收费员工年计费小时数仅超过700，2003～2004年增长到接近900，而这仅仅是私人刑事辩护服

〔1〕 See Robert L. Spangenberg, Beverly Lee, Michael Battaglia, Patricia Smith, A. David Davis, U. S. Dep't of Justice, Bureau of Justice Statistics, *National Criminal Defense System Study*: *Final Report*, Abt Associates Inc., Cambridge, Mass., 1986, p. 37. 不过，关于如何减少成本，《全国刑事辩护制度研究》报告指出存在两种相互矛盾的观点：一种观点认为公设辩护人制度花费最为昂贵，应改由指定律师方案和合同律师方案；另一种观点认为公设辩护人制度花费最为便宜，应当增加使用公设辩护人项目。

务期望达到的计费小时数目标的第一四分位数（lower quartile）。[1] 由于公设辩护人服务的利用不足及其他运作成本等问题，导致其计费时间（chargeable time）的价格非常高。例如，2001～2002 年每小时计费的平均花费为 210 英镑，尽管 2002～2003 年和 2003～2004 年分别降至 114 英镑和 106 英镑；如果仅计算他们的运作费用，2001～2002 年每小时计费的平均花费为 176 英镑，2002～2003 年和 2003～2004 年分别降至 100 英镑和 95 英镑，但是，他们每小时的收费仍大大高于通常支付给提供刑事法律援助服务的私人律师的报酬。[2] 总之，英格兰与威尔士公设辩护人服务试行的前三年成本较高，运作初期并未达到经济效益的目标，如能解决在确保辩护质量的前提下提高公设辩护人服务的利用率问题，未来实现节约成本仍可期。

4. 丹麦相关实证研究。为了比较公职律师模式与私人律师模式，丹麦曾建立一个法律援助办公室作为实验，研究结果表明：从支出上讲，公职律师更为合理，同一时间公职律师处理案件的能力比私人律师的效率高，成本低，比如一个公职律师同时可以在一天内办 10 件案件，而私人律师则是一案一办。[3]

三、公设辩护人制度成本控制功能之反思

在刑事法律援助实施机制的比较研究中，成本控制问题备受关

---

〔1〕 在统计学中，四分位数（Quartile）是把所有数值由小到大排列并分成四等份，处于三个分割点位置的得分就是四分位数。第一四分位数（Q1），又称“较小四分位数”，等于该样本中所有数值由小到大排列后第 25% 的数字。

〔2〕 See Lee Bridges，Ed Cape，Paul Fenn，Anona Mitchell，Richard Moorhead and Avrom Sherr，*Evaluation of the Public Defender Service in England and Wales*，2007，pp. 230～231.

〔3〕 参见高贞：“英国、荷兰、丹麦法律援助制度简介”，载宫晓冰主编：《外国法律援助制度简介》，中国检察出版社 2003 年版，第 86 页。

注。然而，对各种方案的成本进行精确衡量涉及诸多变量。一些实证研究虽指出公设辩护人制度与私人律师模式并无显著区别，但总体上，更多的实证研究表明公设辩护人制度在成本控制方面优于私人律师模式。“加拿大全国福利委员会”（Canadian National Council of Welfare，CNCW）明确指出：领薪律师更加节省开支，任何认真对待法律援助职责的省，都应将私人律师仅仅作为最后的服务方式；就连不是领薪方案支持者的加拿大律师协会也不得不承认，领薪律师比司法保障模式以更少的成本获得同样的结果，或者以同样的成本获得更好的结果。[1] 公设辩护人制度与私人律师模式相比，在保证辩护质量的前提下，其所花费的资金和时间要更少。笔者以为，对于公设辩护人制度的成本控制功能应明确如下四个问题：

第一，明确质量保证与成本控制之间的关系。质量保证与成本控制都是公设辩护人制度所能发挥的积极功能，在某种程度上，质量保证直接关涉公民律师辩护权的实现，成本控制则是任何国家都面临的现实问题，二者有时会产生冲突，但是，如果我们将成本控制置于质量保证之上，那么公设辩护人制度就会背离其追求刑事司法公正的基本目标，刑事法律援助的价值也无法真正实现，因此，应将质量保证置于首要位置。

第二，与私人律师模式相比，公设辩护人制度在提高贫困者辩护率方面的潜能更大，这基于其成本效益更好，即在确定经费投入的前提下，公设辩护人制度要比私人律师模式能够提供更多相同质量的辩护服务，因此，对于经济发展相对落后，私人律师职业尚不够发达的一些国家来说，公设辩护人制度值得借鉴，因其可以有效地提高律师辩护率。

---

〔1〕 See Derek O'Brien & John Arnold Epp, “Salaried Defenders and the Access to Justice Act 1999”, *Modern Law Review*, 63 (2000), p. 400.

第三，每案花费时间的多少与辩护质量的优劣并不必然一致，因为除了时间因素之外，还存在其他影响辩护服务质量的因素（诸如代理效率等），因此仅以花费时间多少来评估辩护质量并不可取。

第四，公设辩护人服务的成本与其利用率有关，过低的利用率，即案件负荷量太少，服务成本将会相对增加，当然，案件负荷量过重必定会对辩护质量产生负面影响。

第三节 公设辩护人制度的辅助功能

实践中，公设辩护人制度除具有质量保证与成本控制的功能外，还具有一些辅助功能，如朱显祯指出，公共辩护人制度愈发达，则在普通律师事务所所不能得到的很丰富的、有系统的材料也可以得到。这一点对于刑法之贡献，当未可限量。[1] 在朱显祯看来，公设辩护人制度亦有助于刑法学科的发展。公设辩护人制度的辅助功能主要表现为教育和服务犯罪嫌疑人、被告人，以及提高私人律师执业水平、改善国家法律援助管理水平等。

一、公设辩护人制度教育及服务功能

在贫困者辩护服务方案的比较研究中，人们时常关注各种方案对“贫困社区”（Poverty Community）的影响，以及考察其是否是“有影响的工作”（impact work），[2] 即不仅帮助犯罪嫌疑人、被告人改善法律处境，而且通过对辩护活动以及对犯罪嫌疑人、被告人

---

〔1〕 朱显祯：“刑事裁判上之公共辩护人制度”，载《社会科学论丛》1929 年第 1 卷第 8 号。

〔2〕 美国贫困者辩护研究将“有影响的工作”界定为：使得相当一部分符合条件的人的生活状况得以或者旨在得以持久改善或避免恶化的方案。

的权利义务教育，预防犯罪行为的再度发生。事实上，贫困犯罪嫌疑人、被告人通常没有工作、教育程度不高、缺乏必要技能，生活困境影响到他们正常的社会生活，有时甚至不亚于对他们进行犯罪指控所带来的不利处境。然而，刑罚的目的不仅是惩罚，而应是教育。刑事法律援助目的不应当仅局限于提供辩护服务本身，在某种程度上对犯罪嫌疑人、被告人以及社会公众的积极影响也应作为刑事法律援助的目标之一。有研究指出，专职律师制度的影响级别最高，单纯司法保障体制影响级别最低，因为司法保障律师不能得到从事这类工作的补偿，所以倾向将自己限定在传统法律业务上；而私人律师在帮助提高当事人法律意识上做得更少，因为私人律师在理解贫困、种族和性别问题上有困难。[1]

实践中，一些国家和地区的公设辩护人组织在为犯罪嫌疑人、被告人提供辩护以外的服务，以促使他们重新回归社会，预防再犯，从而减少社会问题，并最终节约司法资源，从这一角度而言，公设辩护人制度是“有影响的工作”。在我国台湾地区，根据“少年及家事法院组织法”第11条规定，台湾地区少年及家事法院设有公设辩护人室，置公设辩护人。无疑，这对于少年违法者的权益保障大有裨益。在美国，公设辩护人办公室对被告人服务包括安排住房、帮助报名参加教育或培训项目、帮助被告人找工作等；以及在审判和量刑时提供其他服务，如为了使被告人获得免予监禁的处罚，他们会尽力说服检察官或法官同意符合条件的被告人置于社区治疗中心等。[2] 在英国，根据法律服务委员会发布《公设辩护人服务：2004/2005年度报告》（Public Defender Service：Annual Re-

〔1〕 Ontario Legislative Library Technical Services & Systems, *Report of the Ontario Legal Aid Review: A Blueprint for Publicly Funded Legal Services*, 1997.

〔2〕 参见［美］爱伦·豪切斯泰勒·斯黛丽、南希·弗兰克：《美国刑事法院诉讼程序》，陈卫东、徐美君译，中国人民大学出版社2002年版，第238～239页。

port 2004/2005)，公设辩护人办公室被鼓励积极参与地方刑事司法新方案，绝大多数办公室设有毒品干预机构和未成年犯团队，这些机构有助于预防当事人再犯罪。

二、公设辩护人制度提升辩护及管理水平功能

公设辩护人制度具有创建沟通交流平台的功能，通过与私人执业律师的交流，使后者有机会分享公设辩护人的成功经验，从而推动私人执业律师辩护服务水平的提高。英国试行公设辩护人服务时，特别重视私人执业律师分享公设辩护人的辩护经验。

公设辩护人制度有助于提高国家刑事法律援助管理水平。一是公设辩护人制度为国家管理私人法律援助律师提供参考标准，尤其公设辩护人的代理费用可以作为规范私人律师收费制度的参考标准，如英国公设辩护人服务提供了一些提高合同制私人律师执业行为的参考基准。二是公设辩护人制度可以为国家提供一些提高整体辩护服务水平的相关信息。2008 年苏格兰政府（the Scottish Government）在国会报告中指出：公设辩护律师办公室具有促进法律援助和司法制度的政策和实践发展的潜力，因为其负责人向苏格兰法律援助委员会提供反馈信息，相关结果由委员会或直接由公设辩护律师办公室报呈苏格兰政府和其他司法机构；公设辩护律师办公室的律师可以参加与法庭或检察机关相关人员的讨论，提供关于法律援助和司法制度的实际运作的信息，并提出改革建议等。[1] 英国《公设辩护人服务：2004/2005 年度报告》特别指出：公设辩护人服务可以为法律服务委员会提供重要信息，后者可以获得管理刑事辩护业务的第一手经验；公设辩护人可以为法律服务委员会的政

---

〔1〕 The Scottish Legal Aid Board, *The Public Defence Solicitors' Office (PDSO) Client Survey* 2008 *Final Topline*, 2008, p. 4.

策决策者提供资源，以促进后者将实践经验运用到政策制定的过程中。可见，公设辩护人制度有助于提高政府、相关管理机构对辩护服务的认知及管理，从而最终推进整体刑事辩护制度水平。就此而言，公设辩护人制度有助于推动一国刑事司法制度的发展。

第六章

公设辩护人组织之主体

公设辩护人制度作为刑事法律援助实施机制，其具体提供辩护服务需要由公设辩护人办公室人员来完成。公设辩护人办公室人员由律师人员和辅助人员构成，他们是公设辩护组织的主体。纵观公设辩护人制度的发展历程，公设辩护组织的主体是该制度功能发挥的核心要素。无论多么完善的组织结构，都无法替代具体实施者在制度运行中的关键作用。本章将具体分析公设辩护人组织之主体的职责、任用、薪水、兼职等基本问题。

第一节 公设辩护人办公室人员的职责、发展及任用

按照是否直接从事辩护活动的标准，公设辩护人办公室人员可以分为律师人员和辅助人员。律师人员主要包括首席公设辩护人

(chief public defender)[1] 和助理公设辩护人（assistant public defender)。辅助人员又称为支持性职员（support staff)，主要包括秘书（clerical）和调查员（investigator)。

一、公设辩护人和支持性职员的职责与发展

通常，公设辩护人项目被组织成一个等级制度的方式（hierarchical fashion)，配备一位负责人，辅以一些优秀的助手，即一个常规的公设辩护人办公室的律师人员包括首席公设辩护人和助理公设辩护人，并辅以相关辅助人员。公设辩护人的任用机制是公设辩护人制度中的关键环节，在一定程度上，它决定着该制度的成败。

（一）公设辩护人的职责与发展

首席公设辩护人和助理公设辩护人统称为公设辩护人。在台湾地区，首席公设辩护人又称为“主任公设辩护人”。[2] 首席公设辩护人是公设辩护人办公室的负责人，主要职责是监督管理刑事辩护服务以及相关行政事务，如美国第九巡回区的首席公设辩护人依法对公设辩护人办公室的运作、案件管理及律师和其他人员进行监督管理。通常，首席公设辩护人不直接代理案件。美国《1999 年州立贫困者辩护服务》研究报告显示：17 个州立公设辩护人项目中，仅有 5 个州的首席公设辩护人需要受理案件，[3] 具体参见表 6－1。然而，首席公设辩护人不把自己当成管理者，宁愿处理案件，不愿

〔1〕 有学者将“chief public defender”译成“公设辩护人长”，以对应检察长。笔者以为，“chief public defender”译为“首席公设辩护人”较为合适，以体现辩护体系的非官僚特性。

〔2〕 从职责上看，“首席公设辩护人”在我国台湾地区为“主任公设辩护人”。参见台湾地区“公设辩护人条例”第 9 条规定：“公设辩护人有二人以上者，以一人为主任公设辩护人，监督及分配公设辩护事务。”

〔3〕 Carol J. DeFrances, U. S. Dep't of Justice, Bureau of Justice Statistics, *State－Funded Indigent Defense Services*, 1999 (2001).

管理办公室，这种态度与首席检察官一样，是多种原因造成的：个人偏好和听之任之，喜欢出庭，以及对于改善办公室无能为力的感觉。[1]

助理公设辩护人是专门从事刑事辩护服务的律师人员。在美国，助理公设辩护人常简称为公设辩护人。台湾地区“公设辩护人条例”第 13 条明确规定了其职责，即“公设辩护人对于法院指定案件，负辩护之责，并应尽量搜集有利被告之辩护资料”。

美国一些运作成熟的公设辩护人办公室设有管理律师（managing attorneys）和监督律师（supervisory attorneys）之职位，他们一般履行监管职责，同时也参与诉讼活动。

表 6－1　1999 年美国州立首席公设辩护人基本状况

州	数目	有无任期	任期期限(年)	选举或任命	任命者	受理案件	薪水(美元)
阿拉斯加州	1	是	4	任命	州　长	－	80 000
科罗拉多州	1	是	5	任命	独立委员会	否	90 590
康涅狄格州	1	是	4	任命	独立委员会	否	110 524
特拉华州	1	是	6	任命	州　长	否	88 000
夏威夷州	1	是	4	任命	州　长	否	77 964
爱荷华州	1	是	4	任命	州　长	否	75 000

〔1〕 参见［美］马尔科姆·M. 菲利：《程序即是惩罚——基层刑事法院的案件处理》，魏晓娜译，中国政法大学出版社 2014 年版，第 83 页。

续表

州	数目	有无任期	任期期限(年)	选举或任命	任命者	受理案件	薪水(美元)
马里兰州	1	否	–	任命	董事会	–	–
马萨诸塞州	1	否	–	任命	独立委员会	是	95 760
明尼苏达州	11	是	4	任命	独立委员会	是	89 627
密苏里州	1	是	4	任命	独立委员会	否	100 932
新罕布什尔州	1	否	–	任命	公司董事会	否	80 000
新泽西州	1	是	5	任命	州　长	否	98 225
新墨西哥州	1	否	–	任命	州　长	否	83 700
北卡罗来纳州	11	是	4	任命	法　官	是	90 224
罗德岛州	1	是	3	任命	州　长	是	80 000
佛蒙特州	1	是	4	任命	州　长	否	62 000
维吉尼亚州	20	否	–	任命	独立委员会	–	–
西维吉尼亚州	15	否	–	任命	独立委员会	是	66 500
威斯康星州	1	否	–	任命	方案咨询委员会	否	101 859

来源：*State – Funded Indigent Defense Services*，1999（2001）.

从历史发展的角度看，公设辩护人数量呈上升趋势。在美国，1982 年期间，公设辩护人方案的律师人数不多，从毫无 1 名到 50 人不等，大约有 75% 的县称雇用了 3 名或更少的全职助理公设辩护人，在 321 份抽样调查的公设辩护人方案中，有 4428 名全职助理公设辩护人和 659 名兼职助理公设辩护人。[1] 至 1990 年，有 14 000多名专职律师在公设辩护人事务所供职。[2] 至 2007 年，957 个公设辩护人办公室共雇用了 15 026 名等效全职诉讼律师，其中，州立公设辩护人办公室雇用了 4321 名（平均每个办公室为 163 名）；县立公设辩护人办公室雇用了 10 705 名（平均每个办公室为 7 名），[3] 具体参见表 2 – 4。美国大约还有 1077 位联邦公设辩护人。[4]

在我国台湾地区，根据“法院组织法”第 11 条规定：“地方法院或其分院之类别及员额，依附表之规定。”公设辩护人员额依据类别而定，类别是按照每年受理案件数为划分标准，案件多员额配置高，反之亦然。具体而言：地方法院或其分院年受理案件 8 万件以上为第一类，公设辩护人员额为 4 ~ 8 人。地方法院或其分院年受理案件 4 ~ 8 万件为第二类，公设辩护人员额为 2 ~ 4 人。地方法院或其分院年受理案件 2 ~ 4 万件为第三类，公设辩护人员额为 1 ~ 2 人。地方法院或其分院年受理案件 1 ~ 2 万件为第四类，受理案件 5000 ~ 1 万件为第五类，受理案件不满 5000 件为第六类，第四类至第六类，公设辩护人员额均为 1 人。实践中，台湾地区公设辩护人的总数并不多。1987 年开始举办公设辩护人招考之后，人数有所上升，截至 2010 年，台湾地区共有 50 位公设辩护人。从公设辩护人的分布来看，绝大多数“高等法院”及“地方法院”都置有 1 ~

---

〔1〕 See Robert L. Spangenberg, Beverly Lee, Michael Battaglia, Patricia Smith, A. David Davis, U. S. Dep't of Justice, Bureau of Justice Statistics, *National Criminal Defense System Study*: *Final Report*, Abt Associates Inc., Cambridge, Mass., 1986, p. 16.

〔2〕 参见［美］爱伦·豪切斯泰勒·斯黛丽、南希·弗兰克：《美国刑事法院诉讼程序》，陈卫东、徐美君译，中国人民大学出版社 2002 年版，第 234 页。

〔3〕 See Lynn Langton & Donald J. Farole, Jr., U. S. Dep't of Justice, Bureau of Justice Statistics, *Public Defender Offices*, 2007 (2010).

〔4〕 See Stephen R. Barnett, “The Dog That Did Not Bark: No – Citation Rules, Judicial Conference Rulemaking, and Federal Public Defenders”, *Washington and Lee Law Review*, 62 (2005), p. 1509.

2名公设辩护人，具体参见表6－2和表6－3。

表6－2 2010年底“台湾高等法院暨分院”公设辩护人实有人数

机关类别	性别	主任公设辩护人	公设辩护人
“台湾高等法院暨分院”	总计	–	10
	男	–	8
	女	–	2
“台湾高等法院”	总计	–	4
	男	–	4
	女	–	–
“台湾高等法院台中分院”	总计	–	2
	男	–	2
	女	–	–
“台湾高等法院台南分院”	总计	–	2
	男	–	2
	女	–	–
“台湾高等法院高雄分院”	总计	–	2
	男	–	–
	女	–	2
“台湾高等法院花莲分院”	总计	–	–
	男	–	–
	女	–	–
“福建高等法院金门分院”	总计	–	–
	男	–	–
	女	–	–

来源：台湾地区“司法院”统计处：《司法统计年报》(2010).

表6－3　2010年底台湾地区“地方法院”公设辩护人实有人数

机关类别		主任公设辩护人	公设辩护人
台湾地区各地方法院总计	总　计	–	40
	男	–	22
	女	–	18
台北地方法院		–	5
士林地方法院		–	2
板桥地方法院		–	3
桃园地方法院		–	3
新竹地方法院		–	2
苗栗地方法院		–	2
台中地方法院		–	5
南投地方法院		–	1
彰化地方法院		–	2
云林地方法院		–	1
嘉义地方法院		–	1
台南地方法院		–	2
高雄地方法院		–	4
高雄少年法院		–	1
屏东地方法院		–	2
台东地方法院		–	1
花莲地方法院		–	0
宜兰地方法院		–	1
基隆地方法院		–	1
澎湖地方法院		–	1
福建金门地方法院		–	–
福建连江地方法院		–	–

来源：台湾地区“司法院”统计处：《司法统计年报》(2010)。

（二）支持性职员的职责与发展

在美国，公设辩护人办公室的辅助人员称为“support staff”，即支持性职员。支持性职员包括调查员、秘书、律师助理（paralegal）、行政管理人员（administrative staff）等，他们不是律师，而是为公设辩护人提供帮助的人员。支持性职员及其提供的服务不为私人律师模式所拥有，其有助于确保公设辩护人的服务品质，是公设辩护人制度的重要特色和显著优势。对此，有学者指出：“美国公设辩护人均设有助理人员，其助理人员多系就优秀律师中选任者，公设辩护人办事处，并设有调查员从事案件之调查工作，以利公设辩护人之辩护。故美国公设辩护制度之实施，收效至宏。”〔1〕事实上，美国总检察长罗伯特·肯尼迪在1963年“吉迪恩案”中曾指出，辩护律师缺乏支持性职员的辅助不利于保证辩护服务品质，指定律师普遍存在的辩护质量问题，是因为他们“在证据调查和专家指导方面得不到丝毫帮助”〔2〕。实践中，支持性职员中秘书和调查员是必备的。〔3〕调查员的职责是为被告人利益去发现和证实与案件有关的事实，其在所有支持性职员当中最为关键与重要，“应将调查人员纳入公辩人办公室之编制下的另一个重要主张在于——拉近与检方在证据取得上之差距，盖检方随时可得各执法机关及特别调查人员的协助，公辩人办公室不仅无法如此，有时连警

---

〔1〕蒋耀祖：《中美司法制度比较》，台湾商务印书馆1976年版，第239页。

〔2〕Anthony Lewis, *Gideon's Trumpet*, New York: Random House, 1964, p. 204.

〔3〕1986年《全国刑事辩护制度研究》报告显示：美国绝大多数公设辩护人方案雇有调查员和秘书，公设辩护人制度提供服务的县中，86%的县报称有秘书、58%有调查员、18%有行政管理人员、16%有法学院学生、10%有律师助理、9%有社会工作者、6%有审计员。县的人口数越多，雇用这类支持性职员的可能性就越大。See Robert L. Spangenberg, Beverly Lee, Michael Battaglia, Patricia Smith, A. David Davis, U. S. Dep't of Justice, Bureau of Justice Statistics, *National Criminal Defense System Study: Final Report*, Abt Associates Inc., Cambridge, Mass., 1986, pp. 15 ~ 16.

讯记录亦有难以入手之苦。"[1]

美国公设辩护人制度发展最为成熟，其公设辩护人办公室往往配有相对充足的支持性职员。截至2007年，全美957个公设辩护人办公室雇用了近9700位等效全职支持性职员，其中，20个州立公设辩护人办公室雇用了2963名（平均每个办公室为85名），县立公设辩护人办公室雇用了近7514名（平均每个办公室为4名）。[2] 在州立公设辩护人项目中，秘书为976名（占总数的33%）、调查员为714名（占总数的24%）；其中每6位等效全职诉讼律师可以配备到1名调查员。在所有州立项目中，马里兰州雇用的支持性职员数量最多，达到716名。[3] 县立公设辩护人项目的情况大体相当，秘书和行政管理人员占到支持性职员总数的46%；其次为调查员，共有1529名。值得说明的是，在2007年，3/4的支持性职员由受案量超过5000件的153个办公室（统计的县立办公室总数为526个）所雇用。[4] 可见，支持性职员在美国公设辩护人制度中发挥着巨大的作用。在我国台湾地区，公设辩护人在处理案件过程中可以获得助理的帮助。"公设辩护人管理规则"第7条规定："公设辩护人执行职务须人助理时，得请求所属法院院长指定职员兼办之。"当然，较之于美国，台湾地区公设辩护人制度的支持性职员缺乏稳定性，这不利于公设辩护人有效开展辩护活动。

---

〔1〕 黄祥睿：《美国公设辩护制度》，裕文实业有限公司1994年版，第122页。

〔2〕 Lynn Langton & Donald J. Farole, Jr., U.S. Dep't of Justice, Bureau of Justice Statistics, *Public Defender Offices*, 2007 (2010).

〔3〕 Lynn Langton & Donald J. Farole, Jr., U.S. Dep't of Justice, Bureau of Justice Statistics, *State Public Defender Programs*, 2007 (2010).

〔4〕 Donald J. Farole, Jr. & Lynn Langton, U.S. Dep't of Justice, Bureau of Justice Statistics, *County-based and Local Dublic Defender Office*, 2007 (2010).

二、公设辩护人的任用机制评析

有学者指出，公设辩护人的任职资格与一般律师无异，由于公设辩护人是国家工作人员，应当具备国家公务员的一般条件，即通过相关的资格考试或其他考核。[1] 实践中，各国和地区的公设辩护人的任用方式呈现出一定的差异性。

在我国台湾地区，“公设辩护人条例”第8条规定：“首席公设辩护人应具备一定从业年限，并由法院择优遴选。”[2] “公设辩护人条例”第7条明确规定了公设辩护人任职资格，具体而言，成为公设辩护人包括四种途径：一是经公设辩护人考试及格者；[3] 二是具有地方法院或其分院法官，地方法院或其分院检察署检察官任用资格者；三是经律师考试及格，并执行律师职务3年以上，成绩优良，具有荐任职任用资格者；四是经军法官考试及格，并担任相

---

〔1〕 汪海燕：“贫穷者如何获得正义——论我国公设辩护人制度的构建”，载《中国刑事法杂志》2008年第3期。

〔2〕 台湾地区“公设辩护人条例”第8条规定：“地方法院及其分院主任公设辩护人，应就曾任地方法院或其分院公设辩护人5年以上，成绩优良者遴任之。高等法院及其分院公设辩护人，应就曾任地方法院或其分院主任公设辩护人2年以上或公设辩护人7年以上，成绩优良者遴任之。高等法院及其分院主任公设辩护人，应就曾任高等法院或其分院公设辩护人5年以上，成绩优良者遴任之。”

〔3〕 自1987年起，台湾地区开始举办公设辩护人司法特考，要求为年满18岁至55岁，并具有下列条件之一：①公立或立案之私立专科以上学校或经“教育部”承认之国外专科以上学校政治、法律、行政各系、科毕业的有证书者；②经普通考试或相当普通考试之特种考试法院书记官考试及格满3年者；③经高等检定考试司法官或法务类考试及格者。考试分笔试及口试，笔试未录取者，不得参加口试，其录取比例较低，如2000年录取率仅为5.08%，2001年起停止招考。台湾地区公设辩护人录取率如下图：

年　度	报名人数	到考人数	录取人数	录取率
2001～2006（90～95）	未招考			
2000（89）	231	159	8	5.08%

来源：http：//www.license.com.tw/lawyer/exam/view/ac/know.shtml.，最后访问日期：2011年9月19日。

当荐任职军法官4年以上，成绩优良者。可见，台湾地区公设辩护人来源主要是通过考试以及直接从法官、律师及军事法官中招募。在台湾地区，法官、检察官、律师与公设辩护人之间可以互相流动。“法官法”第5条和第87条规定，曾任公设辩护人6年以上者，可以任用“高等法院”以下各法院之法官或者“地方法院”或其分院检察署检察官。“律师法”第3条规定，曾任公设辩护人6年以上者，得充律师。〔1〕显然，法律职业者之间的流动，有利于法律职业共同体的形成。

美国首席公设辩护人主要通过任命（appointed）和选举（elected）两种方式产生，任命方式则更为常见。〔2〕首席公设辩护人的任命者一般包括行政长官、法官、独立机构、律师协会委员会等。《1999年州立贫困者辩护服务》研究报告显示：19个州立公设辩护人项目中，首席公设辩护人均由任命方式产生，其中最常见的是州长（Governor）任命制（共计8个州），其次为独立委员会（Independent Board or Commission）任命制（共计7个州），同时还存在受托人委员会（Board of Trustees）、公司董事会（Corporate Board of Directors）、法官及方案咨询委员会（Program Advisory Board）的任命方式，〔3〕具体参见表6-1。目前，独立机构任命制是一种重要方式。以明尼苏达州为例，根据该州法规定：州公设辩护委员会

---

〔1〕 值得说明的是，该条1997年修正理由为：①“公设辩护人条例”第7条第3款规定：“经律师考试及格并执行律师职务3年以上，成绩优良，具拟任职等任用资格者”得遴任为公设辩护人。但现任公设辩护人不具有律师检核之资格，使从事辩护工作之人只能单向交流，无法达成人才双向交流之目的。②法官、检察官、公设辩护人录取考试同属司法人员乙等特考，若只因工作性质不同而产生得否检核律师之差别待遇，并不公平，爰加以修正之。

〔2〕 美国首席公设辩护人大多数是任命的，但也有诸如佛罗里达、田纳西、林肯、旧金山等州或市的首席公设辩护人是通过选举产生的。

〔3〕 Carol J. DeFrances, U.S. Dep't of Justice, Bureau of Justice Statistics, *State-Funded Indigent Defense Services*, 1999 (2001).

(State Board of Public Defense) 任命州公设辩护人 (the state public defender)、首席上诉公设辩护人 (chief appellate public defender) 以及首席地区公设辩护人 (chief district public defender)。[1] 美国联邦公设辩护人组织的首席公设辩护人多由法官任命，如美国联邦第九巡回区上诉法院任命该辖区内的首席公设辩护人。首席公设辩护人一般实行任期制，任期为3年至6年不等，[2] 具体参见表6-1。美国助理公设辩护人通常不是通过选举方式，而是根据他们各项身份、学历、经历的证件和明示的允诺被雇用。[3]

在英国，根据《1999年获得司法公正法》规定，英格兰与威尔士两地的公设辩护人直接由法律服务委员会或者其建立的机构或组织雇用。

公设辩护人的任用应强调择优选择，尤其要排除政治等因素干扰，这是辩护服务独立性要求的基本条件之一。美国律师协会认为首席辩护人与雇员的选择，不应建立在政治因素 (political considerations) 或者与个人履行职业义务的能力不相关的其他任何因素上；雇用和晋升必须依据才能。因此《美国律师协会刑事审判辩护服务提供标准》第5-4.1条规定，首席公设辩护人与雇员的选择必须以才能为依据。美国"全国法律援助与辩护人协会"1976年制定

---

〔1〕 Minnesota Statutes 2009, 611.215, subd. 2 (a); 611.23; 611.24 (a); and 611.26, subd. 2. 明尼苏达州州公设辩护人监管1个首席上诉公设辩护人和10个首席地区公设辩护人。

〔2〕《1999年州立贫困者辩护服务》研究报告显示：19个州中，共有12个州的首席公设辩护人实行任期制，任期最短的为3年，最长的为6年。See Carol J. DeFrances, U.S. Dep't of Justice, Bureau of Justice Statistics, *State-Funded Indigent Defense Services*, 1999 (2001). 在明尼苏达州，州公设辩护人、首席上诉公设辩护人以及首席地区公设辩护人的任期都为4年。See Minnesota Statutes 2009, 611.23; 611.24 (a); and 611.26, subd. 2. 在联邦公设辩护人组织中，联邦第九巡回区首席公设辩护人任期为4年。

〔3〕 参见［美］爱伦·豪切斯泰勒·斯黛丽、南希·弗兰克：《美国刑事法院诉讼程序》，陈卫东、徐美君译，中国人民大学出版社2002年版，第234页。

的《美国法律辩护制度指导原则》（Guidelines for Legal Defense Systems in the United States）第2.12条规定：辩护人的选择必须超越党派、适用优良程序，以确保所选之人具备最好的管理和法律才能。美国堪萨斯州立法也规定，每位公设辩护人的选择应当依据才能。[1] 可见，公设辩护人的任用制度尤为关键，诚如前文所述，台湾地区公设辩护人来源方式的弊端致使其长期运作不彰。笔者以为，公设辩护人任用机制应当注意以下三方面的问题：

第一，通过任用机制维护公设辩护人的独立性。从任用机制的角度上看，维护公设辩护人独立运作应当坚持两个基本原则：一是禁止随意解雇公设辩护人，而解雇公设辩护人必须要有正当理由。《美国律师协会刑事审判辩护服务提供标准》第5-4.1条规定：除非出示正当理由，否则不得解雇首席公设辩护人和雇员。佐治亚州的《地方贫困者辩护运作指导原则》（Guidelines for the Operation of Local Indigent Defense Programs）也规定了公设辩护人在任期内免职必须仅因正当理由。[2] 二是首席公设辩护人应当有任期限制。《美国律师协会刑事审判辩护服务提供标准》第5-4.1条规定了首席公设辩护人应有固定任期。美国“全国刑事审判标准及目标咨询委员会”（National Advisory Commission on Criminal Justice Standards and Goals）的报告规定公设辩护人每一任期的服务不少于4年，并且准许再任。[3]

第二，选举与任命方式之利弊分析。美国一些司法辖区通过选

---

〔1〕 Kansas Board of Indigents' Defense Services, *Permanent Administrative Regulations* (1999), 105-21-1.

〔2〕 Georgia Indigent Defense Council, *Guidelines for the Operation of Local Indigent Defense Programs* (1999), 2.3.

〔3〕 National Advisory Commission on Criminal Justice Standards and Goals, *Report of the Task Force on the Courts* 13.8. (1973).

举方式产生公设辩护人，选举方式有助于确保公设辩护人独立于政府与法庭。[1] 实践中，选举方式产生的公设辩护人时常面临在选民利益与被告人利益之间进行抉择的困境，如果遵从选民利益，也许会损害到被告人利益；反之亦然。正如有学者指出："选举公设辩护人确保其独立于县政府和法庭，但是，牺牲了可能认为宣告无罪或者更早释放刑事被告人并不可取的那些选民的利益。"[2] 因此，在美国，选举方式产生的首席公设辩护人不顾及被告人利益的情况并不少见，"又因为系经由选举产生，故也较会偏离公设辩护人制度的设立本意——帮助穷人。如旧金山的公辩人办公室往昔常将给予非正式的咨询服务视为打好公关的手段而不顾及接受服务的对象是否真系无财力。"[3] 笔者以为，公设辩护人通过选举产生，固然可以反映选民利益，但是，如果一个社会文化存在强烈报应刑思想，缺乏对被告人权益保障理念，以选举方式产生公设辩护人值得进一步商榷。首席公设辩护人较常采任命方式产生，马萨诸塞州州长曾指出，通过任命方式使部门管理者必须对州长负责，这增加了透明度和责任性。[4] 在笔者看来，任命方式在公设辩护人独立性保障方面甚至不及选举方式，尤其是通过行政机关任命。美国不少州采由独立机构方式任命，在一定程度上可以避免由行政机关任

---

〔1〕 在佛罗里达州、加利福尼亚州的部分地区，以及内布拉斯加州、田纳西州的公设辩护人通过选举产生。See Stephen J. Schulhofer & David D. Friedman, "Reforming Indigent Defense: How Free Market Principles Can Help to Fix a Broken System", *Policy Analysis*, 666 (2010), p. 6.

〔2〕 Stephen J. Schulhofer & David D. Friedman, "Reforming Indigent Defense: How Free Market Principles Can Help to Fix a Broken System", *Policy Analysis*, 666 (2010), p. 6.

〔3〕 黄祥睿：《美国公设辩护制度》，裕文实业有限公司 1994 年版，第 119 页。

〔4〕 See Deval L. Patrick & Timothy P. Murray, *FY2012 House 1 Budget Recommendation: Issues in Brief*, available at http://www.mass.gov/bb/hilfy12h1/exec_12/hbudbrief22.htm，最后访问日期：2012 年 3 月 12 日。

命带来的弊端。[1] 概言之，公设辩护人通过何种方式产生，应当结合所在地区特定的社会、政治、司法环境，孤立地进行比较分析并不可取。

第三，招录女性和少数民族作为公设辩护人。在我国台湾地区，至2010年年底，“台湾高等法院暨分院”共有10名公设辩护人，其中2名为女性；台湾地区“地方法院”共有40名公设辩护人，其中18名为女性。《美国律师协会刑事审判辩护服务提供标准》第5-4.1条也规定，招募的律师应当特别包括女性和少数民族成员。在笔者看来，招募女性和少数民族作为公设辩护人具有积极意义，如美国贫困犯罪嫌疑人、被告人中有色人种占有很大比例，公设辩护人办公室招募一定数量的有色人种作为公设辩护人，有助于维护少数族群的利益。

第二节 公设辩护人的薪水争议

公设辩护人的薪水是否应与检察官相当存在激烈的讨论。实践中，公设辩护人薪水因等级不同和任职时间长短会有所差异，这解决了公设辩护人组织内部成员之间的“分配正义”问题。但是，公设辩护人与其他司法人员相比，尤其是与检察官相比，他们之间的薪水应否相当？由于公设辩护人被视为公务人员或司法人员，不少国家和地区要求其薪水应与法官、检察官相当。我国台湾地区“公设辩护人条例”第11条明文规定：“公设辩护人之俸给，比照法官、检察官俸给核给之。”根据该条规定，台湾地区公设辩护人薪

〔1〕 在刑事诉讼中，控辩是对立的双方，政府已经代表了控诉方，作为辩护方的公设辩护人由行政机关任命，从诉讼规律上而言并不妥当。

水与法官、检察官相当。在立陶宛，公设辩护人的薪水与检察官接近。《亚美尼亚共和国律师法》第45条规定公设辩护人每月报酬应与检察官的薪酬相当。但是，长期以来美国公设辩护人薪水不及检察官，由此引发了二者薪水是否应相当的讨论。

一、公设辩护人薪水过低之考察：以美国为中心

在美国，公设辩护人的薪水长期少于检察官办公室里与他们相对应的检察官。换言之，公设辩护人未能得到应有的职业尊重。[1]

1986年《全国刑事辩护制度研究》报告指出：1982年间绝大多数检察长的薪水要比首席公设辩护人高，在公设辩护人提供辩护服务的县中，仅有11%的县的首席公设辩护人每年挣到5万美元以上，相比之下，在此类县中检察长获得同样高的薪水占到42%；全职首席公设辩护人的薪水有低至每年6000美元的，然而最低的全职检察长的年薪却为18 500美元；该报告还显示，首席公设辩护人的最高薪水为66 000美元，然而很多检察长的薪水已经超过此数额。[2] 20世纪90年代，美国公设辩护人薪水过低的状况并无太大改观。《1999年州立贫困辩护服务》研究报告显示：各州首席公设辩护人的薪水差异仍旧比较大，如最高的康涅狄格州为11万，最低的佛蒙特州为6万，[3] 具体参见表6-1。可见，首席公设辩护

〔1〕 学者马尔科姆·M. 菲利指出，纽黑文公设辩护人办公室的助理公设辩护人感到他们没有得到应有的职业尊重，法官和检察官们不当地使用他们，委托人利用他们，批评者不理解他们面对的障碍。参见［美］马尔科姆·M. 菲利：《程序即是惩罚——基层刑事法院的案件处理》，魏晓娜译，中国政法大学出版社2014年版，第83~84页。

〔2〕 Robert L. Spangenberg, Beverly Lee, Michael Battaglia, Patricia Smith, A. David Davis, U. S. Dep't of Justice, Bureau of Justice Statistics, *National Criminal Defense System Study: Final Report*, Abt Associates Inc., Cambridge, Mass., 1986, pp. 15~16.

〔3〕 Carol J. DeFrances, U. S. Dep't of Justice, Bureau of Justice Statistics, *State-Funded Indigent Defense Services*, 1999 (2001).

人薪酬已有大幅上升，但仍普遍低于检察长。

由于公设辩护人薪水过低，一些司法辖区甚至允许公设辩护人从事兼职。“少数司法辖区，包括匹斯堡、宾夕法尼亚州，已经准许公设辩护人在业余时间进行民事业务的兼职。这虽然节省了当地司法辖区的薪资成本，但这些尝试已经被证明是不可行的。”〔1〕在密苏里州，由于收入低，公设辩护人开始从事第二职业，诸如披萨外送、零售、酒保、卡车司机；支持性职员也报称从事副业，如在体育赛事中推销啤酒等。然而，一些规范性文件明确要求公设辩护人应当全职从事刑事辩护服务，并禁止从事私人业务（private practice），如《美国法律辩护制度指导原则》第 2.9 条要求“辩护人负责人和全体律师应当是全职雇员，禁止从事私人律师业务”。《美国律师协会刑事审判辩护服务提供标准》第 5－4.2 条也规定：辩护组织应该雇用全职律师，所有这些律师应禁止从事私人执业事务。

公设辩护人薪水是否应与检察官相当的讨论，是因公设辩护人薪水过低的一种反应，因为过低的薪水导致公设辩护人办公室无法吸引或留住优秀律师，以致公设辩护人流动率相当高。《密苏里州公设辩护人制度评估》（Assessment of the Missouri State Public Defender System）报告显示：2000 年至 2007 年间，平均每年律师的流动率（turnover）超过 18%，这意味着几乎 5 年的时间律师流动率将会高达 100%。事实上，由于经济萧条和缺乏有意义的工作市场是他们没有舍弃公设辩护人的原因，一旦有了更好的报酬，他们将会迅速离开。在密苏里州，因为薪水过低，一些公设辩护人办公室

〔1〕 Paul B. Wice, *Public Defenders and the American Justice System*, Westport: Praeger, 2005, p. 11.

的律师流向了检察官办公室。[1] 一位公设辩护人甚至说道："如果你想养活一个家庭，买房买车，那将是不可能的（如果你是一名公设辩护人）。"[2]

二、公设辩护人薪水过低的反思

公设辩护人与检察官薪水是否应相当？赞成检察官薪水高于公设辩护人的理由是：检察官的责任更大，因为他们面临所有类型的刑事被告人，有时还要处理民事业务；而公设辩护人仅针对贫困被告人。在笔者看来，公设辩护人薪水应与检察官相当，或者说应当提高公设辩护人的薪水。究其原因：公设辩护人为贫困犯罪嫌疑人、被告人提供辩护服务有助于保障公民获得律师帮助的宪法性权利，也是国家兑现刑事法律援助的宪法性义务，其重要性并不亚于从事追诉活动的检察官，他们的薪水不应低于检察官。

我国台湾地区有"立法委员"指出，公设辩护人的职责地位颇为重要，为延揽优秀人才，使能安于其位，以充分发挥公设辩护制度之功能，允宜优厚其待遇。[3] 台湾地区"公设辩护人条例"更明文规定公设辩护人薪水应"比照法官、检察官俸给核给之"。给予"优厚"薪水，表明公设辩护人在刑事司法中与检察官、法官居于同等重要地位，这与台湾地区"立法院"意在使"公设辩护人之职务宜与推事、检察官相当，以示尊崇"[4] 的目的是一致的。美国一些规范性文件也要求公设辩护人薪水应与检察官相当。美国

---

〔1〕 See The Spangenberg Group & The Center for Justice, Law and Society at George Mason University, *Assessment of the Missouri State Public Defender System*, 2009, pp. 14, 7.

〔2〕 National Right to Counsel Committee, Constitution Project, *Justice Denied: America's Continuing Neglect of Our Constitutional Right to Counsel*, 2009, p. 63.

〔3〕 参见台湾地区《"立法院"公报》第75卷第56期，第152页。

〔4〕 参见台湾地区《"立法院"公报》第75卷第56期，第152页。

《公设辩护服务制度十项原则》第 8 项原则强调，辩护律师和检察官在资源上的对等，辩护律师应作为司法体制中的平等一方而存在。按照美国律师协会的解释，控方与辩方资源对等包括薪水对等。《美国律师协会刑事审判辩护服务提供标准》第 5 - 4.1 条也规定：首席公设辩护人和雇员的薪酬应该与其经验与技能相称，并足以吸引职业人员，且能比得上检察官办公室中职位相当的人。显然，这是通过提高公设辩护人薪水以维护其社会地位，促使他们能够安心从事刑事辩护事务。

在笔者看来，关于公设辩护人薪水的讨论，归根结底在于通过何种方式吸引并留住优秀律师，提高薪水只是一种方式，合理的升迁渠道亦非常重要。[1] 在台湾地区修正“公设辩护人条例”期间，就有人认为，适当的升迁渠道是留住并吸引优秀人才的重要方式，由于公设辩护人地位尚未被社会大众所重视，即使其薪水比照推事检察官，如其升迁及保障不能与推事、检察官相提并论，不但难以吸引优秀的人才，而且不易保住绩优的俊彦之士。因为惟有无法取得推事、检察官或律师资格的人，才不得不退而求其次担任公设辩护人职务，果然如此，公设辩护人能维持其应有的素质实不可期待，公设辩护的品质也无法与一般律师的辩护相比，公设辩护制度的功能无法充分发挥。有鉴于此，应对公设辩护人的升迁，建立适当的渠道。[2] 因此，1986 年“公设辩护人条例”修正了第 10 条规

---

〔1〕 1986 年台湾地区“公设辩护人条例”进行修订时，鉴于当时推事、检察官可以转任公设辩护人，公设辩护人不能转任推事、检察官，当时有人指出公设辩护人的出路为何？并担忧吸引不到优秀人才加入。

〔2〕 参见万国法律编辑部：“应重视公设辩护人的遴用管道”，载《万国法律》1985 年第 12 期。

定，明确了公设辩护人的晋升条件。[1] 2008年，台湾地区“司法院”又公布“高等法院暨其所属法院实任公设辩护人晋叙至简任第十一职等至第十二职等审查办法”，从而进一步细化了公设辩护人晋升的相关事宜。无疑，这在一定程度上有助于维持公设辩护人职业的稳定性。

第三节 兼职公设辩护人的利弊之争

美国首席公设辩护人与助理公设辩护人以全职为主，然而，实践中兼职公设辩护人（part - time public defenders）亦担当了重要角色，甚至有些司法辖区已过度依赖兼职辩护人，由此引发了广泛讨论。

一、兼职公设辩护人之考察：以美国为中心

美国一些规范性文件要求公设辩护人办公室应当以全职律师为主。1973年“全国刑事审判标准及目标咨询委员会”的报告指出，公设辩护人办公室应该是一种全职职业。[2] 至20世纪90年代，美

〔1〕“公设辩护人条例”第10条规定：“地方法院及其分院公设辩护人，荐任第七职等至第九职等或简任第十职等至第十一职等；主任公设辩护人，荐任第九职等或简任第十职等至第十二职等。实任公设辩护人服务满15年以上，成绩优良，经审查合格者，得晋叙至简任第十二职等。曾任高等法院或其分院公设辩护人4年以上，调地方法院或其分院之公设辩护人，成绩优良，经审查合格者，得晋叙至简任第十一职等至第十二职等。高等法院及其分院公设辩护人，简任第十职等至第十一职等或荐任第九职等；主任公设辩护人，简任第十职等至第十二职等。前项公设辩护人连续服务4年以上，成绩优良，经审查合格者，得晋叙至简任第十二职等。第一项、第三项之审查办法由‘司法院’定之。具律师资格者于担任公设辩护人期间，计入其律师执业期间。”

〔2〕 National Advisory Commission on Criminal Justice Standards and Goals, *Report of the Task Force on the Courts* 13.7. (1973).

国还要求公设辩护人组织应配以全职律师。[1] 同时，一些州法亦有类似规定，如明尼苏达州立法规定：州公设辩护人、首席上诉公设辩护人以及首席地区公设辩护人应为全职律师。[2]

实践中，首席公设辩护人往往是全职的，但兼职助理公设辩护人的现象较为普遍。1986 年《全国刑事辩护制度研究》报告显示：首席公设辩护人通常是全职雇用的，由公设辩护人提供辩护服务的县中，其中 78% 的县雇用的是全职首席公设辩护人；首席公设辩护人全职性的比例与所在县人口数成正比，即人口数增加，首席公设辩护人全职可能性就越大，如人口超过 25 万的县中，有 93% 的县有一位全职首席公设辩护人；反之，则仅有 77% 或者更少的县有一位全职首席公设辩护人。就助理公设辩护人而言，公设辩护人方案不倾向于采用全职与兼职的混合制，在由公设辩护人制度提供辩护服务的县中，其中大多数倾向于全职助理公设辩护人，在这些县中，超过半数以上称他们的律师没有兼职的，但是，当公设辩护人以雇用兼职律师为基础时，则他们倾向于全部雇用兼职律师。采用公设辩护人方案的县中，几乎有 1/4 的县称他们的助理公设辩护人全部都是兼职的，绝大多数全部雇用兼职律师的县都是人口低于 25 万的中小型县。[3] 可见，从 20 世纪 80 年代开始，兼职公设辩护人在实际运作中已开始占有重要地位。即便是一些规范性文件要求公

---

〔1〕 See Office of the Legislative Auditor, State of Minnesota, *Evaluation Report Summary*: *Public Defender System*, 2010, p. 24.

〔2〕 Minnesota Statutes 2009, 611. 23; 611. 24 (a); and 611. 26, subd. 2.

〔3〕 Robert L. Spangenberg, Beverly Lee, Michael Battaglia, Patricia Smith, A. David Davis, U. S. Dep't of Justice, Bureau of Justice Statistics, *National Criminal Defense System Study*: *Final Report*, Abt Associates Inc., Cambridge, Mass., 1986, pp. 15 ~ 16.

设辩护人组织应雇用全职律师，[1] 实践中一些公设辩护人组织却雇用了大量兼职公设辩护人，规范性文件的要求并没有得到很好的执行，这至少反映了兼职公设辩护人存在积极作用的一面。

20世纪90年代，在明尼苏达公设辩护委员会（Minnesota Board of Public Defense）（以下简称"委员会"）的引领下，向全州范围的辩护体系过渡时，虽然全国公设辩护人标准是要求公设辩护人组织应配以全职律师，然而"委员会"认为该州现存的兼职公设辩护人是一个有能力和尽职的群体。因此，"委员会"决定公设辩护人办公室继续采用全职律师，并在一些县配以兼职公设辩护人，以便使二者获得最佳结合。[2]

二、全职与兼职公设辩护人利弊之争及其反思

1996年，明尼苏达州州公设辩护人办公室（State Public Defender's Office）正式评估了全职和兼职公设辩护人的优缺点，认为全职公设辩护人办公室包括如下优点：①更易接近客户：因为公设辩护人办公室可以在常规时间向公众开放；有刑事和少年案件方面的全职专业人士。②统一提供支持性服务和专业资源：获得培训、调查、法律研究和其他服务的机会；通过社会工作支持替代刑事计划。③提高与法院系统的沟通：作为当事人更多地参与刑事司法制度；必要时可以快速介入案件。④提高管理结构和责任：促进案件分配的地区平衡；为公设辩护人员、法庭和外部组织提供交流平台。⑤更

〔1〕 不过，根据《美国律师协会刑事审判辩护服务提供标准》第5-1.2条的规定：每种制度应该包括私人律师的积极的（active）和实质性的（substantial）参与。对于这一标准，各州采取了不同形式，明尼苏达州通过兼职公设辩护人来执行。从这一角度上来看，美国对兼职公设辩护人的态度并不一致。

〔2〕 See Office of the Legislative Auditor，State of Minnesota，*Evaluation Report Summary*：*Public Defender System*，2010，p. 24.

具成本效益：从事同样的工作，全职公设辩护人办公室比兼职律师更具有成本效益。同时，全职公设辩护人办公室可能的风险包括：①资源再分配：增加全职公设辩护人办公室可能会减少兼职公设辩护人的资源。②使得冲突案件的处理更加困难：对全职公设辩护人办公室的过分投入，可能会导致难以支付擅长处理冲突案件的律师的费用。③可能流失专业人士：与兼职律师相比，在特定的县，全职公设辩护人可能较兼职律师缺乏经验。[1]

当前，明尼苏达州公设辩护人、首席行政官和其他公设辩护管理团体继续相信，采用全职与兼职公设辩护人的混合模式具有重要的优势，他们声称雇用兼职公设辩护人比全部使用全职律师更具有成本效益，通过提供一种灵活方式解决利益冲突问题，并且可以使州能够吸引和雇用那些并不想成为公设辩护人却很有经验的律师。至2009年7月，明尼苏达州的450名公设辩护人中大约有一半是兼职性质的，该州双城（Twin Cities）之外的公设辩护人属于兼职性质的为65%；该州第八司法辖区，有1名全职律师，但却有16名兼职律师。[2][3]

同时，2010年明尼苏达州《公设辩护人制度评估报告概要》（Evaluation Report Summary：Public Defender System）（以下简称《概

---

〔1〕 See John M. Stuart, Minnesota State Public Defender, Board of Public Defense, *Branch Offices for Public Defenders in Greater Minnesota：An Evaluation for the State Board of Public Defense*, 1996, pp. 13～22.

〔2〕 See Office of the Legislative Auditor, State of Minnesota, *Evaluation Report Summary：Public Defender System*, 2010, pp. 24.

〔3〕 根据明尼苏达州法规定，首席行政官由州公设辩护人（State Public Defender）建议，并由州公设辩护人委员会任命，首席行政官不必为执业律师，他应当参加委员会的所有会议，但可能没有表决权。其职责与义务主要包括：执行委员会的决定；向委员会和州公设辩护人提交有关计划、研究和报告；向委员会提供财务咨询、年度预算及其他财务信息；向委员会推荐有关提高其运作效率的规章等。See Minnesota Statutes 2009, 611.215, subd. 1a.

要》）指出：该州公设辩护人组织对于兼职公设辩护人已经“过度依赖”（heavy reliance），州公设辩护委员会没有充分地解决因过度依赖兼职辩护人而长期存在的风险。《概要》具体说明了兼职公设辩护人可能存在的弊端：①兼职公设辩护人不会要求调查或支持性服务，即使当这些服务是必需和适当的。②兼职公设辩护人缺少与其他公设辩护人通过集思广益的讨论会、指导、支持等方式进行交流的机会。③一些地区首席公设辩护人非常担忧某些兼职公设辩护人的服务质量，尤其是对那些通常单独工作的兼职公设辩护人缺乏监管。④兼职律师的技能已经陈旧，他们的诉讼技巧已经过时。⑤在代理公设辩护工作时，兼职公设辩护人并不情愿挑战法官，因为他们害怕会损害到他们的私人业务。⑥2007 年，办公室有 116 名公设辩护人超过 50 岁（70% 超过 55 岁），其中 70% 为兼职公设辩护人，那些超过 55 岁的人员中 74% 为兼职公设辩护人；在该州某些地区招聘兼职公设辩护人很困难，如第九司法区空缺 1 名兼职公设辩护人，却只收到 3 名申请人，该州东北部空缺 1 名兼职公设辩护人，却没有 1 名合格的申请人。针对上述问题，《概要》指出委员会需要考虑增加全职公设辩护人对兼职公设辩护人的比例，以及设立额外的卫星办公室；对于明尼苏达州的农村地区，鉴于偏远和工作安排的复杂性，可以考虑使用兼职公设辩护人。[1] 显然，《概要》指出兼职公设辩护人存在负面影响，“过度依赖”兼职公设辩护人并不可取，应当进行必要的改进。

明尼苏达州第八司法辖区法官兰德尔·J. 斯莱特（Randall J. Slieter）并不认同《概要》的观点，他认为，批评明尼苏达州“过度依赖”兼职公设辩护人是建立在“集权管理理念”（central-

〔1〕 Office of the Legislative Auditor, State of Minnesota, *Evaluation Report Summary: Public Defender System*, 2010, pp. 25 ~ 27.

ized governance philosophy）的基础上，[1]《概要》列举兼职公设辩护人的弊端没有实证根据，也没有进行“准确的分析”，相反，兼职公设辩护人的好处包括：①有助于节约成本，更多地聘用兼职公设辩护人是解决经济问题的手段之一，而这需要改变现行的集权模式的管理方式；②适宜农村地区，斯莱特法官本人受理的大多数刑事案件涉及兼职公设辩护人，这在农村地区有很悠久的传统；③兼职辩护人辩护效果并不逊色于全职公设辩护人，斯莱特法官根据自己的经验，认为兼职和全职公设辩护人为当事人代理时的表现同样出类拔萃，并且整个州的其他法官也有相似的看法。斯莱特法官进一步指出：没有证据表明那些将公设辩护仅仅作为其法律事务一部分的律师，在处理这类案件时缺乏准备或者力不从心，对于辩护质量的保证，所有兼职公设辩护人都有同样的职业和伦理责任来有效地为当事人提供代理，如果做不到，将会受到职业惩戒；[2] 地方辖区应不受限制地考虑更多使用兼职公设辩护人，正如分权制度中的所有决定一样，这种决定因州而异，在这些决定中，摆在每个辖区和县面前的将是资金的分配问题，而对现有资金更加有效的利用途径是，雇用甚至专门雇用兼职公设辩护人。另外，在一些地区，可能要更加谨慎地考虑新律师无偿服务（pro bono）的机会；很多拥有各种律师的当地律师事务所可能重视给他们的新律师提供这种

〔1〕 在斯莱特看来，“集权管理理念”是为了使专业人员效率最高，他们必须被更专业的人员监管，必须以统一的政策和程序来保证这种专业水平。然而，没有实践经验证明这一理念，却有很多研究证伪它，如托马斯·潘恩指出的，管得最少的政府是最好的政府。

〔2〕《明尼苏达州职业行为规则》（Minnesota Rules of Professional Conduct）明确规定了律师违反职业行为的惩戒措施。

经验。[1] 显然，斯莱特法官对于兼职公设辩护人持赞同观点，并且也考虑到了新律师可能会将兼职公设辩护人作为获得执业经验的手段。

针对上述兼职公设辩护人利弊的两种截然不同的立场，笔者认为，公设辩护人办公室应以雇用全职公设辩护人为主，唯此才能最大限度地发挥公设辩护人制度的优势。一般而言，全职公设辩护人比兼职公设辩护人能为当事人提出更多的申请以及更频繁和彻底地调查案件，全职公设辩护人倾向对案件保持投入，这可以有效减少翻案率，并提供更加连续和质量更好的服务。[2] 但是，这并不意味着公设辩护人办公室应排斥兼职公设辩护人，兼职公设辩护人仍有积极的一面：一是兼职公设辩护人在一定程度上可以节约成本，尤其在一些偏远地区，这种作用会更加明显；二是设置兼职公设辩护人职位，可以吸引一些优秀的私人律师从事贫困者辩护服务；三是公设辩护人办公室辅以一定数量的兼职公设辩护人，有助于全职公设辩护人与私人律师的业务交流，这种交流有利于提高贫困者辩护服务水平。

当然，不管是采用全职公设辩护人还是兼职公设辩护人，抑或私人辩护律师，他们在遵守职业伦理规范以及提供称职辩护方面并无差别。在笔者看来，斯莱特法官以“集权管理理念”来反驳兼职公设辩护人存在负面影响的观点，给予我们很大启示，“现行制度不鼓励这种双重角色，这是阻碍而非增强刑事辩护律师有效性的

〔1〕 See Randall J. Slieter & Elizabeth M. Randa, “The Minnesota Public Defender System: A Change of Governance Should Occur for the State to Effectively Fulfill Its Constitutional Obligation”, *William Mitchell Law Review*, 37 (2011), pp. 616 ~ 618, 627.

〔2〕 See Miriam S. Gohara, James S. Hardy, Damon Todd Hewitt, “Disparate Impact of an Under - Funded, Patchwork Indigent Defense System on Mississippi's African Americans: The Civil Rights Case for Establishing a Statewide, Fully Funded Public Defender System”, *Howard Law Journal*, 49 (2005), p. 95.

‘集权理念’（centralization philosophy）的又一个案例。”[1] 在某种程度上，斯莱特法官的“集权管理理念”其实揭示了公设辩护人制度始终面临着最为棘手的质疑——独立性问题。显然，兼职公设辩护人不如全职公设辩护人那样具有明显的依附性，全职公设辩护人在“集权管理”模式下有可能丧失应有的独立性值得我们警惕。

[1] Randall J. Slieter & Elizabeth M. Randa, “The Minnesota Public Defender System: A Change of Governance Should Occur for the State to Effectively Fulfill Its Constitutional Obligation”, *William Mitchell Law Review*, 37 (2011), p. 617.

第七章

公设辩护人制度运作机制研究

公设辩护人制度运作机制是一个庞大而复杂的系统工程，其运行的主要环节包括：公设辩护人组织设置地点与层级、公设辩护人组织隶属关系、公设辩护人组织经费制度、公设辩护人制度受案范围、公设辩护人制度指定程序、公设辩护人制度服务阶段、公设辩护人制度代理方式、公设辩护人制度监督管理、公设辩护人制度惩戒与豁免等。上述环节相互联系、相互制约，其运行机理由辩护质量、成本控制、司法正义、律师独立性等价值取向所决定。本章将具体分析公设辩护人制度各运行环节。

第一节　公设辩护人组织设置地点与层级

国家选择在什么地区设立公设辩护人办公室，是否以行政区划为标准？本部分将结合美国、英国公设辩护人组织的运作实践，具体分析公设辩护人组织设置地点与层级的选择及其内在机理。

一、公设辩护人组织设置地点考察

公设辩护人组织选择设置地点主要基于两方面的考量：一是出于成本控制目的设置于人口稠密地区；二是出于弥补私人律师资源之不足设置于人口稀少地区。

（一）人口稠密地区设立公设辩护人组织：基于成本控制考量

美国公设辩护人办公室的设置与所在区域人口数量成正比例关系，即人口数量越多的地区，越有可能设置公设辩护人办公室，这很大程度上是基于成本控制的考虑。1963 年"吉迪恩案"之后，公设辩护人办公室在全美广泛建立起来，"在人口稠密城市地区，没有比设立一个拥有固定受雇律师为贫困被告人辩护服务的办公室更合适的选择，这个办公室可以是公设辩护人办公室，也可以是非营利性的法律援助组织。"[1] 实践中，公设辩护人项目服务于人口密集的大都会地区，私人律师项目服务于人口稀少地区，相关实证研究予以了佐证。1986 年《全国刑事辩护制度研究》报告指出：人口少的县倾向于采取指定律师制度和合同律师制度，尤其是人口少于 5 万的县盛行指定律师制度，因为这里可能没有充足的案源去维持配有受薪助理公设辩护人的公设辩护人方案的花费；人口多的县倾向于采用公设辩护人制度，具体参见表 7－1。美国人口最多的 50 个县（占全美 1/3 的人口）中，绝大多数县采用公设辩护人制度，具体参见表 7－2，尤其是大多数人口超过 50 万的县偏好公设辩护人制度。[2] 《1999 年人口大县贫困者辩护服务》报告也显示：公设辩护人制度是人口大县最常采用的贫困被告

[1] Anthony Lewis, *Gideon's Trumpet*, New York: Random House, 1964, p. 209.

[2] Robert L. Spangenberg, Beverly Lee, Michael Battaglia, Patricia Smith, A. David Davis, U. S. Dep't of Justice, Bureau of Justice Statistics, *National Criminal Defense System Study: Final Report*, Abt Associates Inc., Cambridge, Mass., 1986, p. 14.

人辩护服务方案，[1] 具体参见表7－3。目前，美国人口较为稠密的东北部、西部地区较常采用公设辩护人制度。事实上，立陶宛作为东欧第一个试点公设辩护人制度的国家，率先在其第五大城市及首都设立公设辩护人办公室。

表7－1 1982年美国贫困被告人辩护服务类型在不同人口规模的县的实施情况

人口规模	采用公设辩护人制度的县数（所占比例）	采用指定律师制度的县数（所占比例）	采用合同律师制度的县数（所占比例）	总县数
1～49 999人	117（23%）	339（68%）	42（8%）	498（100%）
50 000～99 999人	39（44%）	38（43%）	12（13%）	89（100%）
100 000～249 999人	38（63%）	17（28%）	5（8%）	60（100%）
250 000～499 999人	20（77%）	6（23%）	0（0）	26（100%）
500 000～999 999人	15（94%）	1（6%）	0（0）	16（100%）
10 000 000人或以上	5（71%）	1（14%）	1（14%）	7（100%）

来源：*National Criminal Defense System Study*，1986.

表7－2 1982年美国人口最多的50个县贫困被告人辩护服务类型情况

贫困被告人辩护服务类型	县数（50）
公设辩护人制度	43
指定律师制度	9
合同律师制度	3

来源：*National Criminal Defense System Study*，1986.

---

〔1〕 Carol J. DeFrances & Marika F. X. Litras，U. S. Dep't of Justice，Bureau of Justice Statistics，*Indigent Defense Services in Large Counties*，1999（2000）.

表7-3　1999年美国100个人口大县贫困被告人辩护服务类型情况

贫困被告人辩护服务类型	县数（100）
公设辩护人制度	95
指定律师制度	89
合同律师制度	42

来源：*Indigent Defense Services in Large Counties*, 1999（2000）.

笔者以为，公设辩护人组织设置于人口稠密地区，主要基于如下两个方面的考量：

第一，维持一个公设辩护人办公室的运转需要有足够的案件量，人口稠密地区有充足的案件，有助于降低公设辩护人办公室的动作成本。对此，有学者指出："创立公共辩护人办公室的想法通常是处于成本效益的考虑。从经济角度讲，所在城市或者县越大，公共辩护人模式便越富于吸引力。"〔1〕《美国律师协会刑事审判辩护服务提供标准》第5-1.2.（a）条明确规定："在人口和案件数量足够支持这样一个组织的情况下，每个司法区域的法律代理计划中应提供一个专职的辩护组织。"美国也有州法规定，设立公设辩护人办公室的地区人口应达到一定数量。例如，伊利诺伊州立法规定人口在35 000人以上的县可以设立公设辩护人办公室。〔2〕

第二，公设辩护人办公室是按所谓"官僚方式"运作，其比指定律师制度效率更高，即在律师数量相同的前提下，前者能在同一时间内处理更多的贫困者案件，所以公设辩护人制度比指定律师制度更能应对大量贫困者辩护服务的需求。对此，有学者指出，公设

---

〔1〕［美］罗纳尔多·V.戴尔卡门：《美国刑事诉讼法——法律和实践》，张鸿巍等译，武汉大学出版社2006年版，第513页。

〔2〕55 Ill. Comp. Stat. 5/3-4001（West 1993）；§ 3-4002.

辩护人方案多建立在人口稠密的司法辖区，因为它们是一种维护大量贫困被告人利益的非常有效的官僚方式；而指定律师制度在试图解决城市中的大量贫困被告人辩护权问题时，显得效率低下、不堪重负。〔1〕事实上，公设辩护人制度的运作模式难以应对人口分散型的农村地区，反倒是运作更为灵活的私人律师模式更为适合于农村地区。

（二）人口稀少地区设立公设辩护人组织：基于司法正义考量

2001 年，英格兰与威尔士两地试行公设辩护人服务时，着实考量了设置地点问题。刑事辩护服务（CDS）等机构在选择设置地点时，拟定了 9 个地方，既包括大城市（larger city），也包括小城镇（smaller town），他们主要考虑那些合同律师制度下私人刑事辩护事务所的供应存在潜在问题的地区，公设辩护人办公室意在弥补合同律师制度在部分地区难以招募到私人律师的问题。例如，作为英国人口最多以及刑事辩护业务占全国近 1/4 的伦敦，并没有设立公设辩护人办公室，因为伦敦有着充足的合同制供给，刑事辩护事务所已经供大于求。当初没有考虑在乡村地区设置公设辩护人办公室，主要是出于对充足客户群的担忧、破坏现有供应者生存能力的风险等；但是，最终还是决定在切尔滕纳姆开设一个公设辩护人办公室，〔2〕因为该地一家较大的私人执业刑事辩护事务所的关闭导致了辩护服务的空白。同样，苏格兰在一些人口稀少且私人律师缺乏的地区设置公设辩护人办公室，如因弗内斯与柯克沃尔两地设置公设辩护人办公室便是为了解决苏格兰高地（the Highlands）与北部岛屿地区极少或者没有刑事辩护律师的困境。

---

〔1〕 Paul B. Wice, *Public Defenders and the American Justice System*, Westport: Praeger, 2005, p. 10.

〔2〕 切尔滕纳姆是英国格洛斯特郡（Gloucestershire）的一个拥有广大农村腹地的大城镇。

可见，英国选择公设辩护人办公室试点地区时，并不以人口密度为主要依据。在人口稠密地区设置公设辩护人办公室，固然可以有效控制成本。但是，控制成本不应成为选择公设辩护人办公室设置地点的唯一或最重要的考量因素。归根结底，公设辩护人制度旨在实现贫困者律师辩护权，只要人口稀少的偏远地区缺乏足够的私人律师，就应当考虑在这些地区设置公设辩护人办公室。正因如此，人们批评美国公设辩护人组织一直着眼于人口稠密的城市地区，而未能真正进入广袤的农村地区。无疑，公设辩护人制度设置于人口稀少且私人律师匮乏的农村地区，有助于维护司法正义，这对于律师行业尚不发达的发展中国家而言，具有重要的现实意义。

二、公设辩护人组织设置层级考察

美国司法体制由联邦法院与州法院两套系统构成，每套系统有各自的结构，管辖权也有明确划分。基于双轨制司法体制，美国公设辩护人组织分别建构在这两套司法体系中。本部分将具体考察美国公设辩护人组织的设置层级及其发展方向。

（一）美国公设辩护人组织的二元结构

美国公设辩护人组织由联邦（federal）层次公设辩护人组织和州（state）、县（county）层次公设辩护人组织组成。如果从办公室数量、服务人口数、雇用律师人数、受案量、经费等方面进行比较：联邦层次公设辩护人组织的影响力要小很多，“联邦层次的公设辩护人组织在公设辩护事务上所扮演的角色有限，而联邦政府就穷人辩护活动所投入的程度，相对于州、县级政府而言，并无法比拟”；[1] 州、县层次公设辩护人组织在贫困者辩护体系中居于主导地位。

〔1〕 黄祥睿：《美国公设辩护制度》，裕文实业有限公司1994年版，第105页。

（1）联邦层次公设辩护人组织。1970 年 4 月 23 日，第九巡回区亚利桑那联邦司法区（District of Arizona）凤凰城设立第一个联邦公设辩护人办公室至今，美国有超过 80 个联邦辩护人组织遍布于全国各州，并雇用了超过 3300 名律师、支持性职员服务于 94 个联邦司法辖区中的 90 个。[1] 其中，联邦第九巡回区的中加利福尼亚联邦司法区联邦公设辩护人办公室（the Office of the Federal Public Defender for the Central District of California）规模最大。[2] 联邦公设辩护人组织分为两种类型：一是联邦公设辩护人组织（Federal Defender Organizations），其是由联邦政府司法分支（the judicial branch）管理的联邦机构（federal agency/entity），所属公设辩护人是联邦雇员。首席联邦公设辩护人（chief federal public defender）由所在地的巡回上诉法院任命，任期为 4 年，联邦辩护人组织主要通过助理联邦公设辩护人（assistant federal public defenders）提供联邦性案件的辩护服务。二是社区辩护人组织（Community Defender Organization），其属于非营利性辩护服务组织，依据州法设立，运作经费来源于联邦司法分支。

（2）州、县层次公设辩护人组织。美国绝大多数公设辩护人办公室建立在州、县层次上，从历史渊源上看，各州大量设立公设辩护人办公室始于 1963 年“吉迪恩案”之后，因为联邦最高法院在

---

〔1〕 参见美国联邦法院行政管理局网站：http：//www. uscourts. gov/Careers/Career-Profiles/AssistantFederalPublicDefender. aspx，最后访问日期：2011 年 9 月 1 日。

〔2〕 中加利福尼亚司法区联邦公设辩护人办公室成立于 1971 年，包括洛杉矶（Los Angeles）、橙县（Orange）、文图拉（Ventura）、河滨（Riverside）、圣贝纳迪诺（San Bernardino）、圣巴巴拉（Santa Barbara）以及圣路易斯奥比斯波（San Luis Obispo）等 7 个县，人口超过 1900 万人。洛杉矶、圣贝纳迪诺和橙县设立了公设辩护人办公室。办公室拥有超过 240 名员工，包括 92 名律师，26 名律师助理，38 名调查员和 85 名以上的支持性职员，分为审判部门和死刑保护部门两个部门。参见 http：//www. fpdcacd. org/home_ page. php，最后访问日期：2011 年 9 月 11 日。

该案中判定各州负有为贫困者提供辩护服务的义务。各州公设辩护人体系存在一定的差异：有的州设立了全州范围的公设辩护人体系，有的州将公设辩护人体系建立在县层次上的。具体而言，州、县层次公设辩护人组织主要包括两种模式：一是州立（state - based）公设辩护人办公室。《2007 年州公设辩护人方案》研究报告指出：州立公设辩护人办公室的运作在负责本州所有公设辩护人办公室出资和管理的中央办公室（central office）的指导下进行。至2007 年，有 22 个州采州立公设辩护人项目。[1] 二是县立（county - based）公设辩护人办公室。《2007 年县立和地方公设辩护人办公室》研究报告指出：由地方进行管理，主要由县或县和州联合资助公设辩护人办公室为县立办公室。至 2007 年，有 27 个州和哥伦比亚特区采县立公设辩护人项目。如果以经费来源方式为划分标准，县立公设辩护人项目又分为两种类型：州县共同资助（county/state funded）公设辩护人办公室（12 个州采此种类型）与县资助（county - funded）公设辩护人办公室（16 个州采此种类型），[2] 具体参见表 2 - 4。在笔者看来，州立与县立公设辩护人项目主要区别在于运作、监管及资金来源的不同：州立公设辩护人项目采全州性体系，即设有州级公设辩护人组织负责全州范围内公设辩护人的运作、监管、政策制定等，并通过州内分支机构提供辩护

〔1〕《2007 年公设辩护人办公室》研究报告显示：采州立公设辩护人项目的 22 个州分别为：阿拉斯加州、阿肯色州、科罗拉多州、康涅狄格州、特拉华州、夏威夷州、爱荷华州、肯塔基州、马里兰州、马萨诸塞州、明尼苏达州、密苏里州、蒙大拿州、新罕布什尔州、新泽西州、新墨西哥州、北达科他州、罗德岛州、佛蒙特州、维吉尼亚州、威斯康星州和怀俄明州。See Lynn Langton & Donald J. Farole, Jr. , U. S. Dep't of Justice, Bureau of Justice Statistics, *Public Defender Offices*, 2007 (2010).

〔2〕哥伦比亚公设辩护人办公室虽完全由联邦政府出资，但它的运作与县立办公室一样，因此被归为县立办公室。See Donald J. Farole, Jr. & Lynn Langton, U. S. Dep't of Justice, Bureau of Justice Statistics, *County - Based and Local Public Defender Offices*, 2007 (2010).

服务，其经费来源多以州级政府为主；县立公设辩护人项目的运作、监管及经费等建立在县级层次上。

（二）美国公设辩护人组织设置层级的发展趋势

在美国，目前县立公设辩护人项目更为普遍，其优势为不少学者所认同。有学者认为，以地方政府为基础的公设辩护人办公室在促进大都会地区的贫困者利益方面已经取得重大进展。[1] 然而，从历史发展上看，州立公设辩护人项目呈上升趋势，1982 年为 17 个州、1999 年为 21 个州、2007 年为 22 个州。[2] 州立公设辩护人项目依托于“中央管理”，比地方控制（locally controlled）有更多的优点，给予州政府和贫困者更多利益。因此，州立公设辩护人项目得到鼓励与倡导。《美国律师协会刑事审判辩护服务提供标准》第 5 - 1. 2（c）条规定：在条件允许的情况下可以建立全州范围的辩护人体系。笔者以为，美国倡导建立全州性公设辩护人体系，主要基于如下三方面原因：

首先，全州性公设辩护人体系有助于成本控制。以蒙大拿州为例，该州 2006 年 7 月 1 日建立了全州范围的公设辩护人服务体系，州公设辩护人办公室（the Office of the State Public Defender）负责全州范围的公设辩护人服务，此前是由城市和县公设辩护人承担，现在贫困被告人辩护服务由州公设辩护人地区办公室（Regional Of-

〔1〕 David Allan Felice，“Justice Rationed：A Look at Alabama's Present Indigent Defense System with a Vision towards Change”，*Alabama Law Review*，52（2001），p. 982.

〔2〕 See Robert L. Spangenberg，Beverly Lee，Michael Battaglia，Patricia Smith，A. David Davis，U. S. Dep't of Justice，Bureau of Justice Statistics，*National Criminal Defense System Study*：*Final Report*，Abt Associates Inc.，Cambridge，Mass.，1986；Carol J. DeFrances，U. S. Dep't of Justice，Bureau of Justice Statistics，*State - Funded Indigent Defense Services*，1999（2001）；Lynn Langton & Donald J. Farole，Jr.，U. S. Dep't of Justice，Bureau of Justice Statistics，*Public Defender Offices*，2007（2010）. 其中，1982 年数据中的全州性方案包括了美国公设辩护的三种主要类型，即公设辩护人方案、指定律师方案及合同律师方案。

fices of the State Public Defender）提供。[1] 蒙大拿州在建立全州范围的公设辩护人服务体系之前，其“体系”是由县公设辩护人办公室和通过合同方式的法庭指定律师的拼凑之物，没有真正的责任、标准或者保证它的工作对被告人和公众有效。对此，该州最高法院首席法官卡拉·格雷（Karla Gray）评论道：“我们没有‘体系’，就像蒙大拿州其他的方面一样，都是从县到县地出现……我认为我们应该有一个体系。”在格雷看来，没有“体系”是导致蒙大拿州贫困被告人辩护服务成本昂贵且缺乏有效控制的原因。法官尼尔（Neill）也指出：如果蒙大拿州有一个全州性的公设辩护人体系，贫困被告人辩护服务的费用可能不会如此高，并且被告人仍旧能够获得好的代理。同样，米苏拉县（Missoula County）检察长弗雷德·范·瓦尔肯堡（Fred van Valkenburg）也认为：一个全州范围的体系可以使公设辩护人依靠少量有经验的专家，取代雇用成本很高的人，从而实现资源集中。现在州花费很高，但却没有控制费用。如果立法机关决定设立一个全州性体系，配有一位首席公设辩护人或管理者，他就会对立法机关负责。[2] 可见，控制成本是蒙大拿州设立全州范围公设辩护人服务体系的重要原因。显然，中央系统使公设辩护人组织运转更有效和省钱。

其次，全州性公设辩护人组织有助于维护公设辩护人组织的独立运作。在某种程度上，对公设辩护人独立性干扰最大的是地方政府，要维护公设辩护人组织的独立运作，排除地方政府的干扰尤为关键。1978 年《辩护人制度建立指南》（Guide to Establishing a Defender System）指出：公设辩护人办公室由地方政府控制，辩护人

〔1〕 参见 http：//publicdefender. mt. gov/，最后访问日期：2011 年 9 月 12 日。

〔2〕 See Mike Dennison，“Pro Bono Service：The Why and How a Statewide Public Defender is Good Idea，Legislators Told”，*Montana Lawyer*，29（2003），p. 19.

处理特殊案件更加困难，并且他们易受更多的政治压力影响。[1] 学者菲利斯也认为，全州性的“中央管理（centrally - administered）模式有助于排除地方政府的政治压力，以保证个体辩护人代理的独立性”。[2]

最后，全州性公设辩护人组织有助于促进州内贫困犯罪嫌疑人、被告人获得相同质量的辩护服务。例如，蒙大拿州公设辩护人办公室的使命是，保证州贫困者能够平等地获得公正，以及为贫困当事人提供上诉代理服务。[3] 显然，一些州的不同地区辩护服务资源存有差异，这有可能导致不同地区贫困者获得不同品质的辩护服务，建立全州范围的公设辩护人组织有助于“消除代理范围与提供服务质量的不平等”。[4]

第二节 公设辩护人组织隶属关系

公设辩护人组织隶属关系是指其从属或者受管辖于何种机构。由于政治体制、司法制度、法律传统、现实需求等“地方性”因素的影响，公设辩护人组织隶属关系在不同国家和地区呈现出较大的差异性。例如，美国公设辩护人组织模式最为多元化，但尚未形成全国统一模式，在很大程度上是因美国地广人多、州相对自治以及各州司法体系存在差异等客观因素所致。实践中，公设辩护人组织

〔1〕 Nancy Albert - Goldberg, Jay Lawrence Lichtman, National Institute of Law Enforcement and Criminal Justice, National Legal Aid and Defender Association, *Guide to Establishing a Defender System*, 1978, p. 34.

〔2〕 David Allan Felice, “Justice Rationed: A Look at Alabama's Present Indigent Defense System with a Vision towards Change”, *Alabama Law Review*, 52 (2001), p. 982.

〔3〕 参见 http://publicdefender. mt. gov/，最后访问日期：2011 年 9 月 20 日。

〔4〕 David Allan Felice, “Justice Rationed: A Look at Alabama's Present Indigent Defense System with a Vision towards Change”, *Alabama Law Review*, 52 (2001), p. 982.

常隶属于行政机关、司法机关、立法机关、独立的公共机构以及私人非营利性机构等。

一、公设辩护人组织隶属关系的多元化

如果以隶属机构的性质为划分标准，公设辩护人组织隶属机构主要包括三种类型：一是国家机关，这是最为常见的一种形式，如美国绝大多数公设辩护人组织属此种类型；二是带有一定官方性质的独立机构，如英国公设辩护人办公室隶属于非政府部门公共机构（NDPBs）的法律服务委员会；三是隶属于私人非营利组织，如律师协会等。

（一）公设辩护人组织隶属于国家机关

一般意义上，国家机关包括行政机关、司法机关和立法机关，公设辩护人组织最常见隶属于行政机关，其次是司法机关。

1. 公设辩护人组织隶属于行政机关。以美国为例，1982 年间全美县级层次公设辩护人办公室主要隶属于行政机关（executive agency）。[1]《1999 年州立贫困者辩护服务》研究报告显示：20 个州立公设辩护人项目中，有 9 个州隶属于州行政分支。[2]

2. 公设辩护人组织隶属于司法机关。我国台湾地区是典型代表，其公设辩护人隶属于司法体系。“公设辩护人条例”第 1 条规

---

〔1〕 1986 年《全国刑事辩护制度研究》报告显示：1982 年期间在全美县级层次公设辩护人办公室中，38% 隶属于县政府（county government）、25% 隶属于州级行政部门（state executive agency）、23% 隶属于司法机关（judiciary）、8% 隶属独立的非营利性机构（independent nonprofit organization）、6% 隶属于其他机构。See Robert L. Spangenberg, Beverly Lee, Michael Battaglia, Patricia Smith, A. David Davis, U. S. Dep't of Justice, Bureau of Justice Statistics, *National Criminal Defense System Study*: *Final Report*, Abt Associates Inc., Cambridge, Mass., 1986, p. 15.

〔2〕 这 9 个州是：阿拉斯加州、夏威夷州、爱荷华州、马里兰州、新泽西州、新墨西哥州、罗德岛州、佛蒙特州和威斯康星州。See Carol J. DeFrances, U. S. Dep't of Justice, Bureau of Justice Statistics, *State - Funded Indigent Defense Services*, 1999 (2001).

定:“高等法院以下各级法院及其分院置公设辩护人。”“法院组织法”第17条规定:“地方法院设公设辩护人室，置公设辩护人”，第37条规定:“高等法院设公设辩护人室，置公设辩护人。”目前，台湾地区只有极少数“高等法院分院”及“地方法院”未设公设辩护人。美国有不少公设辩护人组织隶属于司法分支。《全国刑事辩护制度研究》报告显示，1982年全美县级层次公设辩护人办公室隶属于司法分支的达23%。《1999年州立贫困者辩护服务》报告显示：20个州立公设辩护人项目中，有5个州隶属于司法分支。[1]美国联邦公设辩护人组织隶属于“美国联邦法院行政管理局”(Administrative Office of the United States Courts)，该管理局是美国“司法会议”(the Judicial Council)的一个机构，[2]就此而言，美国联邦公设辩护人组织隶属于司法机关。

（二）公设辩护人组织隶属于官方性质的独立机构

英国是典型代表，英格兰与威尔士两地公设辩护人办公室隶属于法律服务委员会，法律服务委员会虽受英国司法部（Ministry of Justice，MOJ)[3]管理，但其属于非政府部门公共机构。[4]非政

[1] 这5个州是：科罗拉多州、康涅狄格州、明尼苏达州、北卡罗来纳州和维吉尼亚州。See Carol J. DeFrances，U. S. Dep't of Justice，Bureau of Justice Statistics，*State - Funded Indigent Defense Services*，1999（2001）.

[2] “美国联邦法院行政管理局”由国会设立，负责法院的行政事务；司法会议是由各法院首席法官组成的专门会议。

[3] 英国司法部是由司法大臣和大法官（the Secretary of State for Justice and Lord Chancellor）作为负责人的政府部门，负责司法制度的改善以便更好地为公众服务。司法部成立于2007年5月9日，合并了内政部（the Home Secretary）和宪法事务部（the Department for Constitutional Affairs)，后者于2003年取代了大法官部（the Lord Chancellor's Department)。

[4] 一般而言，英国非政府部门公共机构主要包括四种类型：顾问型非政府部门公共机构（Advisory NDPBs)、执行型非政府部门公共机构（Executive NDPBs)、裁判型非政府部门公共机构（Tribunal NDPBs）以及独立监督委员会（Independent Monitoring Boards)。法律服务委员会属于执行型非政府部门公共机构。

府部门公共机构是半独立的准行政机构，里奥·勃利亚斯盖爵士在《关于非政府部门公共实体的报告》中将“非政府部门公共实体”（non - departmental public bodies）界定为：“不属于政府部门但在一定程度上受到政府管理，并承担一定职能的机构”。[1] 另外，还有观点将法律服务委员会界定为“独立的政府机构”[2] 或“独立行使职权的政府机构”[3]。从法律服务委员会管理机构及运作模式来看，根据《1999 年获得司法公正法》第 1 条规定：法律服务委员会由 7~12 名成员组成，委员会的成员由大法官和政府大臣指定，并任命其中一位成员担任主席；任命成员时要考虑被任命者具有社区法律服务、刑事辩护服务、法庭实务、消费者事务、社会工作以及管理的经验或知识。法律服务委员会虽由政府设立，但其采取类似董事会的管理方式而非政府部门的运作方式。显然，非政府部门公共机构旨在发挥其独立运作的特性，以提高服务效率。[4] 因此，“非政府”即代表了某种“独立性”，“独立的政府机构”和“独立行使职权的政府机构”的说法与非政府部门公共机构的内涵大体是一致的。当然，非政府部门公共机构本质上有别于私人机构，其重要的政策方针仍由政府决定，履行政府赋予的公共事务，并且主要由政府提供运作资金。

在美国，也有不少公设辩护人组织隶属于独立公共机构（inde-

---

〔1〕 王名、李勇、黄浩明编著：《英国非营利组织》，社会科学文献出版社 2009 年版，第 71 页。

〔2〕 中国驻英国大使馆网站上指出，现行法律援助制度的管理机构法律服务委员会为“独立的政府机构”，载 http://www.chinese - embassy.org.uk/chn/lsyw/lsbh/ckzl/t520962.htm，最后访问日期：2015 年 1 月 16 日。

〔3〕 沈宜生认为，法律服务委员会是一个“独立行使职权的政府机构”。参见沈宜生：《法律扶助制度之研究——以英国法律扶助制度为本》，元照出版有限公司 2007 年版，第 81 页。

〔4〕 “非政府部门公共机构”主要行使形成、制定政策之外的职能，即行政执行职能。具体内容请参见王名、李勇、黄浩明编著：《英国非营利组织》，社会科学文献出版社 2009 年版，第 72 页。

pendent public agency）或公共非营利组织（public non – profit organization）。特拉华州与马萨诸塞州的公设辩护人项目隶属于州政府的独立机构（independent agency of state government），密苏里州的公设辩护人项目隶属于司法分支中的独立机构（independent agency judicial branch）。[1]

南非的公设辩护人由法律援助委员会（Legal Aid Board）雇用，法律援助委员会作为独立的法定团体（independent statutory body），拥有独立的非执行成员，以确保公设辩护人的独立性。[2]

（三）公设辩护人组织隶属于私人非营利组织

公设辩护人组织隶属于私人非营利性组织（private non – profit organization）情形相对较少，但也不乏其例。美国新罕布什尔州与西弗吉尼亚州隶属于一个独立的非营利性组织（independent non – profit organization）；[3] 享有盛誉的哥伦比亚特区公设辩护人服务属于独立的私人非营利性公设辩护人组织，由11人组成的受托人委员会进行管理。

亚美尼亚共和国的公设辩护人办公室隶属于律师协会（the Advocate's Chamber）。《亚美尼亚共和国律师法》第42条规定："公设辩护人办公室是律师协会中独立运作的分支机构，由公设辩护人办公室的负责人和公设辩护人组成。"[4]

---

〔1〕 See Carol J. DeFrances，U. S. Dep't of Justice，Bureau of Justice Statistics，*State – Funded Indigent Defense Services*，1999（2001）.

〔2〕 See David McQuoid – Mason，"The Supply Side：The Role of Lawyers in the Provision of Legal Aid—Some Lessons from South Africa"，in Northwestern University，*Access to Justice in Africa and Beyond*：*Making the Rule of Law a Reality*，Ntl Inst for Trial Advocacy，2007，p. 104.

〔3〕 See Carol J. DeFrances，U. S. Dep't of Justice，Bureau of Justice Statistics，*State – Funded Indigent Defense Services*，1999（2001）.

〔4〕《亚美尼亚共和国律师法》第7条规定："亚美尼亚共和国律师协会是一个专业的、独立的、自我管理的统一的法律实体。"

二、公设辩护人组织隶属关系的反思

公设辩护人组织隶属关系具有多元化的特征，不同类型的组织模式会直接影响到公设辩护人制度运作的独立性、效率、经费来源，甚至公众的看法。英国学者奥·布赖恩（O'Brien）在本国试行公设辩护人服务时指出，“组织模式（organisational model）的选择可能对领薪辩护人提供的服务、公众对其独立性的看法以及其与更广泛的法律援助团体整合产生深远的影响。”〔1〕

（一）公设辩护人组织隶属关系评价

（1）公设辩护人组织隶属于行政机关之反思。实践中，公设辩护人组织隶属于行政机关最为常见。国家为贫困犯罪嫌疑人、被告人提供辩护服务是其基本义务，行政机关是国家执行机关，公设辩护人组织纳入其组成部分有其合理性。然而，在刑事司法活动中，检察机关已代表国家实施追诉活动，如果公设辩护人组织直接隶属于行政机关，政府身兼两个相对立的角色似有不妥。在加拿大，“安大略省政府与律师协会联合委员会”（Joint Committee of the Ontario government and the Law Society）赞成私人律师提供法律援助，排斥公设辩护人模式，并认为“公诉人和辩护人隶属于同一雇主在原则上是错误的”。〔2〕在美国，人们对“签发死刑令状的州长，同时又指派公设辩护人”〔3〕的现象提出了质疑。在新加坡，为了解决除死刑案件以外的贫穷被告人无力聘请律师的问题，律师公会曾

---

〔1〕 Derek O'Brien & John Arnold Epp, “Salaried Defenders and the Access to Justice Act 1999”, *Modern Law Review*, 63 (2000), p. 409.

〔2〕 See Ontario Legislative Library Technical Services & Systems, *Report of the Ontario Legal Aid Review: A Blueprint for Publicly Funded Legal Services*, 1997.

〔3〕 Stephen B. Bright, “Neither Equal Nor Just: The Rationing and Denial of Legal Services to the Poor When Life and Liberty Are at Stake”, *Annual Survey of American Law*, 1997, p. 821.

建议设立一个代表贫穷被告人的政府机构，考虑到政府系统内已有警察调查案情，有检察署代表政府起诉，如果再设立一个政府机构代表被告人，政府的多重角色有可能产生冲突，这一提议未能获得通过。[1] 香港法律援助署属于政府机构，其具有很大的独立性。但是，法律援助署为当事人提供法律援助时，有可能是当事人与政府之间的诉讼纠纷，此时法律援助署身份地位是尴尬的。对此，有人认为法律援助署应当是一个完全独立的机构。

公设辩护人组织隶属于行政机关受到质疑。理论上，改变公设辩护人组织隶属于行政机关具有正当性，但这种正当性是否又太过理论化？在美国，实践中大多数公设辩护人组织隶属于行政机关，不仅如此，即便是那些不属于此种类型的司法辖区，也有意采取这一方式。帕特里克州长认为，马萨诸塞州为贫困者提供优质服务的制度花费巨大，全美仅有其他 6 个州与马萨诸塞州有相似的管理结构，通过司法分支提供这项服务；而全美有 28 个州是由行政机关管理公设辩护服务的提供，这种方式可以使管理贫困者辩护服务的官员更加透明和负责。他建议废除"公设律师服务委员会"（CPCS），设立一个称为"公设律师服务部"（the Department of Public Counsel Services，DPCS）的新的、独立的行政分支机构（executive branch agency），并由州长任命这一新机构的负责人；通过公开选举（类似于地区检察官）或者由州长任命首席公设辩护人的州，对他们的公设辩护部门有更大的责任。[2] 可见，在帕特里克看来，公设辩护人组织隶属于行政分支的州远多于隶属于司法分支的州，因为隶

---

〔1〕 参见郑自文："斯里兰卡和新加坡的法律援助制度"，载贾午光主编：《国外境外法律援助制度新编》，中国方正出版社 2008 年版，第 233 页。

〔2〕 Deval L. Patrick & Timothy P. Murray, *FY2012 House 1 Budget Recommendation*: *Issues in Brief*, available at http://www.mass.gov/bb/hilfy12h1/exec_12/hbudbrief22.htm，最后访问日期：2012 年 3 月 12 日。

属于行政分支将会使法律援助更公开、富有责任、高效并且节省资金。

（2）公设辩护人组织隶属于司法机关之反思。公设辩护人组织隶属于司法机关的典型代表当属我国台湾地区。在笔者看来，台湾地区公设辩护人置于法院体系与美国一些公设辩护人组织隶属于司法分支有着较大差别：前者“依附性”太强，[1]“公设辩护人在法院内办公，不免被认为与推事、检察官同为一家人，实难取得被告之信任。”[2] 然而，不管“依附性”强否，公设辩护人置于法院体系的正当性值得商榷，如果追诉权与辩护权不能同出一门，那么审判权与辩护权是否亦应如此？

（3）公设辩护人组织隶属于私人非营利组织之反思。在一些国家，公设辩护人组织隶属于非营利组织。亚美尼亚公设辩护人组织隶属于律师协会，这在一定程度上可以确保公设辩护人组织独立于国家机关，不过律师协会或律师与公设辩护人之间本身存在竞争关系，它们共生于同一组织模式下是否具有正当性？美国学者莱斯特·M. 萨拉蒙认为：律师协会在非营利性组织中属于为会员服务的组织，其存在主要是为直接会员，而不是为了整个社会或社区提供商品或服务。[3] 在笔者看来，公设辩护人组织应独立于律师协会，毕竟律师协会基于自身职责会更多地关注律师权益，公设辩护人组织隶属于主要为会员服务的非营利组织也并不妥当。

（二）独立运作视域中公设辩护人组织隶属关系的思考

公设辩护人组织隶属何种机构，首先要考虑其能否维护独立地

---

〔1〕 此处“依附性”太强是指台湾地区公设辩护人不仅隶属于司法体系，更受后者监督管理；美国一些公设辩护人组织虽隶属于司法分支，但监督管理机构未必是司法分支。

〔2〕 蔡墩铭：《法治与人权——司法批判》，敦理出版社1987年版，第87页。

〔3〕 参见［美］莱斯特·M. 萨拉蒙：《公共服务中的伙伴——现代福利国家中政府与非营利组织的关系》，田凯译，商务印书馆2008年版，第55~56页。

位，刑事诉讼是国家与公民个人之间的斗争，而私人机构往往存在自身利益诉求，这意味着公设辩护人组织既要独立于政府机构，又要独立于私人机构，方能维护犯罪嫌疑人、被告人权利。在一定程度上，公设辩护人组织隶属于行政机关或者司法机关将影响到独立运作。对此，学者史蒂芬·B. 布赖特（Stephen B. Bright）指出："在很多情形下，独立性的缺乏对法律服务质量的提供带来了大量负面影响。的确，当法官和行政官员控制的方案在持续为被告人提供不充分代理时，可以公正地说，为贫困者提供服务的律师仅仅是在为缺乏平等的制度制造一种表面上的正当性。"〔1〕因此，公设辩护人组织至少不应该直接隶属于国家机关，毕竟"结构依赖意味着缺乏独立的观念或现实……当公设辩护人缺乏独立于政府的结构及经费"〔2〕时，人们有理由怀疑它的正当性。即使公设辩护人组织隶属国家机关，对公设辩护人的监督管理仍应由独立机构来实施，以最大限度维护公设辩护人独立实施辩护活动。

公设辩护人组织采何种隶属关系才更具正当性？抑或说，我们确定公设辩护人组织隶属关系的标准是什么？笔者以为，公设辩护人组织隶属机构的选择需要考虑三个因素：一是能否确保公设辩护人组织独立运作；二是能否保证公设辩护人组织有效运作；三是能否保障公设辩护人组织经费来源稳定及有效使用。就此而言，公设辩护人组织隶属非政府部门公共机构是较好的选择，这样可以发挥非政府部门公共机构的独立性与保障性的双重优势："不属于政府

〔1〕 Stephen B. Bright, "Neither Equal Nor Just: The Rationing and Denial of Legal Services to the Poor When Life and Liberty Are at Stake", *Annual Survey of American Law*, 1997, p. 821.

〔2〕 Thomas F. Geraghty, etc., "Access to Justice: Challenges, Models, and the Participation of Non – Lawyers in Justice Deliver", in Northwestern University, *Access to Justice in Africa and Beyond: Making the Rule of Law a Reality*, Ntl Inst for Trial Advocacy, 2007, p. 61.

部门”使公设辩护人组织相对独立于权力部门，“承担一定的行政职能”又能获得稳定的财政支持。当然，理论阐释并不必然反映全部社会实践。公设辩护人组织隶属机构的形成受制于“地方性因素”的影响，英国非政府部门公共机构的形成具有本国特色。因此，公设辩护人组织隶属机构的选择仍应面向具体实践，隶属于国家机构是否必然会损及独立性，不同国家和地区可能有所差别；同样，隶属于非营利机构，在一些国家可能有助于维护公设辩护人组织的独立运作，起到积极效果，但并不意味着这在其他国家和地区亦是如此。

第三节　公设辩护人组织经费制度

在刑事司法体系中，侦查、控诉、审判、执行（矫正）和辩护等环节互相关联又相互独立，而辩护环节最易被忽视且经费最匮乏，这已是各国司法实践中的客观事实。在某种程度上，刑事法律援助实施机制确保辩护质量以及满足需求的能力取决于其所获得的资源，若能得到充分的经费保障，任何一种刑事法律援助实施机制都有可能提供称职辩护。就此而言，一国刑事法律援助事业要满足人们日益增长的辩护服务需求，本质上不是选择方案的问题，而是资源的问题。显然，“资金充足并富有活力的贫困者辩护项目，不但对保护有罪之人的权利至关重要，而且也保护无辜之人。”[1] 美国哥伦比亚特区公设辩护人服务之所以取得成功，是与来自联邦政府充足的财政支持密切相关的。因此，资金问题是刑事法律援助制

〔1〕 Norman Lefstein, “The Movement towards Indigent Defense Reform: Louisiana and Other States”, *Loyola Journal of Public Interest Law*, 9 (2008), p. 138.

度中的核心环节，对公设辩护人制度而言亦不例外。

一、公设辩护人组织经费来源类型考察

贫困被告人获得法律援助乃国家基本义务，也是公民宪法性权利。公设辩护人制度作为刑事法律援助实施机制，其运作经费应由国家财政负担。美国最高法院在1972年阿杰辛格诉哈姆林案（*Argersinger v. Hamlin*）中指出，贫困者辩护“成功履行大多数规定，需要州和地方政府划拨大量的资金，无论是否愿意这样做”〔1〕。事实上，国家既然有义务设立追诉机关打击犯罪活动，也有义务确保无辜之人免受错误刑罚，因此，国家亦有义务资助辩护活动。目前，公设辩护人制度运作经费主要包括中央与地方财政共同承担模式、中央财政承担模式以及其他来源形式。〔2〕

（一）中央与地方财政共同承担模式

美国、加拿大等国采取中央与地方财政共同承担模式。加拿大在各省建立法律援助制度之初，确定了联邦政府和各省分别承担实际支出法律援助经费的50%，当然联邦政府给予各省的实际拨款数量可能并不一致。〔3〕美国公设辩护人组织经费主要来源于联邦、州、地方三级政府的财政拨款。

美国联邦最高法院在1963年“吉迪恩案”中判定州及地方政府应为重罪案件贫困被告人提供免费辩护服务。20世纪60～70年代广泛建立的公设辩护人办公室运作资金主要来源于国家财政拨

---

〔1〕 *Argersinger v. Hamlin*, 407 U. S. 25 (1972).

〔2〕 国家对贫困者辩护的财政支出不仅用于公设辩护人制度。在美国，贫困者辩护服务方案主要包括公设辩护人制度、指定律师制度和合同律师制度，如无特别说明，本部分所指国家在贫困者辩护服务方面的花费，包括所有刑事法律援助实施机制。

〔3〕 参见宫晓冰：“加拿大法律援助制度简介”，载宫晓冰主编：《外国法律援助制度简介》，中国检察出版社2003年版，第125页。

款。从历史发展角度来看，形成了以州、县政府或地方政府财政拨款为主，联邦财政拨款为辅、私人资金（主要为慈善机构捐助）极少的经费来源格局。例如，1967 年公设辩护人制度经费来源比例依次为：县占 41%、州占 28%、联邦占 17%、城市（city）占 8%、基金捐赠（foundation grants）占 5%、律师协会占 1%。[1] 可见，公共资金占到经费来源的 94%，私人资金仅占 6%。这也表明，此时期美国政府已在贫困者辩护服务中承担主要责任。然而，在公共资金部分中，来源于县的经费比州级政府多出近 50%。可见，在“吉迪恩案”中，最高法院认定州政府是贫困者辩护经费来源的主要承担者，但这一义务落在了县级政府层面。

1986 年《全国刑事辩护制度研究》报告指出：1982 年美国贫困者辩护服务方面的花费总计为 6.25 亿美元，其中，县级政府支出 4.09 亿美元（占总支出的 65%），州政府支出 2.07 亿美元（占总支出的 1/3），剩下的 2% 来源于市、镇（town）、联邦政府（大约 900 个回复本调查的贫困被告人辩护方案中，仅有 6 个方案称他们接受了联邦经费）、入州金、付还金（recoupment）、法院经费以及私人基金等。就州、县两级政府的来源来看，经费全部来源于州政府拨款的有 18 个州，其中 11 个州有全州范围的公设辩护人项目；经费全部或主要来源于县政府拨款的有 22 个州，其中 13 个州的经费全部来源于县政府，8 个州的经费绝大部分由县政府提供、

---

[1] See Paul B. Wice and Peter Suwak, “Meeting the Gideon Mandate”, Judicature, S: 8 - 400 (March 1967), in Paul B. Wice, *Public Defenders and the American Justice System*, Westport: Praeger, 2005, p. 23.

州政府仅提供极小一部分。[1]

《1999年人口大县贫困者辩护服务》研究报告显示：州、县两级政府的财政拨款仍是贫困者辩护服务的主要经费来源，其中县级政府的拨款为最主要来源，占到全部总支出的近2/3，[2] 具体参见表7－4、表7－5。

表7－4　1999年美国100个人口大县贫困者辩护服务的经费来源（一）

总经费百分比	100%
来源于州政府	25.3%
来源于县政府	59.8%
来源于市政府	9.0%
来源于联邦政府	2.5%
其　他	3.4%

来源：*Indigent Defense Services in Large Counties*, 1999 (2000).

---

〔1〕 Robert L. Spangenberg, Beverly Lee, Michael Battaglia, Patricia Smith, A. David Davis, U. S. Dep't of Justice, Bureau of Justice Statistics, *National Criminal Defense System Study: Final Report*, Abt Associates Inc., Cambridge, Mass., 1986, pp. 23～24. 需要说明的是：①哥伦比亚特别行政区的经费来源于联邦政府，但本次调查将其归类于县政府提供；②贫困被告人辩护服务经费由州和县政府共同提供的11个州，它们支出的方式也存有差异，试举几例：在堪萨斯州和北卡罗来纳州，州政府为重罪案件代理提供全部经费，县政府为轻罪及少年案件代理提供全部经费；在俄亥俄州，州政府每年对县政府的公设辩护服务进行补贴，最高额可达支出的50%以上；在怀俄明州，根据州法规定，州政府每年提供85%的经费，县政府负责15%；在南卡罗来纳州，州政府对每千名人口拨款265.53美元，县政府负责商定的地方项目的所有经费等。

〔2〕 Carol J. DeFrances & Marika F. X. Litras, U. S. Dep't of Justice, Bureau of Justice Statistics, *Indigent Defense Services in Large Counties*, 1999 (2000).

表7-5　1999年美国100个人口大县贫困者辩护服务的经费来源（二）[1]

运作经费来源	人口最多的100个县
经费全部（100%）来源于	
州政府	8
县政府	24
联邦政府	1
其他来源	1
经费主要（75%~99.9%）来源于	
州政府	23
县政府	25
市政府	3
混合来源	15

来源：*Indigent Defense Services in Large Counties*，1999（2000）.

近年来最有影响的研究报告是《2007年公设辩护人办公室》，该报告指出：2007年全美用于公设辩护人办公室的经费总额为23亿多美元，其经费来源主要是州和县两级政府层次上，22个州立项目的公设辩护人办公室经费来源于州政府（共8.3亿多美元）；27个州和哥伦比亚特区的县立项目公设辩护人办公室经费来源包括两种情形：是12个州的公设辩护人办公室经费来源于州和县政府共同提供（共计4.2亿多美元）；二是15个州和哥伦比亚特区的公设辩护人办

〔1〕本表中有19个县的指定辩护方案（assigned counsel program）的花费没有统计。

公室经费全部由县政府提供（共计10亿多美元），[1] 具体参见表2-4。

综上可见，美国公设辩护人制度的运作主要依靠公共资金支持，私人资金所占比例极小，这也体现了为贫困者提供免费辩护服务是国家基本义务的理念。美国公设辩护人制度经费由联邦、州、地方三级政府共同承担，此种分摊模式主要基于如下两点原因：一是分税制财政体制所致。美国财政体制是联邦、州和地方三级财政综合体，三级财政体制相对独立，其中，州和地方政府的财政支出主要用于本州、本地区的公共事业。因此，联邦公设辩护人组织的经费主要来源于联邦政府，州和地方公设辩护人组织的经费则来源于州和地方政府。二是公设辩护人组织模式所致。美国为双轨制司法体制，公设辩护人组织分别建构在联邦层次与州及地方层次上（当然，如果采全州范围的公设辩护人组织，该州内并不存在独立运作的地方层次公设辩护人组织），各级公设辩护人组织是相对独立的，在三级财政体制的背景下，各级公设辩护人组织的经费主要由所属的政府层级来承担。

美国公设辩护人制度运作的经费来源于各级政府，是否存在较优模式？对此，学者诺曼·拉弗斯坦（Norman Lefstein）认为，资金最充足的一些全州性公设辩护项目，都是仅由州中央政府资助，当然也并不是所有由州政府完全出资的全州性项目都能从立法机关获得足够的拨款。如已经有25年历史、由州政府出资的密苏里州和肯塔基州的公设辩护人项目就存在资金不足、律师案件负荷量大等问题。一般而言，贫困者辩护仅仅由州出资可能会使贫困者辩护制度资金更加充足，但也仍存在州拨款不能满足州辩护项目需求的

---

〔1〕 Lynn Langton & Donald J. Farole, Jr., U. S. Dep't of Justice, Bureau of Justice Statistics, *Public Defender Offices*, 2007 (2010).

风险，因而削弱提供有效辩护服务的能力。[1] 总体来说，建立更高政府层级的资金提供模式，更有助于维护公设辩护人项目经费的稳定与充足。

（二）中央财政承担模式及其他经费来源方式

公设辩护人制度运作经费主要来源于中央财政拨款是一种常见模式，英国和亚美尼亚是代表。英国公设辩护人服务运作经费主要来源于中央财政拨款，这基于英国将法律援助经费纳入中央财政预算。追根溯源，英国法律援助制度的成熟与完善享誉世界，法律援助成为全国性项目，而非依托于地方层次，因而法律援助经费由中央财政负担，这避免了法律援助计划受制于地方财政状况，无疑有助于维护贫困者律师帮助权。同时，英国法律援助经费来源方式与其财税制度有关。英国实行分税制，但中央高度集权，中央预算收入通常占到整个预算收入的80%左右。在亚美尼亚，《亚美尼亚共和国律师法》第45条规定："公设辩护人办公室经费编列国家预算，拨付给律师协会的经费数额由支付给公设辩护人每月报酬来决定；拨付公设辩护人办公室经费不能挪作他用。"

实践中，各国积极鼓励通过其他方式筹集经费或者减少辩护服务开支，如《亚美尼亚共和国律师法》第45条规定："公设辩护人办公室可以通过法律未禁止的途径获得额外的资金，用来改善办公室的活动，以及作为提高公设辩护人工作效率的奖金。"美国贫困者辩护服务采用了多种经费来源方式，有的州设立"公平审判税基金"（Fair Trial Tax Fund），以补偿各县在贫困者辩护服务方面的支出；有的州要求接受公设辩护人服务的人应支付一定数额的行政费（administrative fee），该费用归公设律师部门所有，或者从被判定醉

[1] Norman Lefstein, "The Movement towards Indigent Defense Reform: Louisiana and Other States", *Loyola Journal of Public Interest Law*, 9 (2008), pp. 138, 130～131.

驾（drunk driving）之人所交纳的服务费（service fee）中，抽取部分用于公设辩护服务，等等。[1] 为了减少开支，贫困审查（indigency screening）[2]、付还（recoupment）制度得到广泛应用。一般而言，付还制度是被告人根据自身能力自行负担一部分的辩护开支。在贫困被告人缴款不会带来显著经济困难的情况下，公设辩护人项目可以要求其缴纳一定的费用。美国还有司法辖区规定，法庭可以要求被判定有罪的被告人缴纳一定金钱数额以补偿为其提供辩护服务的花费，由此达到减少辩护服务开支的目的。例如，华盛顿州州法规定：法庭可以要求被判定有罪的被告人缴纳费用，但是不得要求现在或者未来无能力支付费用的被告人缴纳费用，在决定缴纳费用的数量和方式上，法庭应考虑被告人的收入来源等因素。[3] 在各种贫困者辩护方案中，付还制度最常用于全州范围的公设辩护人制度。在采用付还制度的县中，实行付还制度案件的比例是非常小的，45%的县报称仅在1%～10%的案件中要求被告人缴纳费用，25%的县报称未在任何案件中要求被告人缴纳费用。[4]

二、公设辩护人组织经费危机及其保障

从历史发展来看，各国和地区一直加大对贫困者辩护服务的经费投入。实践中，贫困者辩护服务经费的增长却不能满足公民律师辩护权的现实需求，当前经费不足仍是困扰各国和地区贫困者辩护服务最为棘手的问题，即便在成本控制方面具有优势的公设辩护人

---

〔1〕 See Robert L. Spangenberg & Marea L. Beeman, "Indigent Defense Systems in the United States", *Law and Contemporary Problems*, 58 (1995), pp. 33～34.

〔2〕 贫困审查可以有效控制受援对象，这是控制成本最为有效、直接的方式。

〔3〕 Washington Revised Code §10. 01. 160 (West).

〔4〕 See Robert L. Spangenberg, Beverly Lee, Michael Battaglia, Patricia Smith, A. David Davis, U. S. Dep't of Justice, Bureau of Justice Statistics, *National Criminal Defense System Study*: *Final Report*, Abt Associates Inc., Cambridge, Mass., 1986, pp. 34～35.

制度也受制于经费不足。究其原因，经费不足表面上是受到财政状况的影响，但归根结底是观念的制约。

（一）公设辩护人组织经费危机：以美国为中心

自20世纪70年代以来，美国政府一直加大对贫困者辩护服务的经费投入。据统计：1972年，用于贫困者辩护服务的经费总额为8700万美元；1976年，增加到2亿美元；1980年，为4.3亿多美元；1982年，近6.25亿万美元；1986年，近10亿美元；2002年，为33亿美元；2005年，约为41亿美元；2007年，用于公设辩护人办公室的经费就达23亿美元。[1] 然而，多年来美国只有相对少的司法辖区提供的贫困者辩护服务是令人满意的，其主要原因是缺乏充足的资金。2004年，美国律师协会公布的《吉迪恩承诺的背弃：美国继续追求平等正义》明确指出，贫困者辩护服务的经费少到令人惭愧。在亚拉巴马州，贫困者辩护花费在2002～2003财年增加，然而预算却降低了10%～18%；在俄勒冈州，因为对贫困者辩护预算大量削减，只有重罪和暴力犯罪在2003财年的最后3个月被起诉，其余的案件都被延迟到下一财年。[2] 作为经济发达国家的美国，其贫困者辩护服务经费都如此短缺，其他国家和地区

〔1〕 See Susan Herlofsky & Geoffrey Isaacman, "Minnesota's Attempts to Fund Indigent Defense: Demonstrating the Need for a Dedicated Funding Source", *William Mitchell Law Review*, 37 (2011), p. 572; Robert L. Spangenberg, Beverly Lee, Michael Battaglia, Patricia Smith, A. David Davis, U. S. Dep't of Justice, Bureau of Justice Statistics, *National Criminal Defense System Study: Final Report*, Abt Associates Inc., Cambridge, Mass., 1986, pp. 22～23; Norman Lefstein, *Criminal Defense Services for the Poor*, Washington, D. C.: American Bar Association Standing Committee on Legal Aid and Indigent Defendants, 1982, p. 10; Bureau of Justice Statistics, U. S. Dep't of Justice, Bulletin: *Criminal Defense for the Poor* 1986 (1998); Lynn Langton & Donald J. Farole, Jr., U. S. Dep't of Justice, Bureau of Justice Statistics, *Public Defender Offices*, 2007 (2010).

〔2〕 American Bar Association Standing Comm, On Legal Aid and Indigent Defendants, *Gideon's Broken Promise: America's Continuing Quest for Equal Justice*, 2004.

的情况自然不容乐观。

毋庸讳言，公设辩护人制度运作经费不足将不利于其提供称职辩护。经费不足，公设辩护人薪水可能较低，公设辩护人办公室难以吸引优秀律师从事贫困者辩护服务事业；同时，也难以雇用到必要的支持性职员。最终，公设辩护人办公室将承受巨大的案件负荷量，这将转嫁至每一位公设辩护人身上，他们不得不代理超出其提供称职辩护承受能力的案件量。正如有学者指出："缺乏资金会使得公设辩护人办公室丧失获得足够培训、法律研究、调查员、专家证人、科学鉴定的机会，以及其他为提供充分和称职代理服务所必需的资源。"〔1〕事实上，即便在死刑案件中，由于缺乏必要的经费，贫困被告人权利也得不到有效保障，"公设辩护人制度为死刑案件中贫困被告人提供的代理常常达不到标准，这是长期经费不足的必然结果。"〔2〕可以说，贫困者辩护服务最大的问题是经费不足，"看来所有贫困被告人辩护体系面临的最大问题之一是资金，资金能影响到所提供服务的质量。"〔3〕

（二）公设辩护人组织经费危机原因及其保障

在一定程度上，公设辩护人制度运作经费是否充足有赖于国家的经济状况。但是，财政因素或许只是问题的表象，在贫困者辩护服务经费问题上，政治价值，或者说政治上的考虑至关重要，因为

〔1〕 Thomas F. Geraghty, et al, "Access to Justice: Challenges, Models, and the Participation of Non – Lawyers in Justice Deliver", in Northwestern University, *Access to Justice in Africa and Beyond : Making the Rule of Law a Reality*, Ntl Inst for Trial Advocacy, 2007, p. 61.

〔2〕 Douglas W. Vick, "Poorhouse Justice: Underfunded Indigent Defense Services and Arbitrary Death Sentences", *Buffalo Law Review*, 43 (1995), p. 390.

〔3〕 Marian R. Williams, "A Comparison of Sentencing Outcomes for Defendants with Public Defenders versus Retained Counsel in a Florida Circuit Court", *Justice System Journal*, 23 (2002), p. 249.

我们只要考察用于分配给贫困者辩护的资源在整个刑事司法体系中的比例，就不难理解公设辩护人制度经费不足的深层次原因。

以美国为例，长期以来，公设辩护项目开支与其他司法项目开支相比，在整个刑事司法资源中所占比重最小。1982 年，全美贫困者辩护共获得 6.2 亿美元的经费，这在当时是很大的投入。但是，如果按人均资源标准计算，国家在贫困者辩护项目上的支出仅占全部司法资源的不到 3%，在公设辩护上平均每人可获得 2.76 美元；然而每人得到的整体司法资源可能超过 101 美元。在州及地方的刑事司法总资源中，警察占支出总额的 53.2%、审判占 13.1%、检察占 5.9%、矫正机构占 4.7%，而公设辩护仅占 1.5%。[1] 1990 年，联邦、州、地方政府用于司法方面的总支出为 740 亿美元，公设辩护仅占 2.3%，警察占 42.8%、矫正占 33.6%、法院占 12.5%、检察占 7.4%。[2] 2002 年，州和地方政府花在贫困者辩护方面大约为 28 亿美元；2001 年花在检察官办公室的钱接近 47 亿美元，起诉服务接受的资源比贫困者辩护服务得到的资源要多得多。[3] 2007 年，在州立公设辩护人项目中，公设辩护人项目花费在州司法以及法律直接花费平均占到 15%。[4] 可见，美国公设辩护人项目在整个司法项目开支中所占的比例有所增加，尤其是实行全州性的公设辩护人项目的经费更有保障。但总体而言，花在侦控项目上的开支远远大于花在辩护项目上的。因此，国家投入多少经

〔1〕 See Robert L. Spangenberg, Beverly Lee, Michael Battaglia, Patricia Smith, A. David Davis, U. S. Dep't of Justice, Bureau of Justice Statistics, *National Criminal Defense System Study*: *Final Report*, Abt Associates Inc., Cambridge, Mass., 1986, p. 27.

〔2〕 See Richard Klein and Robert L. Spangenberg, *The Indigent Defense Crisis*, 1993.

〔3〕 参见［美］约书亚·德雷斯勒、艾伦·C. 迈克尔斯：《美国刑事诉讼法精解（第 2 卷·刑事审判）》，魏晓娜译，北京大学出版社 2009 年版，第 61 页。

〔4〕 See Lynn Langton & Donald Farole, Jr., U. S. Dep't of Justice, Bureau of Justice Statistics, *State Public Defender Programs*, 2007 (2010).

费在公设辩护人制度中常常是政治需要而非仅仅是由财政状况所决定。在刑事司法领域中，如果国家强调打击犯罪、维护社会秩序，必然会增加侦控支出，从而客观上减少辩护支出。在笔者看来，解决公设辩护人组织经费危机问题，首要的是律师辩护权得到充分重视，“贫困者辩护在政府预算中只占很小比例，但却对贫困被告人的生活发挥着重要的作用。”[1] 无论是国家，还是公民个人都应当认识到：只有对刑事法律援助投入充足的经费，才能使每一位贫困者获得称职的辩护服务，称职辩护不仅保障有罪贫困被告人之合法权益，同时也防止无辜之人受到错误刑罚。

公设辩护人制度运作经费主要来源于财政拨款，然而，国家预算计划未必会与日后贫困者辩护的实际支出相一致，预算多于实际支出自然不会出现问题，如果预算少于实际支出将如何处理？事实上，这里涉及的问题是：对于贫困者辩护服务开支，是否也要受到国家预算计划的控制？笔者以为，刑事法律援助是公民享有的一项基本人权，国家确保贫困者律师辩护权乃是其基本义务。律师辩护权不仅是犯罪嫌疑人、被告人所有诉讼权利的核心，也是公正审判的基本前提。国家对公设辩护人制度运作经费进行财政预算，潜在的风险是：如果预算不足，就有可能损及犯罪嫌疑人、被告人权利，显然司法公正不应当受制于财政。因此，理想的做法是：公设辩护人制度运作的开支按照实际支出给付，没有上限的限制，实际需要多少就拨付多少。这就意味着，公设辩护人制度运作经费即使编入财政预算，也应当是“开放式预算”，预算仅作为政府相关部门的参考，如果公设辩护人制度运作的实际支出高于财政预算时，公设辩护人组织有权向政府部门申请追加拨付。

---

〔1〕 Stephen J. Schulhofer & David D. Friedman, “Reforming Indigent Defense: How Free Market Principles Can Help to Fix a Broken System”, *Policy Analysis*, 666 (2010), p. 3.

第四节 公设辩护人制度受案范围

作为刑事法律援助实施机制，公设辩护人制度以刑事案件中的贫困犯罪嫌疑人、被告人为服务对象。然而，“贫困”(indigency)如何界定?“刑事案件”又如何划定?一般而言，公设辩护人制度受案范围可以通过两个标准进行确定：一是贫困标准或者经济条件(financial eligibility)，也称为主体资格；二是案件性质标准或者案件条件，即哪些类型的案件可以纳入公设辩护人制度的受案范围。[1] 实践中，公设辩护人案件负荷量过重是一些国家和地区存在的问题，由此导致辩护质量的下降。可以说，公设辩护人的不称职辩护与独立性质疑是困扰该制度的两大问题。美国是当今世界公设辩护人制度发展最为成熟的国家，我国台湾地区代表了大陆法系

---

〔1〕 在笔者看来，案件性质标准实质上是《公民权利和政治权利国际公约》(简称《公约》)确立的“司法利益”(the interests of justice)原则，《公约》第14条第3(d)项规定：“出席受审并亲自替自己辩护或经由他自己所选择的法律援助进行辩护；如果他没有法律援助，要通知他享有这种权利；在司法利益有此需要的案件中，为他指定法律援助，而在他没有足够能力偿付法律援助的案件中，不要他自己付费。”何谓“司法利益”?英国《1999年获得司法公正法》对此进行了解释，该法第1A－059条指出“司法利益”将要考虑下列因素：对被告人的指控是否可能使其失去自由(liberty)、生计(livelihood)或名誉(reputation)被严重损害；对被告人的指控是否可能带来重大法律问题；被告人是否可能不能理解诉讼程序以及自辩；诉讼程序可能涉及追查、会见或专家交叉询问证人等，如果案件存在上述可能，那么这一案件将被视为是有“司法利益”需要的案件，就应当为涉案当事人提供法律援助。可见，存在“司法利益”的案件，应当是性质严重或复杂的案件，或者是当事人存在不能理解法律或程序的案件。就案件性质而言，严重到什么程度才达到“司法利益”需要?不同历史时期、不同国家对此认识存在差异，有的国家认为只要存在被监禁的可能就是严重的指控，在此种情况下，国家应该为没有资力聘请律师的被告人提供免费法律援助，否则这一审判将违背程序正义。因此，公设辩护人制度的受案范围因所在国家和地区对“司法利益”需要的不同理解而有所差别。

公设辩护人制度的特色。本部分将重点考察美国和我国台湾地区公设辩护人制度受案范围以及公设辩护人案件负荷量过重等相关问题。

一、美国公设辩护人制度受案范围述评

美国公设辩护人制度主要代理贫困者刑事案件，主要判定依据是被告人资格与案件性质的双重标准，而实践中差异较大，尤其州层面上的犯罪嫌疑人、被告人获得律师辩护的资格在很大程度上由制定法、州最高法院的裁决以及行政规则决定。对此，笔者将从宏观与微观两个层面进行考察：宏观分析着眼于全美总体情况，即分析被告人资格与案件性质的双重标准；微观分析指向具体运用，即评介明尼苏达州公设辩护人制度的受案情况。

（一）被告人资格标准：关于贫困的判定标准和程序的考察

在美国贫困者辩护体系中，贫困是指“虑及案件的特殊情况，公设辩护人判定其依现时或可合理预期之财力，均无法确得法律服务者”。[1] 显然，将贫困标准转化为实际操作准则并非易事。目前，美国绝大多数公设辩护人组织都有明确的判定贫困的正式标准和程序。就贫困判定程序而言，通常情况下，公设辩护人办公室会对当事人进行资格审查，资格决定则取决于法庭的复查，法庭常常是最后的决定者，即初次到庭之前，由公设辩护人判定被告人是否“贫困”；此后则由法庭判定是否“贫困”。实践中，初次到庭经常被当做作出穷困裁定和如果有必要就指定律师的机会。[2] 本部分具体考察判定“贫困”的标准。

---

〔1〕 黄祥睿：《美国公设辩护制度》，裕文实业有限公司1994年版，第14页。

〔2〕 参见［美］爱伦·豪切斯泰勒·斯黛丽、南希·弗兰克：《美国刑事法院诉讼程序》，陈卫东、徐美君译，中国人民大学出版社2002年版，第306页。

20 世纪 80 年代一些司法辖区的公设辩护人组织存在判断被告人是否贫困的标准，只是当时这些标准不够统一和明确。近年来，美国贫困者辩护服务体系已建立了较为完备的贫困判定标准。《2007 年公设辩护人办公室》研究报告指出：每个公设辩护人办公室平均有 6 个标准来判断被告人是否是“贫困的”（indigent）。[1] 当前州立与县立公设辩护人办公室一般都有正式的书面标准，判定是否属于公设辩护人办公室的受援对象。《2007 年州公设辩护人方案》研究报告指出：几乎全部州立公设辩护人项目都按照具体的书面标准来判定贫困。在 22 个州立项目中，常见判定标准有：收入水平（income level）、获得公共援助（receipt of public assistance）、宣誓申请（sworn application）、负债水平（debt level）、居住于公共机构（residence in public institution）、交付保释金或提供保释人的能力（ability to post bail/bond）、未宣誓申请（defendant's unsworn application）、联邦贫困标准（federal poverty guidelines）、法官自由裁量（judge's discretion）以及其他标准等。其中，采用收入水平、获得公共援助、宣誓申请的州数位居前三，22 个州项目中分别有 21、17、16 个州采纳上述标准，[2] 具体参见表 7－6。《2007 年县立和地方公设辩护人办公室》研究报告指出：4/5 的县立公设辩护人办公室按照具体书面标准来判定贫困，县立公设辩护人办公室常见判定标准与州立项目大体一致，居前三位的标准是收入水平（98% 的县立项目采用此标准）、宣誓申请（79% 的县立项目采用

---

〔1〕 Lynn Langton & Donald J. Farole, Jr., U. S. Dep't of Justice, Bureau of Justice Statistics, *Public Defender Offices*, 2007 (2010).

〔2〕 Lynn Langton & Donald J. Farole, Jr., U. S. Dep't of Justice, Bureau of Justice Statistics, *State Public Defender Programs*, 2007 (2010). 新罕布什尔州（New Hampshire）没有采用正式书面标准来判定贫困（indigency）。

此标准）、法官自由裁量（67%的县立项目采用此标准），[1] 具体参见表7-7。

表7-6 2007年美国州立公设辩护人项目贫困判定标准

州	考虑因素的数量	被告的									
		收入水平	获得公共援助	宣誓申请	负债水平	联邦贫困标准	居住于公共机构	法官的自由裁量	未宣誓申请	交付保释金或提供保释人的能力	其他
总数		21	17	16	15	13	11	9	7	6	9
阿拉斯加州	4	×		×	×						×
阿肯色州	7	×	×	×	×	×	×	×			
科罗拉多州	8	×	×	×	×	×	×	×		×	
康涅狄格州	7	×	×		×	×		×	×	×	
特拉华州	6	×	×	×			×	×			×
夏威夷州	6	×	×		×		×		×		×
爱荷华州	4	×		×	×	×					
肯塔基州	8	×	×	×	×	×		×		×	×
马里兰州	6	×	×	×		×	×				×
马萨诸塞州	7	×	×	×	×	×	×			×	

[1] Donald J. Farole, Jr. & Lynn Langton, U. S. Dep't of Justice, Bureau of Justice Statistics, *County - Based and Local Public Defender Offices*, 2007 (2010).

续表

州	考虑因素的数量	被告的									
		收入水平	获得公共援助	宣誓申请	负债水平	联邦贫困标准	居住于公共机构	法官的自由裁量	未宣誓申请	交付保释金或提供保释人的能力	其他
明尼苏达州	7	×	×		×	×	×	×	×		
密苏里州	4	×		×						×	×
蒙大拿州	6	×	×		×	×	×		×		
新罕布什尔州	0										
新泽西州	4	×	×	×	×						
新墨西哥州	6	×	×			×	×		×		×
北达科他州	6	×	×	×	×	×		×			
罗德岛州	7	×	×	×	×	×	×		×		
佛蒙特州	8	×	×	×	×	×	×	×			×
维吉尼亚州	4	×	×	×				×			
威斯康星州	6	×	×	×					×	×	×
怀俄明州	3	×		×	×						

来源：*State Public Defender Programs*，2007（2010）.

表7-7 2007年美国县立公设辩护人办公室贫困判定标准

办公室案件负荷	有正式标准的办公室		用于确定贫困的标准									
	数量(件)	比例(%)	收入水平(%)	宣誓申请(%)	法官的自由裁量(%)	居住于公共机构(%)	负债水平(%)	获得公共援助(%)	联邦贫困标准(%)	未宣誓申请(%)	交付保释金或提供保释人的能力(%)	其他(%)
所有办公室	439	83	98	79	67	66	66	62	62	41	34	16
少于1000件	112	82	98	82	78	64	65	45	49	37	28	20
1000~2500件	113	92	98	81	63	74	63	68	69	36	33	17
2501~5000件	88	85	97	73	64	59	55	63	65	42	32	14
多于5000件	115	75	98	78	64	66	80	72	67	48	38	15

来源：*County - Based and Local Public Defender Offices*, 2007(2010).

上述判定"贫困"的正式标准由实质标准和形式标准（如宣誓申请）构成，设定如此周详的判定标准意欲何为？在笔者看来，这主要基于两方面的原因：一是通过贫困判定标准以应对日益增加的案件量及经费支出，确保将相对有限的辩护服务资源用于真正的贫困犯罪嫌疑人、被告人身上，判定标准从而成为国家控制法律援助成本的调节器。二是判定标准直接影响到私人律师的切身利益，一个更加严格的判定标准，可以防止非贫困者享受公设辩护人的辩护服务，这避免与私人律师争夺案源。正如帕特里克州长指出的，公设辩护服务的资格判定应当进行改革，由目前缓刑部门（probation department）转到新的行政分支机构（executive branch agency）执行，后者由新的"公设律师服务部"（DPCS）管理，这将提高和加强资格判定程序，仅仅那些有资格的被告人才能获得州提供的服务，通过加强对资格判定的控制，“公设律师服务部”的案件总量会减少，应该偿付辩护花费的被告人缴纳的费用总量会增加。〔1〕

实践中，判定“贫困”的标准未必会得到严格执行，“一个人必须贫困才能得到公设辩护人”，但“申请公设辩护人的多数被逮捕的人总是能得到”，〔2〕这主要基于两方面原因：一方面，基于控制成本的考量。审查申请人资格成本过大，甚至高于提供公设辩护人服务成本，因而对资格标准不做严格审查。在一些管辖区，被告人无能力支付律师费用之主张足以使法官指定一名律师，另一些管辖区则要收集和评估有关被告人经济状况的信息资料，以裁定他们获得公设辩护人的资格。〔3〕为何一些司法辖区仅要求被告人向法庭作出“贫困”的誓词就能获得法律援助，而誓词是否属实不予调查？实践中，因为国家进行贫困调查的花费常常高于直接提供法律援助的花费，然而，对“贫困”不作实质调查易导致伪证的频发。对此，有学者指出，基于行政效率的考量，申请表要求申请人经济状况的详细信息，但证实这些信息要比公设辩护人投入多数案件的精力要多，虽然不去证实会使得到公设辩护人的人多一些，但至少没有排除那些应该得到的人。〔4〕另一方面，基于维护被告人权益的考量。实践中，检察官、公设辩护人和多数法官都认为正式的指

---

〔1〕 See Deval L. Patrick & Timothy P. Murray, *FY2012 House 1 Budget Recommendation: Issues in Brief*, available at http://www.mass.gov/bb/hilfy12h1/cxcc_12/hbudbrief22.htm，最后访问日期：2012 年 3 月 12 日。

〔2〕［美］马尔科姆·M. 菲利：《程序即是惩罚——基层刑事法院的案件处理》，魏晓娜译，中国政法大学出版社 2014 年版，第 208 页。

〔3〕 参见［美］爱伦·豪切斯泰勒·斯黛丽、南希·弗兰克：《美国刑事法院诉讼程序》，陈卫东、徐美君译，中国人民大学出版社 2002 年版，第 306 ~ 307 页。

〔4〕［美］马尔科姆·M. 菲利：《程序即是惩罚——基层刑事法院的案件处理》，魏晓娜译，中国政法大学出版社 2014 年版，第 208 ~ 209 页。

导规则太过严格，而且否决一个人免费律师辩护的申请实际上意味着否决了他获得任何律师辩护的申请。因此，他们会忽略收入上限，或者明显低估个人财产。公设辩护人一般也不愿就收入或财产问题提问，或者对一些收入或财产方面的模棱两可或者不一致的回答提出质疑，他们感觉这么做会产生怀疑和敌意，这样就无法得到他们的委托人充分的信任。[1]

（二）案件性质标准：关于受理案件性质的考察

在美国，犯罪可分为轻罪与重罪。一般而言，最高刑期为1年以上监禁刑的犯罪属于重罪（felony），其余属于轻罪（misdemeanor）。当然，若各州对重罪与轻罪存在不同立法规范，必将影响公设辩护人制度的受案范围，其案件数量也会相应改变。例如，A州将1年半以下的监禁刑的罪定义为轻罪，B州则将3个月以下的监禁刑的罪定义为轻罪，无疑，上述两个州重罪与轻罪的贫困率将会有极大的差异。

根据美国有关司法判例，即便是轻罪案件中的贫困被告人，只要未聘请律师，国家就有义务为其免费提供辩护服务。因此，公设辩护人制度受案范围既包括轻罪案件，也包括重罪案件。《2007年公设辩护人办公室》研究报告显示：轻罪案件约占州立公设辩护人办公室案件总量的40%，约占县立公设辩护人办公室案件总量的50%。[2] 具体参见表7-8和表7-9。

---

〔1〕 参见［美］马尔科姆·M. 菲利：《程序即是惩罚——基层刑事法院的案件处理》，魏晓娜译，中国政法大学出版社2014年版，第208~209页。

〔2〕 Lynn Langton & Donald J. Farole, Jr., U. S. Dep't of Justice, Bureau of Justice Statistics, *Public Defender Offices*, *2007* (2010).

表7-8 2007年美国州立公设辩护人项目案件受理情况

案件总数	等效全职律师数量	死刑案件数量	重罪（非死刑）案件			轻罪案件			上诉案件		
			数量	占总数比例	每位等效全职律师案件负荷	数量	占总数比例	每位等效全职律师案件负荷	数量	占总数比例	每位等效全职律师案件负荷
1 491 420	4321	436	378 400	25%	88	575 770	40%	133	10 760	1%	3

来源：Public Defender Offices，2007（2010）.

表7-9 2007年美国县立公设辩护人办公室案件受理情况

办公室类型和案件负荷	办公室数量	案件总数	等效全职律师数量	死刑案件数量	重罪（非死刑）案件			轻罪案件			上诉案件		
					数量	占总数比例	每位等效全职律师案件负荷	数量	占总数比例	每位等效全职律师案件负荷	数量	占总数比例	每位等效全职律师案件负荷
所有县立办公室	530	4 081 030	10 705	1210	1 231 435	30%	100	2 067 403	49%	146	20 183	-	-

来源：*Public Defender Offices*，2007（2010）.

（三）双重标准的具体应用：以明尼苏达州为例

在明尼苏达州，获得律师帮助权是受宪法保护的权利，州法对获得公设辩护服务的贫困标准及案件性质类型有明文规定。一是关于贫困标准。州法规定了每个司法辖区的地区公设辩护人应当审查代理的请求，被告人属于贫困的情形包括：依靠政府补助生活的被告人、被告人的流动资产和当前收入相加的财产尚不能支付所在司法辖区私人律师收取类似案件的合理费用等。二是关于案件类型。

州法规定下列案件中的贫困被告人应获得律师帮助权：被指控重罪、严重的轻罪（gross misdemeanor）或者轻罪的人；因被判定重罪或严重的轻罪而上诉的人，或者被判定重罪或严重的轻罪而寻求定罪后程序和未进行直接上诉的人；因撤销缓刑、假释等而举行听证的；少年法庭（juvenile court）审理10周岁或10周岁以上的未成年人的等。[1] 当符合上述两个条件时，贫困被告人可以获得公设辩护。

近年来，一些司法辖区开展了公设辩护人制度受案范围的改革。在明尼苏达州达科他县（Dakota County），由于2009～2010财年的预算减少，该县公设辩护人办公室遭遇了额外裁员和资源流失，县地区法院设立一个试点项目，以确保公设辩护人办公室的律师不会被错误地指派给有经济能力聘请私人律师的被告人。试点项目实行三个制度性的变革，以确保被给予公设辩护人服务的申请人是真正符合条件的：一是采纳新的“审查程序”以保证申请人提供的经济信息的完整性和准确性；二是如果申请人没有获得过按经济状况调查结果支付的政府补助，试点项目设立了统一的程序以确定申请人有无经济能力支付私人律师收取的合理费用；三是试点项目为享有公设辩护人代理资格的申请人设立了统一的补偿费用表，以补偿公设辩护人的代理花费。试点项目对该县法院调查员（collector）进行培训，以提高其对经济申请进行彻底审查以及与申请者进行面对面访谈的能力；另外，揭示的经济信息被认为是个人隐私，需在地区法院进行资格确定后销毁。在达科他县，由法官和公设辩

〔1〕 See Minn. Stat. § 611.17（2008 & Supp. 2009）；Minn. Stat. § 629.01－29；Minn. Stat. § 609.14；Minn. Stat. § 260B.163，subd. 4；Minn. Stat. § 260C.163，subd. 3；Randall J. Slieter & Elizabeth M. Randa，“The Minnesota Public Defender System：A Change of Governance Should Occur for the State to Effectively Fulfill Its Constitutional Obligation”，*William Mitchell Law Review*，37（2011），pp. 609～610.

护人一起设定收入标准，并与指控的严重程度相结合，来帮助判定申请人是否享有公设辩护人辩护资格，按照这些标准，被指控轻罪的申请人工作1小时的收入最多可达12美元，或者被指控重罪的申请人工作1小时的收入最多可达20美元，被认为具有公设辩护人代理资格。[1]

总之，在美国各司法辖区，公设辩护人制度受案范围的立法和实践存在一些差异，尤其是关于贫困判定标准多有不同。不过，一些法律专家认为，这些标准不得危及宪法第六及第十四修正案赋予被告人的宪法性权利。

（四）公设辩护人制度在贫困者辩护体系中的地位：以受案数量为中心

公设辩护人制度在美国贫困者辩护体系中占有主导地位。1996年全美75个人口最多的县中，公设辩护人、指定律师、私人律师、自我（pro se）代理或其他形式代理重罪案件的比例分别为：68.3%、13.7%、17.6%、0.4%。1998年联邦重罪案件中被告人的辩护代理情况为：联邦辩护人组织、政府付费律师、私人律师、自我代理（self representation）分别代理总案件数的30.1%、36.3%、33.4%、0.3%；联邦轻罪案件中被告人的辩护代理比例依次为25.5%、17.4%、18.7%、38.4%。[2] 1999年美国人口最多的100个县共受理近420万件贫困被告人案件，其中，公设辩护人制度受理近350万件、指定律师制度受理近62万件、合同律师

---

〔1〕 See William L. Bernard, " Something's Gotta Give: Minnesota Must Revise Its Procedures for Determining Eligibility for Appointment of Public Defenders", *William Mitchell Law Review*, 37 (2011), pp. 645～646; Office of the Legislative Auditor, State of Minnesota, *Evaluation Report Summary: Public Defender System*, 2010.

〔2〕 See Caroline Wolf Harlow, U. S. Dep't of Justice, Bureau of Justice Statistics, *Defense Counsel in Criminal Cases*, 2000.

制度受理 14 多万件，三种方案受理的案件数分别占案件总数的 82%、15%、3%。[1] 由此观之，在县级层面，重罪案件主要通过公设辩护人制度受理，在一定程度上反映了该方案在县级层面获得的认可；在联邦层面，无论是重罪案件，还是轻罪案件，公设辩护人制度与其他方案受理案件的比例大体相当。

事实上，公设辩护人制度在贫困者辩护服务中的主导作用只是整体概况，若具体考察各州情况，仍有较大差异。1999 年，马萨诸塞州公设辩护人项目处理了该州大约 20 多万件贫困者辩护案件中 3% 的案件，而指定律师处理了其他 97% 的案件。康涅狄格州公设辩护人项目处理了该州 6 万多件贫困者辩护案件中 87% 的案件，指定律师与合同制律师分别处理总案件数的 1% 和 11%。[2] 新泽西州公设辩护人处理了全部刑事案件中大约 80% 的案件，尤其在一些存在大量贫困人口的城市区域，诸如纽瓦克（Newark）、帕特森（Paterson）、泽西城（Jersey City）和卡姆登（Camden）等地，公设辩护人为 90% 的刑事被告人提供了辩护。[3] 2007 年怀俄明州公设辩护人项目受理的案件中 92% 都是轻罪和违反条例（ordinance violation）案件。马萨诸塞州公设辩护人组织受理的大部分（占到 76%）都是重罪非死刑（felony non - capital）案件，该州轻罪案件

〔1〕 See Carol J. DeFrances & Marika F. X. Litras, U. S. Dep't of Justice, Bureau of Justice Statistics, *Indigent Defense Services in Large Counties*, 1999 (2000).

〔2〕 See Carol J. DeFrances, U. S. Dep't of Justice, Bureau of Justice Statistics, *State - Funded Indigent Defense Services*, 1999 (2001); Lynn Langton & Donald J. Farole, Jr., U. S. Dep't of Justice, Bureau of Justice Statistics, *State Public Defender Programs*, 2007 (2010).

〔3〕 See Paul B. Wice, *Public Defenders and the American Justice System*, Westport: Praeger, 2005, p. 43.

则由州指定律师（state - assigned counsel）来处理。[1]

二、英国等国家公设辩护人制度受案范围述评

目前，公设辩护人制度在世界内得到广泛应用，本部分将简要考察英国等国家公设辩护人制度的受案范围。

英国试行公设辩护人服务初期，公设辩护人办公室一般仅受理一些轻微犯罪案件，运作几年后，开始受理一些较为严重的犯罪案件。苏格兰公设辩护律师办公室开始试行时，被限定只能受理简易程序的案件。2000 年 7 月之后，办公室开始受理陪审团审判的案件。[2] 2007 ~ 2008 年，苏格兰所有公设辩护律师办公室的案件涉及领域广泛，包括适用普通程序和简易程序的案件，最常涉及的案件包括道路交通安全行为（road traffic acts）、扰乱治安（breach of the peace）和故意伤害（assault）等三类案件。[3] 同样，英格兰与威尔士在公设辩护人服务试点初期，公设辩护人办公室受理案件在严重性与复杂性上要低于私人执业律师，这意味着公设辩护人办公室不会参与刑事法院（Crown Court）案件中花费最高的案件，更关注来自警察局（Police Station）、治安法院（Magistrates' Courts）等案件。不过，这种情况逐渐得到改观。在运行一段时间后米德尔斯布勒、斯旺西的公设辩护人办公室处理的案件比私人执业律师更为严重和复杂；切尔滕纳姆公设辩护人办公室设立了刑事法院专家组。目前，公设辩护人适用范围广泛，从警察局到最高法院，尤其

---

〔1〕 See Lynn Langton & Donald J. Farole, Jr. , U. S. Dep't of Justice, Bureau of Justice Statistics, *State Public Defender Programs*, 2007 (2010).

〔2〕 See Tamara Goriely, "Evaluating the Scottish Public Defence Solicitors' Office", *Journal of Law and Society*, 30 (2003), p. 86.

〔3〕 See The Scottish Executive, *Providing Criminal Legal Assistance by Means of Solicitors Directly Employed by the Scottish Legal Aid Board: A Report on the Progress of the Feasibility Study*, 2008.

在私人律师较少的地方，其作用更为凸显。英国公设辩护人服务试行初期案件总量少且多以轻微犯罪案件为主。在笔者看来，最为重要的原因是，英国试行公设辩护人服务遭到社会各界质疑，试行初期不被民众认同，案件来源受到一定的限制，贫困者辩护服务主要还是通过合同制的私人律师来完成。

在瑞典，公设辩护律师受案范围有明确的立法规定。根据《瑞典诉讼法典》第 21 章“嫌疑人及其辩护”之第 3a 条规定：“被逮捕或拘留的嫌疑人提出申请的，应为其指定一名公设辩护律师。依法应处 6 个月以上监禁刑罚犯罪的嫌疑人提出申请的，也应为其指定一名公设辩护律师。具有以下情形之一的，也应为其指定一名公设辩护律师：嫌疑人在接受犯罪调查时需要辩护律师在场；在考虑选择何种制裁方式时需要辩护律师在场，且有理由判处罚金或附条件之刑之外的刑罚或并处该类刑罚；有其他涉及嫌疑人个人情况或诉讼标的的方面的特殊理由。”可见，瑞典公设辩护律师可以在侦查程序介入，并且可能被判处 6 个月以上监禁刑的犯罪嫌疑人即可以申请法庭指定公设辩护律师，这有利于实现犯罪嫌疑人、被告人的律师辩护权。

在南非，公设辩护人主要处理在初审与上诉阶段享有法律代理的宪法性权利的被指控者的刑事案件，而不论是何种犯罪。〔1〕

三、台湾地区公设辩护人制度受案范围述评

我国台湾地区“刑事诉讼法”深受大陆法系传统的影响，〔2〕

---

〔1〕 See David McQuoid - Mason, “The Supply Side: The Role of Lawyers in the Provision of Legal Aid—Some Lessons from South Africa”, in Northwestern University, *Access to Justice in Africa and Beyond : Making the Rule of Law a Reality*, Ntl Inst for Trial Advocacy, 2007, p. 104.

〔2〕 当前台湾地区“刑事诉讼法”朝当事人主义方向改革，但不可否认，其“刑事诉讼法”还存在许多大陆法系的制度，如发源于德国的强制辩护。

其公设辩护人制度受案范围与强制辩护制度结合在一起，可谓颇具特色。

（一）公设辩护人制度受案范围

根据台湾地区“刑事诉讼法”第31条第1项、第455－5条第1项以及“公设辩护人条例”第2、3条的规定，台湾地区公设辩护人受案范围主要包括如下九类：①最轻本刑为3年以上有期徒刑案件，于审判中未经选任辩护人者；[1] ②“高等法院”管辖第一审案件，于审判中未经选任辩护人者；③被告人因智能障碍无法为完全之陈述，于审判中未经选任辩护人者；④被告人具原住民身份，经依通常程序起诉或审判者，于审判中未经选任辩护人者；[2] ⑤被告人为低收入户或中低收入户而申请指定者，于审判中未经选任辩护人者；⑥其他审判案件，审判长认有必要者；⑦上述第一类至第六类案件选任辩护人于审判期日无正当理由而不到庭者；⑧协商之案件，被告人表示所愿受科之刑逾有期徒刑6月，且未受缓刑宣告，其未选任辩护人者；⑨“最高法院”命行辩论之案件，被告人因无资力选任辩护人者，得申请“最高法院”指定下级法院公设辩护人为其辩护。[3]

上述案件类型属于强制辩护案件。其中，第七类案件属于选任

[1] 1967年修法时，将原法规定5年以上有期徒刑的案件改为现行3年以上有期徒刑的案件，这无疑扩大了公设辩护人制度的受案范围。

[2] 该类型为2014年修法时新增。

[3] 该类型为2004年修法时新增。

辩护人转由公设辩护人辩护的情形。[1] 在台湾地区，公设辩护人制度适用于强制辩护案件，但并非所有强制辩护案件中的被告人为贫困者，如果被告人有资力亦可自行聘请律师进行辩护。然而，在强制辩护案件中，选任辩护人一旦于审判期日无正当理由而不到庭者，审判长应当为被告人指定公设辩护人。在第八类“协商之案件”，法院应指定公设辩护人或者律师为辩护人，协助被告人进行协商；其他类型案件审判长应指定公设辩护人或者律师为被告人辩护。实践中，台湾地区公设辩护人受理的案件大多是被告人所犯为最轻本刑3年以上徒刑之重罪或本身是智障者或本身无资力而法官认为有必要代为辩护的强制辩护案件，90%以上都是有罪的被告人，案情复杂、凶残等程度，往往是一般律师所不愿意接受委任的。[2] 可见，台湾地区公设辩护人主要作为强制辩护案件中的辩护人。

（二）公设辩护人制度与强制辩护之关系

作为大陆法系的基本概念与制度，所谓强制辩护，从一般意义上而言，是指在刑事诉讼程序中，国家有义务为某些特定案件（如性质严重的或者被追诉者欠缺辩护能力的案件）中的犯罪嫌疑人、

---

〔1〕 选任辩护对应的是指定辩护，二者主要区别在于辩护人产生方式之差异。在台湾地区，选任辩护人之产生由“刑事诉讼法”第27条规范，即“被告得随时选任辩护人。犯罪嫌疑人受司法警察官或司法警察调查者，亦同。被告或犯罪嫌疑人之法定代理人、配偶、直系或三亲等内旁系血亲或家长、家属，得独立为被告或犯罪嫌疑人选任辩护人。被告或犯罪嫌疑人因智能障碍无法为完全之陈述者，应通知前项之人得为被告或犯罪嫌疑人选任辩护人。但不能通知者，不在此限”。指定辩护之产生由“刑事诉讼法”第31条规范，其包括两种情形：一是在审判中，被告人未经选任辩护人者，审判长应指定公设辩护人或律师为其辩护；二是在侦查程序中，被告人或犯罪嫌疑人因智能障碍无法为完全之陈述或具原住民身份者，于侦查中未经选任辩护人，检察官、司法警察官或司法警察应通知依法设立之法律扶助机构指派律师到场为其辩护。

〔2〕 参见黄美珠：“公设辩护人　重刑犯的菩萨”，载《自由新闻报》2003年12月28日。

被告人指定辩护人，否则，在无辩护人参与下的该诉讼活动将得到法律上的否定性评价。[1]强制辩护制度与英美法系的公设辩护制度[2]存在重要的区别，有学者指出："就沿革而言，强制辩护制度乃源于大陆法系，以法院为主体，其目的着重在法院审理案件之效率及合法性，故重大案件需有辩护人在场始得审理；相对地，公设辩护制度系源于英美法系，以当事人为主体，重在被告防御权的保障及程序之正当性，不以审判阶段为限。同时前者系以案件为区分标准，被告并无放弃接受强制辩护之余地；后者重在被告本身，该项权利可以放弃。"[3]英美法系与大陆法系不同的诉讼体制对公设辩护制度与强制辩护制度产生了深远影响，在一定程度上，公设辩护制度的产生根源在于保障贫困者的律师辩护权，犯罪嫌疑人、被告人仍然享有较强的选择权与自主权；而强制辩护制度的产生根源在于审判程序的合法性，即一个公正的刑事审判要求审理过程必须有律师的参与及在场。然而，无论是英美法系的刑事诉讼程序强调保障犯罪嫌疑人、被告人之权益，还是大陆法系的刑事诉讼程序强调维护司法之正义，二者本质上是同构的，因为一个公正的司法审

---

〔1〕 强制辩护相对应的概念是任意辩护，任意辩护是指由被追诉者自己决定是否要选任辩护人的辩护，两者主要区别在于：辩护人是否出庭的法律效果不同。在强制辩护案件中，如无辩护人到庭，不得审判，否则此判决当然违背法令；在任意辩护案件中，被追诉者没有选任辩护人或者虽选任而辩护人没有到庭的，此种情形下的判决并不违背法令。但是，在任意辩护案件中，如果已经指定了辩护人（如其他审判案件，低收入户被告未选任辩护人而声请指定，或审判长认有必要者），则此时任意辩护转变成为强制辩护，辩护人未经到庭，而径行审判的，其判决当然违背法令。参见黄朝义：《刑事诉讼法》，新学林出版股份有限公司 2009 年版，第 87 页；张丽卿：《刑事诉讼法理论与运用》，五南图书出版股份有限公司 2010 年版，第 133～134 页。有关台湾地区强制辩护制度论述请参见吴羽："台湾地区强制辩护制度述评"，载《法治研究》2011 年第 11 期。

〔2〕 本处所指"公设辩护"是广义上的概念，即指所有贫困者辩护服务。

〔3〕 陈运财：《刑事诉讼正当之法律程序》，月旦出版社 1998 年版，第 386～387 页。

判即意味着犯罪嫌疑人、被告人享有充分的律师辩护权，同样，保障刑事诉讼活动中的犯罪嫌疑人、被告人的律师辩护权也意在追求司法公正，以此证明审判活动的正当性。

在台湾地区，公设辩护人制度是为了实现刑事诉讼中的强制辩护而存在的，在某种程度上，强制辩护是目的，公设辩护人制度是手段或实施机制。值得进一步探讨的是，基于强制辩护理论，有学者对“被告为低收入户或中低收入户而声请指定者，于审判中未经选任辩护人者”是否属于强制辩护案件类型存有异议。黄朝义教授认为：“低收入户被告未选任辩护人而声请指定，审判长认有必要者，并非属于强制辩护案。”[1] 在笔者看来，“被告为低收入户或中低收入户”（即贫困被告人）需要法庭指定辩护律师的理论基础有别于强制辩护：国家为贫困被告人指定辩护律师，目的在于避免因贫富差距而导致司法差别待遇；强制辩护是基于案件本身特性，如重罪案件或者被告人缺乏必要辩护能力的案件，如果此类案件无辩护人参与，则有悖于人权保障以及审判公平。[2] 因此，对于强制辩护案件，无论被告人是否贫困，只要没有选任辩护人，就应当为其指定辩护律师，否则将会得到否定性评价。台湾地区“刑事诉讼法”规定，审判阶段“无辩护人到庭者的，不得审判”，否则“其判决当然违背法令”；[3] 侦查阶段无辩护律师参与，采取的羁

[1] 黄朝义：《刑事诉讼法》，新学林出版股份有限公司2009年版，第87页。

[2] 台湾地区有司法判例认为设置强制辩护的理由是：“刑事强制辩护制度，所以保护被告之利益，维护审判之公平而设。”

[3] 关于违反审判程序强制辩护法律效果，根据台湾地区“刑事诉讼法”第284条规定：“第31条第1项所定之案件无辩护人到庭者，不得审判。但宣示判决，不在此限。”第379条第7项规定：“依本法应用辩护人之案件或已经指定辩护人之案件，辩护人未经到庭辩护而径行审判者，其判决当然违背法令。”

押将被认定违背法令而应被撤销、取得的陈述不得为证据。[1] 可见，二者的理论基础有所不同。因此，台湾地区公设辩护人制度适用案件类型是基于两种考量：一是基于人权保障与审判正义考虑，体现在除"被告为低收入户或中低收入户"之外的其他强制辩护案件；二是基于司法平等考虑，体现在"被告为低收入户或中低收入户"之案件。

概言之，公设辩护制度与强制辩护制度侧重点有所不同，但归根结底，它们都旨在通过保障犯罪嫌疑人、被告人获得律师有效的帮助，以保障基本人权及维护审判公平。[2] 就此而言，英美法系与大陆法系在具体刑事诉讼制度及程序的设计上有所不同，各具千秋，但它们的精神实质是相同的。

那么，我国台湾地区公设辩护人制度受案范围与美国是否类似，也是基于贫困标准与案件性质双重条件？在笔者看来，二者有所区别。在美国，经济条件与案件性质条件缺一不可；在台湾地区，二者是分离的。申言之，其一，除"被告为低收入户或中低收入户"之外的其他强制辩护案件不要求被告人为贫困者，如遇此类

---

〔1〕 关于侦查程序强制辩护法律效果，王兆鹏教授认为："若检察官未为智能障碍之被告指定辩护人，其在检察官侦讯之陈述，应依自白之预防性或吓阻性理由而排除之。因无指定辩护人，而在侦查中遭受羁押，应类推适用第 379 条第 7 项的规定，认为该羁押之裁定违背法令而应撤销。被告在羁押过程中所作陈述，应以违法羁押为理由，而依第 156 条第 1 项规定不得为证据。"参见王兆鹏：《刑事诉讼讲义》，元照出版有限公司 2010 年版，第 439 页。可见，违反侦查程序强制辩护法律效果分为两种情形：其一，如果违反侦查程序强制辩护而采取的羁押，则该羁押将被认定为违背法令而应被撤销，即适用第 379 条第 7 项的规定；其二，如果违反侦查程序强制辩护而取得的陈述，则不得为证据，即适用第 156 条第 1 项的规定。另外，台湾地区"刑事诉讼法"第 156 条规定："被告之自白，非出于强暴、胁迫、利诱、诈欺、疲劳讯问、违法羁押或其他不正之方法，且与事实相符者，得为证据。"不过，根据台湾地区"刑事诉讼法"第 31 条、"公设辩护人条例"第 2、3 条的规定，公设辩护人仅在审判阶段介入刑事案件，关于侦查程序强制辩护案件，由检察官指定律师为犯罪嫌疑人辩护。

〔2〕 吴羽："论强制辩护——以台湾地区为中心及对大陆相关立法之借鉴"，载《西部法学评论》2011 年第 5 期。

案件，被告人未选任辩护人，审判长必须指定公设辩护人或律师为被告人辩护，此种情形下，被告人是否贫困在所不问；其二，“被告为低收入户或中低收入户而声请指定者，于审判中未经选任辩护人者”，可以申请审判长指定公设辩护人或者律师，此种情形下，也不要求“低收入户或中低收入户”的被告人所涉案件性质如何，即此类被告人所涉案件不要求属于台湾地区“刑事诉讼法”第31条规定强制辩护案件为本刑在3年以上之案件。显然，造成上述区别的关键是：大陆法系与英美法系司法制度差异所致，但两大法系下的公设辩护人制度都是为了保障犯罪嫌疑人、被告人的律师辩护权，若以此来看，二者殊途同归。

四、公设辩护人制度案件负荷量考察及其反思

目前，采行公设辩护人制度的国家和地区大多面临公设辩护人案件负荷量（workload）过重的问题，[1] 由此带来诸多负面影响，尤其是损害了犯罪嫌疑人、被告人的合法权益。

（一）美国公设辩护人案件负荷量考察

显然，案件负荷比其他变量更直接影响到一个辩护人办公室的生产率（productivity）和有效性（effectiveness），如果律师承担太多的案件，他们不可能做得太好。因此，美国一些全国或地方性的规范性文件设立了“案件负荷标准”（workload standards），该标准旨在评估一位律师能够有效处理的平均案件数量。[2] 1973年美国“全国刑事审判标准及目标咨询委员会”（NAC）制定了第一个全国性标准，该委员会认为一个公设辩护人办公室的案件负荷不能超

〔1〕 英国试行公设辩护人服务后，并没有遭遇案件负荷过重的问题，相反却经历了案件量不足的问题，由此导致办案成本较之私人律师模式要高。

〔2〕 See Neal Miller, *Compendium of Standards for Indigent Defense Systems: A Resource Guide for Practitioners and Policymakers* (2000).

过如下标准：每位律师每年的重罪案件不得超过150件、轻罪案件（不包括违反交通罪）不得超过400件、少年法庭案件不得超过200件、精神保健法案件不能超过200件、上诉案件不能超过25件。[1] 如果辩护律师仅仅处理上述其中一类案件，这些标准便是其所能处理的最大数量；如果一位公设辩护人被指派超过一种以上类型的案件，应该估算每种类型所占最大案件负荷的比例，相加的总和一般不得超过100%。根据全国标准，20世纪90年代，美国多个州设立了自己的"案件负荷标准"。[2]

然而，至20世纪90年代，美国很多司法辖区的公设辩护人案

---

〔1〕 See National Advisory Commission on Criminal Justice Standards and Goals, *Report of the Task Force on the Courts*, 1973.

〔2〕 明尼苏达州州公设辩护人办公室（Office of the State Public Defender）建议每位全职律师每年的案件负荷量为：重罪案件100~150件、严重的轻罪250~300件、轻罪400件。See Minnesota Office of the State Public Defender, *Caseload Standards for District Public Defenders in Minnesota*, 1991. 佐治亚州贫困辩护委员会（Indigent Defense Council）建议每位全职公设辩护人案件负荷不得超过：每年150件重罪案件或300件轻罪案件或250件少年犯罪案件或25件上诉案件。See Georgia Indigent Defense Council, *Guidelines for the Operation of Local Indigent Defense Programs*, 1999. 印第安纳州公设辩护人委员会（Public Defender Commission）关于公设辩护人案件负荷的规定更为详尽，并且与是否具备充足的支持性职员相结合，具体而言：在重罪案件中，每4名律师配备1名律师助理、1名调查员、1名秘书；在轻罪案件中，每五名律师配备1名律师助理、每6名律师配备1名调查员和1名秘书。如果不能够配有上述支持性职员，全职公设辩护人案件负荷标准分别为：非死刑谋杀和所有重罪案件为120件、非死刑谋杀和重罪ABC级案件为100件、重罪D级案件为150件、轻罪案件为300件、青少年犯罪案件为200件、其他（如缓刑违规、藐视罪、引渡）案件为300件。如果能够配有上述支持性职员，全职公设辩护人案件负荷标准分别为：非死刑谋杀和所有重罪案件为150件、非死刑谋杀和重罪ABC案件为120件、重罪D案件为200件、轻罪案件为400件、重罪D和轻罪案件为300件、其他（如缓刑违规、藐视罪、引渡）案件为400件。See Indiana Public Defender Commission, *Standards for Indigent Defense Services in Non-Capital Cases*, 1995. 至2007年，美国有一半的州立公设辩护人办公室（State-Based Public Defender Office）有正式的案件负荷限制。See Lynn Langton & Donald J. Farole, Jr., U. S. Dep't of Justice, Bureau of Justice Statistics, *Public Defender Offices*, 2007 (2010).

件负荷量大大超过全国标准。贫困者辩护服务的预算不断削减，公设辩护人案件负荷量却呈逐年上升趋势，公设辩护人案件负荷量已达到了惊人的程度，笔者试举例如下：

1991 年，田纳西州诺克斯县（Knox County）公设辩护人案件负荷是全国性标准的 5 倍。1992 年，佛罗里达州戴德县（Dade County）公设辩护人处理的青少年案件的数量是建议数量的 2 倍。1993 年和 1994 年，康涅狄格州公设辩护人案件负荷几乎是建议最大数量的 3 倍。1995 年，加利福尼亚州橙县（Orange County）平均案件负荷为 610 件。[1]

2001 年，内华达州克拉克县（Clark County）公设辩护人办公室青少年案件量大约为“全国刑事审判标准及目标咨询委员会”建议最高限额的 7 倍，青少年案件部中的两位律师每位的案件负荷接近 1500 件。明尼苏达州第九司法辖区覆盖 17 个县，是该州案件负荷量最高的地区，该辖区首席公设辩护人不得不处理律师的辞职问题，一年有 8 位律师辞职，并声称没有额外的经费，其中，每位公设辩护人每年处理的案件超过 900 件。2004 年，维吉尼亚州费尔法克斯县（Fairfax County）公设辩护人代理的当事人超过 8000 人，每位律师案件负荷超过 400 件。2004 年，肯塔基州公设辩护人办公室平均每位律师案件负荷为 489 件，16 个办公室的案件负荷在 500 ~ 600 件之间，另有一个办公室登记的平均案件负荷超过 600 件。[2]

2004 年《吉迪恩承诺的背弃：美国继续追求平等正义》研究报告指出：一些司法辖区公设辩护人案件负荷过重。“纽约州辩护

---

〔1〕 See Susan Herlofsky & Geoffrey Isaacman, “Minnesota's Attempts to Fund Indigent Defense: Demonstrating the Need for a Dedicated Funding Source”, *William Mitchell Law Review*, 37 (2011), p. 582.

〔2〕 See Mary Sue Backus & Paul Marcus, “The Right to Counsel in Criminal Cases, A National Crisis”, *Hastings Law Journal*, 57 (2006), pp. 1055 ~ 1057.

人协会”(New York State Defenders Association)负责人指出,该州一些地方案件负荷问题很严重,有律师每年处理案件达 1000 件、1200 件甚至 1600 件。多年来,宾夕法尼亚州急速增长的案件负荷并没有伴随着律师及资源的相应增长,某个县公设辩护人办公室的案件负荷在 1980 年是 4172 件,2000 年同样数量的律师处理的案件估计在 8000 件。2002 年,马里兰州巴尔的摩(Baltimore)公设辩护人在任何特定时间里都要处理 80 ~ 100 件待决重罪案件。[1]

2008 年,密苏里州州公设辩护人办公室负责人指出:目前的体系 8 年来没有增加专职律师,然而案件数量每年以 12 000 件的速度增加。[2]

2008 年,德克萨斯州的《达拉斯县公设辩护人报告:上诉分庭和案件负荷标准》(Review of Dallas County Public Defender: Appellate Division and Caseload Standards)指出:达拉斯县(Dallas County)规定了助理公设辩护人每月处理新案件的最低数量标准,要求被指派到县刑事法院(County Criminal Courts)的律师每月处理 100 件新的轻罪案件,相当于每年处理 1200 件指派案件;对被指派到地区法院(District Court)的律师每月处理 40 件重罪案件,或者每年处理 480 件指派的新案件。[3]

2009 年,美国全国律师辩护权委员会(National Right to Counsel Committee)公布的《拒绝正义:美国继续忽视我们律师辩护的宪法权利》(Justice Denied: America's Continuing Neglect of Our Con-

〔1〕 American Bar Association Standing Comm, On Legal Aid and Indigent Defendants, *Gideon's Broken Promise: America's Continuing Quest for Equal Justice*, 2004, pp. 17 ~ 18.

〔2〕 See Erik Eckhold, "Citing Workload, Public Lawyers Reject New Cases", *N. Y. Times*, 2008, 11 (8): A1.

〔3〕 Wesley Shackelford, Special Counsel, Task Force on Indigent Defense, *Review of Dallas County Public Defender: Appellate Division and Caseload Standards*, 2008, p. 7.

stitutional Right to Counsel）研究报告指出：2006 年，内华达州克拉克县平均每位公设辩护人案件负荷为 364 件重罪和严重的轻罪案件；沃肖县（Washoe County）则为 327 件重罪和严重的轻罪案件。2008 年 5 月，由于办公室案件负荷过多，田纳西州诺克斯县公设辩护人请求法庭许可拒绝轻罪案件，一位律师称，有 240 件未决案件，其中 144 件是重罪案件；另一位律师称，2008 年头两个月，她已经为 151 位当事人提供代理，平均每天约 14 位；2006 年，该办公室 6 位轻罪案件代理律师处理了 1 万多件案件，每件案件处理时间少于 1 小时。肯塔基州"公设律师部"（Department of Public Advocacy，DPA）报称，案件负荷平均每年以 8% 的速度增长，2008 年立法机关指示，在下一财年削减该机构 100 万美元的预算，然而，2008 年夏天，公设辩护人案件负荷已经超过"全国刑事审判标准及目标咨询委员会"标准的 40%，每件案件律师所用时间少于 4 小时，公设律师部不得不缩减他们的服务。2009 年，佛罗里达州戴德县有证据显示，过去三年平均每位公设辩护人处理的重罪案件已经从 367 件上升至 500 件，轻罪案件从 1380 件上升至 2225 件，尽管如此，公设辩护人办公室的预算在过去两年削减了 12.6%。[1]

2009 年，罗德岛州公设辩护人办公室每位公设辩护人的年平均案件负荷为轻罪 1517 件，重罪 239 件。[2]

2009 年，美国司法部长（Attorney General）埃里克·霍尔德（Eric Holder）指出，田纳西州一个县的公设辩护人办公室有 6 个律师，他们一年处理 1 万件以上的轻罪案件。[3]

---

〔1〕 National Right to Counsel Committee, Constitution Project, *Justice Denied: America's Continuing Neglect of Our Constitutional Right to Counsel*, 2009, pp. 4, 50, 68.

〔2〕 Talia Buford, R. I, "Public Defender Looks to Lighten Load", *The Providence J*, 2009, 4 (20).

〔3〕 Stephen J. Schulhofer & David D. Friedman, "Reforming Indigent Defense: How Free Market Principles Can Help to Fix a Broken System", *Policy Analysis*, 666 (2010), p. 2.

2010 年公布的《2007 年州公设辩护人方案》研究报告显示：1999 年设有州公设辩护人项目（State Public Defender Program）的 17 个州中，刑事案件负荷量在 1999～2007 年间总计增长了 20%。[1]

2010 年公布的《2007 年公设辩护人办公室》研究报告显示：全美 15 026 名等效全职诉讼律师（FTE litigating attorneys）一共受理了 550 多万件案件，平均每位律师一年受理 370 件案件。[2] 其中，县立公设辩护人办公室的律师每年受理的案件量要高于州立公设辩护人项目的律师，具体而言：2007 年州立公设辩护人项目共有 4321 名等效全职诉讼律师一共受理了近 150 万件案件，平均每位律师每年处理 345 件；县立公设辩护人办公室共有10 705名等效全职诉讼律师一共受理了 400 多万件案件，平均每位律师每年处理 381 件。

（二）台湾地区公设辩护人案件负荷量考察

我国台湾地区公设辩护人制度同样面临着“案多人少”的问题。自 1995 年起，台湾地区“高等法院暨分院”公设辩护人维持在 10 人左右，台湾地区“地方法院”公设辩护人则维持在 40 人左右。[3] 然而，每位公设辩护人案件负荷量是巨大的。其一，在台湾地区“高等法院暨分院”层面，根据表 7－10 所示，“高等法院

---

〔1〕 Lynn Langton & Donald J. Farole, Jr. , U. S. Dep't of Justice, Bureau of Justice Statistics, *State Public Defender Programs*, 2007 (2010).

〔2〕 Lynn Langton & Donald J. Farole, Jr. , U. S. Dep't of Justice, Bureau of Justice Statistics, *Public Defender Offices*, 2007 (2010).

〔3〕 1995～2010 年台湾地区“高等法院暨分院”公设辩护人的人数，除 1995 年为 7 名、1998 年为 11 名、2000 年为 9 名外，其余年份均为 10 名。参见台湾地区“司法院”统计处：《司法统计提要》（2003 年）；台湾地区“司法院”统计处：《司法统计年报》（2010 年）。台湾地区“地方法院”公设辩护人的人数，1994 年为 36 名、1995 年为 37 名、1996 年和 1997 年为 34 名、1998 年为 36 名、1999 年和 2000 年为 35 名、2001 年为 41 名、2002 年和 2003 年为 40 名、2004 年为 41 名、2005 年为 42 名、2006 年和 2007 年各为 41 名、2008～2010 年每年为 40 名。参见台湾地区“司法院”统计处：《司法统计提要》（2003 年）；台湾地区“司法院”统计处：《司法统计年报》（2010 年）。

暨分院”公设辩护案件在1995~2010年间，最多一年达到8000多件，最少一年也达3600多件，常年稳定在4000~5000件左右，仅仅十余位公设辩护人，每位公设辩护人案件负荷量可想而知。其二，在台湾地区“地方法院”层面，根据表7-11所示，“地方法院”办理公设辩护案件在1994~2010年间，仅有1999~2004年期间，公设辩护案件未突破1万件，其余年份公设辩护案件均在万件以上，最高年份甚至达16 000多件，而台湾地区“地方法院”不过40多位公设辩护人，他们的案件负荷量同样是惊人的。

表7-10 1994~2010年“台湾高等法院暨分院”办理公设辩护案件收结情形

年别	受理件数						终结件数	未结件数
	合计	旧收	新收					
			计	强制辩护	任意辩护	其他		
1994	9467	744	8723	8711	1	11	8664	8803
1995	7409	803	6606	6590	-	16	6847	562
1996	6274	562	5712	5688	6	18	5539	735
1997	7164	735	6429	6411	3	5	6223	941
1998	6218	941	5277	5259	-	18	5527	691
1999	4968	691	4277	4214	-	63	4073	895
2000	5252	895	4357	4278	1	78	4319	933
2001	4700	933	3767	3678	-	89	3941	759
2002	4560	759	3801	3704	5	92	3792	768

续表

<table>
<tr><th rowspan="3">年别</th><th colspan="6">受理件数</th><th rowspan="3">终结件数</th><th rowspan="3">未结件数</th></tr>
<tr><th rowspan="2">合计</th><th rowspan="2">旧收</th><th colspan="4">新收</th></tr>
<tr><th>计</th><th>强制辩护</th><th>任意辩护</th><th>其他</th></tr>
<tr><td>2003</td><td>5306</td><td>768</td><td>4538</td><td>4417</td><td>7</td><td>114</td><td>4012</td><td>1294</td></tr>
<tr><td>2004</td><td>5197</td><td>1294</td><td>3903</td><td>3797</td><td>–</td><td>106</td><td>3954</td><td>1243</td></tr>
<tr><td>2005</td><td>5863</td><td>1243</td><td>4620</td><td>4543</td><td>7</td><td>70</td><td>4437</td><td>1426</td></tr>
<tr><td>2006</td><td>6830</td><td>1426</td><td>5404</td><td>5340</td><td>10</td><td>54</td><td>5189</td><td>1641</td></tr>
<tr><td>2007</td><td>6982</td><td>1641</td><td>5341</td><td>5323</td><td>3</td><td>15</td><td>5679</td><td>1303</td></tr>
<tr><td>2008</td><td>5780</td><td>1303</td><td>4477</td><td>4459</td><td>4</td><td>14</td><td>4603</td><td>1177</td></tr>
<tr><td>2009</td><td>5200</td><td>1177</td><td>4023</td><td>3992</td><td>8</td><td>23</td><td>3998</td><td>1202</td></tr>
</table>

来源：台湾地区“司法院”统计处：《司法统计提要》(2003)、《司法统计年报》(2010)。

表 7－11　1994 ~2010 年台湾地区“地方法院”办理公设辩护案件收结情形

<table>
<tr><th rowspan="3">年别</th><th colspan="6">受理件数</th><th rowspan="3">终结件数</th><th rowspan="3">未结件数</th></tr>
<tr><th rowspan="2">合计</th><th rowspan="2">旧收</th><th colspan="4">新收</th></tr>
<tr><th>计</th><th>强制辩护</th><th>任意辩护</th><th>其他</th></tr>
<tr><td>1994</td><td>20 680</td><td>3743</td><td>16 937</td><td>16 917</td><td>4</td><td>16</td><td>17 405</td><td>3275</td></tr>
<tr><td>1995</td><td>15 885</td><td>3275</td><td>12 610</td><td>12 492</td><td>5</td><td>113</td><td>13 121</td><td>2764</td></tr>
<tr><td>1996</td><td>15 410</td><td>2764</td><td>12 646</td><td>12 554</td><td>–</td><td>92</td><td>11 495</td><td>3915</td></tr>
</table>

续表

年别	受理件数						终结件数	未结件数
	合计	旧收	新收[1]					
			计	强制辩护	任意辩护	其他		
1997	17 912	3915	13 997	13 963	2	32	12 964	4948
1998	16 216	4948	11 268	11 242	1	25	11 542	4674
1999	12 801	4674	8127	8116	4	7	8461	4340
2000	11 740	4340	7400	7383	13	4	6918	4822
2001	11 475	4822	6653	6630	15	8	6869	4606
2002	10 610	4606	6004	5995	6	3	5851	4795
2003	11 786	4759	7027	7018	6	3	7099	4687
2004	11 617	4687	6930	6869	61	–	7252	4365
2005	14 841	4365	10 476	10 464	12	–	9236	5605
2006	17 407	5605	11 802	11 755	47	–	11 658	5747
2007	18 245	5747	12 498	12 484	14	–	12 756	5489
2008	21 678	5489	16 189	16 185	4	–	17 161	4517
2009	18 496	4523	13 973	1 3957	1	15	14 544	3952

来源：台湾地区“司法院”统计处：《司法统计提要》(2003)、《司法统计年报》(2010)。

[1] 从表7-10和表7-11可知，台湾地区公设辩护人受理的案件类型一般都是强制辩护案件，任意辩护案件非常少。

(三)公设辩护人案件负荷量过重的负面影响及其评析

当前人们对公设辩护人制度正当性的质疑，一个重要的原因是其案件负荷量巨大导致辩护服务质量的下降。显然，造成公设辩护人案件负荷量过重的原因是多方面，如立法规定的因素。然而，经费短缺是导致公设辩护人案件负荷量巨大的直接原因，缘何会经费不足，不仅源于财政方面的因素，其实也透露出一个国家以及社会对于犯罪行为的基本态度，在某种程度上，后者甚至是决定性因素。

公设辩护人案件负荷量过重的弊端是显而易见的，最终将损害犯罪嫌疑人、被告人的权利。有研究报告指出，案件负荷量过重将导致律师帮助权和自由权的错误。在迈阿密，一位公设辩护人因太忙以至于没有时间核对被控盗窃罪的当事人的最短刑期，结果其接受检察官计算的2.6年的监禁，他和他的当事人顺从这个判决，实际上，当事人最短刑期仅为1年；另一位公设辩护人每次处理50件严重的重罪案件，有一天她有13个这类案件作为审判期日，同时收到当事人1年的答辩请求，但是没有时间去与当事人沟通，以及与检察官及时交流，检察官撤销了答辩请求，当事人最终有罪答辩，被判5年监禁刑。[1] 实践中，公设辩护人案件负荷量过重只能以牺牲代理服务质量为代价。因此，为了避免渎职指控，密苏里州的公设辩护人每人每年承办案件数不超过395件，否则，他们可以拒绝接受指派。他们强调，如果公设辩护人承办的案件量过重将没有充足的时间为称职辩护做准备，调查案件、会见当事人和证人

---

〔1〕 See National Right to Counsel Committee, Constitution Project, *Justice Denied: America's Continuing Neglect of Our Constitutional Right to Counsel*, 2009, pp. 4, 50, 68 ~ 69.

以及查阅控方证据需要时间。[1] 同样，多年来台湾地区公设辩护人案件负荷量过重，辩护服务质量问题的出现不难想象。在很多情形下，他们的出庭仅仅是走过场，彻底沦为维护审判程序形式合法性的工具，产生所谓“搭景的效果”。因此，1999 年在台湾地区司法改革会议上公设辩护人制度被决议废止。

案件负荷量过重与公设辩护人高流动率相结合。有研究指出，辩护人项目中过多的案件负荷，也能增加经验不足的律师被迫处理他们不完全具备资格的严重案件的可能性，美国“加州司法公正委员会”的研究发现，在处理严重的重罪和累犯案件时，“过多的案件负荷与任用不满 3 年的律师之间存在显著的统计学上的相关性”。[2] 因此，缺乏经验的律师又使得辩护品质下降的问题变得更加严重，而高负荷工作又迫使公设辩护人不断离开，正如纽约市的一位公设辩护人评论道：“我们的刑事司法体系是超负荷的……一开始就工作过度，很少有公设辩护人渴望自愿做额外的案件。”[3] 总之，由于案件负荷量过重，公设辩护人的辩护活动仅仅是实现“流水线正义”（assembly - line justice）。

贫困犯罪嫌疑人、辩护人应当获得怎样的辩护？我们首先要明确“律师帮助权”与“有效代理”的涵义。在笔者看来，“律师帮助权”与“有效代理”要求辩护律师不仅应具备充足的辩护技能与知识，并且还应具备足够的时间与资源去为他的当事人施展其技

〔1〕 See Stephen J. Schulhofer & David D. Friedman, “Reforming Indigent Defense: How Free Market Principles Can Help to Fix a Broken System”, *Policy Analysis*, 666 (2010), p. 2.

〔2〕 National Right to Counsel Committee, Constitution Project, *Justice Denied: America's Continuing Neglect of Our Constitutional Right to Counsel*, 2009, pp. 4, 50, 69.

〔3〕 David Feige, “Banned from the Courtroom and Hounded by a Difficult Judge, I Couldn't Keep an Honest Client out of Jail, The Tale of a New York City Public Defender”, *AUG Legal Affairs*, 2002, p. 24.

能与知识，如此代理行为才有可能达致“有效”。当公设辩护人在一个案件上仅花上数小时不可能进行“有效代理”，因为他们根本没有时间认真研究案情、进行精心准备。对于贫困犯罪嫌疑人、被告人而言，当为其指派一名没有足够时间来提供辩护服务的公设辩护人时，对他们是不公平的。公设辩护人制度并不是要维护审判程序形式合法性，而是要确保每一位犯罪嫌疑人、被告人获得有效辩护，得到公正的审判。公设辩护人履行辩护职能，既要制约警察权，以确保逮捕等措施的正确性；又要对抗检察权，以保证控诉行为的恰当；甚至也要制衡审判权，促使公正判决的形成。美国哥伦比亚特区公设辩护人服务能为当事人提供优质的辩护服务，一个重要的原因便是践行了案件负荷量的限制，正因如此，他们才有可能为每一位犯罪嫌疑人、被告人提供有效辩护服务。因此，公设辩护人合理的案件负荷量限制是其发挥辩护职能的关键。

第五节　公设辩护人制度指定程序

公设辩护人制度指定程序意在考察各国和地区通过何种方式指派公设辩护人为犯罪嫌疑人、被告人提供辩护服务。实践中，法院常常作为指定公设辩护人的主体，当然，法律援助机构或其他相关部门也往往是指派主体。在指派公设辩护人的过程中，亦产生贫困犯罪嫌疑人、被告人的选择权及自我辩护权等问题。本部分将具体考察公设辩护人制度指定程序及其衍生的相关问题。

一、公设辩护人制度指定程序之概说

在一些国家，公设辩护人由法院予以指定较为常见。美国各司法辖区指定公设辩护人的程序并未形成统一模式。一般而言，在由

公设辩护人办公室提供辩护服务的司法辖区中，法官只是简单地指定由公设辩护人办公室来为贫困被告人提供代理。实践中，实际提供代理服务的公设辩护人往往通过两种方式被指派：派驻在特定法庭或者因处理某案随后代理所有程序。[1] 在瑞典，公设辩护律师由法庭指定。根据《瑞典诉讼法典》第 21 章“嫌疑人及其辩护”第 4 条规定：“公设辩护律师应由法庭指定；案件已经完全审结的，法庭可以在嫌疑人上诉过程中或等待申请上诉期限届满之际，为嫌疑人在上诉法院提供帮助。法庭应根据申请或在认为有其他理由时审查公设辩护律师的指定问题。”当然，公设辩护人在审前阶段的作用越发重要，侦控部门或法律援助机构实施指派公设辩护人的情形也很常见。我国台湾地区公设辩护人制度指定程序较为周详，本部分主要介绍台湾地区的指定程序。

根据台湾地区“刑事诉讼法”第 31 条第 1 项、第 455 - 5 条第 1 项和“公设辩护人条例”第 2、3 条的规定，指定公设辩护人的程序包括审判长依职权指定和审判长依申请指定两种形式。

第一，审判长依职权指定公设辩护人。在审判中，被告人未经选任辩护人者，审判长依职权指定公设辩护人（或律师）为被告人辩护的情形包括：其一，最轻本刑为 3 年以上有期徒刑案件；其二，高等法院管辖第一审案件；其三，被告人因智能障碍无法为完全之陈述；其四，被告人具原住民身份，经依通常程序起诉或审判者；第五，其他审判案件，审判长认有必要者；其六，第一项至第五项案件选任辩护人于审判期日无正当理由而不到庭者；其七，协商之案件，被告人表示所愿受科之刑逾有期徒刑 6 月，且未受缓刑宣告。审判长在上述情形中之所以要依职权指定辩护人关键在于：

[1] See Paul B. Wice, *Public Defenders and the American Justice System*, Westport: Praeger, 2005, p. 11.

强制辩护案件中若无辩护人参与则程序违法，“其判决当然违背法令”，即上情形无论被告人是否为贫困，审判长都应为其指定辩护人。

第二，审判长依申请指定公设辩护人。审判长依申请指定的情形包括：其一，被告人为低收入户或中低收入户而声请指定者，于审判中未经选任辩护人者，审判长应指定公设辩护人或律师为被告人辩护；其二，“最高法院”命行辩论之案件，被告人因无资力选任辩护人者，得申请“最高法院”指定下级法院公设辩护人为其辩护。审判长依申请指定公设辩护人的前提是：被告人为无资力者而不能选任辩护人，虽然被告人申请是前置程序，但只要符合条件，法院并没有自由裁量权，都应指定公设辩护人（或律师）为被告人提供辩护。[1]

可见，在台湾地区，一般由法院指派公设辩护人为被告人提供辩护服务。[2] 究其原因：强制辩护只适用于审判阶段。对法院指派的案件，公设辩护人往往“来者不拒”，并且依次序轮流分得案件进行代理。[3] 公设辩护人主要代理强制辩护案件，但并非所有强制辩护案件都交由公设辩护人办理。2003 年台湾地区“刑事诉讼法”确立了强制辩护案件由公设辩护人和律师为被告人提供辩护

---

〔1〕 关于公设辩护人之指定程序，台湾地区“法院办理刑事诉讼案件应行注意事项”第 6 条规定：最轻本刑为 3 年以上有期徒刑或高等法院管辖第一审案件，或被告因智能障碍无法为完全之陈述，于审判中未经选任辩护人者，不论被告是否为低收入户，审判长均应指定公设辩护人或律师为其辩护。至于其他审判案件有下列情形之一者，审判长亦应指定公设辩护人或律师为被告辩护：①符合社会救助法所定条件之低收入户被告未选任辩护人而声请指定者；②审判长认有必要者。前述案件之选任辩护人于审判期日无正当理由而不到庭者，审判长亦均得指定公设辩护人。

〔2〕 台湾地区“高等法院及其分院处务规程”第 31 条规定：“法院为当事人之诉讼案件，得指派公设辩护人代理。”

〔3〕 如台湾地区“高等法院及其分院处务规程”第 28 条规定：“公设辩护案件应依次序轮分办理。”

的“双轨制”模式，律师亦可代理强制辩护案件，随之而来的问题是：强制辩护案件在公设辩护人与私人律师之间如何划分？2004年台湾地区“司法院”曾发给各法院一个公函，关于强制辩护案件，公函要求法院必须优先指定公设辩护人，若公设辩护人人力不足以负担，第二顺位是指定给法院的义务辩护律师，最后顺位是转介给法律扶助基金会。对于认罪协商的案件，公函明确指出，此类案件应尽量由公设辩护人处理，不宜转介至法律扶助基金会。实际运作中，台湾地区各“地方法院”并未有统一操作模式，既有遵照上述“司法院”要求行事者，也有为公设辩护人制度、义务辩护律师制度和法律扶助制度三种方案设立明确且固定的分案比例者。[1]

二、指定程序中犯罪嫌疑人、被告人之选择权与拒绝权

在指定辩护人程序中，贫困犯罪嫌疑人、被告人可否享有选择权？即贫困犯罪嫌疑人、被告人能否在公设辩护人与其他刑事法律援助律师或者私人律师之间进行选择？同时，贫困犯罪嫌疑人、被告人可否拒绝公设辩护人的辩护而选择自我辩护？实践中，不同国家和地区的做法存有差异。

1. 犯罪嫌疑人、被告人之选择权。对于有资力而能够支付律师报酬的犯罪嫌疑人、被告人而言，他们可以凭借其经济能力自由选择私人律师为其辩护，如所聘雇之私人律师未能达到其要求，可解聘之，并选聘其他私人律师。贫困犯罪嫌疑人、被告人是否享有选择刑事法律援助律师的权利？在我国台湾地区，根据“法院办理刑事诉讼案件应行注意事项”第6条规定：“案件经指定辩护人后，被告又选任律师为辩护人者，得将指定之辩护人撤销。”可见，如

〔1〕 参见林意淳：“竞逐人权？国家与律师专业团体共谋下的公设辩护人制度”，台湾“清华大学”社会学研究所2009年硕士学位论文，第109~110页。

果法院已为被告人指定公设辩护人，被告人亦可因其自己选任辩护人而撤销法院指定的公设辩护人（或律师）。[1] 在美国，法院并未赋予贫困被告人享有选择指定律师的权利。在美国诉冈萨雷斯－洛佩斯（*U. S. v. Gonzalez－Lopez*）一案中，法院判定第六修正案律师辩护权的一个要素是：不需要指定律师的被告人享有选择律师的权利。[2] 换言之，贫困被告人并不享有选择律师的权利。事实上，早在 20 世纪 60 年代，即有判例指出，被告人享有公设辩护的权利是指获得合理辩护律师的权利，而非其在公设律师与私人律师之间享有选择的权利。"根据美国宪法，被告人通过付费聘请律师可以享有选择律师的权利，并不受法院的干涉。但是，选择律师的权利并没有延伸至贫困被告人。根据美国联邦最高法院的精神，贫困被告人必须接受法院提供的公设辩护人。"[3] 不过，在一些北欧国家，犯罪嫌疑人、被告人可以在刑事法律援助律师（包括公职律师和私人律师）中进行选择。

可见，贫困犯罪嫌疑人、被告人是否享有选择权，实践中存在两种不同的做法。赞成贫困被告人享有律师选择权的重要依据在于：自由地选择律师是当事人神圣不可侵犯的权利，司法保障制度最重要的优点之一就是有选择自己律师的自由；而专职律师模式下缺乏选择是众所周知的。然而，即便赋予当事人选择权，但当事人由于对法律界缺乏了解，在选择律师的过程中处于劣势，较之中高收入者，低收入者更可能成为对法律服务既无见识又不熟练的消费

---

〔1〕 此种选择权并非仅针对贫困被告人，台湾地区公设辩护人主要代理强制辩护案件，但强制辩护案件中的被告人未必都是贫困者，所以不排除被告人获得法院指定公设辩护人（或律师）后，又自行选任辩护人，以撤销法院指定的辩护律师。

〔2〕 *U. S. v. Gonzalez－Lopez*, 548 U. S. 140 (2006).

〔3〕 Larry K. Gaines & Roger LeRoy Miller, *Criminal Justice in Action*: *The Core* (6th Edition), Cengage Learning, 2011, p. 207.

者。因此，即便被告人可能获得一些建议，但他们判断某一律师对他们来说是否是最好的也存在局限。[1] 对此，笔者以为，贫困犯罪嫌疑人、被告人获得国家提供的刑事法律援助，本身应该是一种有效辩护，赋予犯罪嫌疑人、贫困被告人选择权意味着他们获得有效辩护的可能性越大。但是，犯罪嫌疑人、贫困被告人选择权的有效行使受制于该地区所能提供的律师人数，以及他们的选择能力。

2. 犯罪嫌疑人、被告人之自我辩护权。公设辩护人提供辩护服务与犯罪嫌疑人、被告人自我辩护涉及不同的理论基础：前者基于程序正义的要求，应当为贫困犯罪嫌疑人、被告人提供律师辩护；后者体现公民应当享有的尊严与自治权。[2] 台湾地区公设辩护人制度与强制辩护相结合，公设辩护人主要代理强制辩护案件，倘若被告人拒绝法院指定的公设辩护人（或律师），法院可否准许？作为强制辩护制度发源地的德国，学者托马斯·魏根特指出："强制辩护与被告人的经济状况无关，而完全是因为为了实现程序正义需要有辩护人在场。因此，在强制辩护的情况下，德国法律不承认被告人有自行辩护的权利。"[3] 罗科信也认为："如果被告本身即是律师，其亦不得为自己强制辩护之律师。"[4] 在罗科信看来，即便是被追诉者身为律师，在强制辩护案件中，其自行辩护亦不能替代其他律师的辩护。针对欧洲人权法院的一些相关判例，罗科信认

---

〔1〕 See Ontario Legislative Library Technical Services & Systems, *Report of the Ontario Legal Aid Review: A Blueprint for Publicly Funded Legal Services*, 1997.

〔2〕 美国联邦最高法院在麦卡斯克尔诉维根斯案（McKaskle v. Wiggins）中确认了自我辩护的价值，该案判决认为，在被告人不允许备位律师（standby counsel）出现的情况下，以下两个目标也都能够实现：自我辩护能够肯定被告人的尊严和自治权，以及使被告人获得最好辩护的可能。See *McKaskle v. Wiggins*, 465 U. S. 168 (1984).

〔3〕 [德] 托马斯·魏根特：《德国刑事诉讼程序》，岳礼玲、温小洁译，中国政法大学出版社2004年版，第58~59页。

〔4〕 [德] 克劳思·罗科信：《刑事诉讼法》，吴丽琪译，法律出版社2003年版，第156页。

为，内国法可以坚持在特定案件中，被告人在整个刑事程序都必须要有辩护人为其辩护；如果被告人不自行委任辩护人，国家可以为其指定义务辩护人；只要建立在关联性及充分理由基础上，指定辩护纵使违反被告人意愿，也是符合《欧洲人权公约》的。[1] 在日本，法院在强制辩护案件中为被告人选聘辩护人时没有裁量自由，被告人也不能放弃辩护权。然而，日本有学者认为被告人的辩护权在实质上是一种人权，法院不顾被告人的主观意志强行选聘辩护人的做法等同于对被告人人权的侵犯。[2] 总之，在强制辩护案件中，被告人不能拒绝法院指派公设辩护人（或律师）提供的辩护服务，除非其自行选任私人辩护律师。

在美国，“自我辩护权独立于获得律师帮助的权利”[3]。美国联邦最高法院的判例认定被告人享有自我辩护的权利，以维护公民个人的尊严与自由，即便在实现律师辩护权时也不得违背这一理念。在1975年法拉特诉加利福尼亚州案（*Faretta v. California*）中，联邦最高法院认为，第六修正案的规定及其精神是：律师是对有意愿的被告人提供帮助，而非作为国家机构对无意愿的被告人及享受自我辩护的当事人的干涉。若违背被告人初衷，将律师辩护强加于被告人，这就违背了修正案的理念，在这种案件中，律师已不是协助者（assistant），而是主宰者（master）；而且只能使被告人认为法律在设法与其作对。尽管被告人自行辩护可能最终导致对其不利的结果，但出于“对个人的注重是法律的生命线”，必须尊重他的

---

〔1〕 参见［德］克劳思·罗科信：《刑事诉讼法》，吴丽琪译，法律出版社2003年版，第156页。

〔2〕 参见彭勃：《日本刑事诉讼法通论》，中国政法大学出版社2002年版，第35页。

〔3〕［美］约书亚·德雷斯勒、艾伦·C. 迈克尔斯：《美国刑事诉讼法精解（第2卷·刑事审判）》，魏晓娜译，北京大学出版社2009年版，第73页。

选择。[1] 犯罪嫌疑人、被告人放弃律师辩护选择自我辩护，应当在“自愿及明智”的前提下作出，并通过备位律师[2]来协助犯罪嫌疑人、被告人的自我辩护。

综上所述，若从公设辩护人制度的视角考察自我辩护权问题，我国台湾地区与美国存在不同的认识与实践，前者基于强制辩护要求，不允许被告人放弃律师辩护而选择自我辩护；后者基于个人尊严与自治权的理念，尊重当事人自我辩护权。究其原因，主要是大陆法系和英美法系特性所致。台湾地区公设辩护人置于强制辩护中，强制辩护以法院为主体，目的在于法院审理案件的效率与合法性，并主要以案件为区分标准，重大案件需有辩护人在场方可审理，所以被告人并无放弃律师辩护之余地；美国公设辩护人制度是以当事人为主体，重在被告人防御权的保障以及程序的正当性，对被告人而言，公设辩护人提供辩护服务是其律师帮助权的体现，该项权利被告人是可以放弃的。[3] 事实上，在一些大陆法系国家，律师被视为“独立的司法机关”或是法庭的成员，重视律师在法庭中的责任而更强调律师对于当事人的独立性；[4] 因而被告人在特定案件中并无拒绝律师帮助的权利。但是，现代刑事诉讼更加突出被追诉者的程序主体地位，强制辩护与自行辩护所蕴含的内在价值冲突便有可能发生。自行辩护应作为公民的一项宪法性权利，在整个诉讼程序中都应当得到保障。因此，在强制辩护的案件中，首先

---

〔1〕 See *Faretta v. California*, 422 U.S. 806 (1975).

〔2〕 所谓备位律师，并非被告人的辩护人，而是帮助被告人了解诉讼程序及法条规则，以及提供被告人所欲知悉的法律知识，以克服辩护过程中可能出现的障碍，也可免除法院对于被告人的解释及说明责任，确保诉讼程序的顺利进展。参见王兆鹏：《美国刑事诉讼法》，元照出版有限公司2009年版，第445页。

〔3〕 参见陈运财：《刑事诉讼正当之法律程序》，月旦出版社1998年版，第386～387页。

〔4〕 参见王惠光：《法律伦理学讲义》，元照出版公司2007年版，第268页。

要考虑保障被告人权利以及维护审判公平性，如果缺乏有效的制度性保障措施来协助被告人的自行辩护，国家应当一律指定辩护人为其辩护。[1]

第六节 公设辩护人制度服务阶段

辩护律师在刑事司法体系中具有重要地位，犯罪嫌疑人、被告人应在每一程序阶段获得律师帮助，正如《美国律师协会刑事审判辩护服务提供标准》第 5 - 6.2 条指出的，在刑事诉讼中的任一程序阶段，均应提供律师辩护。公设辩护人何时介入刑事诉讼活动，对犯罪嫌疑人、被告人权利保障至关重要，本部分将特别关注公设辩护人在侦查程序中的作用。

一、律师辩护适用的程序阶段

长期以来，人们对于律师辩护权的理解是狭隘的、片面的，仅将律师辩护权视为被告人在审判阶段享有的权利，审前阶段律师辩护权一直被忽视。早年台湾地区修订“刑事诉讼法”时，有人提议侦查程序中应采用强制辩护制度，但该主张并未获得通过，当时反对理由是：①何种案件应行强制辩护，须凭起诉法条而为认定，在侦查阶段，犯罪嫌疑人未经起诉，尚不发生强制辩护之问题；②侦

---

〔1〕 值得探究的是：公设辩护人是否可以拒绝为贫困被告人提供辩护服务？对此，各国司法实践存有差异。在美国，公设辩护人一般不能像私人律师那样自由地选择他们的当事人。See David J. Richards，“The Public Defender Defendant：A Model Statutory Approach to Public Defender malpractice Liability”，*Valparaiso University Law Review*，29 (1994)，p. 556. 可见，美国公设辩护人不能拒绝为贫困被告人提供辩护服务。不过，瑞典公职律师与私人律师一样享有拒绝为犯罪嫌疑人、被告人提供法律援助的权利。

查阶段之活动仅对犯罪嫌疑人之犯罪情形加以侦查或收集证据，尚无需就法律或证据互为辩论，与审判程序必须公开辩论之规定不同；③“刑事诉讼法”已赋予犯罪嫌疑人得选任辩护人，已足以保护其权益，如不愿选任或虽经选任而辩护人怠于执行职务者，实施侦查程序之公务员自无代为指定公设辩护人之必要。[1] 实践中，犯罪嫌疑人、被告人在审前程序的律师辩护权易受忽视。对此，有学者指出，对穷人辩护的权利限制，它仅仅运用于初审和上诉审的起始阶段，被告人将必须在案件预审前数阶段以及除起始阶段以外的所有上诉阶段中为自己辩护。[2]

伴随着人权保障思想深入人心，在刑事诉讼中如何确保被追诉者权利日益受到关注，人们认识到律师在侦查程序与审判程序发挥着不同作用。在侦查阶段，辩护人之主要任务为保护被告人之人权免于受到警察、检察官之不法、不当之侵害，以及以被告人之立场准备审判（其中，尤以搜集对被告人有利之证据、资料为重要）；而在审判阶段则以被告人之立场为举证活动，以及对事实、法律问题为辩论为主要任务。[3] 由于侦查不公开原则，犯罪嫌疑人的权利在侦查程序最易受到侵害，若无辩护律师在场以及提供辩护，有利于犯罪嫌疑人的证据或因得不到及时收集而消失，犯罪嫌疑人可能因其自白而受到错误刑罚；同时，如果辩护律师不能在侦查阶段有效介入，对其辩护准备工作极为不利。可以说，侦查阶段律师辩护权的重要性绝不亚于审判阶段，这有助于在源头上防止冤假错案

[1] 参见陈运财：《刑事诉讼正当之法律程序》，月旦出版社 1998 年版，第 387 ~ 388 页。

[2] [美] 戴维·凯瑞斯：《法律中的政治——一个进步性批评》，信春鹰译，中国政法大学出版社 2008 年版，第 296 页。

[3] 参见黄东熊、吴景芳：《刑事诉讼法论》（上），三民书局 2010 年版，第 100 页。

的发生。

近年来，世界各国纷纷强化犯罪嫌疑人在侦查阶段的权利保障，尤其确保其辩护权的有效行使：一方面，确保有资力之犯罪嫌疑人享有在侦查阶段自行聘请律师的权利；另一方面，确保无资力之贫困犯罪嫌疑人享有在侦查阶段获得法律援助的权利。例如，我国《刑事诉讼法》第33条第1款规定："犯罪嫌疑人自被侦查机关第一次讯问或者采取强制措施之日起，有权委托辩护人；在侦查期间，只能委托律师作为辩护人。"为了确保侦查阶段辩护权的实现，《刑事诉讼法》规定侦查机关和检察院应当告知犯罪嫌疑人有权委托辩护人；如果犯罪嫌疑人被依法拘留或逮捕而被羁押的，其监护人（如未成年人的父母）或近亲属可以代为委托辩护人。[1] 同时，为了保障无资力、特殊人群（如盲、聋、哑人，精神病人，未成年人）或者可能判处重刑（如无期徒刑、死刑）之犯罪嫌疑人律师辩护权的实现，我国《刑事诉讼法》规定犯罪嫌疑人享有获得法律援助的权利。[2] 同样，德国、瑞典等国的《刑事诉讼法典》也规定了犯罪嫌疑人享有委托辩护律师以及获得法律援助的权利。[3]

在美国，根据联邦宪法第六修正案律师辩护权以及最高法院的

---

〔1〕《刑事诉讼法》第33条第2款规定："侦查机关在第一次讯问犯罪嫌疑人或者对犯罪嫌疑人采取强制措施的时候，应当告知犯罪嫌疑人有权委托辩护人。人民检察院自收到移送审查起诉的案件材料之日起3日以内，应当告知犯罪嫌疑人有权委托辩护人。"第3款规定："犯罪嫌疑人、被告人在押的，也可以由其监护人、近亲属代为委托辩护人。"

〔2〕参见《刑事诉讼法》第34、267条。

〔3〕德国《刑事诉讼法典》第137条规定："被指控人可以在程序的任何阶段由辩护人协同。"瑞典《刑事诉讼法典》第21章第3条规定："嫌疑人可以由辩护律师帮助准备和进行辩护。辩护律师由嫌疑人委托。嫌疑人不满18周岁或者有严重精神障碍的，可以由对其进行监管之人委托辩护律师。"第3a条规定："被逮捕或拘留的嫌疑人提出申请的，应为其指定一名公设辩护律师。"

精神,[1] 律师辩护权适用于刑事诉讼中的任何“关键阶段”(critical stage),并且审前程序中的初次聆讯(initial arraignment)及预审(preliminary hearings/examination)[2] 等都属于“关键阶段”,显然,“关键阶段”亦适用于贫困者刑事案件。

二、公设辩护人制度在审前程序的运用及评析

根据美国《公设辩护人模范法典》(Model Public Defender Act)的规定,在任何程序阶段(包括上诉与定罪后程序),被告人将可能获得辩护人负责人或法庭指派的律师。[3] 然而,美国没有全国性的刑事诉讼法典,联邦及各州都可以制定刑事诉讼法,这造成各司法辖区在审前阶段,尤其是初次聆讯时获得律师帮助的差异较大。在美国,一般要求逮捕到初次聆讯应在48小时之内,这同时是最需要律师帮助的阶段,在此阶段,犯罪嫌疑人可能被诱逼认罪或作不利的自白。因此,辩护律师的早期代理对犯罪嫌疑人意义重大,毕竟审前拘押的被告人被判有罪或更严厉刑罚的可能性显然要高于未被拘押的被告人,早期代理也有助于诉讼过程中减少保释金动议的提议次数。[4]

美国公设辩护人辩护服务开始于侦查阶段,如中加州联邦司法区(Central District of California)的联邦公辩人办公室指出,他们

---

〔1〕 See *Coleman v. Alabama*, 399 U. S. 1 (1970); *United States v. Ash*, 413 U. S. 300 (1973); *Hamilton v. Alabama*, 368 U. S. 52 (1961).

〔2〕 初次聆讯,又称初次到庭、到庭(appearance)、有证传讯(arraignment on a warrant),是犯罪嫌疑人逮捕后的第一次法院出庭。预审是初次聆讯后法官进行的审讯,以决定逮捕的根据是否充分。

〔3〕 National Conference of Commissioners on Uniform State Laws, *Model Public Defender Act* (1970), Section 6.

〔4〕 参见[美]爱伦·豪切斯泰勒·斯黛丽、南希·弗兰克:《美国刑事法院诉讼程序》,陈卫东、徐美君译,中国人民大学出版社2002年版,第306页。

的代理开始于第一次保释听证会（the first bail hearing）。[1] 在各种贫困者辩护方案中，公设辩护人制度最易提供早期代理，实际运作中，“公设辩护人是否提供早期代理，初次到庭经常被当作作出贫困裁定和如果有必要就指定律师的机会。”[2] 但是，若单纯考察公设辩护人办公室的早期代理政策，却并不令人乐观。2007 年，在 19 个州立公设辩护人项目中，仅有肯塔基州、马萨诸塞州、新罕布什尔州、新泽西州、北达科他州等 5 个州存在早期代理政策。[3] 另外，全美仅有 28% 的县立公设辩护人办公室存在早期代理政策，如以办公室受理案件的数量为标准，受理案件量越多的办公室存在早期代理政策的可能就越大，案件负荷量在 5000 件以上、2501 ~ 5000 件之间、1000 ~ 2500 件之间、少于 1000 件的办公室，其有早期代理政策的比例分别为 40%、29%、22%、16%。[4] 从这一角度来看，美国具有早期代理政策的公设辩护人办公室并不普遍，公设辩护人制度在早期代理方面的作用仍有待加强。

目前台湾地区公设辩护人制度仅适用于审判阶段。根据台湾地区“刑事诉讼法”第 31 条规定，公设辩护人服务于强制辩护案件中的被告人，而强制辩护仅适用于审判阶段，并由审判长依职权或依贫困被告人申请指定。台湾地区“刑事诉讼法”规定犯罪嫌疑人在侦查阶段享有选任辩护人的权利，[5] 并且强制辩护亦适用于侦

---

〔1〕 参见 http://www.fpdcacd.org/home_page.php，最后访问日期：2011 年 11 月 6 日。在美国，由法官在犯罪嫌疑人（或被告人）初次到案时决定是否对其保释。

〔2〕 [美] 爱伦·豪切斯泰勒·斯黛丽、南希·弗兰克：《美国刑事法院诉讼程序》，陈卫东、徐美君译，中国人民大学出版社 2002 年版，第 306 页。

〔3〕 See Lynn Langton & Donald J. Farole, Jr., U. S. Dep't of Justice, Bureau of Justice Statistics, *State Public Defender Programs*, 2007 (2010).

〔4〕 See Donald J. Farole, Jr & Lynn Langton, U. S. Dep't of Justice, Bureau of Justice Statistics, *County - Based and Local Public Defender Offices*, 2007 (2010).

〔5〕 台湾地区“刑事诉讼法”第 27 条规定：“被告得随时选任辩护人。犯罪嫌疑人受司法警察官或司法警察调查者，亦同。”

查阶段,[1] 这些规定无疑有助于加强对犯罪嫌疑人的权利保障。然而，侦查程序强制辩护案件中犯罪嫌疑人是由律师提供辩护，公设辩护人代理强制辩护案件，无法介入侦查阶段为犯罪嫌疑人提供辩护，甚为遗憾。究其原因，美国公设辩护人制度以当事人为主体，故不以审判阶段为限；台湾地区公设辩护人置于强制辩护之下，强调法官主体，所以一般均认为公设辩护或强制辩护制度，仅有在审判阶段开始适用，至于侦查中犯罪嫌疑人则无接受指定公设辩护人为其辩护的权利。[2] 然而，2003 年台湾地区“刑事诉讼法”新制之后，逐渐强调犯罪嫌疑人、被告人程序主体地位，公设辩护人理应发挥侦查阶段的辩护功能，唯此，其保障被追诉者律师辩护权的目的才能全面实现。

综上所述，在刑事诉讼任何程序阶段，犯罪嫌疑人、被告人都应享有获得律师辩护的权利。同样，贫困犯罪嫌疑人、被告人也享有在任何程序阶段获得刑事法律援助的权利。尤其是侦查阶段律师辩护权的重要性并不亚于审判阶段，公设辩护人制度应积极介入侦查程序以促使侦查方法的科学化，不仅可以保障犯罪嫌疑人的合法权益，也有助于树立司法权威，提升公设辩护人制度的正当性。

第七节 公设辩护人制度代理方式

实践中，公设辩护人主要通过“纵向代理”（vertical represen-

---

〔1〕 台湾地区“刑事诉讼法”第 31 条第 5 款规定：“被告或犯罪嫌疑人因精神障碍或其他心智缺陷无法为完全之陈述或具原住民身份者，于侦查中未经选任辩护人，检察官司法警官或司法警察应通知依法设立之法律扶助机构指派律师到场为其辩护。”可见，该条款规定了侦查程序强制辩护。根据本款规定，侦查程序强制辩护案件中犯罪嫌疑人由律师提供辩护服务。

〔2〕 参见陈运财：《刑事诉讼正当之法律程序》，月旦出版社 1998 年版，第 387 页。

tation）与“横向代理”（horizontal representation）两种方式为犯罪嫌疑人、被告人提供辩护服务，人们对上述两种方式的优劣展开了热烈的讨论。

一、公设辩护人制度代理方式的类型

根据为犯罪嫌疑人、辩护人提供辩护服务是否为同一公设辩护人的划分标准，公设辩护人的代理方式包括“纵向代理”和“横向代理”两种模式：一是“纵向代理”方式，即从开始到结束所有诉讼程序阶段，犯罪嫌疑人、被告人仅由同一位公设辩护人提供代理服务。美国律师协会认为：“纵向代理”是指同一律师从最初指派至庭审和判决，持续为当事人提供代理服务。[1] 保罗·B. 温斯将“纵向代理”方式比作“一对一”（man - to - man）处理方式，因为这种方式是一个辩护人在整个程序阶段保持不变地为他或她的当事人提供代理，在公诉后阶段最为普遍，尤其是传讯之后。[2] 二是“横向代理”方式，即犯罪嫌疑人、被告人在不同诉讼程序阶段，由不同的公设辩护人（或有可能根据专长指定）分别进行代理服务，即一特定犯罪嫌疑人、被告人案件，从预审阶段到审判阶段，可能会有四五名公设辩护人参与，也有学者将这种代理方式喻为“零碎式”（piece - meal）处理方式。

实践中，“纵向代理”与“横向代理”两种代理方式都被广为采用。以美国为例，在2007年，3/4的州公设辩护人项目有鼓励采用“纵向代理”方式的书面政策，具体而言，21个州立公设辩护人项目中，11个州称，他们州内大多数公设辩护人办公室为重罪

---

〔1〕 See American Bar Association, *The Ten Principles of a Public Defense Delivery System*, 2002.

〔2〕 Paul B. Wice, *Public Defenders and the American Justice System*, Westport: Praeger, 2005, p. 11.

(非死刑)案件的被告人提供“纵向代理”;6个州称采用“纵向代理”与“横向代理”的混合模式;4个州称采用指派一名律师负责传讯,另一位律师负责整个程序阶段。另外,没有一个州单纯依靠“横向代理”重罪(非死刑案件),[1] 具体参见表7-12。

表7-12 2007年美国州立公设辩护人项目代理方式

州	有纵向代理政策	该州大多数公设辩护人办公室重罪(非死刑)案件的代理方式		
		纵向代理	纵向与横向结合方式	一位律师负责传讯,另一位负责整个程序
总　数	14	11	6	4
阿拉斯加州	/[2]	/	/	/
阿肯色州	×	×		
科罗拉多州	×	×		
康涅狄格州	×			×
特拉华州	×		×	
夏威夷州	×			×
爱荷华州	×		×	
肯塔基州	×	×		
马里兰州			×	
马萨诸塞州	×	×		
明尼苏达州			×	

[1] See Lynn Langton & Donald J. Farole, Jr., U. S. Dep't of Justice, Bureau of Justice Statistics, *State Public Defender Programs*, 2007 (2010). 阿肯色州(Arkansas)没有公布数据。

[2] “/”指未有报道。

续表

州	有纵向代理政策	该州大多数公设辩护人办公室重罪（非死刑）案件的代理方式		
		纵向代理	纵向与横向结合方式	一位律师负责传讯，另一位负责整个程序
密苏里州	/		×	
蒙大拿州	×		×	
新罕布什尔州	×	×		
新泽西州	×	×		
新墨西哥州	/			×
北达科他州	×	×		
罗德岛州				×
佛蒙特州		×		
维吉尼亚州	×	×		
威斯康星州	×	×		
怀俄明州		×		

来源：*State Public Defender Programs*，2007（2010）.

美国《2007年县立和地方公设辩护人办公室》研究报告的结论与州立公设辩护人项目大体一致，该报告指出：60%的县立公设辩护人办公室有鼓励采用“纵向代理”方式的书面政策，具体而言，71%的办公室报称，他们为重罪（非死刑）案件的被告人主要提供“纵向代理”，一些办公室可能并没有书面政策要求“纵向代理”；13%的办公室采用纵向与横向代理相结合的模式，以处理利益冲突案件；另外，案件负荷量少的办公室要比案件负荷量多的办公室更有可能采取“纵向代理”,[1] 具体参见表7-13。

表7-13 2007年美国县立公设辩护人项目代理方式

单位:%

办公室案件总量	有纵向代理政策的	重罪(非死刑)案件代理方式			
		纵向	横向	纵向与横向结合方式	一位律师负责传讯,另一位负责整个程序
所有办公室	28	71	4	13	12
少于1000件	16	89	2	5	4
1000~2500件	22	72	4	18	6
2501~5000件	29	67	5	9	19
多于5000件	40	56	5	19	20

来源:*County-Based and Local Public Defender Offices*, 2007 (2010).

二、“纵向代理”与“横向代理”优劣之争及其评析

在美国学界与实务界,“纵向代理”与“横向代理”孰优孰劣存在激烈的论争,对此,主要存在如下三种观点:

第一,赞同“横向代理”。持“横向代理”者主要理由是:一方面,“横向代理”有利于增进效率,每位公设辩护人负责某一程序阶段的代理服务,犹如流水线上的工作人员负责某一环节的工作一般,效率自然要高过那些“一对一”代理的方式;另一方面,“横向代理”有利于培训新人,对新人的培训着重于某一程序阶段,要比进行全部程序的技能培训效率更高。就此而言,“横向代理”

〔1〕 Donald J. Farole, Jr. & Lynn Langton, U.S. Dep't of Justice, Bureau of Justice Statistics, *County-Based and Local Public Defender Offices*, 2007 (2010).

显然是有利于成本控制。

第二，赞同“纵向代理”。持“纵向代理”者认为“横向代理”存在极大弊端：一方面，“横向代理”不利于公设辩护人提供有效辩护，因为“横向代理”影响到公设辩护人通盘掌握案情，妨碍其制定有效的辩护策略；另一方面，“横向代理”不能体现权利保障品质，犯罪嫌疑人、被告人多既为贫困者，又不谙法律，面对国家控诉时，若又被羁押，其不知所措之惶恐可想而知，如果在整个刑事诉讼活动中，要其在不同程序阶段面对不同的公设辩护人，则无法使其对公设辩护人产生信任，且进行有效沟通，甚至发展为融洽关系。对此，萨拉·伯曼（Sara Berman）和保罗·伯格曼（Paul Bergman）认为，“横向代理”方式“有时会导致被告人感到惊惶无措，尤其在不同程序阶段的助理公设辩护人之间不能紧密交流的情况下”[1]。温斯也认为，“横向代理”方式因“代理的碎片化（fragment）和非个人性（impersonal）的本质，当事人经常诟病公设辩护人的代理，辩护的官僚风格使很多被告人感到挫败，正如其他非个人性的社会服务机构一样，诸如让人们经历过一些不愉快的福利部门或者公共住房供应办公室。”[2] 还有研究指出：“随着案件的进展，当事人可能会在诉讼的不同阶段有不同的律师，每次转换都增加了关键信息丢失的风险。这一过程似乎经常更多是为了方便，而不是正义。”[3] 因此，在支持“纵向代理”者看来，“纵向代理”更有可能提供称职辩护。

---

〔1〕 Sara Berman & Paul Bergman, *The Criminal Law Handbook: Know Your Rights, Survive the System* (12th Edition), Barrett Nolo Press, 2011, pp. 159 ~ 160.

〔2〕 Paul B. Wice, *Public Defenders and the American Justice System*, Westport: Praeger, 2005, p. 11.

〔3〕 David C. Anderson, U. S. Department of Justice Office of Justice Programs National Institute of Justice, *Public Defenders in the Neighborhood: A Harlem Law Office Stresses Teamwork, Early Investigation*, 1997.

第三，赞同折衷论。持折衷论者指出，公设辩护人办公室选择何种代理方式应当考虑案件负荷量导致不称职或迟延服务的现象，显然，折衷论试图调和辩护质量与成本控制之间的矛盾。有鉴于此，基于以有限经费处理巨量案件的现实考虑，20世纪70年代初期，美国大型都会区，如洛杉矶、旧金山及旧金山县，是以多位公设辩护人来共同为每位贫困被告人提供辩护服务；与此相对，一些人口小县，如橙县、河滨县（Riverside County）、阿拉米达县（Alameda County）、圣克里门多县（Sacramento County）等，便是以单一公设辩护人从预审至审判来单独提供辩护服务。[1] 事实上，当今美国仍存在上述情形，人口越少的县的公设辩护人办公室越有可能采取“纵向代理”方式；反之亦然。

“纵向代理”与“横向代理”孰优孰劣？笔者以为，若从保障犯罪嫌疑人、被告人权利角度出发，公设辩护人应采“纵向代理”。目前“横向代理”方式也并不少见，尤其它在提高效率、培训新人以及成本控制等方面具有一定的优势。但是，公设辩护人制度旨在保障贫困者律师辩护权，其辩护服务应当是称职的，而不是形式上的。“横向代理”不利于公设辩护人提供有效辩护，也易给贫困犯罪嫌疑人、被告人造成巨大心理压力，我们不能将对犯罪嫌疑人、被告人提供的辩护服务演变成一种流水线式的活动。本质上，“横向代理”违背了公设辩护人制度的宗旨。从美国实践及政府倡导上看，也倾向于采用“纵向代理”方式。当前州立公设辩护人项目与县立公设辩护人办公室大多存在正式的书面政策，要求办公室采取“纵向代理”方式。同时，美国一些全国性的文件也有类似要求。《美国法律辩护制度指导原则》第5.11条指出，辩护人办公室应当

---

〔1〕 参见黄祥睿：《美国公设辩护制度》，裕文实业有限公司1994年版，第121页。

从初次聆讯至宣判止，为合格当事人提供持续和不间断的代理，但不包括上诉和判决后阶段；辩护人办公室应当敦促法庭结构和管理方面的改革，以促进代理的持续性。《公设辩护服务制度十项原则》第 7 条也规定：“由同一律师持续为当事人提供代理直至案件结束。”

第八节　公设辩护人制度监督管理与惩戒

刑事法律援助模式的监督管理体系建设旨在为犯罪嫌疑人、被告人提供称职辩护，公设辩护人制度也不例外。实践中，公设辩护人组织的隶属机构可能是其监督管理者，我们在考察公设辩护人监督管理主体及其管理项目时，亦应关注对公设辩护人独立性的影响。公设辩护人在提供辩护服务时，与私人律师的代理行为并无区别，他们是否同样应遵守规范律师职业行为的标准或规定？公设辩护人渎职行为能否豁免存在很大争议。

一、公设辩护人组织监督管理

评价公设辩护人制度监督管理成效的重要标准是：它是否提供称职辩护、促进公设辩护人组织独立运作、规范公共资金使用、促使与整个刑事司法体系协调运作，以及获得社会公众的信任等。公设辩护人组织监督管理的内容主要包括：监督管理主体、监督管理项目、利益冲突案件处理等。

（一）公设辩护人监督管理主体

在我国台湾地区，公设辩护人隶属于司法体系，法院成为公设辩护人的主要监督管理者。具体而言：公设辩护人由其所隶属的法院体系进行管理监督，并且受双重法院体系监管：一是受所属法院院长的监督；二是受所属法院之上一级法院（即“高等法院”）院长的监督。[1] 在英国，英格兰与威尔士的公设辩护人办公室隶属于法律服务委员会，后者也是监督管理机构。苏格兰公设辩护律师办公室隶属机构为法律援助委员会，后者同时也是监督管理机构。

公设辩护人组织的隶属机构影响其独立运作，公设辩护人监督管理主体之设定也应顾及独立性问题，这是法律职业独立性的题中应有之义。对此，“公设辩护运作应独立于不当的政治影响。为了保障独立性、提高效率和服务质量，辩护人体系应该由一个无党派立场的委员会（Nonpartisan Board）进行监督管理。”[2] 实践中，一些国家的法律援助管理机构具有很大程度的独立性，甚至通过设立专门的独立机构对公设辩护人组织予以监督管理。在加拿大，法律援助管理机构（如法律援助委员会或协会）独立于政府成为重要传统。在美国，哥伦比亚特区公设辩护人服务为其他公设辩护人办公室衡量自身提供了基准，重要原因在于其通过独立的受托人委员会进行监督管理，这确保了它的独立运作。美国金县（King County）公设辩护人办公室实施与哥伦比亚特区公设辩护人服务相类似

---

〔1〕 台湾地区有关规范性文件明确指出公设辩护人受法院监督管理。例如，台湾地区“高等法院及其分院处务规程”第27条和“地方法院及其分院处务规程”第47条规定：“公设辩护人应受院长之行政监督。”又如，“公设辩护人管理规则”第3条规定：“高等以下各级法院及其分院公设辩护人除受该管高等法院院长监督外，并应受所属法院院长之监督。”又如，台湾地区“地方法院及其分院处务规程”第48条规定：“公设辩护人为2人以上的，其事务分配，也要由主任公设辩护人报请院长决定。”再如，“公设辩护人管理规则”第16条规定：“公设辩护人所办理案件登记簿等要送所属法院院长核阅，并由所属法院保存。”

〔2〕 Donald J. Farole, Jr. & Lynn Langton, U. S. Dep't of Justice, Bureau of Justice Statistics, *County - Based and Local Public Defender Offices*, 2007 (2010).

的策略，被称赞为国内最优秀的公设辩护人办公室之一。[1]

目前，美国一些公设辩护人组织通过独立委员会监督管理的模式并不少见。其中，州立公设辩护人项目要比县立公设辩护人办公室更多采用独立委员会。《2007 年州公设辩护人方案》研究报告显示：22 个州立项目中，有 15 个州有一个咨询委员会（Advisory Board or Commission）来负责监督管理公设辩护人项目，该委员会主要负责雇用和解聘首席公设辩护人的职务、制定规则、预算，以及对公设辩护人项目的总体监管、个案收费建议、对入选的地区首席与助理公设辩护人、劳动合同和雇员薪水或者贫困者辩护服务合同的批准；该咨询委员会成员一般由州长、州最高法院、立法机关或者州律师协会等机构任命，[2] 具体参见表 7 – 14。明尼苏达州为州立公设辩护人项目，该州公设辩护委员会属于政府司法分支的组成部分，但并不受其行政控制，委员会由 7 个成员构成，其中 4 名执业律师由最高法院任命，他们应熟悉刑事被告人辩护，没有被雇用为检察官；3 名公共成员由州长任命，任命机关不允许任命法官作为州公设辩护委员会的成员，但可以作为特别公设辩护委员会的成员。[3]

《2007 年县立和地方公设辩护人办公室》研究报告显示：所有县立公设辩护人办公室中，仅有 36% 的办公室是由一个咨询委员会来负责监督管理；与州咨询委员会成员任命者相比，县咨询委员会

---

〔1〕 See Thomas F. Geraghty, etc., "Access to Justice: Challenges, Models, and the Participation of Non – Lawyers in Justice Deliver", in Northwestern University, *Access to Justice in Africa and Beyond: Making the Rule of Law a Reality*, Ntl Inst for Trial Advocacy, 2007, p. 61.

〔2〕 Lynn Langton & Donald J. Farole, Jr., U. S. Dep't of Justice, Bureau of Justice Statistics, *State Public Defender Programs*, 2007 (2010).

〔3〕 See Minnesota Statutes 2009, 611.215, subd. 1 (a).

还可以由县委员会[1]来任命，[2]具体参见表7-15。

表7-14 2007年美国州立公设辩护人项目咨询委员会情况[3]

州	咨询委员会任命者				咨询委员会职权			
	州长	州最高法院	立法机关	其他	聘任或解聘首席公设辩护人	规则制定	预算	其他
总　数	11	8	5	4	11	10	7	8
阿拉斯加州	×				×	×	×	×
康涅狄格州	×	×	×		×	×	×	×
科罗拉多州		×			×			
夏威夷州	×				×	×		
爱荷华州	×	×	×					×
肯塔基州	×	×		×			×	×
马里兰州	×				×			×
马萨诸塞州		×			×	×	×	
明尼苏达州	×	×			×	×	×	×
密苏里州	/	/	/	/	/	/	/	/
蒙大拿州	×				×	×		

[1] 美国县委员会主要负责行政管理实务，如财政、警务等，其成员由选举产生。

[2] Donald J. Farole, Jr. & Lynn Langton, U.S. Dep't of Justice, Bureau of Justice Statistics, *County-Based and Local Public Defender Offices*, 2007 (2010).

[3] 图表中左侧“其他”包括如依法有任免权的机构、州律师协会等。右侧“其他”包括对公设辩护人项目的总体监管、个案收费建议，以及对入选的地区首席与助理首席公设辩护人、劳动合同和雇员薪水，或者贫困者辩护服务合同的批准等。

续表

州	咨询委员会任命者				咨询委员会职权			
	州长	州最高法院	立法机关	其他	聘任或解聘首席公设辩护人	规则制定	预算	其他
北达科他州	×	×	×	×	×	×		
新罕布什尔州	×	×	×	×		×		×
维吉尼亚州				×	×	×	×	
威斯康星州	×		×		×	×	×	×

来源：*State Public Defender Programs*, 2007（2010）.

表 7－15　2007 年美国县立公设辩护人办公室咨询委员会情况

办公室案件负荷	具有咨询委员会的办公室		咨询委员会任命者					咨询委员会职权			
	数量（件）	比例（%）	州长（%）	州最高法院（%）	立法机关（%）	县委员会（%）	其他（%）	聘任或解聘首席公设辩护人（%）	规则制定（%）	预算（%）	其他（%）
所有办公室案件	189	36	36	15	20	44	65	83	68	67	16
少于 1000 件	30	22	35	7	14	52	59	83	80	77	17
1000～2500 件	54	44	39	13	17	56	57	83	69	72	11
2501～5000 件	45	44	41	11	21	48	64	91	51	49	16
多于 5000 件	55	36	29	22	26	31	73	78	71	67	24

来源：*County－Based and Local Public Defender Offices*, 2007（2010）.

美国不少公设辩护人办公室专门设有管理律师和监督律师。在2007年，平均每个州立公设辩护人项目有5位监督律师；每10位专职律师至少配有1位等效全职管理律师（FTE managerial attorneys）[1]；有12个州报称：每10位律师至少配有2位管理律师，像蒙大拿州、怀俄明州则高达6名以上。[2] 另外，全美所有县立公设辩护人办公室中，每10名等效助理公设辩护人配有1名或以上的管理律师的办公室占到84%。[3] 显然，管理律师和监督律师有助于对公设辩护人实施监管，这是私人律师模式所不具备的制度优势。

综上所述，从独立性角度出发，公设辩护人办公室通过独立机构进行监督管理，能够使公设辩护人在履行辩护职责时免受其他机关以及社会团体的干涉。[4] 因此，台湾地区公设辩护人由其隶属机构直接监督管理值得商榷。其实即便法院仅进行行政事务监管，相关立法亦明文规定公设辩护人行使职务时独立于法院和检察官。

---

〔1〕 等效全职管理律师是指处于监督者地位的全职或兼职律师，包括首席公设辩护人、管理律师、监督律师。

〔2〕 See Lynn Langton & Donald J. Farole, Jr., U. S. Dep't of Justice, Bureau of Justice Statistics, *State Public Defender Programs*, 2007 (2010).

〔3〕 See Donald J. Farole, Jr. & Lynn Langton, U. S. Dep't of Justice, Bureau of Justice Statistics, *County-Based and Local Public Defender Offices*, 2007 (2010).

〔4〕 政府是公设辩护人制度运作的出资方，公设辩护人制度实施效果的好坏，直接关涉政府是否充分履行刑事法律援助义务。因此，政府对公设辩护人制度进行管理存在重大利益，其不可能采取放任不管的态度，如何协调公设辩护人制度运作的独立性与政府监督管理的适当性是需要解决的现实问题。

但是，公设辩护人由法院进行考核，[1] 有关辩护书亦由院长核阅，[2] 立法意图虽是督促公设辩护人履行职责，可无形中给公设辩护人造成巨大心理压力恐怕在所难免。在笔者看来，公设辩护人制度监督管理体系应当从两方面予以建设：一是采行监督管理机构与辩护服务相分离的模式；二是建立高级别、统一的监管体系。事实上，美国贫困者辩护服务提供模式在过去经历了重大变革，最具重大意义的趋势是由州依靠全州范围的标准来监督贫困者辩护服务，由州提供资金保证在州内各县提供统一质量的代理。[3] 诸如一些州立公设辩护人项目相继设立全州性的、无党派立场的委员会对其全州范围内的公设辩护人办公室进行监管。

（二）公设辩护人组织监督管理内容

在我国台湾地区，“公设辩护人条例”、“公设辩护人管理规则”、“高等法院及其分院处务规程”以及“地方法院及其分院处

---

〔1〕 台湾地区相关规范性文件规定公设辩护人由法院进行考核。例如，“公设辩护人管理规则”第19条规定：“初任公设辩护人试署实授成绩，应就最近1年制作之辩护书类或其他相当文稿检取20份，并造具任职期内承办案件收结简表，由所属法院或其上级法院层转‘司法院’审查。初任公设辩护人，因书类审查而尚未取得实授资格前，于任职满1年后，参照公务人员考绩法之规定，至年终予以考绩。”又如，“公设辩护人管理规则”第20条规定：“前条公设辩护人成绩审查不及格者，得于继续任职满6个月之日起1个月内再检送最近制作之辩护书类等文稿审查之。未依本规则检送成绩审查及格人员，不得升迁。”再如，“司法院处务规程”第39条规定：“刑事厅第二科之职掌如下：…… 关于公设辩护人业务之考核及其书类之审查事项。”

〔2〕 台湾地区相关规范性文件规定辩护书由院长核阅。例如，“地方法院及其分院处务规程”第49条规定：“公设辩护人对于指定辩护案件，应制作辩护书。其制作之辩护书，除有特别情形外，应于辩论终结3日内，送院长核阅，并提出于法院。”又如，“高等法院及其分院处务规程”第9条规定：“下列事项由院长处理或核定之：……庭长、法官裁判书类正本之研阅及公设辩护人辩护书类之核阅。”再如，“高等法院及其分院处务规程”第29条规定：“公设辩护人制作之辩护书，应于辩论终结翌日前送院长核阅。”

〔3〕 See Robert L. Spangenberg & Marea L. Beeman, “Indigent Defense Systems in the United States”, *Law and Contemporary Problems*, (58) 1995, p. 48.

务规程”等规范性文件就公设辩护人的监督管理内容予以了明文规定，具体内容如下：①执业范围：公设辩护人应当在所属法院管辖区域内执业；②禁止事项：公设辩护人不得代理私人业务，不得收取被告人任何报酬；③诚实义务：公设辩护人应当诚实地处理案件；④辩护规则：此项内容规定最为详实，包括查阅卷宗、会见被告人（甚至要求至少接见被告人一次以上）、制作辩护书、准备及参与庭审、制作上诉理由或答辩书以及制作相应记录等；⑤保密义务：公设辩护人因职务上知悉或持有被告人的秘密，不得有足以损及其名誉、信用或故意泄露的行为；⑥相互协助：公设辩护人对于搜集辩护资料，应互相协助；⑦惩处规则：监督长官可依法参照公务员惩戒法办理；⑧工作准则：公设辩护人须遵守所属法院相关办公时间及请假规则等；⑨回避规则：公设辩护人的回避参照法官的回避情形。

在美国，无论是州立还是县立公设辩护人办公室，大多数办公室具有管理的正式标准或书面方针。在2007年，22个州立公设辩护人项目中，较常采用的管理标准依次为：①律师法律继续教育（continuing legal education for attorneys）有18个州；②律师年度绩效考核（annual attorney performance review）有17个州；③律师所有程序阶段为委托人提供辩护服务（attorney representation of client through all stages of proceedings）有14个州；④案件复杂程度与律师经验的匹配（matching attorney experience with case complexity）有14个州；⑤案件类型与律师经验的匹配（matching attorney experience with types of cases handled）有13个州；⑥委托人的资格审查（client eligibility screening）有12个州；⑦一个律师在同一时间内处理最大的案件数量（maximum number of cases an attorney can have at one time）有9个州；⑧辩护律师在被告人被逮捕24小时之内被指派（attorney appointment within 24 hours of client State detention）

有5个州。在县立项目公设辩护人办公室中，上述管理标准被办公室采用的比例依次为：92%、48%、60%、58%、51%、49%、21%、28%。[1] 可见，美国公设辩护人办公室非常重视对公设辩护人的法律继续教育。实践中，法律继续教育（职业发展培训）的内容主要包括：审判技能、少年违法行为、精神病案件、上诉案件、抚养案件、死刑审判辩护、民事以及其他培训内容等。[2] 美国刑事司法采对抗制度，对抗制度是"用以发现事实真相的最伟大设计"。对辩护方而言，需要其具备优秀的辩护技巧，方能发挥对抗制度的功能，所以法律继续教育对于公设辩护人提供称职辩护起到关键作用。对此，曾任职于华盛顿公设辩护人服务机构的一位公设辩护人指出："在我整个任职期间，华盛顿公设辩护人服务一直为当事人提供称职的代理。在我看来，能够使我提供持续称职的代理，对我的能力有极大帮助的是两个方面的经验：提供优秀的培训和办公室独特的文化。"[3]

在英国，英格兰与威尔士的公设辩护人办公室采用了"业务处理标准"（transaction criteria）[4] 和"同行评估"的方式对公设辩

[1] See Lynn Langton & Donald J. Farole, Jr., U. S. Dep't of Justice, Bureau of Justice Statistics, *Public Defender Offices*, 2007 (2010).

[2] 审判技能、少年违法行为、精神病案件、上诉案件、抚养案件、死刑审判辩护、民事是美国公设辩护人办公室为公设辩护人提供的主要职业发展项目，这些项目被采纳的情况具体如下：在22个州立公设辩护人项目中，上述项目被采纳的州数依次为22、20、17、16、11、10、3；而在县立公设辩护人办公室中，上述项目被采纳的比例依次为92%、76%、58%、53%、41%、62%、20%。See Lynn Langton & Donald J. Farole, Jr., U. S. Dep't of Justice, Bureau of Justice Statistics, *State Public Defender Programs*, 2007 (2010); Donald J. Farole, Jr. & Lynn Langton, U. S. Dep't of Justice, Bureau of Justice Statistics, *County – Based and Local Public Defender Offices*, 2007 (2010).

[3] Charles J. Ogletree, Jr., "Essay on the New Public Defender for the 21st Century", *Law and Contemporary Problems*, 58 (1995), p. 90.

[4] 业务处理标准以好律师有好记录为依据而设定，通过考察律师办案档案以评估其法律服务质量。

护人服务进行监督管理。

当然，各国和地区都设定了一些监督管理项目，但相关问题仍旧存在，尤其是日常管理以及兼职公设辩护人管理存在弱点。例如，明尼苏达州《公设辩护人制度评估报告概要》指出：对公设辩护人的监督应加强，因为有43%的公设辩护人报称在过去一年中，监督律师从未对他们在案件中的表现进行任何评估；一些地区首席公设辩护人指出，兼职公设辩护人通常缺乏有效监管；监督律师自身的案件负荷使他们管理、指导助理公设辩护人的时间受到限制，阻碍了他们在问题更严重之前进行处理的能力。对此，有关负责公设辩护的官员建议增加监督律师的比例，却又受制于预算限制。〔1〕

当然，强调公设辩护人制度监督管理项目的完善，强化外在监管，并无不妥，但不能因此忽视“公设辩护人的个人职业责任”，公设辩护人资质获取有着严格要求，如明尼苏达州公设辩护体系中的律师与该州所有律师进行培训的方式是相同的，必须通过律师资格考试，取得执业资格，遵守职业责任等。从这一角度而言，公设辩护人自身职业道德素养在其执业过程中将会起到重要作用，且并不亚于外在监督管理的效用。

（三）利益冲突案件之处理

在刑事辩护活动中，律师与犯罪嫌疑人、被告人之间的关系建立在信任基础之上，律师应当忠诚于犯罪嫌疑人、被告人的利益，然而，利益冲突案件（conflict cases）可能损及律师与委托人之间的信任关系。实践中，与公设辩护人办公室存在利益冲突的案件主要包括两种类型：一是共同被告人（co - defendant）案件，假使公设辩护人办公室在同一个案件中同时代理两位被告人，而共同被告

〔1〕 Office of the Legislative Auditor, State of Minnesota, *Evaluation Report Summary: Public Defender System*, 2010, p. X.

人之间可能会存在利益冲突；二是代理案件的受害人为以前的当事人，对此，公设辩护人将面临两难境地，既要尽力维护目前当事人的利益，又不得揭露所知的以前当事人的任何信息。其中，共同被告人案件是公设辩护人办公室最常遇见的利益冲突案件，在美国，那些全州普遍实行公设辩护人办公室的地区更易出现利益冲突案件。

公设辩护人应在存在利益冲突的共同被告人案件中回避。对此，有学者认为，被告人有权得到百分之百的忠诚，但如果一个律师或者律师事务所（包括公设辩护人办公室）代理多个当事人，尤其是共同被告人时，当事人之间的利益可能会发生冲突，该律师（或事务所）就不可能有效地代理所有当事人。基于此，如果代理一个当事人将会实质性地限制一名律师代理另一个当事人的能力，共同代理一般被认为是违反职业伦理的。[1] 究其原因：公设辩护人办公室等同于律师事务所，当某一案件中的共同被告人存在利益冲突，相关律师职业伦理禁止由同一位律师为共同被告人提供辩护服务。显然，受雇于同一公设辩护人办公室的公设辩护人犹如同一律师事务所的律师，其理应在存在利益冲突的共同被告人案件中回避。

实践中，公设辩护人办公室如何处理利益冲突案件？在美国，如果公设辩护人服务的司法辖区存在利益冲突案件（时常包括案件负荷过量的情形），主要采行私人律师模式，尤其是合同项目处理利益冲突案件。具体而言，通过私人律师模式解决与公设辩护人办公室存在利益冲突的案件，并形成了两种模式：一是冲突律师单独与政府签订合同，按照案件、小时或年度方式代理冲突案件；二是

---

〔1〕［美］约书亚·德雷斯勒、艾伦·C. 迈克尔斯：《美国刑事诉讼法精解》（第1卷·刑事侦查），吴宏耀译，北京大学出版社 2009 年版，第 628 页。

冲突律师受雇于独立的利益冲突辩护人办公室。[1] 例如，1996 年，乔治亚州富尔顿县（Fulton County）建立了市利益冲突辩护人办公室（the Metro Conflict Defender Office），它是佐治亚州四个利益冲突办公室之一，该办公室旨在为重罪案件中的贫困被追诉者提供有质量的代理服务，这些案件都是与富尔顿县公设辩护人办公室（the Fulton County Public Defender's office）存在利益冲突的案件。《2007 年州公设辩护人方案》研究报告指出：私人律师应该在公设辩护人办公室存在利益冲突或公设辩护人案件负荷超过限制时提供辩护服务，因冲突案件被指定的私人律师，应当通过已经确立的直接指定律师或合同制方式，而不应是一种临时的方式。其中，19 个州立项目中，11 个州采用公设辩护人项目管理的指定律师项目的方式，7 个州采用逐案与私人律师签约的方式，6 个州采用法庭管理的指定律师项目或者此前与私人律师建立合同的方式，两个州采用州冲突公设辩护人办公室的方式，一个州采用司法冲突公设辩护人的方式。[2]

二、公设辩护人惩戒与豁免

公设辩护人的基本属性是辩护律师，他们在提供辩护服务时应当遵守规范律师职业行为的标准或规定。私人律师执业过程中，他们会因不当或渎职行为受到相应惩戒；公设辩护人因其公职身份以及客观上案件负荷量过重，他们是否因不当或渎职行为受到相应惩戒，实践中存在不小的争议。

中外一些规范性文件明确要求公设辩护人应遵守律师职业行为

〔1〕 See Sarah E. Black, "Conflicted over Conflict Solutions: The Use of Contracts to Cure Conflicts in Public Defense", *Georgetown Journal of Legal Ethics*, 22 (2009), p. 662.

〔2〕 Lynn Langton & Donald J. Farole, Jr., U. S. Dep't of Justice, Bureau of Justice Statistics, *State Public Defender Programs*, 2007 (2010).

规范。在我国台湾地区，“公设辩护人管理规则”第5条规定：“公设辩护人在办理案件时，适用于刑诉法上关于辩护人的相关规定。”在美国，1977年，法院在夏勒夫诉洛杉矶上级法院案（*Chaleff v. Superior Court*）中认定：“管理律师协会成员的职业行为规范，同样适用于首席公设辩护人和助理公设辩护人。”[1] 1981年，法院在波克县诉多德森案（*Polk County v. Dodson*）中认定：“公设辩护人对当事人承担责任的观点，已经被几乎所有思考过这个问题的法庭所接受。”[2] 同时，1980年《美国律师协会刑事审判辩护服务提供标准》（第2版）认为：“一旦律师承担了被告人的代理事务，不管这个律师是私人律师、指定律师还是法律援助项目或辩护人项目律师，都承担同样的义务和责任。”

可见，公设辩护人与私人律师在遵守职业行为规则方面并无二致。然而，律师违反职业行为规定会受到相应的惩戒。2004年《美国律师协会职业行为示范规则》（ABA Model Rules of Professional Conduct）第1.1条规定：“律师应为其当事人提供称职（competent）的代理，称职的代理要求律师具备代理所合理必需的法律知识、法律技巧、认真周延和准备工作。”美国联邦第七巡回上诉法院认为：“刑事辩护律师对于当事人和法庭承担特别责任……我们反复重申我们之前的观点：刑事被告人的律师必须积极执行他们的案件。律师疏忽当事人的案件，对他们本身也会造成危险，那些忽视我们规则的律师将会受到严厉惩罚。”[3]显然，惩戒违反职业行为的律师旨在保护犯罪嫌疑人、被告人权利，预防律师的不当行为，乃至维护律师行业的整体形象及司法公正。

---

〔1〕 *Chaleff v. Superior Court*, 69 Cal. App. 3d 721, 138 Cal. Rptr. 735 (1977).

〔2〕 *Polk County v. Dodson*, 454 U. S. 312 (1981).

〔3〕 *United States v. Gerrity*, 804 F. 2d 1330 (1986).

实践中，由于公设辩护人案件负荷过重，以至于无法拥有充分时间进行准备工作，仅有数小时时间代理一个案件的情形并不罕见。曾有一份对339处公设辩护人办公室的调查显示，案情准备时间不足的问题特别容易发生在贫困者人数众多的公设辩护人办公室辖区内；在波士顿和马里兰的公设辩护人办公室评估报告也指出，案情准备时间不足为民众抱怨公设辩护人最常见的情形。[1] 公设辩护人由于案件负荷过重导致的不当行为（misconduct）或者渎职行为（malpractice）甚为常见，加之其乃公务人员身份，对于公设辩护人不当行为或者渎职行为是否应给予私人律师一样的惩戒？换言之，公设辩护人可否在渎职诉讼中免责？

在美国，1970年修正《刑事审判法》时，并未表明国会意欲豁免公设辩护人的渎职行为。1979年费里诉阿克曼案（*Ferri v. Ackerman*）中，联邦最高法院未禁止各州赋予公设辩护人在渎职诉讼中免责的权利，而是由各州自行决定。[2] 实践中，有些州法院准予公设辩护人享有豁免权，但也有一些州法院持相反做法。[3] 1994年，联邦上诉法院第七巡回审判庭在苏里文诉美国

〔1〕 参见黄祥睿：《美国公设辩护制度》，裕文实业有限公司1994年版，第188页。

〔2〕 *Ferri v. Ackerman*, 444 U. S. 197, 198 (1979).

〔3〕 准予公设辩护人享有豁免权的判例，如：*Dziubak v. Mott*, 503 N. W. 2d 771, 774 – 777 (Minn. 1993); *Ramirez v. Harris*, 773 P. 2d 343 (Nev. 1989); *Scott v. City of Niagara Falls*, 407 N. Y. S. 2d 103 (Sup. Ct. 1978). 反对公设辩护人享有豁免权的判例，如：*Spring v. Constantino*, 362 A. 2d 871 (Conn. 1975); *Reese v. Danforth*, 406 A. 2d 735 (Pa. 1979).

案（*Sullivan v. United States*）[1] 中认定：联邦公设辩护人是政府雇员，所以公设辩护人可依据《联邦雇员责任改革与侵权法》（Federal Employees Liability Reform and Tort Act, the Westfall Act）豁免个人责任。[2] 可见，立法与实践对豁免公设辩护人的渎职行为存在两种不同见解，明尼苏达州最高法院（Supreme Court of Minnesota）在迪吉巴克诉莫特案（*Dziubak v. Mott*）中详细论述了赞成与反对豁免的理由，笔者将本案及其他判例、学者的观点总结如下：

赞同豁免的理由有：①对公设辩护人渎职行为进行豁免可以鼓励及吸引更多的人加入公设辩护人职业，且可以吸引到优秀人才。②公设辩护人作为公务员身份，其行为应当获得豁免。③与私人律师相比，公设辩护人不可能拒绝被指派的当事人，不论其案件负荷或者案件的困难程度如何；公设辩护人的代理行为受限于可获得资源，公设辩护人办公室缺乏资金，因而公设辩护人不充分代理受制于很多客观因素。④对公设辩护人的诉讼豁免，节约了办公室的资源，从而更好地为贫困人口服务；公设辩护人作为刑事司法体系的重要组成，对其进行豁免，不但有利于保护贫困被告人，而且有利于维护整个社会的自由与正义。

反对豁免的理由有：①公设辩护人在代理贫困者时并非政府官员（public official），虽从政府领取报酬，并不代表其实际辩护行为是政府行为；②一旦作出公设辩护人的任命，政府或公共职能的任

---

〔1〕 该案事实是：1991 年苏里文（Sullivan）起诉了在假释听证会上为其代理的两位联邦公设辩护人。苏里文声称，公设辩护人在处理他的案件时存在渎职，联邦公设辩护人称其作为政府雇员可以得到豁免。根据《联邦侵权赔偿法案》（the Federal Tort Claims Act, FTCA），美国伊利诺伊州南区联邦地区法院（United States District Court for the Southern District of Illinois）将美国替代为被告人，随后驳回起诉。在上诉中，第七巡回法院赞同联邦公设辩护人是政府雇员（联邦公设辩护人作为政府司法分支雇员）的观点，裁决公设辩护人适用《联邦雇员责任改革与侵权法》，免于个人责任。

〔2〕 *Sullivan v. United States*, 21 F. 3d 198, 201 (7th Cir.).

务便告结束，公设辩护人承担所有责任，其与当事人的关系如同私人律师与当事人的关系；③公设辩护人渎职行为可以免责，很有可能不利于其提供称职的辩护服务；④被告人没有自由选择公设辩护人的权利，如果公设辩护人没有进行充分代理，被告人有可能受到不公平的定罪；⑤公设辩护人不能因缺乏资金等客观因素减少其不充分代理的责任；⑥即使没有豁免权，公设辩护人因其职业自豪感也不会使渎职行为大规模增加；⑦即使存在免责，也未必会招募到优秀人才，而在不存在免责的情况下，也并不缺乏私人律师愿意进行刑事辩护工作；⑧州可能会为渎职提供的赔偿，免除了招募不到公设辩护人的担忧；⑨如果存在豁免，当事人将会起诉政府，而非公设辩护人本身。[1]

当然，还存在公设辩护人承担有限责任（limited liability）的折衷说，即公设辩护人个人为自己的渎职行为或职业疏忽（professional negligence）负责，但是不必为作为政府雇员为一般和典型的其他民事侵权行为负责。[2]

我们不能否认，公设辩护人案件负荷过重的客观事实，使他们比私人律师更有可能出现不当行为或者渎职行为，因为“为穷人辩护的律师没有经费，劳动强度大，他们比那些白领高薪聘请的辩护

---

〔1〕 See *Dziubak v. Mott*, 503 N. W. 2d 771 (1993); Jane M. Ward, "Sullivan v. United States: Are Federal Public Defenders in Need of a Defense", *Villanova Law Review*, 40 (1995), pp. 259, 261; *Ramirez v. Harris*, 105 Nev. 219, 773 P. 2d 343 (1989); *Reese v. Danforth*, 486 Pa. 479, 406 A. 2d 735 (1979); *Donigan v. Finn*, 95 Mich. App. 28, 290 N. W. 2d 80 (1980); *State v. Fagerstrom*, 286 Minn. 295, 299, 176 N. W. 2d 261, 264 (1970); Stephen L. Millich, "Public Defender Malpractice Liability in California", 11 *Whittier L. Rev.* 535, 542 (1989).

〔2〕 See Jane M. Ward, "Sullivan v. United States: Are Federal Public Defenders in Need of a Defense", *Villanova Law Review*, 40 (1995), p. 260.

律师更容易犯错误”。[1] 然而，我们是否因此豁免公设辩护人的不当行为或者渎职行为？对此，笔者以为，我们应立足犯罪嫌疑人、被告人权利保障的立场。律师在民事案件中的失职行为，或许可以通过赔偿等方式以弥补受害人的损失；然而律师在刑事案件中的失职行为，恐怕没有机会来弥补受害人遭受到的刑罚处置。因此，公设辩护人的责任与义务理应如同私人律师，况且公设辩护人与私人律师实施同样的辩护职能，如果只是因私人律师不是政府雇员，其就要承受惩戒，公设辩护人则可以享受豁免，这并不公平，最终“允许这种豁免将来可能对提供给贫困被告人的代理质量不利”[2]。笔者认同折衷观点，即凡是与辩护职能相关的不当行为及渎职行为，公设辩护人不享受豁免的权利，与私人律师一样接受相关职业惩处。因此，即便是案件负荷过重，公设辩护人仍适用相关律师行为规范以及职业责任法。事实上，目前公设辩护人因未能提供称职代理越来越受到批评，由此提起的“无效辩护”诉讼并不少见。而除此之外的行为，公设辩护人可以获得豁免。此种做法即肯定了公设辩护人基于辩护人的立场，也顾虑到其公职身份，同时最大限度地减少社会各界的排斥。

---

〔1〕［美］戴维·凯瑞斯：《法律中的政治——一个进步性批评》，信春鹰译，中国政法大学出版社2008年版，第296页。

〔2〕 Jane M. Ward, “Sullivan v. United States: Are Federal Public Defenders in Need of a Defense”, *Villanova Law Review*, 40 (1995), pp. 236 ~ 237.

第八章

公设辩护人制度对中国的借鉴意义

作为当今世界非常重要的刑事法律援助模式，公设辩护人制度在其他国家和地区的实践表明其具有多方面的优势。当前，我国刑事司法积弊主要表现为律师辩护率低、辩护效果差，如果辩护职能不能彰显，刑事诉讼将难以迈向现代化，不可能成为“被告人权利大宪章”。在这一背景下，我们探究公设辩护人制度具有重要的现实意义。在笔者看来，研究公设辩护人制度最终应回到对中国[1]刑事法律援助的探讨，但并非简单地认为中国应移植公设辩护人制度。公设辩护人制度是否有助于完善与发展中国刑事法律援助事业，应当充分考量相关“地方性”因素，进行审慎的分析论证，终究“必要性”分析不能代替“可行性”分析，否则任何制度的建构都有可能产生“南橘北枳”的结果。我们在移植某一制度时，应努力避免移植的制度不仅未能发挥应有功能，反而使现有问题更加复杂。

〔1〕 如无特别说明，本章所指中国为大陆地区。

第一节　中国刑事法律援助制度及其发展

2004年，“国家尊重和保障人权”写入《宪法》；2012年，“尊重和保障人权”写进《刑事诉讼法》[1]。在刑事司法领域中，“尊重和保障人权”主要体现的是保障犯罪嫌疑人、被告人的律师辩护权。《刑事诉讼法》有关法律援助条款以及《法律援助条例》的颁布标志着中国刑事法律援助的立法相对完善。2003年以后，中国法律援助体系也逐步建成。[2] 但是，目前刑事司法领域仍面临着律师辩护率低下与辩护效果不佳的困境。与此同时，随着人权保障理念逐步深入人心，未来中国刑事辩护服务的需求与国家提供辩护服务的能力之间的矛盾将会进一步加剧，因此，完善现有刑事法律援助实施机制势在必行。

一、中国刑事法律援助制度的立法与实践

我国《宪法》第125条规定：“被告人有权获得辩护。”可见，我国公民享有获得律师帮助的权利是一项宪法性权利。为了兑现这一权利，《刑事诉讼法》第11条明文规定：“被告人有权获得辩护，人民法院有义务保证被告人获得辩护。”具体而言：国家有义务在以下5类案件中指派律师为犯罪嫌疑人、被告人提供辩护服务：①犯罪嫌疑人、被告人因经济困难或者其他原因没有委托辩护人

---

〔1〕 中华人民共和国第十一届全国人民代表大会第五次会议于2012年3月14日通过《全国人民代表大会关于修改〈中华人民共和国刑事诉讼法〉的决定》，并宣布自2013年1月1日起施行。如无特别说明，本书所称之《刑事诉讼法》为2012年修订法。

〔2〕 司法部法律援助工作司《2009年全国法律援助工作统计分析》指出，2009年年底，全国已建法律援助机构总数为3274个。

的，本人及其近亲属可以向法律援助机构提出申请。对符合法律援助条件的，法律援助机构应当指派律师为其提供辩护。②犯罪嫌疑人、被告人是盲、聋、哑人，或者是尚未完全丧失辨认或者控制自己行为能力的精神病人，没有委托辩护人的，人民法院、人民检察院和公安机关应当通知法律援助机构指派律师为其提供辩护。③犯罪嫌疑人、被告人可能被判处无期徒刑、死刑，没有委托辩护人的，人民法院、人民检察院和公安机关应当通知法律援助机构指派律师为其提供辩护。④未成年犯罪嫌疑人、被告人没有委托辩护人的，人民法院、人民检察院、公安机关应当通知法律援助机构指派律师为其提供辩护。⑤人民法院审理强制医疗案件，被申请人或者被告人没有委托诉讼代理人的，人民法院应当通知法律援助机构指派律师为其提供法律帮助。[1] 可以说，《刑事诉讼法》将我国公民获得法律援助的宪法性权利予以具体化了。

2012 年《刑事诉讼法》通过完善刑事法律援助制度以强化辩护功能，与 1996 年《刑事诉讼法》[2] 相比，其立法进步主要表现在三个方面：一是延伸适用法律援助的程序阶段，即规定法律援助由审判阶段延伸至侦查阶段及审查起诉阶段，这对于犯罪嫌疑人的权益保障意义深远。二是扩展适用法律援助的案件类型，即增加了犯罪嫌疑人、被告人“可能被判处无期徒刑”或者是“尚未完全丧失辨认或者控制自己行为能力的精神病人”等情形下，没有委托辩护人的，人民法院、人民检察院和公安机关应当通知法律援助机

〔1〕 参见《刑事诉讼法》第 34、267、286 条等条款。

〔2〕 1996 年《刑事诉讼法》第 34 条规定：“公诉人出庭公诉的案件，被告人因经济困难或者其他原因没有委托辩护人的，人民法院可以指定承担法律援助义务的律师为其提供辩护。被告人是盲、聋、哑或者未成年人而没有委托辩护人的，人民法院应当指定承担法律援助义务的律师为其提供辩护。被告人可能被判处死刑而没有委托辩护人的，人民法院应当指定承担法律援助义务的律师为其提供辩护。”

构指派律师为其提供辩护。三是取消了有关机关在“经济困难”情形下实施法律援助的自由裁量权。对于“经济困难或者其他原因”没有委托辩护人的被告人，1996年《刑事诉讼法》规定人民法院“可以”指定承担法律援助义务的律师为其提供辩护，但是，2012年《刑事诉讼法》规定只要符合法律援助条件，法律援助机构“应当”指派律师为犯罪嫌疑人、被告人提供辩护，因此，法律援助机构并无原法“可以”式的自由裁量权。[1]

实践中，中国刑事辩护的整体状况却仍不容乐观，面临着律师辩护率低下与辩护效果不佳的双重困境：

(1) 律师辩护率低下。律师刑事辩护率低下，关涉到律师辩护普遍性的问题。近几年来，我国每年刑事案件被告人数维持在100万人左右。[2] 然而，在整个刑事案件中，律师参与刑事辩护的比例一般不超过30%，即我国有70%左右的被告人在审判阶段没有律师辩护。在审前程序中，由于2012年《刑事诉讼法》实施之前

---

〔1〕 根据1996《刑事诉讼法》第34条规定，有学者将我国指定辩护划分为两种类型：一是“强制性指定辩护”，即被告人是盲、聋、哑或者未成年人或者被告人可能被判处死刑而没有委托辩护人的，人民法院“应当”为其指定辩护律师；二是“任意性指定辩护”，即被告人因经济困难或者其他原因没有委托辩护人的，人民法院“可以”为其指定辩护律师。

〔2〕《2009年最高人民法院工作报告》指出，2008年全国各级法院共审结刑事案件768 130件，判处罪犯1 007 304人，其中判处5年以上有期徒刑至死刑的罪犯159 020人。《2010年最高人民法院工作报告》指出，2009年各级法院审结一审刑事案件76.7万件，判处罪犯99.7万人。《2011年最高人民法院工作报告》指出，2010年各级法院审结一审刑事案件779 641件，判处罪犯1 006 420人。2010年审结一审、二审、再审刑事案件为885 316件。《2012年最高人民法院工作报告》指出，2011年各级法院共审结一审刑事案件84万件，判处罪犯105.1万人。《2013年最高人民法院工作报告》指出，2008年以来，各级法院审结一审刑事案件414.1万件，判处罪犯523.5万人。《2014年最高人民法院工作报告》指出，2013年各级法院审结一审刑事案件95.4万件，判处罪犯115.8万人。《2015年最高人民法院工作报告》指出，2014年各级法院审结一审刑事案件102.3万件，判处罪犯118.4万人。

没有强制性的法律援助制度，律师介入的比例更低。[1] 以经济相对发达的北京市为例，北京市海淀区人民法院2002年简易程序审结的1614件案件中，涉案1925人，只有208名被告人获得了辩护人的帮助，只占总数的10.8%；刑事普通程序中，被告人有律师的案件大约占20%。[2] 发达地区尚且如此，经济不发达地区更加不容乐观。律师辩护率低下的原因是多方面的：主观上而言，犯罪嫌疑人、被告人往往文化程度低、经济能力差，[3] 他们没有经济能力聘请律师为自己辩护。客观上而言，我国还有不少地区尚无社会律师。根据中华全国律师协会的统计，至2013年，全国共有164个县（市、区）没有律师，其中，126个县既没有律师也没有律师事务所，38个县有律师事务所没有律师；此外，还有92个县（市、区）只有1名律师。

（2）律师辩护效果不佳。律师辩护效果不佳，关涉到律师辩护有效性的问题。在一定程度上，刑事法律援助律师的辩护效果更不容乐观，目前中国从事刑事法律援助的律师主要包括两类：一类是接受法律援助机构或其他机构指派的社会律师；另一类是各级司法行政机关设立的法律援助中心的专职律师，有学者指出，这两支队伍虽有不同特点，但一般都比较缺乏办案经验，业务能力不是很强。[4] 实践中，一些律师事务所往往指派年轻的、经验欠缺的律

〔1〕 参见顾永忠："不断完善和强化刑事法律援助制度"，载《法制日报》2011年8月31日。

〔2〕 马明亮、张星水："中国刑事法律援助的实证分析"，载陈瑞华主编：《刑事辩护制度的实证考察》，北京大学出版社2005年版，第157~158页。

〔3〕 顾永忠教授于2010~2011年在北京市组织开展了一项刑事辩护法律援助实证研究，调查了300名被告人的文化程度及有关情况，他们普遍文化程度不高，经济状况差。具体内容请参见顾永忠："刑事辩护制度的修改完善与解读"，载《甘肃政法学院学报》2011年第6期。

〔4〕 参见顾永忠："刑事辩护制度的修改完善与解读"，载《甘肃政法学院学报》2011年第6期。

师从事刑事法律援助，有经验的资深律师大多不愿承担刑事法律援助案件。刑事法律援助被指责为走过场，敷衍塞责的情形较多，这导致辩护质量不高，也损及了刑事法律援助事业的声誉。

二、中国刑事法律援助需求的扩大与刑事法律援助模式的创新

基于人权保障理念的深入人心和国际公约的要求，我国未来对刑事辩护服务的需求（尤其对刑事法律援助的需求）必然会扩大，这与国家提供辩护服务能力的矛盾会进一步加剧。同时，未来我国刑事法律援助的需求将从辩护的普遍性走向辩护的有效性。在此背景下，解决方案是完善现有刑事法律援助体系以及创新刑事法律援助模式。

（一）中国刑事法律援助普遍性与有效性之需求

一方面，人权保障理念在中国日益深入人心，人们将越发关注刑事司法中犯罪嫌疑人、被告人权利保障问题，作为被追诉者权益的核心，律师辩护权将成为人们关注的焦点。其实，就刑事诉讼的发展本身而言，“刑事诉讼之历史，正是辩护权扩大之历史”。纵观所有法治发达国家的刑事诉讼发展史，无不是辩护权不断扩张之历史，我国历次《刑事诉讼法》的修订充分反映了这样的演变过程。由于深陷刑事诉讼中的犯罪嫌疑人、被告人大多为贫困者，如何保障他们的律师辩护权成为各国关注的重点，刑事法律援助制度是否完善成为衡量一国法治现代化的标准。就此而言，“刑事诉讼辩护权扩大之历史”实质上是“刑事法律援助扩大之历史”。因此，未来我国刑事法律援助的需求必将激增。

另一方面，联合国及相关国际组织为了指导各国司法实践，以更好地维护犯罪嫌疑人、被告人权利，制定了一些国际公约，这些国际公约成为各国刑事司法改革与发展的重要依据。我国政府于1998 年 10 月签署了联合国《公民权利和政治权利国际公约》，一

旦我国立法机关批准加入《公约》，作为《公约》缔约国，应严格履行《公约》所规定的义务，《公约》的要求便成为我国在刑事司法中人权保障的最低限度标准。关于刑事法律援助，《公约》要求“出席受审并亲自替自己辩护或经由他自己所选择的法律援助进行辩护；如果他没有法律援助，要通知他享有这种权利；在司法利益有此需要的案件中，为他指定法律援助，而在他没有足够能力偿付法律援助的案件中，不要他自己付费”。按照《公约》要求，凡是符合“司法利益”需要的案件，都应当为犯罪嫌疑人、被告人提供免费的辩护服务。当今各国和地区对“司法利益”存在不同解读，但不少国家和地区的立法规范已远远超过了《公约》的最低要求。美国联邦最高法院判定政府应为可能被判处轻罪以上的犯罪嫌疑人、被告人指派律师，否则违背了“正当程序”。一些大陆法系国家通过强制辩护制度来保障律师辩护权的实现。德国《刑事诉讼法》第140条第1款列举了多种需强制辩护的案件类型，[1] 第2款从犯罪行为的轻重、法律及事实情况的复杂程度以及被告人有无能力等方面概括规定了需要强制辩护的情形。日本《刑事诉讼法》规定“于审判适用死刑或无期或最高刑期超过3年惩役监禁的案件”适用强制辩护。韩国《刑事诉讼法》规定“审理死刑、无期或3年以上惩役或禁锢的案件”适用强制辩护。然而，当前我国刑事法律援助主要以法院指定案件为主，未成年人案件、死刑案件占据了主导地位，这与国际公约的要求尚有距离，与一些法治发达国家亦有不小差距。

---

〔1〕 这些案件类型主要有：①州高级法院或者州法院第一审审判；②被指控人被指控犯有重罪；③程序可能导致禁止执业；④根据法官的命令或者在法官的许可下，被指控人在监狱里已经至少度过了3个月并且至少是在审判开始的2周前不会被释放；⑤为了对被指控人的精神状态鉴定做准备，需将被告人移送；⑥进行保安处分程序；⑦迄今为止的辩护人被排除参加程序。

当今世界，保障贫困者律师辩护权已经从律师辩护权的普遍性要求迈向律师辩护权的有效性追求，一些法治发达国家和地区基本上解决了律师辩护权的普遍性问题，即保障公民尤其是弱势群体平等地获得律师辩护的机会。近些年来，人们开始关注律师辩护的有效性问题，即律师辩护不仅是满足刑事司法程序形式合法性的要求，更应是有效的，追求辩护的实质效果。因此，律师不能提供有效帮助就等同于未提供帮助。与律师辩护权普遍性相比，律师辩护权有效性是更高的追求，是“法律面前人人平等”精神的真正体现。就我国而言，在实现律师辩护普遍性方面仍旧任重道远，实现律师辩护权有效性则更不容乐观。然而，中国刑事诉讼现代化的发展趋势是必然的，无论是国际公约的要求，还是人们人权保障观念的强化，都预示着中国未来刑事司法中最为核心的问题是律师辩护权。在笔者看来，中国刑事法律援助的发展路径是：首先，强调律师辩护权的普遍性，这意味着提供刑事法律援助的“门槛”将会越来越低，目前“无期徒刑”的上限将极有可能在下一次修法中得到改变，其会朝“无期徒刑”以下的方向发展；其次，重视律师辩护的有效性，尤其是在刑事法律援助领域，法律援助律师“走过场”、“作秀”将会依法得到惩戒，法律援助律师提供实质、有效辩护成为基本要求。因此，完善现有的刑事法律援助体系至关重要，同时我们应该考虑适时进行制度革新或者制度移植。

（二）多元化刑事法律援助模式的发展潮流

当今世界，刑事法律援助成为各国刑事司法体系中的重要组成部分，很多法治发达国家形成了公职律师模式（如公设辩护人制度）与私人律师模式（如指定律师制度、合同律师制度）相结合的多元并存模式，事实上，早在我国南京国民政府时期，学者朱采真就指出：“公设辩护人和私家律师是可以共同存在于强制辩护制度之下。"[1] 无疑，多元化刑事法律援助模式在保障人权、维护司法正义方面发挥了积极作用，并已成为当今世界的发展趋势。

实践中，在采行公设辩护人制度的国家和地区中，公设辩护人制度都不是唯一的刑事法律援助模式，公设辩护人制度与私人律师模式并存最为常见。在美国，公设辩护人制度是贫困者辩护体系中最重要的组成部分，其服务于美国绝大多数人口，然而私人律师模式亦广泛存在。在英国，公设辩护人服务成为英国刑事法律援助体系的有益补充，从而打破了由私人律师垄断法律服务市场的传统，当前“混合模式是法律援助服务的出路已经达成了更多的共识”[2]。在加拿大，专职律师模式与司法保障模式一直是并存的，只不过一些司法辖区司法保障模式更为盛行，另一些司法辖区则主要采专职律师模式。在我国台湾地区，目前形成了公设辩护人、法律扶助基金会律师和义务辩护律师多元并存的刑事法律援助实施机制格局。

在笔者看来，公职律师模式与私人律师模式多元并存格局存在诸多优点，具体如下：

第一，多元化刑事法律援助模式有助于实现贫困者律师辩护权，维护司法公正。多元并存模式意味着国家为贫困者提供了更多的辩护服务方案，贫困律师辩护权的实现有了更多的保障机制。同时，多元并存模式能够灵活地应对不同层次的辩护服务需求。对此，美国有学者指出：“事实表明，通过领薪专职律师（salaried staff attorney）与私人律师志愿者的独特结合，我们使这个国家法律面前人人平等（equal justice under law）的诺言能够生生不息……

---

〔1〕朱采真：《刑事诉讼法新论》，世界书局1929年版，第84页。

〔2〕Derek O'Brien & John Arnold Epp，“Salaried Defenders and the Access to Justice Act 1999”，*Modern Law Review*，63（2000），p. 412.

从哲学与经济学的角度来讲，私人律师和公共出资项目的结合是必然。当我们面向未来时，这种结合至关重要。”〔1〕澳大利亚有学者也认为：“理想状态下，法律援助计划如果能吸纳不同类型服务提供者会更好地实现改进司法公正的目标。尽管这显然会制造一些行政不规范和低效，甚至是不同服务提供者之间的紧张，但结果通常是更全面有效的计划。”〔2〕

第二，多元化刑事法律援助模式有助于保障辩护服务质量。多元并存模式可以促进各种刑事法律援助方案进行优势互补，形成良性竞争。德里克·奥布赖恩等学者认为：“从其他辖区获得的实证根据基础上得出结论，服务提供模式不存在固有的优劣之分，每种模式的成功由如何管理和如何融入国家资助的司法服务整体来决定。”〔3〕学者张文郁也指出：“理想之道应是由公设辩护人与义务辩护制度律师一方面互补，他方面互相竞争，对刑事被告而言更加有利。”〔4〕加拿大专职律师制度与司法保障模式并存的实践，证明了两种模式共存可以促进竞争，提高辩护质量。总之，多元并存模式可以有效克服各种方案自身固有缺陷，通过公设律师（如公设辩护人）与私人律师之间的业务经验交流，促进双方刑事辩护技能的提高。

第三，多元化刑事法律援助模式有助于成本控制。英国试行公设辩护人服务的实践深刻表明了其在刑事法律援助领域中进行成本控制的努力与尝试。在立陶宛，人们达成的基本共识是，公设辩护

〔1〕William Reece Smith, Jr., “Legal Aid in the United States: Directions for the Future”, *Maryland Journal of Contemporary Legal Issues*, 5 (1994), p. 195.

〔2〕［澳］佛朗西斯·里根：“两个世界的最佳——为什么要把政府和非政府组织法律援助服务提供者结合起来?”，崔杨、郑自文译，载《中国司法》2005 年第 11 期。

〔3〕Derek O'Brien & John Arnold Epp, “Salaried Defenders and the Access to Justice Act 1999”, *Modern Law Review*, 63 (2000), pp. 411 ~442.

〔4〕张文郁：“社会弱势者诉法权之保障”，载《辅仁法学》第 24 期。

人制度与私人律师模式相结合有助于充分利用现有资源。

第四，多元化刑事法律援助模式有助于提高国家对私人律师模式的管理水平。例如，国家可以参考公职律师（如公设辩护人）代理辩护服务的成本来确定私人辩护服务的合理报酬。

第五，多元化刑事法律援助模式有助于完善刑事司法制度。在多元并存模式中，公设辩护人制度可以成为国家、法律职业者等各方交流的平台，公设辩护人方案可以将其掌握的第一手资料反馈给有关机关，为国家进行司法改革提供实践依据。

相反，如果国家只采用一种刑事法律援助实施机制，有可能会导致因垄断而带来的固有弊端，这具体表现在如下两个方面：一方面，只采用私人律师模式出现了不少问题。一些私人律师从国家领取刑事法律援助报酬，却没有提供称职辩护，刑事法律援助的受益者成为私人律师，而非贫困犯罪嫌疑人、被告人，这侵蚀了刑事法律援助的正当性与合法性。同时，只采用私人律师模式导致刑事法律援助成本过高，国家无法进行有效的成本控制。另一方面，只采用公设辩护人制度同样出现了不少问题。利益冲突案件总是客观存在的，公设辩护人办公室不能代理存在利益冲突的案件，否则有悖于司法正义。同时，单纯采用公设辩护人制度不符合成本效益原则，在一些偏远的、人口稀少的地区，实施私人律师模式的成本要低于公设辩护人制度。事实上，私人律师队伍中汇聚了大量优秀律师，如果贫困者辩护服务完全由公设辩护人垄断，最终不利于犯罪嫌疑人、被告人权利保障。

（三）中国建立专职刑事法律援助律师之论争

当前中国刑事司法是否应当设置专职刑事法律援助律师（如公设辩护人）为犯罪嫌疑人、被告人提供辩护服务，在学界与实务界并未达成共识。

一方面，有专家学者反对设置专职刑事法律援助律师。有实务专家指出建立法律援助专职律师队伍值得商榷，主要理由有：一是人力不足，目前县级法律援助机构平均只有3.98人，实际从事日常法律援助工作的人数平均为2.98人。二是现有法律援助专职律师在司法体制内工作难以对公检法的司法不作为进行有效制衡，由社会律师与公检法机关发生直接的制衡关系，发挥社会律师的辩护职能；法律援助案件不是太复杂，没必要过分强调大律师的参与。三是扩大法律援助人员编制是个难题，目前有的省份已明确编制“零增长”的目标。四是各地对是否建立法律援助专职律师队伍看法不相同，很难“一刀切”。五是各地法律援助办案补贴标准普遍比较低，公务员工资也不高，对于作为稀缺人才的大多数律师而言，因难满足其收入企望而不具有吸引力。如果建立法律援助专职律师办案队伍，可能会使其在办理法律援助案件之外，或多或少地办理社会案件，“内外通吃”，不利于法律援助与社会律师之间的团结与协作。六是法律援助专职律师与办案质量之间没有必然联系，法律援助专职律师才能确保法律援助办案质量的观点值得商榷。〔1〕可以说，上述反对建立专职刑事法律援助律师的理由具有代表性。

另一方面，有专家学者肯定设置专职刑事法律援助律师（如公设辩护人）。卞建林教授认为，从刑事司法的发展规律来看，维护和保护被告人合法权利必须有公设辩护人制度予以保障；设立公设辩护人制度会大大消除公权力机关的顾虑，缓解各方面关系的紧张；公设辩护人制度给法科学生提供很好的平台。〔2〕顾永忠教授

〔1〕参见郭婕：“当前法律援助面临的问题与对策”，载《中国司法》2014年第2期。

〔2〕台湾地区1986年“公设辩护人条例”修订案采用考试方式作为公设辩护人的主要来源，其“立法院”的理由为：多年来大学法律系毕业后从事法律事务者所占比例甚微，学非所用者比比皆是，浪费人力资源，至为可惜。参见台湾地区《“立法院”公报》第75卷第56期，第151页。这实质上表明公设辩护人可以为更多的法科学生创造施展其才能的机会及其就业岗位。

认为，我国刑事法律援助应是多元的；公设辩护人制度有利于提高刑事辩护率；提高刑事辩护的地位和作用。谢佑平教授认为，公设辩护人制度有利于推动我国法律援助制度的完善；促进国民宪法权利的落实；促进司法公正的实现。〔1〕岳礼玲教授指出："根据我国目前律师队伍的现有情况，应尝试私人律师和公设律师相结合的双轨制。"〔2〕

（四）中国引入公设辩护人制度的现实意义

目前，我国刑事法律援助模式相对单一，同时我国幅员辽阔、社会经济发展不平衡，广大偏远地区缺乏社会律师，进行刑事法律援助模式的创新发展实有必要。正如有荷兰学者认为："如果一个国家没有很好的私人律师辩护体系，那么就必须建立公设辩护体系。"〔3〕有学者甚至认为，"在保证贫困被告的获得律师辩护权的努力过程中，中国应该首先查看公共辩护人在以上选择中的排名情况。"〔4〕在笔者看来，公设辩护人制度可以成为我国刑事法律援助体系中的有益补充，发挥诸多积极意义：

第一，保障犯罪嫌疑人、被告人的律师辩护权。当前我国刑事司法面临着律师辩护率低下、辩护效果不佳的问题，即辩护的普遍性不足与有效性缺乏，公设辩护人制度有助于维护犯罪嫌疑人、被告人权利，实现公民在"法律面前人人平等"。首先，公设辩护人

---

〔1〕姚荣武等整理："公设辩护人制度基本内容与发展前景理论研讨会实录"，载谢佑平主编：《司法评论》（第2卷），中国检察出版社2011年版，第350、338、325、310~311页。

〔2〕岳礼玲："英国刑事法律援助面临改革"，载《中国律师》1997年第8期。

〔3〕转引自高贞："英国、荷兰、丹麦法律援助制度简介"，载宫晓冰主编：《外国法律援助制度简介》，中国检察出版社2003年版，第85页。

〔4〕［美］小查尔斯·J. 奥格利特里："对中国实施获得律师辩护权的建议模式与方法"，杨欣欣译，载宫晓冰主编：《各国法律援助理论研究》，中国方正出版社1999年版，第145页。

制度具有稳定性特征，这有助于为犯罪嫌疑人、被告人提供持续的辩护服务，解决时下刑事律师辩护率低下的问题，尤其在缺乏社会律师的边远地区意义更为深远，从而在实现公民律师辩护权的普遍性方面发挥积极作用。其次，公设辩护人制度具有专职性与专业性特征，这有助于为犯罪嫌疑人、被告人提供称职辩护，解决时下刑事律师辩护效果不佳的问题，从而在实现公民律师辩护权的有效性方面发挥积极作用。从律师辩护普遍性向有效性发展的视角来看，通过构建公设辩护人制度以完善我国刑事法律援助实施机制，不仅着眼于当下，更为刑事辩护制度的全面发展奠定良好基础。

同时，公设辩护人制度旨在为犯罪嫌疑人、被告人提供辩护服务，建构公设辩护人制度意味着刑事法律援助与民事法律援助将分开实施，二者分开运作具有合理性。从专业化角度出发，刑事辩护与民事代理应当由有所专长的律师分别进行，以最大限度地保证法律服务的质量。从另一个角度上看，刑事案件与民事案件所涉利益不同，刑事辩护关涉公民的自由权乃至生命权，民事代理主要关涉财产权益，二者发生冲突时，应首先确保刑事法律援助。因此，国家专门设立公设辩护人机构可以体现对公民人身权益的尊重与保护。

第二，维护司法公正，促进刑事司法改革的成功。现代刑事诉讼由控诉、辩护、审判三大职能构成，司法公正的实现有赖于三大职能在合理结构中运作，此合理结构为“等腰三角结构”，即“以审判方公平主持为顶点，以原、被告双方的平等对抗为底边的‘等腰三角结构’”。〔1〕显然，控辩平等是“等腰三角结构”的题中应有之义。毋庸讳言，当前，我国刑事司法中的辩护职能较为羸弱。

---

〔1〕 马贵翔：“公正·效率·效益——当代刑事诉讼的三个基本价值目标”，载《中外法学》1993年第1期。

在刑事诉讼活动中，辩护职能若无实质内涵（辩护效果差），亦无形式特征（律师辩护率低），“等腰三角结构”的诉讼构造将无法形成，人们会怀疑司法不公，[1] 冤假错案也有可能产生。就当下司法实践而言，我国近些年来开展的一系列刑事司法改革，如无律师的有效参与，抑或说如不能真正发挥辩护功能，刑事司法改革将难以获得真正意义上的成功，试举几例说明之：

（1）“控辩式”审判方式改革。1996 年《刑事诉讼法》的修改将中国审判方式确立为“控辩式”，这要求控辩双方在庭审过程中能够充分施展控诉职能与辩护职能，举证、质证、交叉询问等应当富有成效，遗憾的是，由于律师辩护率低下及辩护效果不佳，这场审判方式的改革被称为“今不如昔”，显然，只有强化辩护功能，审判方式的改革才能做到“今胜于昔”。[2]

（2）“普通程序简化审”改革。2003 年 3 月，最高人民法院、最高人民检察院和司法部联合发布了《关于适用普通程序审理“被告人认罪案件”的若干意见（试行）》，“普通程序简化审”的改革旨在“提高审理刑事案件的质量和效率”。有学者认为，“简化审”实质上是中国式的诉辩交易，但如果没有辩护律师的实质参与，被告人无法成为平等“交易”主体的一方；简化审将只是减轻了司法机关的成本，被告人的权利却不一定能够得到保障。[3] 在笔者看来，“普通程序简化审”要成为刑事案件第一审公诉案件的常用审

〔1〕 在笔者看来，“等腰三角结构”的诉讼构造要求的控辩平等不仅是形成公正判决的基础，也是程序正义的基本要求。如果没有获得律师的帮助（尤其是《刑事诉讼法》第 34 条规定的情形），即使是一个真正有罪之人得到一个准确判决结果，也不能称这是一场公正的审判，因为缺乏辩护人有效参与的审判，人们会怀疑其公正性。

〔2〕 龙宗智：《徘徊于传统与现代之间——中国刑事诉讼法再修改研究》，法律出版社 2005 年版，第 68 ~ 69 页。

〔3〕 姚荣武等整理：“公设辩护人制度基本内容与发展前景理论研讨会实录”，载谢佑平主编：《司法评论》（第 2 卷），中国检察出版社 2011 年版，第 339 页。

理方式，需要在提高效率（节约司法资源）的前提下保证审判公正，因此辩护律师有效参与至关重要，可事实上“普通程序简化审”的律师辩护率并不高，[1] 其审判质量令人担忧。

(3) 量刑程序改革。2010 年 10 月，“两高三部”联合发布《关于规范量刑程序若干问题的意见（试行）》，[2] 建立量刑程序旨在“为进一步规范量刑活动，促进量刑公开和公正”。该意见第 1 条规定：“人民法院审理刑事案件，应当保障量刑活动的相对独立性。”不可否认，量刑程序在规范法官自由裁量权方面具有积极意义，但是，如果量刑程序缺乏有效的量刑辩护，量刑程序的公正性值得质疑，而实际情况也堪忧。对此，陈瑞华教授指出：“在不少地方法院推行的量刑改革试点中，法官按照新的量刑程序进行量刑审理工作，检察官也提出了量刑建议，但辩护律师却既没有进行专门的量刑调查，没有收集和提出新的量刑情节，也无法提出有分量的量刑辩护意见，而只能在法庭上‘随波逐流’，对检察官提出的量刑建议进行质证和辩论。结果，公诉方提出的量刑建议每每得到法庭的高度重视，法庭对量刑建议的采纳率居高不下，也就不足为怪了。”[3] 可见，量刑程序改革的关键在于强化律师的辩护职能，如果量刑辩护不能有效对抗量刑意见，即便量刑程序改革有着诸多积极意义，其未来前景却不令人乐观。

---

〔1〕 据统计，2004 年上海某区人民法院适用普通程序简化审案件为 158 件，共有 207 个被告人，其中 47 个被告人聘请了律师，占所有被告人的 22.71%。参见徐美君：“刑事诉讼普通程序简化审实证研究”，载《现代法学》2007 年第 2 期。

〔2〕 2010 年 10 月 1 日，最高人民法院、最高人民检察院、公安部、国家安全部、司法部共同签发的《关于规范量刑程序若干问题的意见（试行）》开始在全国试行。

〔3〕 陈瑞华：“论量刑建议”，载《政法论坛》2011 年第 2 期。陈瑞华教授还认为，量刑辩护之所以难以抗衡公诉方的量刑建议以及对法官的量刑裁决难以发挥实质性的作用，主要因为我国的刑事辩护率过于低下、法律援助制度存在着严重的缺陷和不足等。

无疑，我国刑事诉讼正朝着现代化方向发展，人们逐渐认识到刑事诉讼应当体现及实现司法公正，然而，刑事诉讼现代化的前提是辩护职能的强大。因此，我国近年来开展的“控辩式”审判方式、“普通程序简化审”以及量刑程序等司法改革，维护控辩平等是最基本的要求，否则，上述改革可能反而损及犯罪嫌疑人、被告人权利。作为国家专设的辩护人机构，公设辩护人制度是强化刑事司法中辩护功能的一种方案，其若能发挥外部优势（如资源保障等）与内部优势（如专业性等），则有可能改善和提升国家整体刑事辩护水平，打破“流水线式”刑事司法，解决司法积弊，推动刑事诉讼的现代化发展。

第三，兑现国家刑事法律援助义务、维护社会稳定，对当代中国政治及司法场域和社会生活产生积极效应。当今世界，刑事法律援助由“慈善行为”阶段过渡到“国家义务”阶段。我国相关立法明确了政府是刑事法律援助的义务主体，[1] 但同时，有关立法也规定律师应承担法律援助义务，[2] 律师事务所和律师不履行法

---

〔1〕《法律援助条例》第3条规定，法律援助是政府的责任、政府为法律援助提供财政支持。第4条规定，政府监督管理法律援助工作。第5条规定，政府根据需要确定法律援助机构。

〔2〕《律师法》第42条规定：“律师、律师事务所应当按照国家规定履行法律援助义务，为受援人提供符合标准的法律服务，维护受援人的合法权益。”《法律援助条例》也规定律师要承担法律援助义务，该法第6条规定：“律师应当依照律师法和本条例的规定履行法律援助义务，为受援人提供符合标准的法律服务，依法维护受援人的合法权益，接受律师协会和司法行政部门的监督。”第4条第2款规定：“中华全国律师协会和地方律师协会应当按照律师协会章程对依据本条例实施的法律援助工作予以协助。”另外，司法部公布的《律师和基层法律服务工作者开展法律援助工作暂行管理办法》也规定了律师承担法律援助的义务，该办法第2条第1款规定：“律师应当根据《律师法》、《法律援助条例》的有关规定履行法律援助义务，为受援人提供符合标准的法律援助，维护受援人的合法权益。”第3条还具体指出，律师每年应当接受法律援助机构的指派，办理一定数量的法律援助案件；承办法律援助案件的年度工作量则由各地司法行政机关根据具体情况确定。

律援助义务要承担相应的法律责任。[1] 可见，我国刑事法律援助是由国家与律师共同承担。当然，律师提供辩护服务是由其专业技能所决定的，但实践中，国家常常扮演刑事法律援助的监管角色，律师则成为刑事法律援助的真正义务主体。由于立法规定律师应承担刑事法律援助义务，这导致律师提供刑事援助所能从政府那里获取的“报酬”非常低廉，这里所谓的“报酬”被称为“交通费”，法律援助成为“政府请客，律师买单”。[2] 可见，律师的刑事法律援助服务并不具备“等价有偿”的交易特质，政府不是按照市场价格购买律师的法律服务，换言之，政府将本应属于自己的义务转嫁给了律师。一些法治发达国家采行私人律师模式为贫困者提供辩护服务，其基本特征是：国家大体上能够参照市场价格向私人律师购买法律服务，[3] 这表明国家是刑事法律援助的真正义务主体。因此，我们可以在道义上强调律师在力所能及范畴之内为犯罪嫌疑人、被告人提供刑事法律援助服务，包括减少报酬等，亦可鼓励一些成功的执业律师积极参与刑事法律援助，否则是国家逃避自身的基本义务。在笔者看来，公设辩护人制度可以成为刑事法律援助体系的有益补充，更为重要的是：公设辩护人制度由国家财政拨款支持运作，这充分表明国家在履行其刑事法律援助义务。当前有人认

---

〔1〕《法律援助条例》第27条规定：“律师事务所拒绝法律援助机构的指派，不安排本所律师办理法律援助案件的，由司法行政部门给予警告、责令改正；情节严重的，给予1个月以上3个月以下停业整顿的处罚。”第28条规定：“律师有下列情形之一的，由司法行政部门给予警告、责令改正；情节严重的，给予1个月以上3个月以下停止执业的处罚：①无正当理由拒绝接受、擅自终止法律援助案件的；②办理法律援助案件收取财物的。有前款第2项违法行为的，由司法行政部门责令退还违法所得的财物，可以并处所收财物价值1倍以上3倍以下的罚款。”

〔2〕在我国，因地区经济发展不同，一般情况下支付给提供刑事法律援助的律师费用为几百元至一千多元不等。

〔3〕如前文所述，私人律师按照市场价格提供刑事法律援助服务，导致国家刑事法律援助负担过重，一些国家寻求改革以控制法律援助成本，公设辩护人制度应运而生。

为，我国刑事法律援助由社会律师承担主要是因为国家经济实力不济、司法资源相对短缺所致。[1] 即便如此，建构公设辩护人制度的合理性还在于，这一制度本身具备成本控制功能。[2]

同时，公设辩护人制度与社会主义的本质也是相吻合的。在某种程度上，社会主义更应体现国家对公民权利的保障，实现公民在“法律面前人人平等”，创设一个人人平等的社会是社会主义国家不可推卸的责任。公设辩护人制度在社会主义国家具有道义上的优越性，国家建立公设辩护人机构以保障犯罪嫌疑人、被告人律师辩护权，体现了社会主义的本质特征。其实，美国在建立公设辩护人制度之初，甚至有人批评公设辩护人制度是使律师协会“社会主义化”（socialization）。在瑞典，一些非社会主义党普遍倡导市场模式，并且受到了律师协会等法律工作者协会的坚决支持。[3] 可见，在一些西方国家，甚至有人视公设辩护人制度为社会主义制度的体现。

---

〔1〕 有不少学者指出，即便我国经济实力不如一些西方发达国家，但是国家完全有能力投入刑事法律援助所需经费。以国家部委的“三公经费”为例，有数据显示：2010年中央行政单位、事业单位和其他单位“三公”支出合计为94.7亿元。近年来，我国每年刑事被告人维持在100万人左右，如果按照为每位被告人提供1000元的法律援助费用，国家即便为所有被告人提供辩护律师，也只要支出10亿元，而“三公经费”远远超出刑事法律援助花费。如果“三公经费”具有合理性，那么为实现贫困者律师辩护权提供经费更具有正当性与合理性，因为国家在此领域的投入，不仅仅是经济问题，更为重要的是实现司法平等。

〔2〕 国外很多实证研究表明，在固定支出前提下，公设辩护人制度较之私人律师具有更好的成本效益，即国家在相同支出前提下，前者能够提供更多的辩护服务。当然，如果国家不是通过市场价格购买律师的法律服务，如支付给律师的法律援助费用仅为“交通费”时，在此情形下，与私人律师模式相比，公设辩护人制度就很难具有成本效益的优势。

〔3〕 参见 Jon T. Johnsen：“瑞典、芬兰、挪威法律援助制度比较”，丛卉、朱华芳译，载贾午光主编：《国外境外法律援助制度新编》，中国方正出版社2008年版，第90页。

为贫困者提供辩护服务是维护社会稳定的重要前提，“社会的福利依赖于司法平等机会的获得；社会安定及国家稳定依赖于确保贫困者能够求助于司法体系。”[1] 当前，如何维护弱势群体的合法权益，是转型中国面临的棘手问题。从维护社会和谐稳定的视角出发，通过建构公设辩护人制度，维护弱势群体的律师辩护权，以解决弱势群体的合法、合理的诉求，从而最终维护他们的合法权益，公设辩护人制度所具有的现实意义就更为深远。当下中国，在公权（裁判权、公诉权）与私权（辩护权，有时还有“公案”中民意）激烈对抗的刑事司法格局中，作为国家设立的公共辩护人机构，公设辩护人制度可能具有平衡与缓和公权与私权紧张关系的作用。域外实践充分表明，公设辩护人较之私人律师更能与法官、检察官建立起良性关系，就中国而言，这一优势如能得到充分发挥，无疑有助于缓和公权力机关对辩护律师的顾虑与对立，最终有助于保障犯罪嫌疑人、被告人权利。

第二节 中国公设辩护人制度的建构

我国建构公设辩护人制度首先需要厘清一个问题：公设辩护人是否回到1980年《中华人民共和国律师暂行条例》（以下简称《律师暂行条例》）所界定的“国家的法律工作者”，公设辩护人办公室是不是“法律顾问处”的另一种形式？对此问题我们需要追根溯源，唯此才能界分公设辩护人与作为“国家的法律工作者”的律师之间的区别。公设辩护人制度对新中国而言，是一项新的制度。中

〔1〕 William Reece Smith, Jr, . “Legal Aid in the United States: Directions for the Future”, *Maryland Journal of Contemporary Legal Issues*, 5 (1994), p. 194.

国建构公设辩护人制度虽具有若干现实意义，但这并不能证明其移植于中国的可行性，制度移植的成功有赖于多方面因素，在一个地区行之有效的制度并不必然适用于另一个地区。在“地方性”因素的背景下，阐明公设辩护人制度建构的现实困境与前提条件，是制度本土化需要认真研究的问题。显然，我国建构公设辩护人制度应对刑事基本法进行相应修改，并制定专门性法典；在此基础上，本部分将对中国建构公设辩护人制度进行初步构想。〔1〕

一、公设辩护人与作为“国家的法律工作者”的律师之比较

新中国成立后，由于长期受到“左”思潮的影响，律师既无政治地位，亦无社会地位。〔2〕《律师暂行条例》将律师定位为“国家的法律工作者”无疑是出于提升律师整体地位的考量。对此，有学者指出，赋予律师以法律工作者的政治身份和社会地位是符合当时形势需要的，一是能使他们安心在法律顾问处工作，从而稳定律师队伍；二是借此树立律师的法制权威和社会声誉，抹去原来被诬为没有“阶级立场”，专替“反革命”和“犯罪分子”开脱罪责的“右派”的黑头衔，重塑律师公正的社会形象；三是赋予律师国家法律工作者的身份，可与资本主义国家的律师私人开业、自由经管的情况相区别，改变金钱雇佣关系的性质。〔3〕 曾参与制定《律师

---

〔1〕 本章对中国所建构的公设辩护人制度乃基于狭义上的公设辩护人，即公设辩护人是指具有公职身份、领取固定薪水、专职从事刑事辩护服务的全职辩护律师。

〔2〕 1950年12月，中央人民政府司法部发布《关于取缔黑律师及讼棍事件的通报》，明确取缔了国民党的旧律师制度，解散了旧律师组织，停止黑律师活动。在20世纪50年代中期，我国律师职业有过短暂兴起，但1957年开始的“反右”运动，律师制度受到批判，许多律师被打成右派，律师职业再一次彻底被摧毁。参见蔡定剑：《历史与变革：新中国法制建设的历程》，中国政法大学出版社1999年版，第65页。

〔3〕 参见郑志林：“浅议对律师性质的重新界定”，载《中央政法管理干部学院学报》1994年第3期。

暂行条例》的某位立法人员指出：当时“官本位”无处不在，官贵民贱仍是人们的基本思维，所以《律师暂行条例》第1条开宗明义规定了律师是国家的法律工作者。在许多执法人员认为律师为被告人辩护是替坏人说话的社会氛围中，不赋予律师这种身份，律师制度将难以存在和发展。[1] 由于律师是“国家的法律工作者”，法律顾问处作为其执业工作机构便成为受国家司法行政机关组织领导和业务监督的事业单位。

可见，当时将律师界定为“国家的法律工作者”是因特殊的政治环境所致。但政治地位和社会地位的提高，并不意味着作为“国家的法律工作者”的律师更能代表当事人的利益。《律师暂行条例》第3条规定：“律师进行业务活动，必须以事实为根据，以法律为准绳，忠实于社会主义事业和人民的利益。”显然，这一立法规定让人不免追问，律师到底代表谁的利益？季卫东教授曾指出：“作为国家的法律工作者，律师只能忠于国家的意志，而不能为客户积极请命。结果在民众中形成了具有讽刺意味的舆论：国家律师是为国家机关说话的，‘土律师’才是真正为我们说话的。”[2] 如果律师忠于“国家的意志”，寄希望于其在刑事诉讼活动中积极代表当事人利益进行辩护，就极不现实了。

律师作为“国家的法律工作者”是中国特殊时期的产物，虽然其与公设辩护人具有某种形式上的相似性：他们都属于国家公务人员，他们实施辩护活动都不以营利为目的，他们的薪水均通过国家财政拨款。从组织形态上看，公设辩护人办公室以公共机构的形式出现，这与“法律顾问”处亦有相似之处。然而，笔者以为，这些表象上的相似性，并不能掩盖二者实质上的区别。

---

〔1〕 参见吴允：“以时代的烈火锤炼律师制度”，载《中国律师》1989年第1期。

〔2〕 季卫东：《法治秩序的建构》，中国政法大学出版社1999年版，第249页。

一方面，公设辩护人与作为“国家的法律工作者”的律师的宗旨不同。公设辩护人的基本属性是辩护律师，他们最大的职责是为犯罪嫌疑人、被告人提供有效辩护。当他们在履行职责时，如果辩护职责与公务员义务发生冲突，应当遵守辩护律师的行为规范。本质上，公设辩护人与犯罪嫌疑人、被告人之间仍是“委托人与律师”的关系，维护犯罪嫌疑人、被告人权益是公设辩护人最基本的职责，公设辩护人对犯罪嫌疑人、被告人负有忠实、保密、勤勉等义务。公设辩护人虽然领受国家支付的薪水，却不是国家的工作者，他们并不忠于“国家的意志”，他们是犯罪嫌疑人、被告人权利权益的捍卫者。然而，作为“国家的法律工作者”的律师主要代表国家利益（实践中表现为政府利益），而不是犯罪嫌疑人、被告人的利益，“把律师定位成‘国家的法律工作者’的确可以在一定程度上提高律师在中国社会的地位或伦理评分，但是，这样的身份实际上却变质成妨碍律师为客户进行诚心诚意的辩护的原因。”[1]对此，有学者指出：大多数律师从事刑事辩护工作，他们认为他们为政府和以政府的利益而不是被告人的利益工作。中国的刑事辩护律师视其任务为确保事实真相的发现，而非质疑证据，从而能较容易地给被告人定罪。有意庇护有罪被告人免受诉讼的律师将被刑事处罚。律师的唯一任务是出示能证明被告人无罪和罪轻以及起诉方可能忽视的任何事实。如果被告人向律师承认有罪，律师必须在审判时答辩被告人有罪。中国的律师和委托人之间没有律师——委托人特权。任何向辩护律师出示的关于被告人的信息或陈述都将移交给起诉方。[2]

---

〔1〕 季卫东：《法治秩序的建构》，中国政法大学出版社1999年版，第249页。

〔2〕［美］爱伦·豪切斯泰勒·斯黛丽、南希·弗兰克：《美国刑事法院诉讼程序》，陈卫东、徐美君译，中国人民大学出版社2002年版，第139页。

可见，作为“国家的法律工作者”的律师在刑事诉讼中的角色定位是尴尬的，而且在当时具有强烈“政治司法”的背景下，[1]他们极有可能成为“第二公诉人”，即使不会主动充当“第二公诉人”，他们在“流水线式”的刑事司法程序中也可能沦为多余的摆设。如果刑事诉讼被认为是国家与公民之间的对抗，那么公设辩护人是站在被追诉者的立场上来对抗国家，以促成刑事诉讼中的控辩平等；而作为“国家的法律工作者”的律师在很大程度上是服务于国家（或政府），他们参与刑事诉讼活动更多是具有一种象征性意义，满足刑事程序形式合法性的要求，[2]这可以说是二者的本质区别。

另一方面，公设辩护人与作为“国家的法律工作者”的律师的受案范围及专业化程度不同。一般情况下，公设辩护人仅代理刑事案件，公设辩护人办公室是他们履行辩护服务的工作机构，公设辩护人办公室往往还配有协助公设辩护人履行辩护职责的支持性职员，如调查员、秘书等。因此，与私人律师相比，公设辩护人的专业化程度更高，他们有可能为犯罪嫌疑人、被告人提供称职辩护。

---

〔1〕“政治司法”是一种工具性司法，司法活动配合政治运动，审判机关的主要性质是专政工具，这是新中国成立初期我国特定政治、经济、社会条件的产物。然而“政治司法”对我国司法发展的走向有着直接的影响，即便是在改革开放之后，经历了政治体制与司法体制改革，司法机关的专政工具的角色并未改变，其政治职能尽管在范围与作用形式方面有所变化，但其基本与重要地位依然如故。参见高其才、左炬、黄宇宁：《政治司法：1949～1961年的华县人民法院》，法律出版社2009年版，第3～5页。“政治司法”表明了政治与司法之间模糊的界线，司法更多融入政治之中，司法中辩护职能存在政治化的倾向。

〔2〕刘思达研究员认为，作为法律工作人员，辩护律师不是刑事被告人个人的代理人，而是一个相对独立的诉讼主体，他们在庭审中只不过是一个形式化的过程，律师的辩护意见对于案件结果的影响十分有限。参见刘思达：《割据的逻辑：中国法律服务市场的生态分析》，上海三联书店2011年版，第184页。当然，当时辩护律师功能不彰，也反映出开始于1983年以“从重从快严厉打击”为指导思想的“严打”运动淡漠刑事程序对于人权保障的事实。

然而，“法律顾问处”是全能型的法律服务机构，其所属的“国家的法律工作者”一般没有发展到专业化的程度，他们与专职刑事辩护业务的公设辩护人有所区别。

二、中国建构公设辩护人制度的现实困境和前提条件

公设辩护人制度对我国而言并非一项域外制度，无论是民国期间还是今天的台湾地区，都存在公设辩护人制度。但考虑到“中华人民共和国的法制建设却几乎是从零开始的。作为建立中华人民共和国的一个法律前提，就是义无反顾地废除国民党的旧法统，打碎旧法制”，不无例外，民国时期的律师制度随着新中国的成立而基本上被否定，新中国成立以前的律师全部改业。[1] 就此而言，公设辩护人制度对于新中国来说，却实实在在是一项新的制度。因此，我们需要认真思考的问题是：在中国当前政治结构、司法体制、法律文化乃至国民心理等“地方性”因素的背景下，建立公设辩护人制度能否发挥其应有的辩护功能，还是会出现“南橘北枳”的结果？毕竟，我们有太多言之凿凿、深有正当性的刑事司法改革不幸身陷困境的经验教训。在笔者看来，无论公设辩护人制度具有怎样的制度优越性，也无论在其他国家和地区发挥了怎样的积极作用，我们都有必要对其移植于中国的可行性进行谨慎的探究。

（一）中国建构公设辩护人制度的现实困境

笔者曾就“中国能否建构公设辩护人制度”的问题访谈了一些法律职业者，他们提出了不少质疑：公设辩护人能起到辩护的功能吗？公设辩护人与政府是什么关系？公设辩护人能确保独立吗？公设辩护人存在公信力的问题吗？国家为什么要出钱设立公设辩护人

---

〔1〕 参见蔡定剑：《历史与变革：新中国法制建设的历程》，中国政法大学出版社1999年版，第2、64～65页。

制度？等等。事实上，任何采行公设辩护人制度的国家和地区都受到本国人民不同程度的质疑。例如，加拿大是较早对公设辩护人制度与私人律师模式进行比较研究的国家之一，有实证研究也指出了公设辩护人制度在辩护质量保证、成本控制等方面比私人律师模式更具优势，但是，加拿大13个省和地区中只有萨斯喀彻温省、新斯科舍省（Nova Scotia）和爱德华王子省（Prince Edward Island）等少数省份采用全职领薪律师模式，对此，有学者指出四点原因：一是人们仍然对受薪律师提供法律服务的质量存有怀疑；二是大多数省致力于保持当事人的选择权，希望维护私人律师的独立性；三是律师界强烈抵制领薪律师服务的扩大；四是出于政治和思想上的考虑等。在关于提议受薪律师办公室的讨论中，安大略湖法律援助的工作人员不敢用“公设辩护人”的措辞，因为害怕这个词的负面内涵。[1] 在笔者看来，中国建构公设辩护人制度将主要面临来自如下两个方面的质疑：

一方面，既有的经验教训与现实的司法环境使人们质疑公设辩护人是否能够独立行使辩护职责。其一，既有的经验教训是由于对“国家的法律工作者”的负面评价，惯性思维使人们对于具有公职身份的公设辩护人持有一种排斥的态度，抑或人们对于公务人员本身存在的一些不良行为及风气，因刻板印象而成为对公设辩护人的负面评价。其二，人们质疑中国建构公设辩护人制度可行性最重要的原因是现实的司法环境，当前社会律师尚且无法确保提供称职辩护，由国家设立并提供资金运作的公设辩护人制度是否可以独立运作？如果刑事司法程序仍按“流水作业”的机制展开，刑事诉讼没有形成“等腰三角结构”的诉讼构造，那么谈论公设辩护人制度在

〔1〕 See Derek O'Brien & John Arnold Epp, "Salaried Defenders and the Access to Justice Act 1999", *Modern Law Review*, 63 (2000), pp. 400 ~ 401.

刑事司法程序中发挥怎样的功能与作用是没有意义的，因为“流水作业”的诉讼构造并不需要真正的刑事辩护，在如此司法环境下设置公设辩护人，公设辩护人会积极地履行辩护职责，还是与公、检、法“共谋”一致对付犯罪嫌疑人、被告人？在笔者看来，中国建构公设辩护人制度要发挥其辩护功能，有赖于整体司法环境的改善。事实上，其他国家同样关注公设辩护人制度的独立性问题，但在一些法治发达国家，人们并不认为公设辩护人制度不能实现独立运作，他们最关心的是公设辩护人制度的辩护质量，独立性问题不能仅仅看是否由国家设立并出资，因为法院经费也来自国家拨款，但很多法治发达国家的法院能做到独立行使审判权。[1]

另一方面，人们对国家专设公设辩护人为犯罪嫌疑人、被告人提供辩护服务不能理解，这在一定程度上与我国长期存在的传统犯罪观有关。国家集权主义下的中国传统社会，由于控审合一，被追诉者完全居于客体地位，所谓诉讼也仅仅表现为打击犯罪的工具，这种审判活动不需要辩护律师。新中国成立后，犯罪被界定为“孤立的个人反对统治关系的斗争，和法一样，也不是随心所欲地产生”，这种犯罪观极易忽视对被追诉者的权利保障，刑事诉讼容易失去应有的司法性与人权保障性，打击犯罪仍是主流观念，这促使了司法行政机关工作人员对刑事辩护存有强烈的抵触情绪，刑事辩护饱受误解与非议在所难免，甚至今天还存在律师辩护是“为坏人说话”的错误认识。显然，在这种法律文化中，国家设立专门以保障犯罪嫌疑人、被告人权利为己任的公设辩护人制度，是与人们普遍持有的犯罪观相悖的。当然，这一问题并非我国独有，日本也有

〔1〕我们对于公设辩护人独立性因素的判断，很大程度上是一个“地方性”问题，换言之，在某一地区，我们认为影响公设辩护人独立运作的一些因素，在其他地区并不会起到显著作用；反之亦然。

相同质疑，“特别是在遇到社会多方面关注的重大案件时，关于刑事辩护问题的各种质疑就会接踵而至，‘为什么要为犯罪者辩护？’‘为什么不为面临痛苦与困境的被害人设立法律援助制度，而反而要用国家的钱去帮被告人请一个辩护人呢？’”[1]

（二）中国建构公设辩护人制度的前提条件

笔者以为，中国建构公设辩护人制度发挥其应有辩护功能至少需要两个前提条件：一是理念层面上，人们已经充分认识到保护犯罪嫌疑人、被告人律师辩护权的重要性；二是刑事诉讼运作层面上，刑事司法程序以“等腰三角结构”方式展开，形成以审判为中心的诉讼机制，诉讼过程表现为审判中立、控审分离与控辩平等的基本态势。可以说，公设辩护人制度移植成功与否取决于“移植受体”的整体法治状况，建构公设辩护人制度是一项系统工程，相关制度的改善是其产生应有功能的必要基础，其中，稳定的经费供给与独立运作是两大关键要素。

从反向视角分析，美国和我国台湾地区公设辩护人制度的发展经验表明：采用公设辩护人制度应避免其导致国家权力集中化的负面影响，公设辩护人制度曾被视为政府机构而非被告人利益的捍卫者，或者仅仅充当诉讼程序形式合法性的工具，如果运用不当，公设辩护人制度有可能成为权力集中化的手段，甚至沦为治罪工具。因此，通过法律规范和保障措施避免上述问题的出现是移植公设辩护人制度必须考虑的问题。

当然，基于中国“地方性”因素的考量，引入公设辩护人制度的实际效果会怎样？移植目的能否实现，还是会导致“南橘北枳”的结果，甚至使原有问题更加棘手或复杂，这需要解决在现行刑事

---

[1] ［日］水谷规男：“刑事辩护人以及检察官的专业职务责任”，载［日］森际康友编：《司法伦理》，于晓琪、沈军译，商务印书馆2010年版，第137～138页。

法律援助体系中，如何架构公设辩护人制度，公设辩护人机构与法律援助中心建立怎样的关系，如何合理分配辖区内公设辩护人与社会律师的案件，等等。上述问题都有待于我们对实际运作进行分析论证。总之，中国刑事诉讼法必然朝现代化的方向发展，律师辩护权将会越来越受到关注与重视，未来我国刑事法律援助体系进行制度革新，以及借鉴、学习法治发达国家在律师辩护权保障方面的成功经验是可以预见的，公设辩护人制度作为一种行之有效的方案，值得我们思考、学习、研究。

三、中国建构公设辩护人制度的初步构想

规范公设辩护人制度的基本法应为《刑事诉讼法》，公设辩护人制度的具体运作有赖于专门性法典的制定。在充分借鉴域外经验教训和考量中国“地方性”因素的基础上，笔者将从中国公设辩护人组织的隶属机构、监督管理、设置层级及地点、经费来源；公设辩护人的职责、任职条件、权利义务；公设辩护人制度的受案范围、指定程序及适用阶段等环节初步设计中国式的公设辩护人制度。

（一）中国公设辩护人制度的法律基础：基本法的修改及专门性法典的制定

在基本法层面，我国公设辩护人制度的运行机制应以《刑事诉讼法》第34、267条之规定为主要法律依据。我国公设辩护人制度不仅仅是为“经济困难”等原因的犯罪嫌疑人、被告人提供辩护服务，同时也为一些性质严重的案件（如犯罪嫌疑人、被告人可能被判处无期徒刑、死刑）或者犯罪嫌疑人、被告人欠缺辩护能力（如犯罪嫌疑人、被告人是盲、聋、哑人，或者是尚未完全丧失辨认或者控制自己行为能力的精神病人，或者未成年犯罪嫌疑人、被告人）的案件提供辩护服务。究其原因：一方面，中国建构公设辩护

人制度旨在解决司法平等问题。公设辩护人制度通过为因“经济困难”等原因没有委托辩护人的犯罪嫌疑人、被告人提供辩护服务，避免公民因贫富差距而导致司法差别待遇。另一方面，中国建构公设辩护人制度旨在维护审判正义。公设辩护人制度通过为一些性质严重的案件或者犯罪嫌疑人、被告人欠缺辩护能力的案件提供辩护服务，从而与“强制性指定辩护”制度相结合。[1]因此，我们可以对《刑事诉讼法》有关条款进行适当修改，增加公设辩护人制度的相关内容，成为公设辩护人制度运行的主要法律基础，具体修改内容如下：

《刑事诉讼法》第34条（以下简称“第34条修正案”）修改为：“犯罪嫌疑人、被告人因经济困难或者其他原因没有委托辩护人的，本人及其近亲属可以向法律援助机构提出申请。对符合法律援助条件的，法律援助机构应当指派公设辩护人或者律师为其提供辩护。

犯罪嫌疑人、被告人是盲、聋、哑人，或者是尚未完全丧失辨认或者控制自己行为能力的精神病人，没有委托辩护人的，人民法院、人民检察院和公安机关应当通知法律援助机构指派公设辩护人或者律师为其提供辩护。

犯罪嫌疑人、被告人可能被判处无期徒刑、死刑，没有委托辩

---

〔1〕本书曾分析过强制辩护制度，我国《刑事诉讼法》规定的“强制性指定辩护”是否等同于强制辩护？在笔者看来，强制辩护与“强制性指定辩护”的关键区别在于：强制辩护突出了制裁性内涵，“强制性指定辩护”立法规定的最大缺陷在于缺乏明确的制裁性要件。因此，从保障犯罪嫌疑人、被告人律师辩护权的角度出发，我国有必要将《刑事诉讼法》第34、267条有关“强制性指定辩护”的规定改造成强制辩护，具体而言，我们可以在《刑事诉讼法》第34条中增加第4款内容，即“第2款、第3款规定无辩护人在场，取得犯罪嫌疑人、被告人的陈述不得作为证据；无辩护人到场，不得开庭”。第267条增加第2款内容，即“前款规定无辩护人在场，取得犯罪嫌疑人、被告人的陈述不得作为证据；无辩护人到场，不得开庭”。

护人的，人民法院、人民检察院和公安机关应当通知法律援助机构指派公设辩护人或者律师为其提供辩护。”

《刑事诉讼法》第267条（以下简称“第267条修正案”）修改为：“未成年犯罪嫌疑人、被告人没有委托辩护人的，人民法院、人民检察院、公安机关应当通知法律援助机构指派公设辩护人或者律师为其提供辩护。”

有鉴于《刑事诉讼法》对“公设辩护人”乃为原则性规范，公设辩护人制度的有效施行还应制定专门性法典，其名称可以为《公设辩护人规定》或者《公设辩护人条例》等，上述专门性法典应进一步细化公设辩护人制度相关内容，如公设辩护人之设置、公设辩护人职责、公设辩护人指定程序、公设辩护人资格条件、公设辩护人薪水、公设辩护人制度独立运作之保障、公设辩护人的回避、公设辩护人的监督管理、公设辩护人权利义务等内容。

（二）中国建构公设辩护人制度的初步设想

基于对国外及我国台湾地区公设辩护人制度的考察，虑及我国相关“地方性”因素，我国公设辩护人制度建构的初步设想如下：

1. 公设辩护人组织的隶属机构。中国建构公设辩护人制度应首先明确其隶属何种机构。公设辩护人组织隶属于何种机构是由多种因素决定的，诸如政治结构、司法体制、法律文化、国民心理等。目前，公设辩护人组织隶属于国家机关最为常见。笔者以为，公设辩护人组织隶属机构之选择，首要考虑的是独立性问题，即公设辩护人组织置于何种机构之下，方可有效维护公设辩护人制度独立运作。对此，中国司法部法律援助中心有关负责人曾指出：“引入公职律师模式，必须保证其独立性，其工作不能依附于任何一个政府部门。"[1] 当然，公设辩护人之独立性很大程度上是一个"地方性"的实践问题，其能否独立实施辩护活动并非仅仅由其隶属机构之性质所决定。诚如前文所述，无论隶属于法院体系[2]还是行政机关，都受到一定程度的批评。目前，我国尚无类似于非政府部门公共机构的组织，[3] 这种模式的可操作性不强。未来中国的公设辩护人组织是否可隶属于非营利组织，这取决于我国的社会组织能否保持独立运作，以及它们在民间是否获得足够的信任，显然当前采用这种模式尚存难度。当然，我们对公设辩护人独立性考察不能仅仅建立在理论分析层面上。

就实际建构而言，有学者主张中国未来可将公设辩护人设置于行政机构，"由于公设辩护人具有国家机关工作人员性质，因此，公设辩护人的组织机构应当是政府的一个职能部门或机构。基于此，可以在政府内设置公设辩护人办公室。"[4] 笔者以为，鉴于目前中国刑事法律援助由司法行政部门负责管理运作，公设辩护人组织隶属于司法行政部门符合当前立法规定与司法实践。当然，未来中国建立公设辩护人组织必然要涉及如何协调与现有各地法律援助中心机构关系的问题。公设辩护人组织是专门性的刑事法律援助机构，目前中国各地法律援助中心是作为法律援助的管理机构，同时也受理所在地一定数量的法律援助案件，而且并不限于刑事法律援助案件。就此而言，中国依托现有各地法律援助中心机构的资源来

---

〔1〕 高贞："英国、荷兰、丹麦法律援助制度简介"，载宫晓冰主编：《外国法律援助制度简介》，中国检察出版社 2003 年版，第 86 页。

〔2〕 当然，如果未来我国公设辩护人办公室发展到专业分工化程度，亦可考虑将专门代理二审、再审案件等上诉案件的公设辩护人办公室置于法院体系。

〔3〕 "事业单位"与"非政府部门公共机构"具有某些形式上的相似性，但在独立于政府机构方面存有差异。

〔4〕 汪海燕："贫穷者如何获得正义——论我国公设辩护人制度的构建"，载《中国刑事法杂志》2008 年第 3 期。

建构公设辩护人组织可能是一条捷径。但是，需要明确的是，公设辩护人组织隶属于司法行政部门应当仅是其人员编制属于司法行政部门，经费由司法行政部门编列预算，公设辩护人行使辩护职责时应独立于司法行政部门。

2. 公设辩护人组织的设置。我国公设辩护人组织的设置包括设置地点、设置层级和设置类型三方面的问题。

（1）公设辩护人组织之设置地点。公设辩护人办公室设置地点的选择应着眼于司法正义与成本控制两大因素，当司法正义与成本控制发生冲突时，应当优先考虑前者。在我国一些大中城市设置公设辩护人办公室，可以有效发挥办公室处理大量案件的能力，从而有效控制法律援助成本。然而，截至2013年，全国共有164个县（市、区）没有律师，基于司法正义的要求，这些地区可以设置公设辩护人办公室以实现贫困者的律师辩护权。虽然这些地区可能没有足够的案件量来维持公设辩护人的业务量，从而有可能增加国家财政负担，其设置成本要高于人口稠密地区。然而，正如我们设置法院，如果“备而不用”岂不更好？设置法院是要给每位公民一种可以获得公平解决他们纠纷的信心与信念，即便法院没有案件可以受理，它的存在也有着特殊价值。同样，我们在没有社会律师的偏远地区设置公设辩护人办公室，即便公设辩护人“备而不用”，但其存在至少表明国家在维护犯罪嫌疑人、被告人权利方面的决心，体现了国家对法治的承诺，同时，使公民确信自己可以得到司法平等对待。

（2）公设辩护人组织之设置层级。美国公设辩护人组织分为联邦与州两个层级，其中州层级又包括全州性的公设辩护人组织与非全州性的公设辩护人组织，后者往往以县层级为单位设置公设辩护人办公室。英国在选择公设辩护人办公室时，考虑到一些偏远地区缺乏私人合同律师的情况，而在苏格兰北部等地设立公设辩护人办公室。我国台湾地区公设辩护人置于“台湾高等法院暨分院”和各“地方法院”。我国公设辩护人组织的设置层级应当如何确定？对此，有学者认为：“没有必要对公设辩护人设立行政级别，只要在每个市县等基层政府设置即可。”[1] 显然，这是从公设辩护人办公室设置的最低层级上进行考量。笔者以为，如果我们能够设立全省（直辖市、自治区）范围的公设辩护人组织，对于公设辩护人制度的运作将大有裨益。当然，作为单一制国家，我国不同于美国的联邦制，未来可否设立全国范围的公设辩护人组织是值得进一步探讨的问题。不可否认，至少全省范围的公设辩护人组织在独立运作、质量保证、经费保障等方面要优于区县一级的公设辩护人组织。就独立性而言，如果将公设辩护人组织设置于区县层次，那么该公设辩护人组织在实际运作中将极有可能受到地方权力的干预；如果建立全省范围的公设辩护人组织，至少可以确保公设辩护人组织免受地方权力的干预。就质量保证而言，全省范围的公设辩护人组织可以建立全省统一的辩护服务质量标准，这有助于避免省内公民因地域差异而获得不同辩护服务的对待。就经费保障而言，全省范围的公设辩护人组织的经费由省级财政支持，其在经费来源的稳定性上要优于区县级财政支持。

（3）公设辩护人组织设置类型。笔者以为，我们可以根据具体情况设置两种类型的公设辩护人办公室：一是综合性的公设辩护人办公室，即该公设辩护人办公室可以受理本辖区所有类型的刑事案件；二是专门性的公设辩护人办公室，即该公设辩护人办公室专门受理某一种类型的刑事案件，如未成年人案件、死刑案件、上诉案件等。

---

〔1〕 汪海燕：“贫穷者如何获得正义——论我国公设辩护人制度的构建”，载《中国刑事法杂志》2008 年第 3 期。

3. 公设辩护人制度的经费制度。根据我国《法律援助条例》第3条和第7条的规定，中国法律援助经费主要来源于财政拨款与社会捐助，实践中财政拨款占有绝对主导地位，并且以同级政府财政拨款为主。司法部发布的《2009年全国法律援助工作统计分析》显示：2009年法律援助经费收入总额为75 760.37万元，其中财政拨款额为74 875.03万元，占经费收入总额的98.8%；社会捐助收入为266.42万元，行业奉献收入为71.07万元，另有其他收入547.85万元。在法律援助财政拨款中，同级财政拨款额为62 937.41万元，占82.2%；中央补助地方法律援助办案专款为6041万元，占7.9%；省级法律援助专项资金7586.50万元，占9.9%。公设辩护人制度是国家履行刑事法律援助义务的实施机制，其经费应当主要来源于国家拨款。同时，我们有必要进一步优化法律援助财政拨款的方式。目前，我国法律援助经费来源于四级政府（中央、省、市、县），其中地方本级财政承担主要部分，即“分灶吃饭、分级负担、分级管理”的财政体制。如果公设辩护人制度的经费来源于此种模式，那么设置于县区层级的公设辩护人办公室的经费保障便存在一定的问题，如经济欠发达地区有可能经费严重不足。事实上，最为严重的问题还在于，公设辩护人制度将过度依赖地方财政，在独立履行辩护职责时易受地方权力干扰，形成公设辩护人组织的地方化弊病。因此，公设辩护人制度的经费应尽量纳入中央或者省级政府财政预算，这有助于确保每一位公民不因地区经济发展不平衡而受到不同司法待遇，同时也维护了公设辩护人制度的独立运作。

4. 公设辩护人资质与职责。公设辩护人的任职条件、主要职责、权利义务是建构公设辩护人制度的核心环节。

（1）公设辩护人任职条件。公设辩护人任职条件应当参照律师资格条件，成为公设辩护人应经“国家司法考试”合格，授予法律职业证书，再实习一段时间。[1] 在我国，成为法官、检察官者还需要通过公务员录用考试以及其他考核，因此，公设辩护人作为公职人员也应当通过上述考试和考核。从未来发展来看，法官、检察官和公设辩护人即便是国家公务人员，但基于法律职业主义立场，应当实行只要通过国家司法考试即可以成为法律职业者的考核机制，而非目前的“双重考核”。为拓宽公设辩护人的来源渠道，除了考试录用方式外，法官、检察官、律师等法律职业者可依法转任为公设辩护人，同时，公设辩护人也可依法转任为法官、检察官、律师，在某种程度上这是法律职业一体化的必然要求。当然，符合条件的各级司法行政机关设立的法律援助中心的专职律师以及政府律师也可依法转任为公设辩护人。

鉴于中国当前刑事辩护水平参差不齐，建立刑事辩护准入机制受到关注。事实上，联合国《关于律师作用的基本原则》也规定，担任刑事辩护的律师应当是“有经验和能力”的律师，“有经验和能力”实质上是准入要求。我们不难发现，在刑事辩护成功率高的国家，在某种程度上都存在准入要求。为了确保公设辩护人的辩护服务质量，发挥其辩护功能，基于“有经验和能力”的要求，我们可以引入“执业准入机制”，通过公设辩护人代理刑事案件的数量与质量为基准进行设计，具体包括如下三个层次：一是准入门槛。具有法律职业资格，进行专门的“刑事辩护业务培训”的公设辩护人才可以代理刑事辩护业务。“刑事辩护业务培训”由司法行政管理机关、律师协会等机构共同负责。二是代理不同级别法院审理案件的资质。具体而言：①“刑事辩护业务培训”合格者可以代理基层人民法院审理的刑事案件；② 代理 30 件基层人民法院审理的刑

[1] 笔者以为，目前我国存在统一的司法考试，即初任法官、初任检察官和取得律师资格必须通过国家司法考试，因此，可以将公设辩护人资格考试纳入司法考试体系中。

事案件且辩护效果良好[1]的公设辩护人有资格代理中级人民法院审理的刑事案件；③ 代理30件中级人民法院审理的刑事案件且辩护效果良好的公设辩护人有资格代理高级人民法院审理的刑事案件；④ 代理30件高级人民法院审理的刑事案件且辩护效果良好的公设辩护人有资格代理最高人民法院审理的刑事案件。三是代理死刑案件辩护的资质。死刑案件直接关涉犯罪嫌疑人、被告人的生命权，因此，死刑案件必须至少由两位符合前述条件的公设辩护人为其辩护。

（2）公设辩护人主要职责。公设辩护人基本属性是辩护律师，其主要职责与社会律师并无二致。根据《刑事诉讼法》第35条规定："辩护人的责任是根据事实和法律，提出犯罪嫌疑人、被告人无罪、罪轻或者减轻、免除其刑事责任的材料和意见，维护犯罪嫌疑人、被告人的诉讼权利和其他合法权益。"因此，公设辩护人的主要职责是维护犯罪嫌疑人、被告人的合法权益，积极实施辩护活动。公设辩护人负有对当事人的忠实义务、保密义务等，如果当事人利益与国家（政府利益）发生冲突时，公设辩护人应维护当事人利益，遵守律师执业行为规范，而非公务人员的行为准则。

（3）公设辩护人主要权利义务。公设辩护人具有辩护律师与公务人员的双重身份，其权利义务以此为依据展开。一是公设辩护人主要权利：① 公设辩护人享有身份保障的权利。鉴于其他国家和地区公设辩护人因待遇过低、工作负荷过重等而导致公设辩护人办公室难以吸引与留住优秀人才，我国应在立法中明确公设辩护人的身份保障。具体而言：公设辩护人是公务人员，应当获得与法官、检察官相同对待，薪水至少应与法官、检察官相当，并建构合理的

---

[1] 是否属于"辩护效果良好"可以通过同行评估、当事人满意度等方式进行评价。

晋升渠道。② 公设辩护人享有执业保障的权利。公设辩护人在履行辩护职责过程中，享有会见权、调查取证权、阅卷权、取保候审及强制措施超期羁押要求解除权、举证权、质证权等权利，即凡是律师在刑事诉讼中享有的辩护权利，公设辩护人一律享有。对此，可在立法中明确，公设辩护人在办理案件时，适用刑事诉讼法关于辩护人的相关规定。二是公设辩护人的义务：① 公设辩护人在为犯罪嫌疑人、被告人提供刑事辩护服务时，应当遵守相关律师职业行为规范，如果公设辩护人违反职业道德和执业行为规范，应当按律师执业行为的相关规则惩处。② 公设辩护人作为专职领薪律师，禁止从事其他私人业务，不得收取犯罪嫌疑人、被告人的任何报酬等。

5. 公设辩护人制度受案范围。根据《刑事诉讼法》第 34、264 条的规定，公设辩护人制度受案范围主要包括四类案件：一是犯罪嫌疑人、被告人可能被判处无期徒刑、死刑，没有委托辩护人的案件；二是犯罪嫌疑人、被告人是盲、聋、哑人，或者是尚未完全丧失辨认或者控制自己行为能力的精神病人，没有委托辩护人的案件；三是未成年犯罪嫌疑人、被告人没有委托辩护人的案件；四是犯罪嫌疑人、被告人因经济困难或者其他原因没有委托辩护人的案件。关于公设辩护人制度受案范围，仍有如下两个问题值得进一步探讨：

(1) 案件范围应当有所扩展。《刑事诉讼法》规定应当获得法律援助的案件性质为可能被判处无期徒刑及以上的案件，在一些大陆法系国家，犯罪嫌疑人、被告人可能被判处 3 年以上有期徒刑的案件便属强制辩护案件；在一些英美法系国家，政府有义务为可能被判处轻罪（一般为 1 年）以上的犯罪嫌疑人、被告人指定辩护律师。如果我国建构公设辩护人制度，其受案范围应当突破案件性质为无期徒刑以上的范围，逐步朝 3 年以上有期徒刑案件的方向发展。当然，在公设辩护人制度施行初期，其受理案件性质可以为10年以上有期徒刑。

(2)“经济困难”应做宽松解释。公设辩护人可以为“经济困难”没有委托辩护人的犯罪嫌疑人、被告人提供辩护，何为“经济困难”？根据《法律援助条例》第13条规定：“本条例所称公民经济困难的标准，由省、自治区、直辖市人民政府根据本行政区域经济发展状况和法律援助事业的需要规定。申请人住所地的经济困难标准与受理申请的法律援助机构所在地的经济困难标准不一致的，按照受理申请的法律援助机构所在地的经济困难标准执行。”立法意图在于希望各省政府在制定“经济困难”标准时要考虑两个因素：本行政区域经济发展状况和法律援助事业的价值，目前，在具体操作时树立“宁低勿高”原则的认识较为普遍。笔者以为，公设辩护人制度旨在确保法律面前人人平等，如果犯罪嫌疑人、被告人因为没有经济能力为自己聘请辩护律师，而国家又不为其提供免费辩护服务，我们的司法将会因贫富差距而区别对待，这种司法是不正义的。因此，公设辩护人制度受案范围不以“经济困难”为必要条件，在“强制性指定辩护案件”中，犯罪嫌疑人、被告人即使不属于“经济困难”，只要他们没有委托辩护人，国家就有义务为其指定公设辩护人或者律师提供辩护服务。

6. 公设辩护人制度的指定程序。根据《刑事诉讼法》“第34条修正案”、“第267条修正案”，公设辩护人制度指定程序主要包括两种类型：一是人民法院、人民检察院和公安机关“依职权指派”。“依职权指派”的案件类型主要为犯罪嫌疑人、被告人可能被判处无期徒刑、死刑，或者犯罪嫌疑人、被告人是盲、聋、哑人，或者是尚未完全丧失辨认或者控制自己行为能力的精神病人，或者未成年犯罪嫌疑人、被告人没有委托辩护人的案件。二是法律援助机构“依申请指派”。“依申请指派”的案件类型为犯罪嫌疑人、被告人因经济困难或者其他原因没有委托辩护人的案件，此种情形下，本人及其近亲属可以向法律援助机构提出申请。法律援助机构对符合法律援助条件的，应当指派公设辩护人或者律师为其提供辩护，即法律援助机构并无自由裁量权。关于公设辩护人制度指定程序，仍有如下四个问题值得进一步探讨：

（1）“依职权指派”或者“依申请指派”公设辩护人为犯罪嫌疑人、被告人提供辩护服务是否应经过法律援助机构？虽然“第34条修正案”、“第267条修正案”规定公设辩护人的指派应通过法律援助机构，但是，如果我国公设辩护人制度成熟之后，可以考虑由人民法院、人民检察院和公安机关直接“依职权指派”公设辩护人，并由公设辩护人办公室具体安排公设辩护人人选；“经济困难”的犯罪嫌疑人、被告人也可以直接向公设辩护人办公室申请指派公设辩护人为其提供辩护服务。

（2）公设辩护人与其他法律援助律师如何分配法律援助案件？一旦我国建立公设辩护人制度，意味着在刑事法律援助层面上，我国将形成公设辩护人与社会律师共同提供刑事法律援助的多元并存格局，他们之间如何分配法律援助案件？笔者以为，具体分配应主要考虑各种方案的律师人数、服务质量等因素。例如，如果某地公设辩护人办公室能够提供较高的辩护服务质量，可以考察由其为可能被判处10年以上有期徒刑的犯罪嫌疑人、被告人提供辩护服务；社会律师与法律援助机构的专职律师可以为被判处10年以下有期徒刑的犯罪嫌疑人、被告人提供辩护服务。

（3）犯罪嫌疑人、被告人是否具有选择辩护律师的权利？即能否在公设辩护人与社会律师之间进行选择。笔者以为，犯罪嫌疑人、被告人获得的法律援助应当为有效辩护，从长远来看，应当赋予他们选择权。

（4）犯罪嫌疑人、被告人能否放弃辩护律师的权利？即能否放弃公设辩护人、社会律师为其提供法律援助，而选择自行辩护。笔者以为，根据《刑事诉讼法》“第34条修正案”、“第267条修正案”的规定，在“强制性指定辩护”案件类型中，犯罪嫌疑人、被告人不能拒绝公设辩护人或者律师的辩护，当然允许放弃公设辩护人或律师辩护的权利是对犯罪嫌疑人、被告人个人尊严与自治权的尊重，如果我国能够建构一套有效的制度性保障措施来协助犯罪嫌疑人、被告人自行辩护，在此种前提下，可以赋予犯罪嫌疑人、被告人放弃律师辩护的权利。

7. 公设辩护人制度的适用程序阶段。根据《刑事诉讼法》“第34条修正案”、“第267条修正案”的规定，公设辩护人可以在所有程序阶段为犯罪嫌疑人、被告人提供辩护服务。笔者以为，我国一旦建立公设辩护人制度，应当发挥公设辩护人制度在侦查阶段的辩护职能。在整个刑事诉讼程序中，侦查程序往往是被追诉者权益最易受到侵害的阶段，我国司法实践表明，冤假错案的发生往往是由侦控机关不合法的行为（如刑讯逼供的滥用）所导致的。辩护律师在侦查阶段的价值在于防止犯罪嫌疑人遭受侦控机关不法行为的对待，确保侦查程序的正当化展开，侦查程序律师辩护的重要性显而易见。事实上，犯罪嫌疑人最希望在侦查阶段获得律师帮助。[1] 笔者认为，应当考虑在一些刑事案件多发地区的看守所等机构安排值班公设辩护人，以便随时为犯罪嫌疑人提供法律帮助、接受代理服务等。当然，公设辩护人在侦查阶段要发挥其辩护职能，有赖于我国整体司法环境的改善。[2] 就审判程序而言，公设

〔1〕 有关实证研究请参见侯晓焱、刘秀仿、张翼：“刑事审前程序获得律师帮助权之实证研究——对北京市海淀区看守所200名在押人员的调查”，载陈卫东主编：《“3R”视角下的律师法制建设》，中国检察出版社2004年版，第218～219页。

〔2〕 如果强调刑事诉讼在于打击犯罪，公设辩护人就难以在侦查程序中发挥辩护功能。

辩护人除了在第一审程序中发挥辩护职能外，还应在第二审程序以及审判监督程序中发挥辩护职能，因为后者也是我国现有刑事法律援助体系中相对薄弱的环节。

8. 公设辩护人的监督管理。笔者以为，无论公设辩护人组织隶属于何种机构，对公设辩护人进行监督管理应由独立机构来实施。对此，我们可以建立“独立委员会”对公设辩护人制度运作进行监督管理，“独立委员会”成员可以由司法部门、司法行政部门和律师协会等机构的代表组成，这有助于保障公设辩护人制度的独立运作。在公设辩护人制度的监督管理体系中有两个管理项目应当加强：一是建立完善法律培训计划，不断提升公设辩护人的专业素质和职业伦理；二是建立案件负荷量标准，通过控制公设辩护人受理案件的最高数量，以保障公设辩护人有足够的时间认真对待每一位当事人的案件。上述两个管理项目对于确保公设辩护人制度提供称职辩护至为关键。

结　语

美国学者罗纳德·德沃金在《认真对待权利》一书中指出："在大多数社会里，给予老人、儿童和残疾人以明确的法律保护。这样做的原因是这些群体的成员自我保护的能力较弱，而不是由于这些人对社会更有道德价值。与此相类似，给予个人的更多的权利保护，是因为面临政府滥用权力的时候，个人是脆弱的。权利理论强调个人权利，因为需要特殊保护的是个人而不是社会。"〔1〕行文至此，我们可以得出结论，公设辩护人制度旨在保障贫困者律师辩护权，研究公设辩护人制度意味着贫困者获得刑事法律援助权是不证自明的。但是，我们更应关注的是，我们通过何种方式才能更好地实现贫困者律师辩护权，而我们所指的这种律师辩护权既是普遍意义上的辩护权，它解决权利的形式平等；同时又是有效意义上的辩护权，它实现权利的实质正义。显然，公设辩护人制度应该以实现普遍辩护权与有效辩护权为旨归，本书对公设辩护人制度理论与实践的分析、批评、研究，都是以此为基本立场展开，如下是对本

〔1〕［美］罗纳德·德沃金：《认真对待权利》，信春鹰、吴玉章译，中国大百科全书出版社1998年版，第15～16页。

书观点的进一步梳理与总结。

公设辩护人是具有公职性、领薪性、专职性、全职性及专业性的辩护律师，它的基本属性是辩护律师，“公设”是其“结构或形式”安排，“辩护人”是其“功能”体现，前者服从并服务于后者，当其公务人员的职业伦理与辩护律师的职业伦理发生冲突时，其“结构或形式”安排应遵循其“功能”设计。公设辩护人决不能因其公务人员身份而实施有悖于辩护律师的行为规范，这一理论的现实意义在于解决公设辩护人的职业伦理冲突问题。

公设辩护人独立实施辩护活动是其辩护“功能”的必然要求。人们对公设辩护人独立性之质疑，在很大程度上在于其“受雇”于国家之事实，“受雇”意味着被雇用者在经费与行动上缺少支配权与话语权。于是，人们提出质疑：公设辩护人能否独立于其雇主——国家——实施辩护活动？然而，这一质疑并不能完全成立，因为法官同样面临上述问题。归根结底，独立性受制于一国政治结构、司法体制、法律传统、社会文化等“地方性因素”，独立性是一个“地方性”实践。但是，确保公设辩护人之独立性仍有可资借鉴的“普遍性”经验。

通过对美国、英国、中国公设辩护人制度之考察，本书形成的基本观点是：公设辩护人制度既是律师辩护权彰显的一种产物，也是国家寻求成本控制的一种尝试。实践表明：公设辩护人制度面临的褒贬不一、兴衰存废是不同利益主体交织斗争、合作对立、妥协博弈的结果，它既是各个相关主体进行利益诉求的舞台，也是平衡刑事司法中公民与国家冲突之媒介。对公设辩护人制度缘起、发展、变革、成熟的演变过程的考察，引发了对公设辩护人制度价值与功能的思考。

公设辩护人制度价值表现在两个方面：一是实现公民律师辩护权的普遍性与有效性；二是兑现国家刑事法律援助义务。公设辩护人制度有助于促成权力与权利在刑事司法中的正当性展开。但是，公设辩护人制度绝非完美方案，也可能只是较佳方案。我们考察公设辩护人制度功能时发现，所谓质量保证功能与成本控制功能都只具有相对意义，如果运作不当，公设辩护人制度的负面效应亦是非常明显。目的性追求与功利性追求在公设辩护人制度功能实现过程中总是相伴而生，并相互冲突。

公设辩护人制度运作机制是本书的研究重点，不仅因为它的运作是一个庞大而复杂的系统工程，更在于任何想移植该制度的国家都必须厘清其运作环节及其内在机理。显然，要全面考察公设辩护人组织设置地点与层级、公设辩护人组织隶属关系、公设辩护人组织经费制度、公设辩护人制度受案范围、公设辩护人制度指定程序、公设辩护人制度服务阶段、公设辩护人代理方式、公设辩护人制度监督管理与惩戒等环节并非易事。公设辩护人制度横跨两大法系、历经百年，一国和地区的不同时期，同一时期的不同国家和地区，其公设辩护人制度都有可能表现出巨大的差异性。本书的研究思路是：基于比较研究方法，从保证辩护质量、控制法律援助成本、维护律师独立性、实现司法正义等维度分析公设辩护人制度运作机制的错综复杂性，这有助于我们在相互对立的理论观点与实践面向中找到正确方向，批评那些存在即合理的“正当性”。

本书的写作无法回避中国的现实问题。面对公设辩护人制度，我们应当持何种态度？美国学者 H. W. 埃尔曼在《比较法律文化》中文版序言中的一段话极富深意，他指出：“比较研究永远不应该导致盲目地模仿外国的模式。但是，对外国的积极或消极经验的全面了解以及客观评价却很有必要，它将有助于人们分析在自己国家中遇到的一些问题。"[1] 所以借鉴有助于进步，但不可盲目。反思当下中国刑事法律援助制度，本书有两个基本观点：其一，公民律师辩护权的不充分。当前，中国律师辩护权仍停留在争取普遍辩护权阶段，这一过程稍显缓慢，但确有发展，从 2012 年《刑事诉讼法》法律援助扩展之规定可见。律师辩护权普遍性不是前进的终点，最终人们寻求的是实质的、有效的律师辩护权，唯此，"法律面前人人平等"的理念才能从形式平等走向实质平等。其二，国家刑事法律援助义务的不彻底。我国对刑事法律援助义务主体的认识还存在分歧，国家若将刑事法律援助义务转嫁给律师，难免会影响其对刑事法律援助制度革新与改良的动力与魄力。国家是刑事法律援助的义务主体不应当是一个有争议的问题，中国未来必然要面临刑事法律援助实施机制的创新发展。在这一背景下，研究公设辩护人制度具有重要的理论价值与现实意义。

罗尔斯在《正义论》一书中指出："允许我们默认一种有错误的理论的惟一前提是尚无一种较好的理论，同样，使我们忍受一种不正义只能是在需要用它来避免另一种更大的不正义的情况下才有可能。"[2] 不可否认，公设辩护人制度仍是有着分歧与争议的制度，但远谈不上"不正义"，它的价值与功能倒是给予我们完善与发展中国刑事法律援助制度一个很好的启示。不过，即便从理论上分析，公设辩护人制度对于中国存在诸多现实意义，但移植任何制度都应持有审慎的态度。基于这样的立场，本书对中国建构公设辩护人制度只是提出若干初步构想。总之，一项制度的产生是历史发展过程中某种既必然又偶然选择的结果。就公设辩护人制度而言，

---

〔1〕［美］H. W. 埃尔曼：《比较法律文化》，贺卫方、高鸿钧译，清华大学出版社 2002 年版，中文版序言第 14 页。

〔2〕［美］约翰·罗尔斯：《正义论》，何怀宏、何包钢、廖申白译，中国社会科学出版社 1988 年版，第 4 页。

选择其必然性的因素在于，它的宗旨与时代精神中追求保障贫困者律师辩护权是相契合的；选择其偶然性的因素在于，它并非唯一解决贫困者律师辩护权的方案。公设辩护人制度的未来是被继续改良，还是出现更好的替代方案，这将由人类智慧与社会制度条件所决定。

参考文献

一、专著

1. 黄祥睿:《美国公设辩护制度》，裕文实业有限公司 1994 年版。
2. 沈宜生:《法律扶助制度之研究——以英国法律扶助制度为本》，元照出版有限公司 2007 年版。
3. 谢冠生编:《战时司法纪要》，司法行政部 1948 年版。
4. 谢振民:《中华民国立法史》，正中书局 1948 年版。
5. 宫晓冰主编:《各国法律援助理论研究》，中国方正出版社 1999 年版。
6. 宫晓冰主编:《外国法律援助制度简介》，中国检察出版社 2003 年版。
7. 贾午光主编:《国外境外法律援助制度新编》，中国方正出版社 2008 年版。
8. 朱采真:《刑事诉讼法新论》，世界书局 1929 年版。
9. 戴修瓒:《新刑事诉讼法释义》，上海法学编译社 1933 年版。
10. 熊秋红:《刑事辩护论》，法律出版社 1998 年版。
11. 黄荣昌:《新刑事诉讼法释例汇纂》，法政学社 1929 年版。
12. 夏勤:《刑事诉讼法要论》，法律评论社 1931 年版。
13. 蒋耀祖:《中美司法制度比较》，台湾商务印书馆 1976 年版。
14. 王申:《中国近代律师制度与律师》，上海社会科学院出版社 1994 年版。
15. 张耕:《法律援助制度比较研究》，法律出版社 1997 年版。

16. 蔡墩铭:《法治与人权——司法批判》，教理出版社 1987 年版。
17. 黄东熊、吴景芳:《刑事诉讼法论》(上)，三民书局 2010 年版。
18. 姜世明:《法律伦理学》，元照出版有限公司 2010 年版。
19. 王兆鹏:《刑事被告的宪法权利》，元照出版有限公司 2004 年版。
20. 王兆鹏:《美国刑事诉讼法》，元照出版有限公司 2009 年版。
21. 王兆鹏:《辩护权与诘问权》，元照出版有限公司 2008 年版。
22. 王兆鹏:《刑事诉讼讲义》，元照出版有限公司 2010 年版。
23. 季卫东:《法治秩序的建构》，中国政法大学出版社 1999 年版。
24. 季卫东:《法律程序的意义——对中国法制建设的另一种思考》，中国法制出版社 2004 年版。
25. 谢佑平:《社会秩序与法律职业——律师角色的社会定位》，法律出版社 1998 年版。
26. 刘思达:《割据的逻辑：中国法律服务市场的生态分析》，上海三联书店 2011 年版。
27. 林钰雄主编:《刑事诉讼法》，新学林出版股份有限公司 2011 年版。
28. 马跃:《美国刑事司法制度》，中国政法大学出版社 2004 年版。
29. 朱石炎:《刑事诉讼法论》，三民书局股份有限公司 2009 年版。
30. 林裕顺:《基本人权与司法改革》，新学林出版公司 2010 年版。
31. 谭世贵:《律师权利保障与律师制度改革》，中国人民公安大学出版社 2010 年版。
32. 司莉:《律师职业属性论》，中国政法大学出版社 2006 年版。
33. 吴学义:《司法建设与司法人才》，国民图书出版社 1941 年版。
34. 蓝博洲:《白色恐怖》，杨智文化事业公司 1993 年版。
35. 张中:《弱势群体的法律救助——法律援助服务及其质量问题研究》，中国人民公安大学出版社 2008 年版。
36. 陈运财:《刑事诉讼正当之法律程序》，月旦出版社 1998 年版。
37. 龙宗智:《徘徊于传统与现代之间——中国刑事诉讼法再修改研究》，法律出版社 2005 年版。
38. 蔡定剑:《历史与变革：新中国法制建设的历程》，中国政法大学出版社 1999 年版。
39. 高其才、左炬、黄宇宁:《政治司法:1949~1961 年的华县人民法院》,法律出版社 2009 年版。
40. 章武生:《民事司法现代化的探索》,中国人民公安大学出版社 2005 年版。
41. 王惠光:《法律伦理学讲义》,元照出版公司 2007 年版。
42. 上海商务印书馆编译所:《大清新法令》,商务印书馆 2010 年版。
43. 彭勃:《日本刑事诉讼法通论》,中国政法大学出版社 2002 年版。
44. 陈瑞华主编:《刑事辩护制度的实证考察》,北京大学出版社 2005 年版。
45. 王名、李勇、黄浩明编著:《英国非营利组织》,社会科学文献出版社 2009 年版。
46. 沈宗灵:《现代西方法理学》,北京大学出版社 1992 年版。
47. 徐小群:《民国时期的国家与社会:自由职业团体在上海的兴起(1912~1937)》,新星出版社 2007 年版。
48. 范忠信、尤陈俊、龚先砦主编:《为什么要重建中国法系——居正法政文选》,中国政法大学出版社 2009 年版。
49. 怀效锋主编:《清末法制变革史料》(上卷),中国政法大学出版社 2009 年版。
50. 吴俊毅:《辩护人论》,正典出版文化有限公司 2009 年版。
51. 黄朝义:《刑事诉讼法》,新学林出版股份有限公司 2009 年版。
52. 张丽卿:《刑事诉讼法理论与运用》,五南图书出版股份有限公司 2010 年版。
53. 程汉大、李培锋:《英国司法制度史》,清华大学出版社 2007 年版。
54. [美] 弗洛伊德·菲尼、岳礼玲:《美国刑事诉讼法:经典文选与判例》,中国法制出版社 2006 年版。
55. [美] 爱伦·豪切斯泰勒·斯黛丽、南希·弗兰克:《美国刑事法院诉讼程序》,陈卫东、徐美君译,中国人民大学出版社 2002 年版。
56. [美] 约书亚·德雷斯勒、艾伦·C. 迈克尔斯:《美国刑事诉讼法精解》(第 1 卷·刑事侦查),吴宏耀译,北京大学出版社 2009 年版。

57. ［美］约书亚·德雷斯勒、艾伦·C. 迈克尔斯:《美国刑事诉讼法精解》（第2卷·刑事审判），魏晓娜译，北京大学出版社2009年版。
59. ［美］约翰·罗尔斯:《正义论》，何怀宏、何包钢、廖申白译，中国社会科学出版社1988年版。
60. ［美］伟恩·R. 拉费弗、杰罗德·H. 伊斯雷尔、南西·J. 金:《刑事诉讼法》（上册），卞建林、沙丽金等译，中国政法大学出版社2003年版。
61. ［美］罗纳尔多·V. 戴尔卡门:《美国刑事诉讼法——法律和实践》，张鸿巍等译，武汉大学出版社2006年版。
62. ［美］罗纳德·德沃金:《认真对待权利》，信春鹰、吴玉章译，中国大百科全书出版社1998年版。
63. ［美］肯尼斯·基普尼斯:《职责与公义：美国的司法制度与律师职业道德》，徐文俊译，东南大学出版社2000年版。
64. ［美］汉密尔顿、杰伊、麦迪逊:《联邦党人文集》，程逢如、在汉、舒逊译，商务印书馆1980年版。
65. ［美］德博拉·L. 罗德:《为了司法、正义：法律职业改革》，张群等译，中国政法大学出版社2009年版。
66. ［美］莫顿·J. 霍维茨:《沃伦法院对正义的追求》，信春鹰、张志铭译，中国政法大学出版社2003年版。
67. ［美］安东尼·刘易斯:《吉迪恩的号角——一个穷困潦倒的囚徒是如何改变美国法律的?》，陈虎译，中国法制出版社2010年版。
68. ［美］塞缪尔·弗莱施哈克尔:《分配正义简史》，吴万伟译，凤凰出版传媒集团、译林出版社2010年版。
69. ［美］理查德·L. 埃贝尔:《美国律师》，张元元、张国峰译，中国政法大学出版社2009年版。
70. ［美］蒙罗·H. 弗里德曼、阿贝·史密斯:《律师职业道德的底线》，王卫东译，北京大学出版社2009年版。
71. ［英］丹宁勋爵:《法律的未来》，刘庸安、张文镇译，法律出版社1999年版。

72. ［英］乔纳森·沃尔夫：《政治哲学导论》，王涛、赵荣华、陈任博译，吉林出版集团有限责任公司 2009 年版。
73. ［英］保罗·布兰德：《英格兰律师职业的起源》，李红梅译，北京大学出版社 2009 年版。
74. ［英］杰拉尔德·汉隆：《律师、国家与市场：职业主义再探》，程朝阳译，北京大学出版社 2009 年版。
75. ［法］卢梭：《社会契约论》，何兆武译，商务印书馆 2003 年版。
76. ［法］爱弥尔·涂尔干：《职业伦理与公民道德》，渠东、付德根译，上海人民出版社 2000 年版。
77. ［德］克劳思·罗科信：《刑事诉讼法》，吴丽琪译，法律出版社 2003 年版。
78. ［德］托马斯·魏根特：《德国刑事诉讼程序》，岳礼玲、温小洁译，中国政法大学出版社 2004 年版。
79. ［日］森际康友编：《司法伦理》，于晓琪、沈军译，商务印书馆 2010 年版。
80. ［美］兰博约：《对抗式刑事审判的起源》，王志强译，复旦大学出版社 2010 年版。
81. ［美］马尔科姆·M. 菲利：《程序即是惩罚——基层刑事法院的案件处理》，魏晓娜译，中国政法大学出版社 2014 年版。
82. ［美］戴维·凯瑞斯：《法律中的政治——一个进步性批评》，信春鹰译，中国政法大学出版社 2008 年版。
83. ［美］彼得·G. 伦斯特洛姆：《美国法律辞典》，贺卫方等译，中国政法大学出版社 1998 年版。
84. 宗玉琨译注：《德国刑事诉讼法典》，知识产权出版社 2013 年版。
85. 刘为军译：《瑞典诉讼法典》，中国法制出版社 2008 年版。
86. 罗结珍译：《法国刑事诉讼法典》，中国法制出版社 2008 年版。
87. 黄道秀译：《俄罗斯联邦刑事诉讼法典》，中国人民公安大学出版社 2006 年版。
88. 宋雷主编：《英汉法律用语大辞典》，法律出版社 2005 年版。

89. 薛波主编:《元照英美法词典》，法律出版社2003年版。

90. W. J. Stewart, *Collins Dictionary Law* (2nd Edition), Collins, 2001.

91. David N. Falcone, *Dictionary of American Criminal Justice*, *Criminology and Criminal Law*, Pearson/Prentice Hall, 2005.

92. James F. Anderson, Nancie Mangels, Adam Langsam, Laronistine Dyson, *Criminal Justice and Criminology*: *Concepts and Terms*, University Press of America, 2002.

93. Paul B. Wice, *Public Defenders and the American Justice System*, Westport: Praeger, 2005.

94. Sara Berman & Paul Bergman, *The Criminal Law Handbook*: *Know Your Rights*, *Survive the System* (12th Edition), Barrett Nolo Press, 2011.

95. Anthony Lewis, *Gideon's Trumpet*, New York: Random House, 1964.

96. Larry K. Gaines & Roger LeRoy Miller, *Criminal Justice in Action*: *The Core* (6th Edition), Cengage Learning, 2011.

97. *English Legal System Lawcards* (3rd Edition), Routledge, 2002.

98. Michael Scott Weiss, *Public Defenders*: *Pragmatic and Political Motivations to Represent the Indigent*, LFB Scholarly Publishing, 2005.

99. Edwin Rekosh, Kyra A. Buchko, Vessela Terzieva, *Pursuing the Public Interest*: *A Handbook for Legal Professionals and Activists*, Public Interest Law Initiative in Transitional Societies, Columbia Law School, 2001.

100. Northwestern University, *Access to Justice in Africa and Beyond* : *Making the Rule of Law a Reality*, Ntl Inst for Trial Advocacy, 2007.

101. Ronald Jay Allen, *Comprehensive Criminal Procedure*, New York: Aspen Law & Business, 2001.

102. Bryan A. Garner, *Black's Law Dictionary* (9th Edition), Thomson West, 2009.

103. Marc Mauer & Tracy Huling, *Young Black Men and the Criminal Justice System*: *Five Years Later*, Sentencing Project, 1995.

二、学术论文

1. 谢光第："论公立辩护人制度"，载《法律评论》1925 年第 99 期。
2. 朱显祯："刑事裁判上之公共辩护人制度"，载《社会科学论丛》1929 年第 1 卷第 8 号。
3. 汪海燕："贫穷者如何获得正义——论我国公设辩护人制度的构建"，载《中国刑事法杂志》2008 年第 3 期。
4. 林意淳："竞逐人权？国家与律师专业团体共谋下的公设辩护人制度"，台湾"清华大学"社会学研究所 2009 年硕士学位论文。
5. 王兆鹏、何赖杰："法官与公设辩护人之专业伦理"，载《台湾法学杂志》2012 年第 8 期。
6. 律师通讯编辑部："强化公设辩护制度"，载《律师通讯》1985 年第 8 期。
7. 万国法律编辑部："应重视公设辩护人的遴用管道"，载《万国法律》1985 年第 12 期。
8. 郑文龙："法律扶助之现状与展望"，载《"全国"律师》1999 年第 6 期。
9. 陈运财："被告接受辩护人援助之机会"，载《月旦法学教室》2004 年第 10 期。
10. [美] 道格拉斯："美国法律援助：你能从中得到什么（上）"，载《中国律师》1998 年第 8 期。
11. [美] 道格拉斯："美国法律援助：你能从中得到什么（下）"，载《中国律师》1998 年第 9 期。
12. 郑勇："美国刑事案件的法律援助"，载《中国司法》1997 年第 11 期。
13. 顾立雄："刑事审判如何朝向当事人进行原则前进"，载《司法改革杂志》1999 年第 21 期。
14. 吴少鹰："我国构建政府律师制度需破解的若干问题"，载《中国司法》2005 年第 10 期。
15. 曹金生："刑事辩护制度实践与因应之研究（中）"，载《军法专刊》2010 年第 6 期。
16. 顾永忠："刑事辩护制度的修改完善与解读"，载《甘肃政法学院学报》

2011 年第 6 期。
17. ［澳］佛朗西斯・里根："两个世界的最佳——为什么要把政府和非政府组织法律援助服务提供者结合起来?"，崔杨、郑自文译，载《中国司法》2005 年第 11 期。
18. 左卫民："中国法官任用机制：基于理念的初步评析"，载《现代法学》2010 年第 5 期。
19. 王兆鹏："违反律师权的救济，兼论无资力被告的律师权"，载《"全国"律师》1997 年第 3 期。
20. 熊秋红："刑诉中法律援助制度的模式与类型"，载《当代司法》1997 年第 7 期。
21. 谭世贵："法官责任豁免制度研究"，载《政法论丛》2009 年第 5 期。
22. 张文郁："社会弱势者诉法权之保障"，载《辅仁法学》第 24 期。
23. 郭婕："当前法律援助面临的问题与对策"，载《中国司法》2014 年第 2 期。
24. 郭婕："英国法律援助同行评估制度论述"，载《中国司法》2010 年第 7 期。
25. 陈瑞华："论量刑建议"，载《政法论坛》2011 年第 2 期。
26. 郑志林："浅议对律师性质的重新界定"，载《中央政法管理干部学院学报》1994 年第 3 期。
27. 桑宁、蒋建峰："英国刑事法律援助质量控制体系及启示"，载《中国司法》2007 年第 1 期。
28. 岳礼玲："英国刑事法律援助面临改革"，载《中国律师》1997 年第 8 期。
29. 徐美君："刑事诉讼普通程序简化审实证研究"，载《现代法学》2007 年第 2 期。
30. 吴羽："台湾地区强制辩护制度述评"，载《法治研究》2011 年第 11 期。
31. 吴羽："论强制辩护——以台湾地区为中心及对大陆相关立法之借鉴"，载《西部法学评论》2011 年第 5 期。

32. 吴羽:“比较法视域中的公设辩护人制度研究——兼论我国公设辩护人制度的建构”,载《东方法学》2014年第1期。
33. 吴羽:“英国公设辩护人服务评析及其对我国的启示”,载《湖北社会科学》2013年第7期。
34. 张哲源:“律师工作权(职业自由)之限制——法律扶助工作为律师之义务抑或权利?”,载《东海大学法学研究》2004年第6期。
35. 张建伟:“强制辩护———项势在必行的制度”,载《中国司法》2010年第2期。
36. 徐昕、卢荣荣:“中国司法改革年度报告(2009)”,载《政法论坛》2010年第3期。
37. 姚荣武等整理:“公设辩护人制度基本内容与发展前景理论研讨会实录”,载谢佑平主编:《司法评论》(第2卷),中国检察出版社2011年版。
38. 郑自文:“澳大利亚法律援助制度的发展”,载《中国司法》2007年第11期。
39. 中国司法改革考察团:“美国司法体制考察及启示”,载《人民司法》2006年第7期。
40. 楼伯坤、满涛:“公设辩护人制度之提倡”,载《理论月刊》2013年第9期。
41. 滕丽娜:“英国刑事法律援助制度的现状及其启示”,载《福建政法管理干部学院学报》2009年第4期。
42. 刘趁华、王冰玉:“法国法律援助制度概览”,载《中国司法》2005年第7期。
43. 王保安:“中国公职律师制度研究”,载《中国司法》2008年第7期。
44. 梁清:“论台湾地区的司法改革”,载《法律适用》2007年第12期。
45. 马贵翔:“公正·效率·效益——当代刑事诉讼的三个基本价值目标”,载《中外法学》1993年第1期。
46. 宫晓冰:“加拿大法律援助的三个主要模式”,载《吉林人大工作》1997年第8期。

47. 郭建安："论美国的司法体制"，载《中国司法》2004 年第 1 期。
48. Editorial："Public Defenders", *Harvard Law Review*, 10（1897）.
49. Mayer C. Goldman, "The Necessity for a Public Defender", *Journal of the American Institute of Criminal Law and Criminology*, 5（1915）.
50. The Board of Trustees of the Leland Stanford Junior University, "Representation of Indigents in California—A Field Study of the Public Defender and Assigned Counsel Systems", *Stanford Law Review*, 13（1961）.
51. Kim Taylor – Thompson, "Individual Actor v. Institutional Player：Alternating Visions of the Public Defender", *Georgetown Law Journal*, 84（1996）.
52. Robert L. Spangenberg & Marea L. Beeman, "Indigent Defense Systems in the United States", *Law and Contemporary Problems*,（58）1995.
53. David Allan Felice, "Justice Rationed：A Look at Alabama's Present Indigent Defense System with a Vision towards Change", *Alabama Law Review*, 52（2001）.
54. Stephen J. Schulhofer & David D. Friedman, "Reforming Indigent Defense：How Free Market Principles Can Help to Fix a Broken System", *Policy Analysis*, 666（2010）.
55. Jane M. Ward, "Sullivan v. United States：Are Federal Public Defenders in Need of a Defense", *Villanova Law Review*, 40（1995）.
56. Albert Currie, "Legal Aid Delivery Models in Canada：Past Experience and Future Developments", *University of British Columbia Law Review*, 33（2000）.
57. Suzanne E. Mounts, "Public Defender Programs, Professional Responsibility, and Competent Representation", *Wisconsin Law Review*, 1982.
58. Robert P. Wolf, "The Criminal Justice Act of 1964：A Critique", *William & Mary Law Review*, 7（1966）.
59. Mortimer D. Schwartz, Susan L. Brandt, Patience Milrod, "The Battles of Clara Shortridge Foltz", *California Defender*, 1（1985）.
60. Barbara Babcock, "Alma Mater：Clara Floltz and Hastings College of Law",

Hastings Women's Law Journal, 21 (2010).

61. Mortimer D. Schwartz, Susan L. Brandt, Patience Milrod, "Clara Shortridge Foltz: Pioneer in the Law", *Hastings Law Journal*, 27 (1976).
62. Deborah H. King, "Clara Shortridge Foltz: Angel and Revolutionary", *Hastings Women's Law Journal*, 11 (2000).
63. Rebecca Copeland, "Getting It Right from the Beginning: A Critical Examination of Current Criminal Defense in Texas and Proposal for a Statewide Public Defender System", *Saint Mary's Law Journal*, 32 (2001).
64. William Reece Smith, Jr., "Legal Aid in the United States: Directions for the Future", *Maryland Journal of Contemporary Legal Issues*, 5 (1994).
65. Susan Herlofsky & Geoffrey Isaacman, "Minnesota's Attempts to Fund Indigent Defense: Demonstrating the Need for a Dedicated Funding Source", *William Mitchell Law Review*, 37 (2011).
66. Charles J. Ogletree, Jr., "Essay on the New Public Defender for the 21st Century", *Law and Contemporary Problems*, 58 (1995).
67. Chris Dandurand, "Walking out on the Check: How Missouri Abandoned Its Public Defenders and Left the Poor to Foot the Bill", *Missouri Law Review*, 76 (2011).
68. Stephanie L. McAlister, "Between South Beach and a Hard Place: The Underfunding of the Miami - Dade Public Defender's Office and the Resulting Ethical Double Standard", *University of Miami Law Review*, 64 (2010).
69. Bill Brooks, "Public Defender System and More in Need of Reform", *Res Gestae*, 49 (2005).
70. Karen MacKay, "Salaried Services - A Strategy For Legal Need", *Legal Action Group Policy*, 2001.
71. Miriam S. Gohara, James S. Hardy, Damon Todd Hewitt, "Disparate Impact of an Under - Funded, Patchwork Indigent Defense System on Mississippi's African Americans: The Civil Rights Case for Establishing a Statewide, Fully Funded Public Defender System", *Howard Law Journal*, 49 (2005).

72. Earl Johnson, Jr. , "Toward Equal Justice: Where the United States Stands Two Decades Later", *Maryland Journal of Contemporary Legal Issues*, 5 (1994).

73. Mike Dennison, "Pro Bono Service: The Why and How a Statewide Public Defender is Good Idea, Legislators Told", *Montana Lawyer*, 29 (2003).

74. Douglas W. Vick, "Poorhouse Justice: Underfunded Indigent Defense Services and Arbitrary Death Sentences", *Buffalo Law Review*, 43 (1995).

75. Derek O'Brien & John Arnold Epp, "Salaried Defenders and the Access to Justice Act 1999", *Modern Law Review*, 63 (2000).

76. Mary Sue Backus & Paul Marcus, "The Right to Counsel in Criminal Cases, A National Crisis", *Hastings Law Journal*, 57 (2006).

77. Randall J. Slieter & Elizabeth M. Randa, "The Minnesota Public Defender System: A Change of Governance Should Occur for the State to Effectively Fulfill Its Constitutional Obligation", *William Mitchell Law Review*, 37 (2011).

78. Stephen B. Bright, "Neither Equal Nor Just: The Rationing and Denial of Legal Services to the Poor When Life and Liberty Are at Stake", *Annual Survey of American Law*, 1997.

79. Norman Lefstein, "The Movement towards Indigent Defense Reform: Louisiana and Other States", *Loyola Journal of Public Interest Law*, 9 (2008).

80. Marian R. Williams, "A Comparison of Sentencing Outcomes for Defendants with Public Defenders versus Retained Counsel in a Florida Circuit Court", *Justice System Journal*, 23 (2002).

81. William L. Bernard, " Something's Gotta Give: Minnesota Must Revise Its Procedures for Determining Eligibility for Appointment of Public Defenders", *William Mitchell Law Review*, 37 (2011).

82. David Feige, "Banned from the Courtroom and Hounded by a Difficult Judge, I Couldn't Keep an Honest Client out of Jail. The Tale of a New York City Public Defender", *AUG Legal Affairs*, 2002, July/August.

83. David J. Richards, "The Public Defender Defendant: A Model Statutory Ap-

proach to Public Defender malpractice Liability", *Valparaiso University Law Review*, 29 (1994).

84. Sarah E. Black, Sarah E. Black, "Conflicted over Conflict Solutions: The Use of Contracts to Cure Conflicts in Public Defense", *Georgetown Journal of Legal Ethics*, 22 (2009).

85. John A. Rogers, "Public Defender Service – An Update", *West Virginia Lawyer*, 10 (1996).

86. Stephen R. Barnett, "The Dog That Did Not Bark: No – Citation Rules, Judicial Conference Rulemaking, and Federal Public Defenders", *Washington and Lee Law Review*, 62 (2005).

87. Andrew H. Baida, "When Discretionary Agency Action is not so Discretionary Office of the Public Defender V. State", *Maryland Bar Journal*, 44 (2011).

88. Jacqueline McMurtriec, "Unconscionable Contracting for Indigent Defense: Using Contract Theory to Invalidate Conflict of Interest Clauses in Fixed – Fee Contracts", *University of Michigan Journal of Law Reform*, 39 (2006).

89. Lola Velázquez – Aguilú, "Not Poor Enough: Why Wisconsin's System for Providing Indigent Defense is Failing", *Wisconsin Law Review*, 2006.

90. Scott Wallace & David Carroll, "The Implementation and Impact of Indigent Defense Standards", *Southern University Law Review*, 31 (2004).

91. Erin V. Everett, "Salvation Lies Within: Why the Mississippi Supreme Court can and should Step in to Solve Mississippi's Indigent Defense Crisis", *Mississippi Law Journal*, 74 (2004).

92. Scott M. McLeod, "Constitutional Law – Sixth Amendment Right to Counsel – Forfeiture of the Right to Counsel in Tennessee", *Tennessee Law Review*, 78 (2011).

93. Brian Brophy, "A Civil Right to Counsel Through the States Using California's Efficiency Project as a Model Toward a Civil Gideon", *Hastings Race and Poverty Law Journal*, 8 (2011).

94. Michael C. Mims, "A Trap for The Unwary: The Sixth Amendment Right to

Counsel after Montejo V. Louisiana", *Louisiana Law Review*, 71 (2010).

95. Cara H. Drinan, "The National Right to Counsel Act: A Congressional Solution to the Nation's Indigent Defense Crisis", *Harvard Journal on Legislation*, (47) 2010.

96. Kenneth B. Nunn, "The Trial as Text: Allegory, Myth and Symbol in the Adversarial Criminal Process – A Critique of the Role of the Public Defender and a Proposal for Reform", *American Criminal Law Review*, 32 (1995).

97. Tamara Goriely, "Evaluating the Scottish Public Defence Solicitors' Office", *Journal of Law and Society*, 30 (2003).

98. Hennie van As, "Legal Aid in South Africa Making Justice Reality", *Journal of African Law*, 49 (2005).

99. Stephen J. Schulhofer & David D. Friedman, "Rethinking Indigent Defense: Promoting Effective Representation through Consumer Sovereignty and Freedom of Choice for All Criminal Defendants", *American Criminal Law Review*, 31 (1993).

三、研究报告、判例、规范性文件等

1. Carol J. DeFrances & Marika F. X. Litras, U. S. Dep't of Justice, Bureau of Justice Statistics, *Indigent Defense Services in Large Counties*, 1999 (2000).

2. Carol J. DeFrances, U. S. Dep't of Justice, Bureau of Justice Statistics, *State – Funded Indigent Defense Services*, 1999 (2001).

3. Robert L. Spangenberg, Beverly Lee, Michael Battaglia, Patricia Smith, A. David Davis, U. S. Dep't of Justice, Bureau of Justice Statistics, *National Criminal Defense System Study: Final Report*, Abt Associates Inc., Cambridge, Mass., 1986.

4. Lynn Langton & Donald Farole, Jr., U. S. Dep't of Justice, Bureau of Justice Statistics, *State Public Defender Programs*, 2007 (2010).

5. Office of the Legislative Auditor, State of Minnesota, *Evaluation Report Summary: Public Defender System*, 2010.

6. Avis E. Buchanan, The Public Defender Service for the District of Columbia, *Fiscal Year* 2011 *Congressional Budget Justification*, 2010.

7. Donald J. Farole, Jr. & Lynn Langton, U. S. Dep't of Justice, Bureau of Justice Statistics, *County – Based and Local Public Defender Offices*, 2007 (2010).

8. Lee Bridges, Ed Cape, Paul Fenn, Anona Mitchell, Richard Moorhead and Avrom Sherr, *Evaluation of the Public Defender Service in England and Wales*, 2007, available at http://www. legalservices. gov. uk/docs/pds/Public_ Defenders_ Report_ PDFVersion6. pdf.

9. Ontario Legislative Library Technical Services & Systems, *Report of the Ontario Legal Aid Review*: *A Blueprint for Publicly Funded Legal Services*, 1997.

10. National Legal Aid and Defender Association (NLADA), Laurence A. Benner, *The Other Face of Justice*, 1973.

11. Bureau of Justice Statistics, U. S. Dep't of Justice, *Bulletin*: *Criminal Defense for the Poor*, 1986 (1998).

12. Steven K. Smith & Carol J. DeFrances, U. S. Dep't of Justice, Bureau of Justice Statistics, *Indigent Defense*, 1996.

13. Lynn Langton & Donald J. Farole, Jr., U. S. Dep't of Justice, Bureau of Justice Statistics, *Public Defender Offices*, 2007 (2010).

14. Legal Services Commission, *Annual Report and Accounts* 2010 ~ 2011.

15. The Scottish Executive, *Providing Criminal Legal Assistance by Means of Solicitors Directly Employed by the Scottish Legal Aid Board*: *A Report on the Progress of the Feasibility Study*, 2008, available at http://www. pdso. org. uk/aboutpdso/pdso_ documents. php.

16. Tamara Goriely, et al., Scottish Executive Central Research Unit, *The Public Defence Solicitors' Office in Edinburgh*: *An Independent Evaluation*, 2001.

17. The Scottish Legal Aid Board, *The Public Defence Solicitors' Office* (*PDSO*) *Client Survey* 2008 *Final Topline*, 2008.

18. Canada. Dep't of Justice, Programme Evaluation Section, *Patterns in Legal Aid* (2nd Edition), 1995.

19. Roger A. Hanson, National Center for State Courts, *Indigent Defenders: Get the Job Done and Done Well*, 1992.

20. Caroline Wolf Harlow, U. S. Dep't of Justice, Bureau of Justice Statistics, *Defense Counsel in Criminal Cases*, 2000.

21. National Advisory Commission on Criminal Justice Standards and Goals, Report of the Task Force on the Courts (1973).

22. Deval L. Patrick & Timothy P. Murray, *FY2012 House 1 Budget Recommendation: Issues in Brief*, available at http: //www. mass. gov/bb/h1/fy12h1/exec_ 12/hbudbrief22. htm.

23. The Spangenberg Group & The Center for Justice, Law and Society at George Mason University, *Assessment of the Missouri State Public Defender System*, 2009, available at http: //members. mobar. org/pdfs/public – defender/2009 – report. pdf.

24. John M. Stuart, State Public Defender, Minnesota, Board of Public Defense, *Branch Offices for Public Defenders in Greater Minnesota: An Evaluation for the State Board of Public Defense*, 1996.

25. Nancy Albert – Goldberg, Jay Lawrence Lichtman, National Institute of Law Enforcement and Criminal Justice, National Legal Aid and Defender Association, *Guide to Establishing a Defender System*, 1978.

26. American Bar Association Standing Comm, On Legal Aid and Indigent Defendants, *Gideon's Broken Promise: America's Continuing Quest for Equal Justice*, 2004.

27. Richard Klein and Robert L. Spangenberg, *The Indigent Defense Crisis*, 1993.

28. Neal Miller, *Compendium of Standards for Indigent Defense Systems: A Resource Guide for Practitioners and Policymakers*, 2000.

29. Indiana Public Defender Commission, *Standards for Indigent Defense Services in Non – Capital Cases*, 1995.

30. Wesley Shackelford, Special Counsel, Task Force on Indigent Defense, *Review of Dallas County Public Defender: Appellate Division and Caseload Stand-*

ards, 2008.

31. National Right to Counsel Committee, Constitution Project, *Justice Denied: America's Continuing Neglect of Our Constitutional Right to Counsel*, 2009.
32. David C. Anderson, U. S. Department of Justice Office of Justice Programs National Institute of Justice, *Public Defenders in the Neighborhood: A Harlem Law Office Stresses Teamwork, Early Investigation*, 1997.
33. U. S. Dep't of Justice, Bureau of Justice Statistics, *Criminal Defense for the Poor*, 1986 (1988).
34. Legal Services Commission, *Public Defender Service: Annual Report* 2004/2005.
35. Legal Services Commission, *Public Defender Service Annual Report* 2001/2002.
36. Powell v. Alabama, 287 U. S. 45 (1932).
37. Johnson v. Zerbst, 304 U. S. 458 (1938).
38. Betts v. Brady, 316 U. S. 455 (1942).
39. Gideon v. Wainwright, 372 U. S. 335 (1963).
40. Scott v. Illinois, 440 U. S. 367 (1979).
41. Alabama v. Shelton, 535 U. S. 654 (2002).
42. Ferri v. Ackerman , 444 U. S. 193 (1979).
43. In re Gault, 387 U. S. 1 (1967).
44. Argersinger v. Hamlin, 407 U. S. 25 (1972).
45. Spring v. Constantino, 362 A. 2d 871 (1975).
46. Mears v. Hall, 569 S. W. 2d 91 (1978).
47. Com. v. Wilcox, 392 A. 2d 1294 (1978).
48. Branti v. Finkel, 100 S. Ct. 1287 (1980).
49. Polk County v. Dodson, 454 U. S. 325, 318 (1981).
50. Henson v. State, 798 N. E. 2d 540 (2003).
51. Dziubak v. Mott, 503 N. W. 2d 771, 774 -777 (Minn. 1993).
52. Ramirez v. Harris, 773 P. 2d 343 (Nev. 1989).

53. Spring v. Constantino, 362 A. 2d 871 (Conn. 1975).
54. Reese v. Danforth, 406 A. 2d 735 (Pa. 1979).
55. State v. Peart, 621 So. 2d 780 (La. 1993).
56. American Bar Association, *The Ten Principles of a Public Defense Delivery System*, 2002.
57. National Legal Aid and Defender Association, *Guidelines for Legal Defense Systems in the United States* (1976).
58. ABA Standards for Criminal Justice Providing Defense Services (3rd Edition, 1992).
59. ABA Standards for Criminal Justice Providing Defense Services (2nd Edition, 1980).
60. The Law of the Republic of Armenia on Advocacy, 2004.
61. Georgia Indigent Defense Council, *Guidelines for the Operation of Local Indigent Defense Programs*, 1999.
62. Minnesota Office of the State Public Defender, *Caseload Standards for District Public Defenders in Minnesota*, 1991.
63. 台湾地区财团法律扶助基金会:《2007/2009/2010 周年报告书》(2008/2010/2011 年)。
64. 台湾地区《"立法院"公报》第 75、95 卷。
65. 台湾地区"司法院"统计处:《司法统计提要》(2003 年)。
66. 台湾地区"司法院"统计处:《司法统计年报》(2010 年)。

后 记

2010年赴台访学期间，我对台湾地区法院内的公设辩护人深感困惑：作为法院体系中的司法人员，公设辩护人如何履行辩护职责？这成为我对公设辩护人制度的最初思考，不承想公设辩护人制度会成为我近年来的主要研究方向。这本专著的初稿是我的博士学位论文，此后几年不断进行修改、完善，惟因才疏学浅，我对公设辩护人制度的研究未必是全面、深刻的，尤其是公设辩护人制度（或专职律师模式）是否适合于我国大陆及如何具体建构，这一更为棘手、复杂和现实的课题，亦非轻易能够作出结论的。本书对公设辩护人制度中很多问题的诠释也许并不成熟，但若能引起大家的讨论与兴趣，以及让更多的国人关注刑事法律援助事业，则是出版本书最大的成功。

在本书撰写过程中，我时常反思一个问题：我们如何认识旨在实现犯罪嫌疑人、被告人律师辩护权的公设辩护人制度，进而言之，律师辩护的本质是什么？事实上，律师辩护与其说是在保障犯罪嫌疑人、被告人之权利，毋宁说是在确保无辜之人免受错误刑罚。辩护制度本身应当超越法律技能，包括公设辩护人在内的所有法律职业者，无非是从正向或反向角度确保刑事司法活动中国家权力运行的合法性与正当性，或者说规制权力的恣意，从而维护公民权利，而这正是法治国家的题中应有之义。

新书付梓之际，要感谢很多人。感谢博士导师谢佑平教授、硕士导师闫立教授、博士后合作导师杜志淳教授，师恩厚重，感激之情难以言表。本书撰写及本人工作期间，感谢杨正鸣教授、桑玉成教授、马贵翔教授、叶青教授、苗伟明副教授、刘宪权教授、谭世贵教授、顾永忠教授、龚汝富教授、邹荣副教授、朱石炎教授、顾益民博士、刘秉钧教授、刘成墉博士、王永杰教授、宋远升副教授、王康副教授、王瑞山博士、解锟博士等师友提供的意见与帮助。感谢中国政法大学出版社的彭江老师、于函玉老师为本书的出版付出的辛勤劳动。

感谢我的家人，特别是妻子小辛，他们的支持使本书得以顺利完成。

吴　羽

2015年9月26日

声　明　1. 版权所有，侵权必究。

2. 如有缺页、倒装问题，由出版社负责退换。

图书在版编目（CIP）数据

公设辩护人制度研究/吴羽著.—北京：中国政法大学出版社，2015.11
ISBN 978-7-5620-6065-9

Ⅰ.①公…　Ⅱ.①吴…　Ⅲ.①刑事诉讼—辩护—研究—中国
Ⅳ.①D925.215.4

中国版本图书馆CIP数据核字(2015)第257370号

出 版 者　中国政法大学出版社

地　　址　北京市海淀区西土城路 25 号

邮寄地址　北京 100088 信箱 8034 分箱　邮编 100088

网　　址　http://www.cuplpress.com（网络实名：中国政法大学出版社）

电　　话　010-58908289(编辑部)　58908334(邮购部)

承　　印　北京华正印刷有限公司

开　　本　880mm×1230mm　1/32

印　　张　12.5

字　　数　325 千字

版　　次　2015 年 11 月第 1 版

印　　次　2015 年 11 月第 1 次印刷

定　　价　48.00 元